Schritte PLUS NEU 1 Niveau A1/1

Deutsch als Fremdsprache

Lehrerhandbuch

Susanne Kalender
Petra Klimaszyk
Isabel Krämer-Kienle

Hueber Verlag

Quellenverzeichnis:
Pikto Filmklappe © Thinkstock/popic

Symbole / Piktogramme

	Binnendifferenzierung
	Achtung
	Ausspracheübung
TiPP	methodisch-didaktischer Tipp
	landeskundliche Informationen
ZDM	Hier kann eine bestimmte Aufgabe aus der Rubrik „Zwischendurch mal …“ eingeschoben werden.
	Zu dieser Aufgabe gibt es einen Film.

Abkürzungen

EA:	Einzelarbeit
GA:	Gruppenarbeit
HA:	Hausaufgabe
PA:	Partnerarbeit
PL:	Plenum
WPA:	wechselnde Partnerarbeit
IWB:	interaktives Whiteboard

3. 2. 1. | Die letzten Ziffern
2020 19 18 17 16 | bezeichnen Zahl und Jahr des Druckes.
Alle Drucke dieser Auflage können, da unverändert, nebeneinander benutzt werden.
1. Auflage

Redaktion: Büro Veronika Kirschstein, Lektorat und Projektmanagement, Gondelsheim
Zeichnungen: Hueber Verlag/Jörg Saupe
Umschlaggestaltung: Sieveking · Agentur für Kommunikation, München und Berlin
Gestaltung und Satz: Sieveking · Agentur für Kommunikation, München und Berlin
Druck und Bindung: Kessler Druck + Medien GmbH & Co. KG, Bobingen
Printed in Germany
ISBN 978-3-19-311081-7

Art. 530_19757_001_01

Inhalt

Schritte plus Neu ist die umfassende Neubearbeitung des Lehrwerks *Schritte plus*.

1 Rahmenbedingungen

Schritte plus Neu ist ein Lehrwerk für Lernende auf den Niveaustufen A1, A2 und B1 des Gemeinsamen Europäischen Referenzrahmens (GER), die in einem deutschsprachigen Land leben oder arbeiten möchten. Ziel ist es, den Lernenden die Integration in Alltag und Beruf zu erleichtern und alltägliche Situationen sprachlich zu bewältigen.
Schritte plus Neu geht bei der Stoffauswahl von den Vorgaben des GER aus und deckt die Lernziele des Rahmencurriculums für Integrationskurse des Bundesamts für Migration und Flüchtlinge sowie die Prüfungsvorgaben der Prüfungen *Start Deutsch 1* und *2*, des *Deutsch-Tests für Zuwanderer (DTZ)* und des *Zertifikats Deutsch* ab.

2 Aufbau *Schritte plus Neu*

2.1 *Schritte plus Neu* in sechs oder drei Bänden

Schritte plus Neu liegt in einer sechsbändigen Ausgabe (Arbeitsbuch integriert) und einer dreibändigen Ausgabe (Arbeitsbuch separat) vor:

Schritte plus Neu 1 *Schritte plus Neu 2* oder *Schritte plus Neu 1+2*	A1 / *Start Deutsch 1*
Schritte plus Neu 3 *Schritte plus Neu 4* oder *Schritte plus Neu 3+4*	A2 / *Start Deutsch 2*
Schritte plus Neu 5 *Schritte plus Neu 6* oder *Schritte plus Neu 5+6*	B1 / *Deutsch-Test für Zuwanderer, Zertifikat Deutsch*

2.2 Die Bestandteile von *Schritte plus Neu*

Schritte plus Neu bietet ein umfangreiches Angebot an Materialien und Medien, die aufeinander abgestimmt und eng miteinander verzahnt sind:
- ein Kursbuch
- ein Arbeitsbuch mit integrierter Audio-CD
- ein Medienpaket mit den Audio-CDs zum Kursbuch und einer DVD mit den Filmen zum Kursbuch
- eine digitale Ausgabe von Kursbuch und Arbeitsbuch mit allen Audios und Filmen
- eine App mit allen Audios und Filmen zu Kurs- und Arbeitsbuch
- ein Lehrerhandbuch
- Glossare zu verschiedenen Ausgangssprachen
- Intensivtrainer
- Berufstrainer
- Testtrainer
- eine Übungsgrammatik

Der Lehrwerkservice im Internet unter www.hueber.de/schritte-plus-neu enthält u.a.:
- ausführliche Unterrichtspläne zu Kurs- und Arbeitsbuch
- zahlreiche Kopiervorlagen, z. B. zu den Transferaufgaben/Aktivitäten im Kurs und den Filmen
- ein Lerner-Portfolio
- interaktive Zusatzübungen für die Lernenden zu den Selbsttests im Arbeitsbuch

Der Lehrwerkservice wird sukzessive immer wieder mit aktuellen Informationen und zusätzlichen Angeboten für den Unterricht ergänzt.

2.3 Medienüberblick: Die Verfügbarkeit von Filmen, Hörtexten, interaktiven Übungen und Kopiervorlagen

Material	eingelegte Audio-CD im KB/AB	Medienpaket	Lehrwerkservice www.hueber.de/ schritte-plus-neu	App*	LHB
Hörtexte Kursbuch		x	x	x	
Hörtexte Arbeitsbuch	x			x	
Audio-Dateien zur Foto-Hörgeschichte		x	x	x	
Foto-Hörgeschichte als Slide-Show		x		x	
„Laras Film“		x		x	
Kopiervorlagen zu „Laras Film“			x		
Filme zu „Zwischen-durch mal …“		x		x	
Audiotraining		x	x	x	
Videotraining		x		x	
Lektionstests					x
Kopiervorlagen zu den Lernschritten					x
Kopiervorlagen zu den Aktivitäten im Kurs			x		
Interaktive Übungen zu den Selbsttests im AB			x		
Kopiervorlagen zum Portfolio			x		

* Mit der neuen, kostenlosen *Schritte plus Neu*-App können alle Filme und Hörtexte ganz einfach per Smartphone oder Tablet direkt aus dem Buch heraus abgerufen werden. Sie sind jederzeit verfügbar und somit ideal einsetzbar für das individuelle Lernen und Wiederholen. Die App ist im App Store oder Google Play Store verfügbar.

3 Das Kursbuch

Jeder Band von *Schritte plus Neu* enthält sieben Lektionen.
Diese folgen einem klaren und einheitlichen Aufbau.

Aufbau einer Lektion

Die Foto-Hörgeschichte
Motivierender Einstieg über eine Foto-Hörgeschichte mit hoher Identifikationsmöglichkeit für die Lernenden

Konzeption – Das Kursbuch

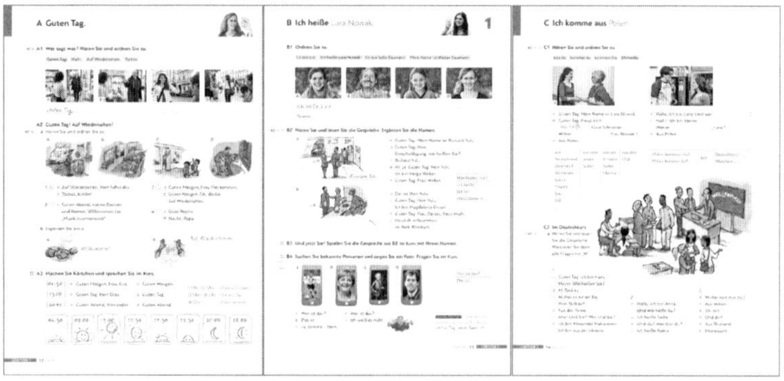

Die Seiten A bis C
Einführung und Einübung des neuen Lernstoffs in abgeschlossenen Einheiten

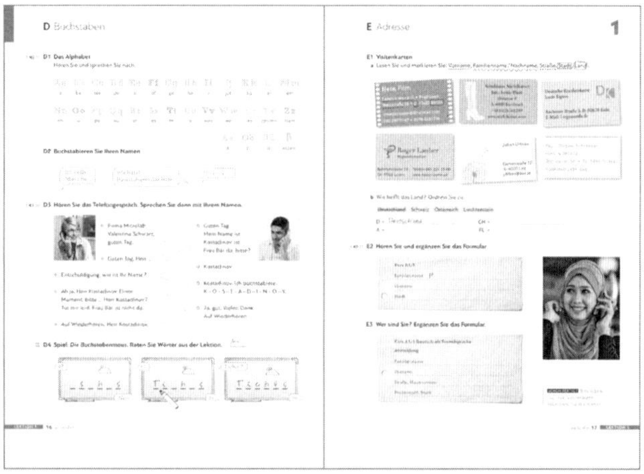

Die Seiten D und E
Training und Erweiterung der rezeptiven und produktiven Fertigkeiten

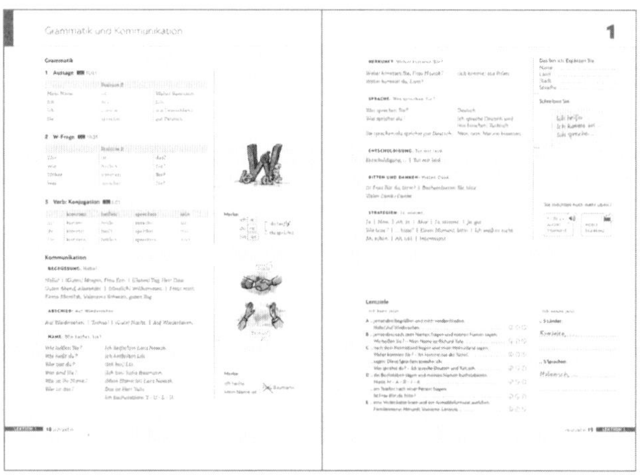

Die Seiten „Grammatik und Kommunikation“
- Übersicht über Grammatikstrukturen und Redemittel, dazu Übungen, Tipps, Visualisierungen und Merkhilfen
- Übersicht über Lernziele und Möglichkeit zur Selbstevaluation
- Verweis auf Videotraining und Audiotraining

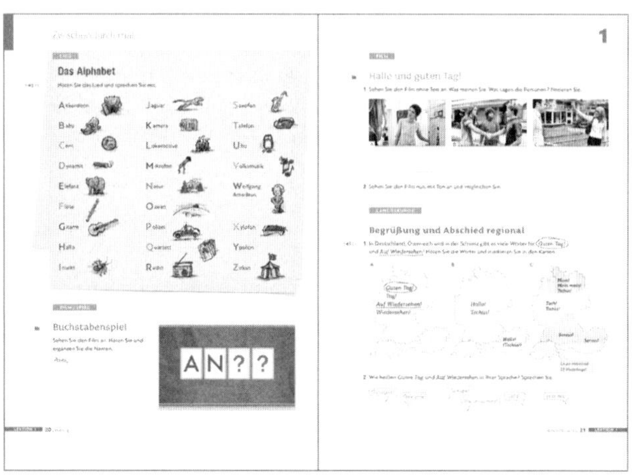

Die Seiten „Zwischendurch mal …“
Fakultatives Angebot mit Filmen, Projekten etc. zum variablen Einsatz im Unterricht

3.1. Die Foto-Hörgeschichte

Jede Lektion beginnt mit einer Foto-Hörgeschichte. Die Lernenden begleiten die junge Deutschlernerin Lara in ihrem Alltag. Dadurch wird ein motivierender Einstieg geschaffen, der nah an der Lebenssituation der Lernenden ist und durch die emotional ansprechenden Inhalte zu größeren Lernerfolgen führt.
Die Foto-Hörgeschichte bildet den sprachlichen und thematischen Rahmen der Lektion: Sie führt die Kommunikationsmittel und den grammatischen Stoff in einer zusammenhängenden Episode ein und entlastet damit den Lernstoff. Zugleich trainiert sie das globale Hörverstehen. Die Geschichte kann über die Audios gehört werden, während die Lernenden parallel die Fotos im Kursbuch ansehen. Sie steht aber auch als Slide-Show zur Verfügung und kann im Unterricht am interaktiven Whiteboard gezeigt werden (→ siehe „2.3 Medienüberblick" auf S. 5).

„Laras Film" / „Tims Film"
Ergänzt wird die Foto-Hörgeschichte jeweils durch einen kleinen Film („Laras Film" / „Tims Film"). Laras Film

Diese Filmsequenzen erzählen kurze Alltagsszenen aus der Perspektive der Hauptfiguren Lara und Tim und lassen diese dadurch noch lebendiger werden. Darüber hinaus wird das Hör-Sehverstehen geschult. Diese Filme sind fakultativ einsetzbar und können gemeinsam im Unterricht angesehen werden, eignen sich aber auch gut zum selbstständigen Nachbereiten und Ansehen zuhause. Eine Kurzbeschreibung des Filminhalts sowie konkrete Vorschläge, an welchen Stellen die Filme im Unterrichtsablauf der Lektion eingesetzt werden können, finden Sie in diesem Lehrerhandbuch am Ende der Hinweise zu den Foto-Hörgeschichten. Tipps, Hinweise zum Einsatz im Unterricht sowie Kopiervorlagen zu den Filmen finden Sie im Lehrwerkservice unter www.hueber.de/schritte-plus-neu (→ siehe „2.3 Medienüberblick" auf S. 5)

3.2 Die Seiten A bis C

Die **Kopfzeile** enthält ein Zitat aus der Foto-Hörgeschichte und repräsentiert den Lernstoff der Seite. Die neue Struktur ist fett hervorgehoben. So können Sie und die TN sich rasch orientieren.

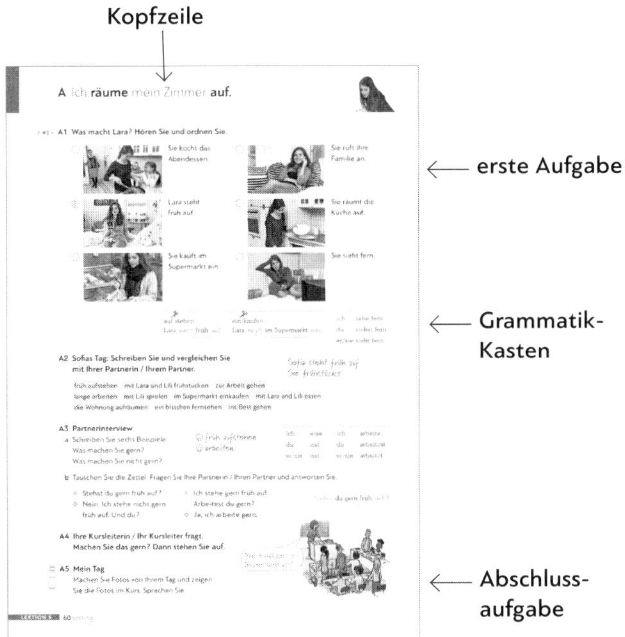

Die **erste Aufgabe** dient der Einführung des neuen Stoffs. Sie bezieht sich ebenfalls im weiteren Sinne auf die Foto-Hörgeschichte und schafft damit den inhaltlichen und sprachlichen Kontext für die neu zu erlernenden Strukturen.

Der **Grammatik-Kasten** fasst den Lernstoff übersichtlich zusammen und macht ihn bewusst. In den **folgenden Aufgaben** üben die TN den Lernstoff zunächst gelenkt und dann in freierer Form.

Die **Abschlussaufgabe** ist mit dem Piktogramm gekennzeichnet und dient dem Transfer des Gelernten in den persönlichen Anwendungsbereich (z. B. über sich selbst sprechen oder schreiben, seine Meinung sagen) oder bietet die Möglichkeiten, den Lernstoff auf spielerische Art und Weise aktiv und interaktiv anzuwenden. Manche Aufgaben sind zusätzlich mit dem Piktogramm versehen. Dieses weist darauf hin, dass die TN bei dieser Aufgabe ihr Smartphone oder Tablet nutzen können. Hinweise dazu finden Sie in diesem Lehrerhandbuch jeweils bei den didaktischen Vorschlägen zu den entsprechenden Aufgaben. Der Einsatz dieser Medien ist jedoch fakultativ!
Hinweis: Zur Vereinfachung und Unterstützung Ihrer Unterrichtsvorbereitung finden Sie zu vielen der Abschlussaufgaben Kopiervorlagen im Lehrwerkservice unter www.hueber.de/schritte-plus-neu.

3.3 Die Seiten D und E

Die Seiten D und E dienen der Vertiefung und Erweiterung der vier Fertigkeiten Lesen – Hören – Schreiben – Sprechen. Die Textsorten zu den Fertigkeiten Lesen und Hören entsprechen ebenso den Anforderungen der Niveaustufe A1 wie die Sprech- und Schreibanlässe (→ siehe „5.2 Fertigkeitstraining“ auf S. 12).

3.4 Übersicht: Grammatik und Kommunikation

Diese Doppelseite gibt einen Überblick über die neue Grammatik und die wichtigen Wendungen der Lektion. Mithilfe der Übersicht kann der Stoff der Lektion selbstständig wiederholt und nachgeschlagen werden. Die Übersicht enthält zudem Verweise auf die *Schritte Übungsgrammatik*.
Darüber hinaus soll auf dieser Seite mit kleinen Aufgaben, Tipps, Merkhilfen und Visualisierungen auch wiederholend und vertiefend gearbeitet werden. Diese sind den Grammatiktabellen oder den Redemittelkästen jeweils am rechten Rand direkt zugeordnet. Auf dieses Zusatzangebot kann entweder im Unterricht eingegangen werden oder Sie weisen Ihre Lerner darauf hin, wie sie mit diesen Seiten sinnvoll eigenständig arbeiten und sie zum Nachschlagen nutzen können. Entsprechende Hinweise finden Sie in diesem Lehrerhandbuch auf den Seiten 18/19 und in den didaktischen Hinweisen direkt bei den Aufgaben mit den jeweiligen Grammatikthemen bzw. Wendungen. Sollten mehrere Verweise zu einem Grammatik-Teil vorkommen, dann steht die kurze Anleitung an der „Hauptstelle“ und von den „Nebenstellen“ wird auf die Hauptstelle verwiesen.

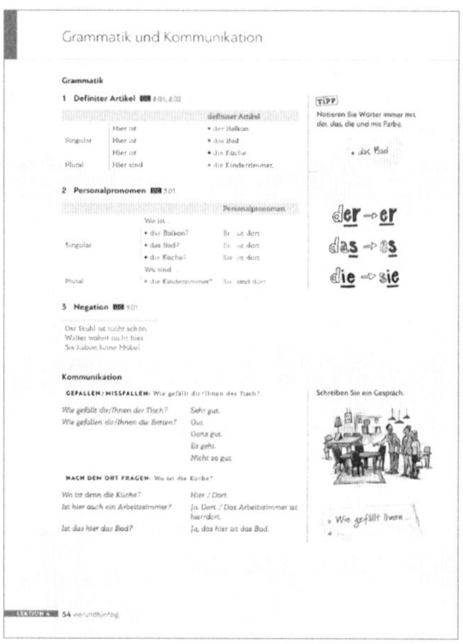

Die Rubriken „Videotraining“ und „Audiotraining“ verweisen auf ein umfangreiches fakultatives Trainingsangebot, das Lernende und Lehrende im Medienpaket, im Internet und über Smartphone /Tablet abrufen können. (→ siehe „2.3 Medienüberblick“ auf S. 5).

Eine Kurzbeschreibung des Inhalts und mögliche Vorgehensweisen finden Sie in diesem Lehrerhandbuch unter → „5.12 Arbeit mit den Übersichtsseiten ‚Grammatik und Kommunikation‘“ auf den Seiten 18/19 und direkt in den didaktischen Hinweisen zur jeweiligen Lektion.

Audiotraining
Das Audiotraining umfasst jeweils drei Übungen zum Wiederholen, Üben und mündlichen Einschleifen der wichtigen Wendungen der Lektion.
Sie können die Übungen zum Videotraining und Audiotraining anfangs in den Unterricht integrieren, um Ihre TN mit diesen Übungsformen vertraut zu machen und sie später zur selbstständigen Beschäftigung mit diesem Zusatzangebot anregen.

Videotraining
Kleine Filmsequenzen mit den Hauptdarstellern der Foto-Hörgeschichte zeigen wichtige Redemittel und Strukturen der Lektion in kleinen Spielszenen und bieten ein aktives Übungsangebot für die Lernenden. Zu jeder Lektion gibt es einen Film, in dem wichtige Wendungen der Lektion präsentiert werden sowie einen weiteren Film, in dem die Lernenden aktiv einbezogen werden und durch Nachsprechen oder Variieren von Redemitteln das Gelernte festigen können.

Den Abschluss der Doppelseite bildet die Übersicht über die Lernziele der Lektion. Diese schafft Transparenz und eignet sich zur Selbstevaluierung. Sie ist nach den Lernschritten A bis E gegliedert (→ siehe „5.12 Arbeit mit den Übersichtsseiten ‚Grammatik und Kommunikation‘“ auf S. 19).

3.5 Zwischendurch mal ...

Auf diesen Doppelseiten finden Sie zwei bis vier kleine Angebote, die Sie fakultativ im Kurs einsetzen oder zur Binnendifferenzierung nutzen können.

Die Rubriken sind: LIED FILM SPIEL LANDESKUNDE PROJEKT COMIC SCHREIBEN LESEN HÖREN

Der Schwerpunkt dieser Aufgaben und Projekte liegt nicht mehr auf dem Erwerb und Einüben von Strukturen, sondern die Lernenden können hier das in der Lektion erworbene Wissen aktiv und oft spielerisch anwenden und erweitern. Diese Zusatzangebote sind völlig unabhängig voneinander und an verschiedenen Stellen der Lektion einsetzbar. Eine Beschreibung der Einsatzmöglichkeiten finden Sie in diesem Lehrerhandbuch unter „Zwischendurch mal …“ in der jeweiligen Lektion. Die Stellen im Unterrichtsablauf, an denen ein Angebot aus „Zwischendurch mal …“ eingesetzt werden könnte, sind mit diesem Symbol ZDM gekennzeichnet.

4 Das Arbeitsbuch

Im Arbeitsbuch finden Sie vielfältige Übungen und Aufgaben zu den Lernschritten A bis E für die Still- und Partnerarbeit im Kurs oder als Hausaufgabe. Auch hier erscheinen – wie auf der entsprechenden Kursbuchseite – in der Kopfzeile ein Zitat und ein Foto aus der Foto-Hörgeschichte als Strukturierungs- und Memorierungshilfe.

4.1 Basisübungen – Vertiefungsübungen – Erweiterungsübungen

Die Übungen und Aufgaben berücksichtigen unterschiedliche Lernniveaus innerhalb des Kurses und bieten so Möglichkeiten zur Binnendifferenzierung. Die Aufgaben sind folgendermaßen gekennzeichnet:

- Keine Kennzeichnung: Basisübungen für alle TN
- ◇: vertiefende Übungen für TN, die noch mehr üben wollen/müssen
- ❖: erweiternde Übungen als Zusatzangebot oder Alternative für schnellere TN

4.2 Die Rubriken

Neben den oben beschriebenen Basis-, Vertiefungs- und Erweiterungsübungen finden Sie im Arbeitsbuch folgende Aufgaben:

- **Schreibtraining:** eine Schreibaufgabe, passend zum Thema und den neuen Inhalten jeder Lektion
- **Grammatik entdecken:** Aufgaben, die neue Grammatikphänomene durch die Art der Aufgabenstellung bewusst machen und zum eigenen Entdecken des neuen Stoffs einladen
- **Prüfung:** Aufgaben, die in ihrem Aufbau genau den gängigen Prüfungsformaten der Prüfungen *Start Deutsch 1* und *2* sowie des *Deutsch-Tests für Zuwanderer (DTZ)* und des *Zertifikats Deutsch* folgen und zur Prüfungsvorbereitung eingesetzt werden können
- **Phonetik:** ein systematisches Aussprachetraining mit Übungen passend zur Lektion, das sich je nach Bedarf der TN gut in den Unterrichtsablauf integrieren lässt

4.3 Der Selbsttest

Den Abschluss jeder Arbeitsbuchlektion bildet ein Lernertest zur Selbstevaluation.

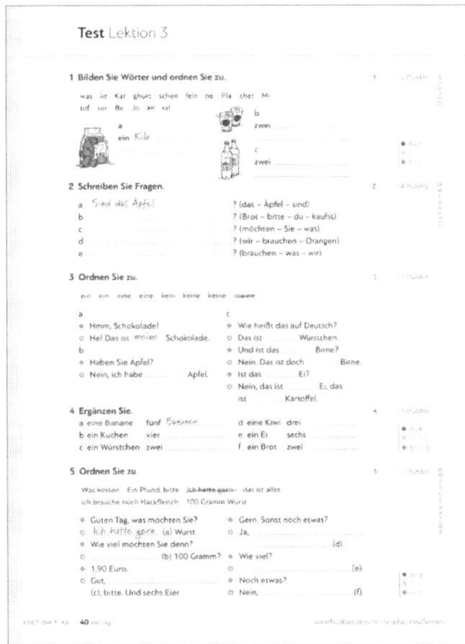
Test Lektion 3

1 Bilden Sie Wörter und ordnen Sie zu.

was ke Kar ghurt schen fein ne Fla cher Mi tof sor Be Jo ne ral

a ein Kilo
b zwei
c zwei

2 Schreiben Sie Fragen.

a Sind das Äpfel ? (das – Äpfel – sind)
b ? (Brot – bitte – du – kaufst)
c ? (möchten – Sie – was)
d ? (wir – brauchen – Orangen)
e ? (brauchen – was – wir)

3 Ordnen Sie zu.

ein ein eine eine kein keine keine ~~meine~~

a
- Hmm, Schokolade!
- He! Das ist meine Schokolade.

b
- Haben Sie Äpfel?
- Nein, ich habe … Äpfel.

c
- Wie heißt das auf Deutsch?
- Das ist … Würstchen.
- Und ist das … Birne?
- Nein. Das ist doch … Birne.
- Ist das … Ei?
- Nein, das ist … Ei, das ist … Kartoffel.

4 Ergänzen Sie.

a eine Banane fünf Bananen
b ein Kuchen vier
c ein Würstchen zwei
d eine Kiwi drei
e ein Ei sechs
f ein Brot zwei

5 Ordnen Sie zu.

Was kosten Ein Pfund, bitte ~~Ich hätte gern~~ das ist alles ich brauche noch Hackfleisch 100 Gramm Wurst

- Guten Tag, was möchten Sie?
- Ich hätte gern (a) Wurst.
- Wie viel möchten Sie denn?
- … (b) 100 Gramm?
- 1,90 Euro.
- Gut, … (c), bitte. Und sechs Eier.
- Gern. Sonst noch etwas?
- Ja, … (d).
- Wie viel?
- … (e).
- Noch etwas?
- Nein, … (f).

40

- drei Rubriken: Wörter – Grammatik –Kommunikation
- Punkteauswertung mit „Ampelsystem“
- Vertiefungs- und Erweiterungsübungen im Lehrwerkservice unter www.hueber.de/schritte-plus-neu/lernen

4.4 Die Fokus-Seiten

Die Inhalte der Fokus-Seiten am Ende jeder Arbeitsbuchlektion orientieren sich an konkreten Sprachhandlungen, die im Alltag der TN eine Rolle spielen. Sie greifen Lernziele auf, die im Rahmencurriculum für Integrationskurse festgeschrieben sind. Sie bieten zusätzliche Materialien zu den Aspekten „Alltag“, „Beruf“ und „Familie“. Der Schwerpunkt liegt auf dem Thema „Beruf“, das in jeder Lektion behandelt wird. Die Fokus-Seiten können fakultativ – jeweils den Bedürfnissen und Lerninteressen der TN entsprechend – im Unterricht behandelt werden. Methodisch-didaktische Hinweise zu jeder Lektion finden Sie in diesem Lehrerhandbuch.

4.5 Der Lernwortschatz

Am Ende des Arbeitsbuchs gibt es auf den Seiten LWS 1 – LWS 26 ein integriertes „Wörterlernheft“ in Form einer Liste mit dem Lernwortschatz und Visualisierungen zu Kernthemen der Lektion. Der Lernwortschatz ist chronologisch nach Lektionen sortiert und innerhalb der Lektion den Aufgaben zur Foto-Hörgeschichte sowie den Lernschritten A–E zugeordnet. Die TN können eigene Übersetzungen in ihrer Muttersprache ergänzen. Es gibt mehrere Memorierungshilfen für die TN: Zu jedem Wort gibt es einen Kontextsatz, der das Lernen des Wortes unterstützt. Zudem sind die Nomen mit farbigen Genuspunkten und Artikeln versehen. Am Ende des Lernwortschatzes jeder Lektion finden die TN eine bebilderte Darstellung eines Wortfeldes sowie einen Lerntipp zum Wörterlernen.

4.6 Die Grammatikübersicht

Am Ende des Buches befindet sich eine Übersicht über den gesamten Grammatikstoff des Bands zum Nachschlagen. Die Übersicht enthält Verweise auf das Vorkommen in den Lektionen sowie auf die *Schritte Übungsgrammatik*.

5 Methodisch-didaktische Grundlagen und praktische Tipps

5.1 Arbeit mit der Foto-Hörgeschichte

Der Einstieg in jede Lektion erfolgt über eine Foto-Hörgeschichte. Diese ...

- ist authentisch: Die Sprache wird im Kontext vorgestellt. Die Lernenden können sich intensiv mit einer Geschichte auseinandersetzen, wodurch das Memorieren von Wörtern und Strukturen erleichtert und verbessert wird.
- ist motivierend: Die Fotos erleichtern eine situative und lokale Einordnung der Geschichte und aktivieren das Vorwissen. Durch die Kombination von Foto und Hörtext/Geräuschen verstehen die Lernenden eine zusammenhängende Episode. Sie erkennen, dass sie am Ende der Lektion in der Lage sein werden, eine ähnliche Situation sprachlich zu meistern.
- macht neugierig: Die Geschichten sind so amüsant, dass sie das Interesse der Lernenden wecken und zur Identifikation einladen.
- vermittelt implizit Landeskunde und regt zu interkulturellen Betrachtungen an.

Neben den Audio-Dateien steht Ihnen die Foto-Hörgeschichte auch als „Slide-Show" zur Verfügung. Diese können Sie im Unterricht am interaktiven Whiteboard abspielen und haben damit eine direkte Verknüpfung von Bild und Ton. Alternativ können die TN die Slide-Show zur Nachbereitung auf dem Smartphone oder Tablet ansehen (→ siehe „2.3 Medienüberblick" auf S. 5).

„Laras Film" / „Tims Film"
Die Foto-Hörgeschichte wird ergänzt durch kleine Filme. Jede Filmsequenz passt zur Foto-Hörgeschichte und erweitert das Thema der Foto-Hörgeschichte um einen Aspekt aus der Perspektive der Hauptfiguren Lara und Tim. Die Hauptfiguren erzählen in kleinen „Handyfilmen" ergänzende Geschichten aus ihrem Alltag. Dies lässt Geschichte und Figuren lebendiger werden, vermittelt darüber hinaus vertiefende landeskundliche Inhalte und bietet motivierende Sprechanlässe.

Praktische Tipps:
Arbeit mit der Foto-Hörgeschichte

Beginnen Sie den Unterricht nicht direkt mit dem Hören der Geschichte. Die TN lösen zu jeder Episode Aufgaben vor dem Hören, während des Hörens und nach dem Hören. Generell sollten Sie die Geschichte so oft wie nötig vorspielen und ggf. an entscheidenden Passagen stoppen. Achten Sie darauf, jede Episode mindestens einmal durchgehend vorzuspielen.

Hören Sie am Ende jeder Lektion die Geschichte mit den TN noch einmal. Das ermutigt sie, denn sie können erleben, wie viel sie im Vergleich zum allerersten Hören nun schon verstehen, und das fördert die Motivation.

Aufgaben vor dem Hören
Die Aufgaben vor dem Hören machen eine situative Einordnung der Geschichte möglich. Sie führen neue, für das Verständnis wichtige Wörter der Geschichte ein und lenken die Aufmerksamkeit auf die im Text wichtigen Passagen und Schlüsselwörter. Für die Vorentlastung bieten sich außerdem viele weitere Möglichkeiten:

Fotosalat und Satzsalat
Kopieren Sie die Fotos und schneiden Sie die einzelnen Fotos aus. Achten Sie darauf, die Nummerierung auf den Fotos wegzuschneiden. Die Bücher bleiben geschlossen. Verteilen Sie je ein Fotoset an Kleingruppen mit 3 bis 4 TN. Die TN legen die Fotos in eine mögliche Reihenfolge, hören die Geschichte mit geschlossenen Büchern und vergleichen die Foto-Hörgeschichte mit ihrer Reihenfolge. Sie korrigieren ggf. ihre Reihenfolge.
Diese Übung kann um Satzkarten erweitert werden: Schreiben Sie zu den Fotos einfache Sätze oder Zitate aus der Geschichte auf Kärtchen, die die TN dann den Fotos zuordnen. Sie können hier auch zwischen geübteren und ungeübteren TN differenzieren, indem Sie geübteren TN weniger Vorgaben und Hilfen an die Hand geben als den ungeübteren.
Auf fortgeschrittenerem Niveau können sich die TN zu ihrer Reihenfolge der Fotos eine kleine Geschichte ausdenken oder Minidialoge schreiben. Ihre Geschichte können sie dann beim Hören mit dem Hörtext vergleichen.

Poster
Jede Foto-Hörgeschichte gibt es auch als großes Poster, das Sie im Kursraum aufhängen können oder für einen Fotosalat verwenden können. Wenn Sie nur ein Poster haben, geben Sie je ein aus dem Poster ausgeschnittenes Foto an eine Kleingruppe. Die Gruppen versuchen dann, den richtigen Platz in der Geschichte für ihr Foto zu finden, und entwickeln eine gemeinsame Reihenfolge. So müssen sich alle beteiligen und mitreden. Alternativ können die TN aus ihrer Gruppe auch je einen TN bestimmen, der sich mit den anderen gewählten TN vor dem Kurs in der richtigen Reihenfolge aufstellen muss, sodass diese TN die Reihenfolge der Geschichte bilden und das Foto vor sich halten. Das macht Spaß, weil die TN sich bewegen müssen und womöglich mehrmals umgestellt werden, bis alle mit der Reihenfolge einverstanden sind.

Hypothesen bilden
Verraten Sie den TN nur die Überschrift der Lektion und zeigen Sie ggf. noch eines der Fotos auf Folie. Die TN spekulieren, soweit es die Sprachkenntnisse zulassen, worum es in der Geschichte gehen könnte (Wo? Wer? Was? Wie viele? Wie? Warum?). Oder die TN sehen sich die Fotos im Buch an und stellen Vermutungen über den Verlauf der

Handlung an. Das motiviert und macht auf die Geschichte neugierig. Zudem wird das spätere Hören in der Fremdsprache erleichtert, weil eine bestimmte Hör-Erwartung aufgebaut wird. Fortgeschrittenere Anfänger können sich im Vorfeld Minigespräche zu den Fotos überlegen und ein kleines Rollenspiel machen. Nach dem Hören vergleichen sie dann ihren Text mit dem Hörtext.

Situationsverwandte Bilder/Texte
Vielleicht finden Sie einen passenden Text oder ein Bild / einen Comic, den Sie verwenden können, um in das Thema einzuführen und unbekannten Wortschatz zu klären. Diese Übungsform eignet sich, wenn Sie erst ganz allgemein auf ein Thema hinführen wollen, ohne die Fotos aus der Foto-Hörgeschichte schon zu zeigen. Zeigen Sie z. B. beim Thema „Einkauf" das Bild eines gefüllten Einkaufskorbs. Die TN nennen die ihnen bekannten Lebensmittel. Dadurch wird das Vorwissen der TN aktiviert.

Aufgaben während des Hörens

Die TN sollten die Geschichte mindestens einmal durchgehend hören, damit der vollständige Zusammenhang gegeben ist. Dabei ist es nicht wichtig, dass die TN sofort alles erfassen. Sie haben verschiedene Möglichkeiten, den TN das Verstehen zu erleichtern:

Mitzeigen
Beim Wechsel von einem Foto zum nächsten ist ein „Klick" zu hören, der es den TN erleichtert, dem Hörtext zu folgen. Bei jedem Klick können die TN wieder in die Geschichte einsteigen und mithören, falls sie den Faden einmal verloren haben sollten. Als weitere Hilfestellung können Sie zumindest in den ersten Stunden einen TN bitten, auf dem Poster der Foto-Hörgeschichte mitzuzeigen. Die übrigen TN zeigen in ihrem Buch mit, sodass Sie kontrollieren können, ob alle der Geschichte folgen können.

Wort-/Bildkärtchen
Stellen Sie im Vorfeld Kärtchen mit Informationen aus der Foto-Hörgeschichte her (z. B. Lektion 5: Bild- oder Verbkärtchen mit den Tätigkeiten der Familie). Die TN hören die Geschichte mit geschlossenen Büchern und legen die Kärtchen während des Hörens in die Reihenfolge, in der die Informationen in der Geschichte vorkommen.

Antizipation
Wenn die TN wenig Verständnisschwierigkeiten beim Hören haben bzw. wenn die TN schon geübter sind, können Sie die Foto-Geschichte natürlich auch während des Hörens immer wieder stoppen und die TN ermuntern, über den Fort- und Ausgang der Geschichte zu spekulieren. Allerdings sollten Sie die Geschichte im Anschluss auch einmal durchgehend vorspielen.

Aufgaben nach dem Hören

Die Aufgaben nach dem Hören dienen dem Heraushören von Kernaussagen. Sie überprüfen, ob die Handlung global verstanden wurde. Lesen Sie die Aufgaben gemeinsam mit den TN, geben Sie Gelegenheit zu Wortschatzfragen und spielen Sie die Geschichte noch weitere Male vor, um den TN das Lösen der Aufgaben zu erleichtern. Stoppen Sie die Geschichte ggf. an den entscheidenden Passagen, um den TN Zeit für die Eintragung ihrer Lösung zu geben. Darüber hinaus können Sie die Foto-Hörgeschichte für weitere spielerische Aktivitäten im Unterricht nutzen und so den Wortschatz festigen und erweitern:

Rollenspiele
Vor allem schon geübtere TN können kleine Gespräche zu einem oder mehreren Fotos schreiben. Diese Gespräche werden dann vor dem Plenum als kleine Rollenspiele nachgespielt oder mit dem Smartphone aufgenommen und dann gezeigt. Regen Sie die TN auch dazu an, die Geschichte weiterzuentwickeln und eine Fortsetzung zu erfinden.

Pantomime
Stoppen Sie das Audio beim zweiten oder wiederholten Hören jeweils nach der Rede einer Person. Bitten Sie die TN, in die jeweilige Rolle zu schlüpfen. Lassen Sie die TN pantomimisch darstellen, was sie soeben gehört haben. Fahren Sie dann mit der Foto-Hörgeschichte fort. Wenn die TN schon geübter sind, können die TN die Geschichte pantomimisch mitspielen, während Sie diese noch einmal vorspielen.

Kursteilnehmerdiktat
Die TN betrachten die Fotos. Ermuntern Sie einen TN, einen beliebigen Satz zu einem der Fotos zu sagen, z. B. „Heute ist das Wetter gut." Alle TN schreiben diesen Satz auf. Ein anderer TN setzt die Aktivität fort, z. B. „Wir machen heute ein Picknick." etc. So entsteht eine kleine Geschichte oder ein Dialog. Die TN sollten auch eine Überschrift für ihren gemeinsam erarbeiteten Text finden. Schreiben Sie oder einer der TN auf der Rückseite der Tafel oder auf Folie mit, damit die TN abschließend eine Möglichkeit zur Korrektur ihrer Sätze haben. Diese Übung trainiert nicht nur eine korrekte Orthografie, sondern dient auch der Wiederholung und Festigung von Wortschatz und Redemitteln.

Situationsverwandte Bilder/Texte
Auch nach dem Hören können Sie situationsverwandte Bilder oder Texte zur Vertiefung des Themas der Foto-Hörgeschichte nutzen. Die TN können die Unterschiede zwischen der Foto-Hörgeschichte und dem Text oder der Situation herausarbeiten. So könnte z. B. in Lektion 6 mithilfe einer Statistik über das Freizeitverhalten der Deutschen dargestellt werden, welchen Freizeitaktivitäten die Deutschen nachgehen.
Texte oder Bilder können auch in eine andere Situation überleiten und nach dem Hören der Foto-Hörgeschichte zur Erweiterung eingesetzt werden (z. B. Lektion 3: Einkaufen auf dem Markt; weiterführend: Einkäufe in der Bäckerei, in der Fleischerei, im Schreibwarengeschäft). Damit werden Wörter und Redemittel in einen anderen Zusammenhang transferiert und erweitert. Sie können so individuell auf die Interessen Ihres Kurses eingehen.

Phonetik

Die Foto-Hörgeschichte bietet sich sehr gut für das Aussprachetraining an, denn sie enthält viele für den Alltag wichtige Redemittel, die sich gut als Formeln merken lassen. Greifen Sie wesentliche Zitate/Passagen aus der Geschichte heraus, spielen Sie diese isoliert vor und lassen Sie die TN diese Sätze nachsprechen. Der Hörspielcharakter und der situative Bezug innerhalb der Foto-Hörgeschichte erleichtern den TN das Memorieren solcher Redemittel. Außerdem lernen die TN, auch emotionale Aspekte (Empörung, Freude, Trauer, Wut, Mitgefühl ...) auszudrücken. Schließlich kommt es nicht nur darauf an, was man sagt, sondern vor allem darauf, wie man es sagt. In jeder Sprache werden ganz unterschiedliche Mittel benutzt, um solche emotionalen Aspekte auszudrücken.

Nicht zuletzt können auch Modalpartikeln wie „doch“, „aber“, „eben“ unbewusst eingeschliffen werden. Die Bedeutung von Modalpartikeln zu erklären ist im Anfängerunterricht schwierig und daher oft wenig sinnvoll. Mithilfe der Zitate aus der Foto-Hörgeschichte können die TN diese aber verinnerlichen und automatisch anwenden, ohne dass Erklärungen erforderlich sind.

Praktische Tipps:
Arbeit mit „Laras Film / Tims Film“

Es gibt mehrere Möglichkeiten für den Einsatz im Kurs:

- Sie können die Filme im Unterricht zeigen, nachdem Sie die Foto-Hörgeschichte durchgearbeitet haben. In diesem Lehrerhandbuch finden Sie Hinweise dazu, wie und wann Sie die Filme im Unterricht einsetzen können. Darüber hinaus gibt es im Lehrwerkservice unter www.hueber.de/schritte-plus-neu Arbeitsblätter zu jedem Film, die Sie im Kurs bearbeiten können (→ siehe „2.3 Medienüberblick“ auf S. 5).
- Sie können die Filme im Unterricht auch als motivierenden Abschluss der Lektion zeigen.
- Die TN können die Filme nutzen, um ihr eigenes Verständnis des Lektionsstoffs zu überprüfen.
- Die Filme bieten neben der Foto-Hörgeschichte eine situative und authentische Einbindung des Lernstoffs, sodass die TN sehen, wo und wie sie das Gelernte umsetzen können.
- Die TN nutzen die Filmvorlage für entsprechende eigene kleine Handyfilme, z. B. im Rahmen eines kleinen Projekts. Anschließend zeigen die TN ihre Filme im Kurs oder stellen sie auf die Lernplattform.
- Alternativ können sich die TN analog zu den Handyfilmen weitere Situationen ausdenken, eigene Rollenspiele entwickeln und diese im Kurs präsentieren.
- Wenn Sie keine Möglichkeit haben, Filme im Unterricht zu zeigen, sollten Sie Ihre TN auf jeden Fall auf das Filmsymbol hinweisen. Sie können die Filme dann im Internet über ihre Smartphones/Tablets abrufen und haben damit eine motivierende Möglichkeit, den Lernstoff zu wiederholen (→ siehe „2.3 Medienüberblick“ auf S. 5).

5.2 Fertigkeitstraining: Lesen – Hören – Schreiben – Sprechen

Das gezielte Fertigkeitstraining spielt in *Schritte plus Neu* eine tragende Rolle. Sowohl die rezeptiven Fertigkeiten (Lesen und Hören) als auch die produktiven Fertigkeiten (Schreiben und Sprechen) werden systematisch geübt.

Lesen

Die TN üben das Lesen anhand einfacher authentischer Textsorten. Dazu gehören auf dem Niveau A1 Schilder, Prospekte, Kataloge, Kleinanzeigen, einfache E-Mails und Kurznachrichten. Kurze Zeitungsartikel, Blogeinträge und Reportagen runden das Programm ab.

Hören

Die TN lernen, Kernaussagen und wichtige Informationen aus alltagsrelevanten Textsorten zu entnehmen. Dazu gehören z. B. Lautsprecherdurchsagen, automatische Telefonansagen, Meldungen im Radio etc.

Schreiben

Die TN lernen, einfache formelhafte Notizen zu machen sowie persönliche E-Mails, Kurznachrichten und Mitteilungen zu schreiben. Um die Schreibfertigkeit der TN aufzubauen, enthält das Arbeitsbuch ein systematisches Schreibtraining.

Sprechen

Die TN werden zur sprachlichen Bewältigung einfacher Alltagssituationen hingeführt. Dazu gehören z. B. das Bitten um Informationen, Terminabsprachen, Entschuldigungen und Einladungen. Sprechen auf der Niveaustufe A1 heißt: Fragen stellen und Antworten geben. In *Schritte plus Neu 1* und *2* üben die TN daher häufig kurze Frage-Antwort-Gespräche.

5.3 Grammatikvermittlung

Die Grammatikprogression in *Schritte plus Neu* orientiert sich an den Lernzielen des Rahmencurriculums für Integrationskurse und den Vorgaben der Prüfung *DTZ*. In übersichtlichen kurzen Lernschritten werden die Strukturen in kleinen „Portionen“ eingeführt und intensiv geübt. Häufige Wiederholungsschleifen festigen das Gelernte und bereiten auf die Erweiterung einer grammatischen Struktur vor. Dort, wo es sich anbietet, wird der neue Stoff auch induktiv eingeführt, d. h. die TN erarbeiten und entdecken neue Strukturen/Paradigmen mithilfe der Aufgaben selbst. Deshalb werden ab *Schritte plus Neu 2* manche Grammatik-Kästen von den TN selbst ausgefüllt.

Von Anfang an gibt es im Arbeitsbuch die Rubrik „Grammatik entdecken“, die den TN neue Grammatikphänomene durch die Art der Aufgabenstellung bewusst macht und zum eigenen Entdecken des neuen Stoffs einlädt.

Grammatik-Kasten

Der Grammatik-Kasten fasst den neuen Stoff anhand von Beispielen einfach und verständlich zusammen. Farbsignale ersetzen Regelerklärungen, die die TN im Anfängerunterricht noch gar nicht verstehen würden.

Das Erlernen des Artikelsystems wird durch eine besondere Farbkennzeichnung unterstützt:
(blau) • der Fernseher, -
(grün) • das Bett, en
(rot) • die Dusche, -
(gelb) • die Möbel (Pl.)
Diese Farbkodierung, die sich durch alle Bestandteile des Lehrwerks zieht, unterstützt als Memorierungshilfe den Lernprozess (→ siehe „4.5 Lernwortschatz" auf S. 9).

Praktische Tipps: Arbeit mit den Grammatik-Kästen

- Schreiben Sie die Beispiele aus den Grammatik-Kästen an die Tafel / ans IWB und heben Sie die neuen Strukturen – wie im Grammatik-Kasten – visuell hervor. Verweisen Sie auf die erste Aufgabe auf den A-C-Seiten und zeigen Sie die dahinter stehende Struktur auf.
- Die TN sollten immer das Gefühl haben, Grammatik als Hilfsmittel für das Sprechen und Schreiben zu lernen und nicht als Selbstzweck. Zeigen Sie deshalb immer den konkreten kommunikativen Nutzen der erlernten Grammatik auf und arbeiten Sie mit Beispielen.
- Sollten Ihre TN ab Band 2 die Grammatik-Kästen selbst ausfüllen, ist es wichtig, dass Sie immer im Anschluss die richtige Lösung an der Tafel / am IWB präsentieren.
- Verweisen Sie im Verlauf der Unterrichtsstunde immer wieder auf den Grammatik-Kasten. Er soll den TN auch bei den anschließenden Anwendungsaufgaben als Gedächtnisstütze und Orientierungshilfe dienen.
- Der Grammatik-Kasten kann auch als Vorlage für Plakate dienen, die im Kursraum aufgehängt werden. Sie zeigen kurz und knapp das Wichtigste. Vor allem zu Beginn eines Kurses und bei lernungewohnten TN ist es sehr nützlich, wichtige Strukturen immer „im Blick" zu haben und schnell darauf verweisen zu können.
- Die Aufgaben „Grammatik entdecken" im Arbeitsbuch dienen dem induktiven Lernen. Sie können auch vor der Arbeit mit dem Grammatik-Kasten eingesetzt werden. Alternativ können Sie diese Aufgaben auch vertiefend bearbeiten, nachdem Sie die Strukturen erklärt haben.
- Verweisen Sie auch immer wieder auf die Tabellen auf der Übersichtsseite „Grammatik und Kommunikation" sowie die dort angebotenen Zusatzaufgaben und Memorierungshilfen.
- Achten Sie von Anfang an darauf, dass die TN neue Nomen mit dem Genuspunkt und der Pluralmarkierung (analog zum Lernwortschatz) und ab Band 2 auch die Verben immer mit dem Partizip Perfekt und dem entsprechenden Hilfsverb notieren.

5.4 Wortschatzvermittlung

Die Wortschatzprogression orientiert sich ebenfalls an den Lernzielen des Rahmencurriculums für Integrationskurse und den Vorgaben der Prüfung DTZ. Der Wortschatzarbeit liegen folgende Überlegungen zugrunde:

- Neuer Wortschatz wird mit bekannten Strukturen eingeführt, damit die TN sich auf die neuen Wörter konzentrieren können.
- Nach Möglichkeit werden Wortfelder eingeführt.
- Im Lernwortschatz am Ende des Arbeitsbuchs wird jedes neue Wort mit einem Kontextsatz aus der Lektion und einer Schreiblinie ergänzt, auf der die TN die Übersetzung in ihre Muttersprache eintragen können. Sie können sich damit selbst abfragen und den neuen Wortschatz im Kontext lernen. Zahlreiche Wörter und Wortfelder sind im Lernwortschatz visualisiert. Auch dies erleichtert das Vokabellernen.
- Kleine Lerntipps zum Vokabellernen im Lernwortschatz helfen den TN beim Spracherwerb. (→ siehe „4.5 Lernwortschatz" auf S. 9)

Praktische Tipps

- Achten Sie darauf, dass die TN von Anfang an gezielt ein Wörterbuch (oder eine Wörterbuch-App) benutzen. Das fördert das autonome Lernen.
- Nutzen Sie auch die Foto-Hörgeschichten für die Wortschatzarbeit. Die TN suchen im Wörterbuch passende Wörter zu den Fotos.
- Achten Sie auf regelmäßige Wiederholung der Lernwörter.
- Geben Sie regelmäßig die Lernwörter der jeweiligen Kursbuchseiten als Hausaufgabe und fragen Sie diese in der nächsten Stunde ab. Erstellen Sie zum Abfragen einen kleinen Lückentext mit Lücken für die neuen Wörter.
- Lassen Sie neue Wörter pantomimisch darstellen: Die anderen raten.
- Lassen Sie neue Wörter zeichnen: Die anderen raten.
- Umschreiben Sie die Wörter. Die TN raten das passende Wort.
- Erstellen Sie Bildkarten oder ein Bilder-Bingo, um den Wortschatz spielerisch zu Wiederholen.
- Die TN bilden Wortketten im Rahmen eines „Ich packe meinen Koffer"-Spiels.
- Die TN erstellen Wortschatzübungen füreinander (Kreuzworträtsel, Buchstabensalat etc.)
- Die TN bilden zwei Gruppen, laufen abwechselnd zur Tafel und notieren neue Wörter.
- Die TN laufen im Kursraum herum und murmeln die neuen Wörter. Das hilft beim Einprägen.
- Ermuntern Sie die TN, neue Wortfelder in ihrem Portfolio zu notieren.
- Fragen Sie auch immer wieder Wörter aus vorhergegangenen Lektionen als Wiederholung ab, indem Sie z. B. ausgewählte Wörter auf Kärtchen schreiben und nach Wortarten, Artikeln oder Wortfeldern sortieren lassen.
- Weisen Sie die TN auf die Lerntipps zum Wörterlernen auf den Lernwortschatz-Seiten hin.

5.5 Automatisierung

Für einen erfolgreichen Spracherwerb ist es wichtig, neue Strukturen nicht nur kognitiv zu erfassen, sondern sie auch immer wieder einzuschleifen. Durch diese Automatisierung bekommen die TN ein Gespür für die neuen Strukturen. Durch das aktive Verwenden und Memorieren werden diese zu beherrschbarem Sprachmaterial. Die TN gewinnen Vertrauen in die Erlernbarkeit des Neuen. Dafür bietet *Schritte plus Neu* mehrere Möglichkeiten an:

- Variationsaufgaben: Kurze, alltagsbezogene Modellgespräche, die die TN variieren sollen.
- Audiotraining: Einschleifübungen zu Grammatik und Redemitteln der Lektion
- Videotraining: Präsentation und Einschleifübungen zu den Redemitteln der Lektion

Praktische Tipps zum Audio- und Videotraining finden Sie unter → „5.12 Arbeit mit den Übersichtsseiten ‚Grammatik und Kommunikation'" auf den Seiten 18/19 und direkt in den didaktischen Hinweisen zur jeweiligen Lektion.

Praktische Tipps: Arbeit mit den Variationsaufgaben

- Die TN decken den Modelldialog zu und hören ihn zunächst nur. Falls vorhanden, sehen Sie dazu das Bild/ Foto an und konzentrieren sich auf die Situation. Wenn Sie die Bilder/Fotos auf Folie kopieren / am IWB zeigen, können die TN die Bücher geschlossen lassen.
- Stoppen Sie das Modellgespräch beim zweiten Hören nach jedem einzelnen Sprechpart. Die TN sprechen im Chor nach. Dabei sollen Sie den Text nicht mitlesen, sondern sich auf das Hören und Nachsprechen konzentrieren.
- Die TN hören das Gespräch noch einmal und lesen mit.
- Die TN lesen und sprechen das Gespräch in Partnerarbeit.
- Die TN lesen die Varianten und sprechen das Gespräch in Partnerarbeit mit den Varianten. Die farbigen Unterlegungen helfen den TN zu erkennen, welche Teile des Gesprächs variiert werden sollen.
- Die TN wechseln regelmäßig die Rollen.
- Die TN sollten manche Gespräche auch auswendig lernen und vor dem Kurs vorspielen.
- Die TN können oder sollen auch eigene Varianten bilden.

5.6 Aktivitäten im Kurs

In den Abschlussaufgaben auf jeder Kursbuchseite wird der Lernstoff in den persönlichen Bereich der TN übertragen. Sie befragen sich auf ganz unterschiedliche Art gegenseitig zu verschiedenen Themen oder üben den Lernstoff durch eine spielerische Aktivität in Kleingruppen.
Achten Sie darauf, dass die TN sich bei diesen Aktivitäten möglichst oft im Kursraum bewegen. Das fördert das Memorieren von Wörtern und Strukturen. Bewegung ist für viele TN auch konzentrationsfördernd und trägt zur Aktivierung beider Gehirnhälften bei. Dadurch wird neuer Wortschatz im Gedächtnis besser verankert.
Bei dieser Art von Aufgaben geht es häufig darum, dass die TN selbst Kärtchen, Plakate oder Fragebögen erstellen, was nicht nur ein gutes Schreibtraining ist, sondern sich auch positiv auf das Kursklima auswirkt. Wenn Sie im Kurs nicht genug Zeit für Bastelarbeiten haben, können Sie zu den entsprechenden Aufgaben Kopiervorlagen aus dem Lehrwerkservice unter www.hueber.de/schritte-plus-neu nutzen (→ siehe „2.3 Medienüberblick" auf S. 5).

Praktische Tipps

- Vermeiden Sie in diesen Phasen zu viele Korrekturen. Die TN sollen Gelegenheit haben, sich frei auszudrücken.
- Achten Sie auf den Wechsel von Sozialformen.
- Nutzen Sie einen Ball für Frage-Antwort-Gespräche.
- Rollenspiele sollten nicht nur gesprochen, sondern auch gespielt werden. Wenn Ihre TN im Besitz von Smartphones sind, können Sie sie auch anregen, kleine Videos von den Rollenspielen aufzunehmen.
- „Kugellager": Die TN stehen sich in einem Außenkreis und einem Innenkreis gegenüber. Der Außenkreis stellt Fragen, der Innenkreis antwortet. Nach jedem Mini-Gespräch bewegt sich der Innenkreis im Uhrzeigersinn, damit stehen sich zwei neue Partner gegenüber. Alternativ können Sie die TN sich auch zu Musik im Kreis bewegen lassen. Wenn die Musik stoppt, sprechen sie mit der Partnerin / dem Partner, die/der ihnen gerade gegenübersteht. Auf diese Weise können Sie Bewegung und Musik in den Unterricht integrieren.
- Texte, Plakate etc. werden im Kursraum aufgehängt. Die TN gehen herum und sprechen darüber.
- Die TN suchen andere TN mit möglichst vielen Gemeinsamkeiten oder Unterschieden.
- Die TN sprechen mit wechselnden Partnern (WPA), um so möglichst oft die Dialoge oder Aufgaben zu wiederholen und zu variieren.
- Sie können hier gezielt geübtere und ungeübtere TN zusammenarbeiten lassen und so eine Differenzierung vornehmen, ohne dass sie den TN sofort bewusst wird.

Praktische Tipps zur Paar- und Gruppenbildung
Paare:

- Verteilen Sie Kärtchen, auf denen z. B. Frage und Antwort stehen. TN mit einer Frage suchen den TN mit der passenden Antwort. Dies können Sie später auch mit Verbformen (Infinitiv und Partizip), Gegensatzpaaren, Komposita oder mehrsilbigen Wörtern usw. durchführen.
- Kleben Sie vor dem Unterricht unter oder hinter die Stühle der TN Zettelchen, von denen je zwei die gleiche Farbe haben. Das geht auch mit Bonbons. So können Sie die Partnerfindung steuern.
- Nehmen Sie ein Bündel Schnüre, Anzahl: die Hälfte Ihrer TN. Die TN fassen je ein Ende einer Schnur, am anderen Ende der Schnur finden sie ihre Partnerin / ihren Partner.
- Das „Atomspiel": Die TN stehen auf und bewegen sich frei im Raum, evtl. können Sie Musik dazu vorspielen. Als Stoppzeichen rufen Sie „Atom 2" (alternativ: 3/4/5/...). Die TN finden sich paarweise (bzw. zu Dreier-, Vierer-, Fünfergruppen ...) zusammen.

Gruppen:
- Zerschneiden Sie einen Satz in seine Bestandteile: Die TN müssen den Satz zusammenfügen (z. B. „Und wie heißen Sie?") und bilden eine Gruppe.
- Lassen Sie die TN abzählen (bei einer Gruppe von 21 TN von 1 bis 7, alle Einser gehen zusammen, alle Zweier etc.).
- Zerschneiden Sie Postkarten (Bilderpuzzle) oder Spielkarten und verteilen Sie sie: Die TN suchen die fehlenden Puzzleteile und finden so gleichzeitig ihre Partner.
- Definieren Sie bestimmte Merkmale: Alle mit Brille, alle mit blauen Augen, ... bilden eine Gruppe.

5.7 Binnendifferenzierung

Ein (Integrations-)Kurs setzt sich aus TN mit unterschiedlichen Muttersprachen sowie unterschiedlichen Lernerfahrungen und Lernzielen zusammen. Binnendifferenzierung ist eine Möglichkeit, den Unterricht für alle TN interessant zu gestalten, auf die unterschiedlichen Bedürfnisse der TN einzugehen und jeden Einzelnen so gut wie möglich zu fördern. Binnendifferenzierung bedeutet Gruppenarbeit: Innerhalb des Kurses werden (zeitweise) mehrere Gruppen gebildet, die unterschiedliche Lerninhalte bearbeiten. Das kann beispielsweise heißen, dass leistungsstärkere Gruppen mehr oder schwierigere oder freiere Aufgaben erhalten oder dass für einzelne Gruppen verschiedene Lernziele gesetzt werden. *Schritte plus Neu* bietet vielfache Unterstützung für einen binnendifferenzierenden Unterricht:
- in den Unterrichtsplänen durch praktische Hinweise zum binnendifferenzierenden Arbeiten; diese sind mit ⟷ gekennzeichnet
- explizit im Kursbuch durch gekennzeichnete Zusatzaufgaben für schnellere TN **SCHON FERTIG?**
- implizit im Kursbuch durch Lesetexte oder Rollenspiele in unterschiedlichen Schwierigkeitsgraden
- implizit im Kursbuch durch die „Zwischendurch mal ..."-Seiten: Die Aufgaben auf diesen Seiten können in Einzelarbeit, in Gruppenarbeit oder auch im Kurs bearbeitet werden. In den Unterrichtsplänen finden Sie jeweils Verweise dazu, wie und wann schnelle oder interessierte TN die Aufgaben auf diesen Seiten bearbeiten können. **ZDM**
- implizit im Kursbuch durch die Extra-Aufgaben auf den Übersichtsseiten „Grammatik und Kommunikation"
- explizit im Arbeitsbuch durch die mit ◇ gekennzeichneten vertiefenden Übungen für Lernungewohnte und die mit ❖ gekennzeichneten erweiternden Übungen für Lerngewohnte
- implizit im Arbeitsbuch durch die Selbsttests: Das „Ampelsystem" in der Auswertung ermöglicht den TN, im Internet unter www.hueber.de/schritte-plus-neu/lernen die passenden Anschlussübungen zu finden. Die TN können mit diesen Übungen den Stoff der Lektion selbstständig wiederholen und sich ggf. auch auf den Test vorbereiten. (→ siehe „4.3 Der Selbsttest" auf S. 9).

Praktische Tipps

Wichtig: Es ist nicht nötig, dass immer alle alles machen! Teilen Sie die Gruppen nach Kenntnisstand und/oder Neigung ein. Die einzelnen Gruppen können ihre Ergebnisse dem Plenum präsentieren. So lernen die TN miteinander und voneinander.

Binnendifferenzierung / Kursbuch
- Verweisen Sie schnellere TN immer wieder auf die „Schon-fertig?"-Aufgaben, auf die passenden Aufgaben auf den *Zwischendurch mal ...*-Seiten und den Übersichtsseiten. Gehen Sie herum und helfen Sie individuell.
- Lassen Sie nach Abschluss von Lektion 1 alle TN den Selbsttest im Arbeitsbuch machen. Erläutern Sie das „Ampelsystem" und zeigen Sie – wenn möglich – exemplarisch im Internet, wie die TN mit den zusätzlichen Übungen umgehen sollen.
- Wenn Sie einen Computerraum zur Verfügung haben, bieten Sie für die erste Lektion an, die Übungen gemeinsam im Kurs durchzugehen. So können Sie helfen, wenn die TN mit den Übungsformen noch nicht vertraut sind.
- Ermuntern Sie die TN, das Audio- und Videotraining und die Handyfilme aktiv zu nutzen. Schnellere TN können diese Aufgaben mit Hilfe von Smartphone/Tablet und Kopfhörer auch nutzen, während andere TN noch Aufgaben aus Kurs- oder Arbeitsbuch lösen.
- Stellen Sie Mindestanforderungen, die von allen TN gelöst werden sollen. Besonders schnelle TN bekommen zusätzliche Aufgaben, z. B. Erweiterungsübungen im Arbeitsbuch. Reduzieren Sie die Vorgaben und Hilfestellungen für lerngewohnte TN. Entfernen Sie z. B. Vorgaben oder Schüttelkästen in den Aufgaben.
- Binden Sie schnellere TN als Co-Lehrer mit ein: Wenn diese eine Aufgabe beendet haben, können sie die Lösung schon an die Tafel oder ans IWB schreiben.
- Stellen Sie die Gruppen nach Neigung oder Lerntypen zusammen. Haben Sie beispielsweise visuell orientierte TN, können Sie neue Grammatikstrukturen mit Beispielen und Farben an der Tafel oder dem IWB präsentieren. Kognitiv orientierte TN erhalten Tabellen, in denen sie neue Formen eintragen – für diese TN sind die „Grammatik entdecken"-Aufgaben im Arbeitsbuch besonders gut geeignet.
- Lassen Sie bei unterschiedlich schwierigen Aufgaben die TN selbst wählen, welche sie lösen möchten und wie viel sie sich zutrauen. Damit vermeiden Sie eine feste Rollenzuweisung, denn ein TN kann sich einmal für die einfachere Aufgabe entscheiden, weil er sich selbst noch unsicher fühlt, ein anderes Mal aber für die schwierigere, weil er sich in diesem Fall schon sicher fühlt.
- Aufgaben zum Lesen: Nicht alle TN müssen alle Aufgaben lösen. Langsamere TN können sich auf die Aufgaben zum globalen Lesen konzentrieren oder nur weniger Absätze lesen und den restlichen Text als Hausaufgabe bearbeiten. Schnellere TN finden eine Reihe von weiteren Lesetexten auf den „Zwischendurch mal ..."-Seiten.

- Aufgaben zum Hören: Sie können die TN in Gruppen aufteilen: Jede Gruppe achtet beim Hören auf einen bestimmten Sprecher und beantwortet die entsprechenden Fragen.
- Aufgaben zum Sprechen: TN, die noch Hilfestellung benötigen, können bei Sprechaufgaben auf die Redemittel auf den Kursbuchseiten und auf der Übersichtsseite zurückgreifen. Geübtere TN sollten das Buch schließen.
- Aufgaben zum Schreiben: Achten Sie auf die Vorlieben der TN. Nicht alle haben Freude am kreativen Erfinden von kurzen Texten. Bieten Sie auch Diktate (im Internet unter www.hueber.de/schritte-plus-neu) an oder unterstützen Sie TN, die noch Schwierigkeiten beim Schreiben haben, indem Sie ihnen Beispieltexte mit Lücken zum Ausfüllen geben.

Binnendifferenzierung/Arbeitsbuch
Die binnendifferenzierenden Übungen im Arbeitsbuch (siehe auch Seite 9) können im Kurs oder als Hausaufgabe bearbeitet werden. Es empfiehlt sich folgendes Vorgehen:
- Die Basisübungen (ohne Kennzeichnung) sollten von allen TN gelöst werden.
- Zusätzlich können die Vertiefungsübungen (◇) und die Erweiterungsübungen (❖) gelöst werden. Lassen Sie nach Möglichkeit die TN selbst entscheiden, wie viele Aufgaben sie lösen möchten, oder geben Sie bei der Stillarbeit im Kurs einen bestimmten Zeitrahmen vor, in dem die TN die Übungen lösen sollten. So vermeiden Sie, dass nicht so schnelle TN sich unter Druck gesetzt fühlen.

Die Basis- und Vertiefungsübungen sollten Sie im Plenum kontrollieren – durch Vorlesen im Kurs oder durch Selbstkontrolle der TN mithilfe einer Folie, auf der Sie oder ein TN zuvor die Lösungen notiert haben. Erweiterungsübungen führen über den Basiskenntnisstand hinaus. Hier gibt es auch freiere Übungsformen, z. B. das Schreiben von Dialogen anhand von Vorgaben. Die TN können sich bei diesen Übungen selbstständig zu zweit kontrollieren oder Sie verteilen eine Kopie mit den Lösungen. Bei freien Schreibaufgaben sollten Sie die Texte einsammeln und in der folgenden Unterrichtsstunde korrigiert zurückgeben.

5.8 Wiederholung

Damit sprachliche Strukturen und Wörter gefestigt werden können, müssen sie immer wieder aktiviert werden. *Schritte plus Neu* setzt daher auf häufige Wiederholungssequenzen:
- Im Lehrwerkservice finden sich interaktive vertiefende und erweiternde Übungen zum selbstständigen Weiterüben. Sie sind mit den Selbsttests am Ende jeder Arbeitslektion verknüpft.
- Mit dem Audio- und dem Videotraining auf den Übersichtsseiten „Grammatik und Kommunikation" können die TN wichtige Wendungen aus der Lektion selbstständig üben.
- Im vorliegenden Lehrerhandbuch gibt es zu jeder Lektion eine Kopiervorlage zur Wiederholung.
- Im Internet finden sich weitere Kopiervorlagen zur Wiederholung („Wiederholungsstationen").

Praktische Tipps
- regelmäßige Wortschatzwiederholung am Anfang jeder UE, z. B. durch spielerische Aktivitäten zum Einstieg (→ siehe „5.4 Wortschatzvermittlung" aus S. 13)
- Greifen Sie bereits bekannte Hör- und Lesetexte nochmals wiederholend auf und erstellen Sie kleine Wiederholungsübungen dazu (z. B. Lückentexte).
- Nutzen Sie die Wortfeld-Abbildungen auf den Lernwortschatz-Seiten zur Wortschatzwiederholung- und erweiterung. Kopieren Sie dazu die Abbildungen (z. B. ohne Artikel oder ohne Wörter) auf Folie, zeigen Sie sie am IWB und lassen Sie sie von den TN ergänzen.
- Wiederholen Sie Wortschatz, besonders Verben durch pantomimische Darstellung. Verteilen Sie dazu Wortkarten an die TN. Diese spielen das jeweilige Wort pantomimisch vor, die anderen raten.
- Die TN erstellen zu Beginn der Kursstunde kleine Plakate zu einem bestimmten Wortfeld der letzten Kursstunde. Achten sie darauf, dass alle Nomen immer mit dem richtigen Artikel (und Genuspunkt) präsentiert werden. Lerngewohnte TN können in dieser Phase selbstständig mit dem Wörterbuch arbeiten und das Wortfeld um weitere Wörter ergänzen.
- Erstellen Sie zusammen mit den TN eine „Schatzkiste", indem Sie die TN in regelmäßigen Abständen bitten, die neuen Wörter auf Kärtchen zu schreiben und zu visualisieren. Die „Schatzkiste" kann dann bei Bedarf zur Binnendifferenzierung oder Wiederholung genutzt werden.

5.9 Lernstrategien/Lernerautonomie

Viele Lernende verfügen aufgrund ihrer Lernbiografie nicht über die Mittel, ihren Lernprozess eigenständig zu strukturieren und zu steuern. Deshalb gibt es in *Schritte plus Neu* dazu einige Hilfestellungen:
- Durch die Übungen im Arbeitsbuch lernen die TN in der praktischen Anwendung verschiedene Lerntechniken kennen (z. B. „Grammatik entdecken").
- Auf den Übersichtsseiten „Grammatik und Kommunikation" und auf den Lernwortschatzseiten finden die TN kleine Tipps zu verschiedenen Lerntechniken.

Merke:

| Ich heiße | ~~Frau~~ Baumann. |
| Mein Name ist | |

TIPP
Lernen Sie Fragen und Antworten immer zusammen.

- Auf den Übersichtsseiten „Grammatik und Kommunikation" finden Sie die Lernziele der jeweiligen Lektion. (→ siehe „3.4 Übersicht: Grammatik und Kommunikation" und „5.12 Arbeit mit den Übersichtsseiten ‚Grammatik und Kommunikation'" auf S. 8 und 18)
- Im Lehrwerkservice steht eine Kopiervorlage für ein komplettes Portfolio zu jedem Band zur Verfügung (→ siehe „2.3 Medienüberblick" auf S. 5). Das Portfolio bietet die Möglichkeit, das Gelernte individuell zu dokumentieren und den Lernfortschritt am individuellen Lebensalltag zu spiegeln. Die TN halten Angaben zu sich und ihrem Umfeld fest, die sie sprachlich bereits bewältigen können und reflektieren an konkreten Beispielen über ihren Sprachlernprozess.

Praktische Tipps

- Verweisen Sie regelmäßig auf die Lerntipps auf den Übersichtsseiten „Grammatik und Kommunikation" und den Lernwortschatzseiten.
- Achten Sie darauf, dass die TN die Lerntipps ausprobieren und tauschen Sie sich darüber im Unterricht aus, z. B. indem Sie Kärtchen mit Smileys an Ihre TN verteilen, damit sie die Lerntipps bewerten und erstellen Sie ein Plakat mit den hilfreichsten Tipps für Ihren Kurs.
- Nehmen Sie sich eine feste Zeit in der Unterrichtswoche vor, in der sich die TN mit dem Thema Sprachenlernen beschäftigen.
- Kopieren Sie das Portfolio möglichst für alle TN. Alternativ können die TN sich die Seiten auch selbst aus dem Internet herunterladen (→ siehe „2.3 Medienüberblick" auf S. 5).
- Bitten Sie alle TN, sich einen Ordner für das Portfolio anzulegen und die erarbeiteten Blätter dort abzuheften.
- Begleiten Sie die Arbeit der TN am Portfolio aktiv. Ermuntern Sie Ihre TN, das Portfolio regelmäßig zu führen und planen Sie innerhalb des Unterrichts Phasen ein, in denen die Portfolio-Arbeit thematisiert wird.

5.10 Landeskunde

Die Vermittlung von Landeskunde ist für Migrantinnen und Migranten, die den Alltag in Deutschland meistern wollen und müssen, besonders wichtig. In *Schritte plus Neu* werden landeskundliche Inhalte gezielt angeboten:

- durch die Foto-Hörgeschichte, die den deutschen Alltag authentisch abbildet und dabei implizit landeskundliches Wissen vermittelt sowie interkulturelle Diskussionsanlässe bietet
- durch die Handyfilme zu den Foto-Hörgeschichten, die ebenfalls den Alltag in Deutschland zeigen
- durch landeskundlich relevante Lese- und Hörtexte auf den D- und E-Seiten sowie auf den „Zwischendurch mal ..."-Seiten
- durch die fakultativen Fokus-Seiten im Arbeitsbuch, die konkrete Informationen und Hilfestellungen zum Leben in Deutschland geben
- durch Projekt-Vorschläge auf den „Zwischendurch mal ..."-Seiten, die die TN anregen, sich mit ihrem Wohnort, ihrem unmittelbaren Umfeld und ihrem Alltag zu beschäftigen

Landeskundliche Informationen, über die die TN nach dem Rahmencurriculum für Integrationskurse verfügen sollten und die für das Leben in Deutschland wichtig sind, finden Sie in diesem Lehrerhandbuch.

Praktische Tipps

- Führen Sie mit ihren TN ein Kurs-Tagebuch, in dem sie wichtige landeskundliche Informationen, Ergebnisse von Projektarbeit etc. dokumentieren
- Regen Sie an, dass die TN Dinge und Gewohnheiten, die ihnen im deutschen Alltag auffallen, im Kurs thematisieren.
- Ermuntern Sie die TN, Gegenstände, Dokumente etc. aus Ihrem Lebens- und Berufsalltag in den Unterricht mitzubringen
- Lassen Sie die TN landeskundliche Informationen mit ihren Heimatländern vergleichen.

5.11 Phonetik

Häufig erwerben Lernende gute Kenntnisse in Wortschatz und Grammatik. Damit haben sie einen wichtigen Schritt für die Kommunikation mit Muttersprachlern der Zielsprache gemacht. Aber selbst wenn die Wörter von ihrer Semantik her richtig verwendet werden, kann es durch eine falsche Aussprache oder Betonung zu Missverständnissen bis hin zum völligen Scheitern der Kommunikation kommen. Deshalb wird in *Schritte plus Neu* von Anfang an Wert auf eine gründliche Ausspracheschulung gelegt:
In *Schritte plus Neu 1* stehen neben der Schulung einzelner Laute und Lautkombinationen vor allem Wortakzent, Satzakzent und Satzmelodie im Vordergrund. Bei der Lautartikulation wird der Schwerpunkt auf die Vokale gelegt, die als Akzentträger des Wortes für die Verständlichkeit von besonderer Bedeutung sind.
Die Ausspracheschulung in *Schritte plus Neu* hält sich an folgende Prinzipien:

- Sie erfolgt in einem Wechselspiel aus imitativem und kognitivem Lernen, z. B. durch Hören, Erkennen und Nachsprechen oder Hören, Erkennen und Markieren oder Hören und Nachsprechen.
- Die Laute werden zunächst im Wort und darauf aufbauend im ganzen Satz geübt.
- Die Beispiele ergeben sich aus der Lektion. Dadurch steht die Phonetik in einem für die TN relevanten und nachvollziehbaren Kontext. Zudem ergibt es wenig Sinn, Wörter nachzusprechen, die man nicht versteht.

Praktische Tipps

- Regen Sie die TN dazu an, phonetische Phänomene zunächst zu übertreiben, um die Lautbildung/Betonung zu üben und dadurch sicherer zu werden.
- Einzelne Sätze und Sequenzen aus der Foto-Hörgeschichte eignen sich sehr gut, um gesprochene Sprache zu hören und zu üben, z. B. wenn emotionale Ausdrücke und Aussagen dabei sind.
- Lassen Sie die TN Wortschatz zu einem bestimmten Laut sammeln und anschließend nach Schreibweise ordnen.
- Die TN oder Sie können aus Wörtern zu einem bestimmten Phänomen auch kleine Texte schreiben, in denen möglichst viele Laute einer bestimmten Sorte vorkommen, z. B. „Ist Iris im Iran?" – „Ich bin nicht sicher." / „Wo? Rot?" – „Da! Das Fahrrad!"
- Sprechen Sie mit den TN Wörter/Sätze laut, leise, geflüstert, gebrummt etc. Variieren Sie in der Stimmung und lassen Sie die TN mit ihrer Stimme spielen.

5.12 Arbeit mit den Übersichtsseiten *Grammatik und Kommunikation*

Die Übersichten über den Grammatikstoff und die wichtigen Wendungen der Lektion dienen den Lernenden zur Wiederholung direkt im Anschluss an die Lektion oder auch später.
Bei den Grammatik-Kästen sind jeweils Verweise zu den entsprechenden Abschnitten der *Schritte Übungsgrammatik* zu finden. Hier können die Lerner den Grammatikstoff weiterführend nachschlagen und trainieren (→ siehe „3.4 Übersicht: Grammatik und Kommunikation" auf S. 8).

Aufgaben / Tipps / Visualisierungen
Zu den einzelnen Grammatikphänomenen und den systematisch gruppierten Wendungen werden über die Übersicht hinaus am rechten Rand die folgenden Möglichkeiten angeboten:

In kleinen freien Aufgaben wenden die Lernenden den Lernstoff noch einmal an – meist in Bezug auf ihre eigene Lebenswelt.

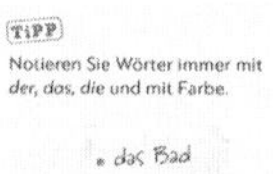

Tipps zu Lernstrategien unterstützen den Lernprozess.

Visualisierungen helfen beim Memorieren der neuen Strukturen.

Finden Sie noch vier Formen von sein.

A	B	I	S	T	R
L	E	R	E	N	O
K	B	E	I	S	T
S	I	N	D	V	S
O	N	D	R	U	H

Kleine Suchaufgaben oder Rätsel wiederholen den gelernten Stoff spielerisch.

Illustrationen von Situationen verdeutlichen den Kontext des Gelernten.

Praktische Tipps
- Erstellen Sie Lückentexte aus den Übersichten. Die TN ergänzen die Lücken in Partnerarbeit und vergleichen anschließend mit dem Buch.
- Die TN ergänzen die Grammatikübersichten um eigene Beispiele.
- Verweisen Sie im Unterricht immer wieder auf diese Seiten, damit sich Ihre TN an den Umgang mit den Übersichten gewöhnen. Tipps zur Einbindung der Übersichten in den Unterrichtsablauf finden Sie auch hier in diesem Lehrerhandbuch.
- Aufgaben: Diese Aufgaben können zur Wiederholung im Unterricht bearbeitet werden, als Hausaufgabe gegeben werden oder zur Binnendifferenzierung genutzt werden.
- Tipps: Lesen Sie die Tipps – wenn möglich – gemeinsam mit Ihren TN und lassen Sie sie – wenn möglich – auch direkt praktisch anwenden.
- Lassen Sie die TN aus den Übersichten Plakate erstellen, die im Kursraum aufgehängt werden und so immer einen schnellen „Zugriff" zum neuen Stoff bieten.
- Achten Sie darauf, dass Sie die Grammatikübersichten aktiv in den Unterricht einbinden, damit die TN die Scheu vor diesen verlieren und lernen, sie als Hilfsmittel zu nutzen.
- Erläutern Sie den TN, dass diese Übersichten die wichtigen Strukturen zeigen, die zum Gebrauch der Sprache wichtig sind und kein Selbstzweck.

Audiotraining und Videotraining
Die Automatisierung spielt im Sprachlernprozess eine wichtige Rolle. Deshalb bietet *Schritte plus Neu* ein umfassendes Programm zum Einschleifen der wichtigsten Strukturen und Redemittel an (→ siehe „5.5 Automatisierung" auf S. 14).

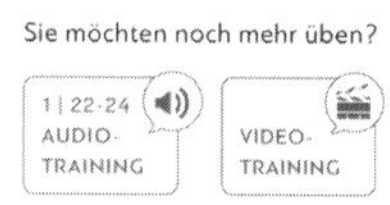

Dieses Angebot können die TN zum selbstständigen Üben und Festigen von Strukturen und wichtigen Wendungen nutzen. Sie können die Übungen zum Audio- und Videotraining anfangs in den Unterricht integrieren, um Ihre TN mit diesen Übungsformen vertraut zu machen und die selbstständige Beschäftigung mit diesem Zusatzangebot anzuregen.
In den Unterrichtsplänen finden Sie Hinweise dazu, wie Sie diese Lerneinheiten konkret im Unterricht nutzen können.

Audiotraining
Zu jeder Lektion gibt es drei Übungen, die die wichtigen Wendungen und Strategien in kleinen Sätzen / Gesprächen aufgreifen. Die Übungen sind selbsterklärend und ausschließlich über die Informationen in den Audios zu lösen. Jede Aufgabe beginnt mit einem Beispiel, das die Aufgabenstellung transparent macht. Das Trainingsprogramm besteht aus Übungen zum Nachsprechen und Variieren der gelernten Wendungen nach einfachem Muster. Mit Hilfe dieses Trainings schleifen die Lernenden diese noch einmal ein und automatisieren so ihre Verwendung.

Praktische Tipps
- Weisen Sie Ihre TN auf diese Trainingsmöglichkeit und das Potential der Automatisierungsübungen hin. Spielen Sie zwei oder drei Sequenzen im Unterricht vor und zeigen Sie, wie Ihre TN selbstständig mit diesen Aufgaben arbeiten können.
- Spielen Sie das Audiotraining im Unterricht vor, die TN laufen im Kursraum herum und sprechen die Aufgaben mit.
- Spielen Sie das Audiotraining im Kurs vor und lassen Sie die TN die Lösungen im Chor sprechen.
- Die TN nutzen das Audiotraining der vorhergehenden Lektionen zur Wiederholung und Festigung.

Videotraining
Zu jeder Lektion gibt es eine Filmsequenz, die in zwei Teile geteilt ist:
Im ersten Teil sehen die Lernenden eine kleine Szene (gespielt von den Hauptdarstellern der Foto-Hörgeschichte), in der wichtige Wendungen der Lektion aufgegriffen werden. Im zweiten Teil werden die Lernenden direkt angesprochen und müssen Aufgaben zum Lernstoff lösen.
Die TN können das Videotraining selbstständig zur Wiederholung und Festigung nutzen. Sie sollten jedoch zu Beginn des Kurses einige dieser Videotrainings mit den TN zusammen ansehen und die TN zum Mitmachen auffordern, damit sie das Prinzip kennenlernen und es später selbstständig nach Bedarf nutzen können.

Praktische Tipps
Zeigen Sie die Filme im Unterricht als motivierenden Abschluss der Lektion und arbeiten Sie damit im Kurs. Hier gibt es mehrere Möglichkeiten:
- Zeigen Sie die kleinen Szenen und lassen Sie sie von den TN in kleinen Rollenspielen oder pantomimisch nachspielen.
- Zeigen Sie die Mitmachszenen und lassen Sie Ihren Kurs im „Chor" mitmachen.
- Sollten Ihre TN im Unterricht genügend Smartphones oder Tablets zur Verfügung haben, können sie die Filme auch in Partner- oder Gruppenarbeit ansehen, mitsprechen und nachspielen.
- Die TN nutzen die Filmvorlage für entsprechende eigene kleine Handyfilme. Anschließend zeigen die TN ihre Filme im Kurs oder stellen sie auf die Lernplattform.
- Sollten Sie keine Möglichkeit haben, Filme im Unterricht zu zeigen, weisen Sie Ihre TN auf jeden Fall auf das Symbol zum Videotraining hin. Die TN können die Filme dann eigenständig ansehen und haben damit eine motivierende Möglichkeit, den Lernstoff zu wiederholen (→ siehe „2.3 Medienüberblick" auf S. 5).

Lernziele
Die Auflistung der Lernziele dient der Transparenz des Lernprozesses. Für jeden Lernschritt A bis E können Lernende und Lehrende das Lernziel nachvollziehen. Diese Liste dient dazu, dass die Lernenden ihren Lernfortschritt selbst überprüfen können, indem sie ihr Können selbst einschätzen.
Durch Ankreuzen können die TN in der Rubrik „Ich kann jetzt ..." selbst bestimmen, ob sie die Ziele erreicht haben. Darüber hinaus ergänzen sie in der Rubrik „Ich kenne jetzt ..." Wörter aus dem erlernten Wortfeld. Auch dies dient der Überprüfung des Gelernten.

Praktische Tipps
- Verweisen Sie nach jedem erarbeiteten Lernschritt A bis E auf die Lernziele auf der Übersichtsseite und motivieren Sie Ihre TN dazu, anzukreuzen, wie sie ihren Lernerfolg einschätzen.
- Gehen Sie im Kurs umher und fragen Sie nach. Geben Sie unsicheren TN Tipps, wie sie den Stoff nochmals wiederholen oder vertiefen können, zum Beispiel, indem Sie ihnen geeignete Aufgaben im Arbeitsbuch, auf der Übersichtsseite oder die interaktiven Übungen im Internet empfehlen.
- Lassen Sie die Rubrik „Ich kenne jetzt ..." nach Abschluss der Lektion ergänzen. Vergleichen Sie die Ergebnisse im Kurs und nutzen Sie diese Unterrichtsphase zur Wiederholung der Wortfelder. Verweisen Sie ggf. auch auf die Lernwortschatzseiten der Lektion.

5.13 Arbeit mit den Seiten *Zwischendurch mal ...*

Die Einheiten auf diesen Seiten können Sie während der Arbeit mit den einzelnen Lernschritten der Lektion benutzen. In den Unterrichtsplänen finden Sie Verweise auf eine optimale Verknüpfung des Lernstoffs mit den Aufgaben auf diesen Seiten. Sie können diese Einheiten aber auch zur Wiederholung und Festigung des Stoffs im Anschluss an die Lektion bearbeiten. Sie sind fakultativ und spiegeln den Stoff der Lektion – oft in spielerischer Form.
Die Aufgaben können teilweise auch in Selbstarbeit bearbeitet und gelöst werden. Damit sind sie sehr gut zur Binnendifferenzierung geeignet (→ siehe „5.7 Binnendifferenzierung" auf S. 15).
Auf diesen Seiten finden Sie folgende Rubriken, die komplett unabhängig voneinander als eigenständige Zusatzaufgaben einsetzbar sind:

PROJEKT Hier wenden die TN den Stoff noch einmal praktisch und frei an, und zwar in Teamarbeit. Die Projekte fördern auch soziale Kompetenzen, den Umgang mit Informationsmedien und das selbstständige Handeln.

FILM Zu vielen Lektionen gibt es landeskundlich interessante Filmsequenzen, die das Thema der Lektion unter einem neuen Blickwinkel aufgreifen. Die Aufgaben dazu schulen das Hör-Sehverstehen. Zusätzlich zu den Aufgaben auf den „Zwischendurch mal ..."-Seiten finden Sie in diesem Lehrerhandbuch noch Kopiervorlagen mit weiteren Didaktisierungsvorschlägen zu den Filmen. (→ siehe „2.3 Medienüberblick" auf S. 5)

LESEN Ergänzende, landeskundlich interessante Lesetexte vertiefen und erweitern den Stoff und schulen das globale Leseverstehen.

HÖREN Ergänzende Hörtexte vertiefen und erweitern den Stoff und schulen das globale Hörverstehen.

SCHREIBEN Zusätzliche authentische und kreative Schreibanlässe bieten die Möglichkeit zum gezielten Schreibtraining.

LANDESKUNDE Interessante landeskundliche Zusatzinformationen und Themen schärfen den Blick für die deutschsprachige Lebenswelt der TN und bieten Anlass zum interkulturellen Vergleich.

SPIEL/RÄTSEL/COMIC Das spielerische Wiederholen des Lernstoffs soll die TN motivieren und ist besonders gut nach längeren, kognitiv orientierten Unterrichtsphasen einsetzbar.

LIED Beim Einsatz von Musik im Unterricht haben Sie vielfältige Möglichkeiten, Ihre Lernenden durch die Kombination von Text und Rhythmus anzuregen. Auch der Einsatz von Bewegung in Form von Pantomime oder Tanz trägt in vielen Lerngruppen zur zusätzlichen Motivation bei.

Praktische Tipps

PROJEKT

- Bereiten Sie die Projekte immer sprachlich so weit wie nötig vor. Wiederholen Sie erforderliche Redemittel. Das gibt den TN Sicherheit bei der Durchführung der Projekte.
- Sie können die Projekte als Hausaufgaben aufgeben, die einzeln oder im Team gelöst werden sollen. Wenn Sie genug Unterrichtszeit zur Verfügung haben, können Sie die Projekte auch für selbstständige Gruppenarbeitsphasen nutzen.
- Wichtig ist, dass die Ergebnisse der Projekte im Kurs präsentiert und/oder auf die Lernplattform gestellt werden.

FILM

- Nutzen Sie die Fotos und die Überschriften im Buch, um Erwartungen an die Filme zu wecken.
- Stellen Sie W-Fragen (wer – was – wann – wo – wie – warum) zum Film.
- Lassen Sie den Film zunächst ohne Ton laufen und ermuntern Sie die TN, Hypothesen zum Gesehenen aufzustellen.
- Lassen Sie nur die Tonspur ablaufen und lassen Sie die TN Hypothesen zum Gehörten aufstellen.
- Zeigen Sie ausgewählte Standfotos aus den Filmen und lassen Sie die TN beschreiben, was gerade passiert oder was sie sehen.
- Stoppen Sie den Film nach kurzer Zeit. Die TN äußern Vermutungen, was weiter passiert.
- Lassen Sie die TN Szenen aus dem Film nachspielen.

LESEN/HÖREN/LANDESKUNDE

- Nutzen Sie Bilder und Überschriften, um Erwartungen an den Text zu wecken und das Vorwissen der TN zu aktivieren.
- Die TN können auch eigene Aufgaben füreinander erstellen, z. B. Richtig-Falsch-Aufgaben, Fragen zum Text, Lückentexte etc.
- Wortschatzarbeit: Die TN suchen wichtige Wörter aus dem Text und sortieren Sie nach Wortfeldern.
- Die TN stellen anhand der Informationen im Text interkulturelle Vergleiche an. Das kann paarweise, in Gruppenarbeit oder im Plenum geschehen.

COMIC

- Schneiden Sie die einzelnen Bilder des Comics aus, die TN setzen den Comic wieder richtig zusammen.
- Entfernen Sie Teile oder auch komplette Texte aus den Sprechblasen, die die TN dann zuordnen oder auch komplett neu schreiben. Damit können Sie entweder Leseerwartungen wecken oder die TN zu weiteren eigenen Variationen anregen.

LIED

- Arbeiten Sie mit dem ersten, ganzheitlichen Höreindruck (Melodie / Gesang), indem Sie das Lied als Ganzes vorspielen. Fragen Sie dann, wie die TN das Lied finden bzw. worum es gehen könnte.
- Nutzen Sie Bilder und Überschriften, um Erwartungen an den Text zu wecken und das Vorwissen der TN zu aktivieren.
- Spielen Sie, wenn vorhanden, zunächst nur den Refrain vor und tragen Sie im Kurs zusammen, was die TN verstanden haben.
- Die TN hören das Lied und notieren, welche Wörter sie verstanden haben. Notieren Sie diese dann auf Zuruf an der Tafel und lassen Sie Vermutungen über den Liedinhalt anstellen.
- Schreiben Sie einige Schlüsselwörter auf Kärtchen, verteilen Sie sie im Kurs und bitten Sie die TN, sie hochzuhalten, wenn das Wort im Lied vorkommt. Alternativ können Sie die TN bitten, aufzustehen und sich nach den gehörten Worten chronologisch aufzustellen.
- Schreiben Sie den Text satzweise auf Papierstreifen und bitten Sie die TN, die Sätze während des Hörens in die richtige Reihenfolge zu legen.
- Abschließend können die TN das Lied oder den Refrain auch mitsingen. Dabei können verschiedene Zeilen oder Strophen im Kurs aufgeteilt werden.

Die erste Stunde im Kurs

	Form	Ablauf	Material	Zeit
	PL	1. Bevor Sie in die Arbeit mit *Schritte plus Neu* einsteigen, sollten die TN sich gegenseitig vorstellen.		
	PL	2. Begrüßen Sie die TN und stellen Sie sich zunächst selbst vor, um auch den TN die notwendigen Redemittel für die eigene Vorstellung an die Hand zu geben. Schreiben Sie Ihren Namen an die Tafel und sagen Sie: „Guten Tag. Mein Name ist ..." Mein Name ist ... Ich heiße ...		
	PL	3. Sagen Sie noch einmal: „Mein Name ist ..." und fragen Sie dann einen TN nach seinem Namen: „Und wie heißen Sie?" Fragen Sie exemplarisch noch ein paar weitere TN und schreiben Sie die Frage ebenfalls an die Tafel.		
	GA	4. Die TN stellen sich zunächst in Kleingruppen ihren direkten Sitznachbarn vor. Gehen Sie herum und helfen Sie bei Schwierigkeiten.		
	PL	5. Werfen Sie den Ball einem TN zu und fragen Sie: „Hallo. Mein Name ist .... Und wie heißen Sie?" Der TN stellt sich vor. Deuten Sie dem TN mimisch und gestisch an, dass er den Ball einer Person seiner Wahl zuwerfen und diese Person ebenfalls nach dem Namen fragen soll. Die TN werfen sich so lange den Ball zu, bis alle einmal ihren Namen genannt haben.	Ball	
	PL	6. Spielen Sie mit zwei TN ein kleines Gespräch, um „Das ist ..." einzuführen. Fragen Sie einen TN: „Wie heißen Sie?". Der TN antwortet: „Ich heiße ... / Mein Name ist ...". Anschließend stellen Sie den TN dem dritten TN vor, indem Sie sagen: „Das ist ...". Weisen Sie dabei mit der Hand auf den TN, den Sie vorstellen.		
	PL	7. Die TN stellen sich nun im Kreis auf. Lassen Sie sich den Ball von einem TN zuwerfen, der TN sagt dazu: „Ich heiße ..." Werfen Sie dann den Ball einem weiteren TN zu und sagen Sie im Hinblick auf den Vorredner: „Das ist ... Ich heiße ..." Der TN, der den Ball gefangen hat, fährt in derselben Weise fort, indem sie/er den Ball wirft, Sie dabei vorstellt und dann seinen eigenen Namen sagt. Die TN werfen sich so lange den Ball zu, bis alle einmal vorgestellt wurden.	Ball	

PL

TIPP

Im Kurs wird von Anfang an ein Gemeinschaftsgefühl entwickelt, wenn sich alle mit Namen kennen. Damit sich die TN die Namen der anderen TN leichter einprägen, bietet sich im Anschluss an die Kennenlernphase ein Spiel an, z. B. „Zipp Zapp". Durch eine solche spielerische Aktivität kommen die TN nicht nur in (Augen-)Kontakt miteinander und somit weg von einer auf die Kursleiterin/den Kursleiter gerichteten, zentralisierten Aufmerksamkeit, sondern die TN haben bereits die erste Hürde des Kennenlernens und „Sich-Äußern-Trauens" geschafft.

Spielanleitung:

1. Die TN setzen sich in einen Kreis, Sie als Kursleiterin/als Kursleiter stehen in der Kreismitte. Achtung: Es gibt nur so viele Stühle wie TN im Kreis sitzen, d. h. bei 20 TN und Ihnen als Mitspieler gibt es 20 Stühle.
2. Sagen Sie „Zipp" zu einem TN. Dieser muss dann den Namen des TN sagen, der links von ihr/ihm sitzt. Sagen Sie „Zapp", muss der TN den Namen des TN nennen, der rechts von ihr/ihm sitzt. Wenn ein TN dabei einen Fehler macht, muss sie/er in die Mitte und Sie können sich auf den Stuhl setzen. Bei dem Ausruf „Zipp Zapp" wechseln alle TN ihre Plätze. Wer in der Mitte steht, versucht dabei, einen Platz im Stuhlkreis zu erhaschen. Nun muss der TN, der ohne Stuhl bleibt, weiterfragen.

GUTEN TAG. MEIN NAME IST ...

Folge 1: Das bin ich.

Einstieg in das Thema „Kennenlernen“

	Form	Ablauf	Material	Zeit
1	**Das erste Hören**			
	PL	1. Da es für Ihre TN vielleicht etwas ganz Neues ist, sich auf einen Hörtext zu konzentrieren, sollte erst der Ablauf der Foto-Hörgeschichte trainiert werden. Ziehen Sie dafür Folien von Foto 1–2 oder nutzen Sie die Slide-Show zur Foto-Hörgeschichte mit verknüpftem Ton und Bild.	CD 1/1–2, Folie/IWB, Slide-Show	
	PL	2. Zeigen Sie Foto 1, spielen Sie den Text von Foto 1 einmal vor und stoppen Sie nach dem „Klick“. Zeigen Sie Foto 2 auf Folie/IWB nach Möglichkeit neben Foto 1 und zeigen Sie, dass durch den „Klick“ zum nächsten Foto gewechselt wird.	Folie/IWB, CD 1/1–2	
	PL	3. Die TN hören nun die ganze Geschichte einmal von Beginn an und zeigen in ihrem Buch mit.	CD 1/1–8	
	PL	4. Zeigen Sie auf Laras Foto in Aufgabe 1 im Buch und fragen Sie: „Wer ist das?“ Zeigen Sie auf die Sprechblase „Ich heiße Lara Nowak.“	Folie/IWB	
	PL	5. Fragen Sie, während Sie auf die Fotos von Lili, Walter und Sofia zeigen: „Wer ist das?“		
	PL	6. Deuten Sie an, dass die TN die Geschichte noch einmal hören, indem Sie z. B. die Hand an das Ohr legen und sagen: „Wir hören noch einmal.“ Spielen Sie die Foto-Hörgeschichte noch einmal vor. Die TN verbinden jeweils Foto und Sprechblase und nennen mündlich die Lösung. *Lösung: A Ich bin Lili. C Mein Name ist Walter Baumann. D Ich bin Sofia Baumann.*	CD 1/1–8	
2	**Nach dem ersten Hören: Was ist richtig?**			
	PL	1. Sollte der Kurs aus echten Anfängern bestehen, lesen Sie die Aufgabe und die Texte A–D vor. Wenn es in Ihrem Kurs TN mit Deutschkenntnissen gibt, kann einer von ihnen die Aufgabe vorlesen. ⚠ Es geht hier noch nicht darum, dass die TN die grammatikalischen Strukturen verstehen. Diese werden auf den Modulseiten A bis C Schritt für Schritt erklärt. Verzichten Sie hier auf Erklärungen.		
	PL	2. Deuten Sie an, dass die TN Teile der Geschichte jetzt noch einmal hören.		
	PL	3. Spielen Sie die Foto-Hörgeschichte zu Foto 2 (Track 2 bis „Auf Wiedersehen“) vor. Deuten Sie auf Laras Text und fragen Sie: „Ist das richtig? Ich komme aus Deutschland. Ich spreche Polnisch und Deutsch.“ Spielen Sie, wenn nötig, den Hörtext noch einmal vor. Markieren Sie auf Folie/IWB im Text die Unterschiede zum Hörtext und sagen Sie: „Das ist nicht richtig.“ Schütteln Sie dazu den Kopf, um „nicht richtig“ zu verdeutlichen. Die TN können die richtige Lösung nennen. *Lösung: Ich komme aus Polen. Ich spreche Polnisch, ein bisschen Englisch und Deutsch.* *fakultativ:* Verteilen Sie zur Vorbereitung auf Aufgabe 2 die Kopiervorlage an lernungewohnte TN. Spielen Sie die Foto-Hörgeschichte zu Foto 2 (Track 2 bis „Auf Wiedersehen“) vor und deuten Sie auf der Kopiervorlage auf die Ankreuzkästchen „Deutsch“ und „Polen“ bei Lara. Deuten Sie an, dass noch weitere Lösungen auf Lara zutreffen. Die TN markieren entsprechend auf der Kopiervorlage und vergleichen erst dann mit dem Text im Buch.	Folie/IWB, CD 1/2, KV L1/FHG	

PL	4. Spielen Sie die drei weiteren Hörtexte noch einmal vor und stoppen Sie an den Schlüsselstellen (Walter: Track 4 nach „Auf Wiedersehen", Sofia: Track 5 nach „Tschüs", Lili: Track 7 nach „Tschüs"), sodass die TN Zeit haben, die Informationen in den Texten zu überprüfen und herausfinden können, welche Texte richtig sind. *fakultativ:* Ungeübtere TN kreuzen beim Hören Länder und Sprachen auf der Kopiervorlage an. Anschließend nehmen sie die Kopiervorlage für die Lösung von Aufgabe 2 im Kursbuch zuhilfe. Lerngewohnte TN können in Partnerarbeit die falschen Texte berichtigen, indem sie die Fehler unterstreichen und korrigieren. *Lösung: richtiger Text: B; Korrekturen: A Polen, und ein bisschen Englisch; C Deutschland*	CD 1/4, 5, 7; KV L1/FHG	

TIPP	Die Lösungen der Kopiervorlage befinden sich am unteren Ende der Seite, sodass Sie sie einfach vor dem Kopieren wegknicken können, wenn Sie nicht möchten, dass sie den TN vorliegen.

	PL	5. *fakultativ:* Die TN hören abschließend die Foto-Hörgeschichte noch einmal ganz. Sicherlich werden sie merken, wie viel sie im Vergleich zum ersten Hören jetzt schon verstehen. Das fördert die Motivation und die Lernfreude.	CD 1/1–8	

TIPP	In Inlandskursen können Sie darauf zurückgreifen, dass viele TN schon einige Zeit im deutschsprachigen Raum leben und bereits erworbenes Wissen mitbringen. Versuchen Sie so oft wie möglich, dieses Vorwissen zu aktivieren. Die TN können sich so gegenseitig etwas beibringen und einander helfen. Ziehen Sie Nutzen aus dem vorhandenen Wissen der TN. Antworten Sie z. B. bei der Frage nach einer Wortbedeutung nicht sofort selbst, sondern geben Sie die Frage an das Plenum weiter. Vielleicht kann ein TN das Wort erklären. Verfahren Sie ebenso mit Fehlern: Geben Sie erst anderen TN die Möglichkeit, einen Fehler zu korrigieren, bevor Sie selbst korrigieren.

Laras Film	Lara, Walter, Sofia und Lili stellen sich noch einmal in einem „Selfie-Film" vor. Sie nennen ihren Namen, ihr Heimatland und die Sprachen, die sie sprechen. Dieser Film kann hier als Kontrolle der Lösung zu Aufgabe 2 im Unterricht genutzt werden. Generell sind die „Selfie-Filme" nicht so eng mit den Inhalten der Foto-Hörgeschichte verknüpft, Lektion 1 stellt hier eine Ausnahme dar. Die TN können den Film auch als Hausaufgabe zur Nachbereitung ansehen. Sie können ihn auch als Einstieg zu B1 nutzen, um verschiedene Varianten, sich vorzustellen, einzuführen. Zu Aufgabe C1 können Sie ihn einsetzen und den Schwerpunkt auf die Heimatländer der TN legen und/oder nach C4 als Beispiel dafür, wie ein Film über sich selbst aussehen könnte, und welche Informationen die TN auf Deutsch schon über sich geben können. Wenn die TN Lust haben, können sie auch sich selbst vorstellen, sich dabei mit ihrem Handy aufnehmen und den Film in der nächsten Kursstunde zeigen.	„Laras Film" Lektion 1	

A GUTEN TAG.

Grußformen

Lernziel: Die TN können jemanden begrüßen und sich verabschieden.

	Form	Ablauf	Material	Zeit
A1	**Präsentation von Grußformen**			
	PL	1. Die TN haben die Grußform „Guten Tag" schon kennengelernt („Die erste Stunde im Kurs"). Führen Sie nun weitere Grußformen ein. Die TN haben die neuen Begrüßungen in der Foto-Hörgeschichte bereits gehört. Beginnen Sie, indem Sie einige TN mit Handschlag begrüßen: „Guten Tag." Geben Sie den TN Gelegenheit, zu antworten und Sie ebenfalls zu begrüßen.		

	PL	2. Zeigen Sie auf das linke Foto von Walter und die Grußform „Guten Tag."		
	PL	3. Lesen Sie die anderen Grußformen vor und fragen Sie jeweils: „Wer sagt was? Was sagt Walter?/Lara?/Lili?" Zucken Sie dabei mit den Schultern, um Ihr Nichtwissen zu signalisieren.		
	PL	4. Die TN hören den Hörtext und schreiben die jeweils passende Grußform zu den Fotos. *Lösung: B Auf Wiedersehen. C Hallo. D Tschüs.*	CD 1/9	

A2	**Erweiterung der Begrüßungs- und Abschiedsformen**			
a	PL	1. Die TN hören das erste Gespräch. Zeigen Sie im Buch, dass zum ersten Gespräch Bild C gehört. Die TN hören das erste Gespräch ggf. noch einmal.	CD 1/10	
	PL	2. Die TN betrachten die Zeichnungen und hören Gespräch für Gespräch so oft wie nötig. Geben Sie ausreichend Zeit für die Eintragungen. *Lösung: 2 B, 3 A, 4 D*	CD 1/10	
b	PL	3. Betrachten Sie mit den TN die Zeichnungen und zeigen Sie durch Gestik (Handschlag/Winken, Umdrehen und Weggehen/Kommen) den Unterschied zwischen Begrüßung und Abschied.		
	EA/PA	4. Die TN ergänzen die Grußformen. *Lösung: A Guten Abend. Guten Morgen. B Tschüs. Gute Nacht.*		
	PA	5. Die TN lesen die Gespräche.		
	WPA	6. *fakultativ:* Die TN gehen im Kursraum herum und begrüßen und verabschieden sich gegenseitig. Zeigen Sie den TN, dass sich in der Übersicht zu Grammatik und Kommunikation (Kursbuch, S. 18/19) die gelernten Redemittel zu Begrüßung und Abschied befinden. Da Händeschütteln und Winken in einigen Kulturen der Herkunftsländer nicht üblich sind, können Sie hier mit Ihren TN zusammen die Gesten in Verbindung mit dem Sprachmaterial noch einmal üben. Sie können die Zeichnungen auch vergrößern und mit den TN noch einmal alle Redemittel dazu sammeln, die ihnen einfallen. Wenn Ihre TN gern spielen, können sie paarweise auch noch kleine Minidialoge dazu erfinden. *Variante:* Sie können die Zeichnungen aus a mehrfach kopieren und ausschneiden. Die Hälfte der TN erhält ein Bild. Jeder TN mit Bild sucht sich einen TN ohne Bild. Diese beiden TN begrüßen bzw. verabschieden sich analog zu den Gesprächen im Buch. Danach gibt der TN das Bild an den Gesprächspartner weiter. Dieser sucht sich einen neuen TN ohne Bild. *Hinweis:* Hier können Sie in Kursen mit überwiegend lerngewohnten TN die Landeskunde „Begrüßung und Abschied regional" aus „Zwischendurch mal ..." (Kursbuch, S. 21) einflechten. Die TN lernen hier regionale Grußformen aus den deutschsprachigen Ländern kennen.	Kopien der Zeichnungen aus a ZDM	
	PL	**Arbeitsbuch 1–2:** im Kurs: Der Schwerpunkt der Phonetik liegt in den ersten Lektionen auf der Intonation. Sie ist für eine gute Kommunikation besonders wichtig. Spielen Sie zu Übung 1 den Hörtext vor. Die TN kreuzen an, was sie hören. Mit diesem einfachen Einstieg werden die TN auf das bewusste Hören eingestimmt. Die TN hören dann die Grüße in Übung 2. Stoppen Sie nach jedem Gruß, die TN sprechen im Chor nach. Führen Sie dabei mit Ihrer Hand die Bewegung der Stimme nach oben und unten mit aus: Gehen Sie bei kurzen Einwortsätzen wie „Tag!" mit der Hand nach unten und machen Sie bei „Guten Tag!" eine Wellenbewegung von unten nach oben und wieder nach unten. Fordern Sie auch die TN auf, mit der Hand „mitzusprechen", so fällt die richtige Intonation leichter.	AB-CD 1/1–2	
	EA/HA	**Arbeitsbuch 3–4**		

A3	**Aktivität im Kurs: Grußformen**			
	PL	1. Schreiben Sie vor der Kursaktivität ein paar Uhrzeiten an die Tafel (6 Uhr, 11 Uhr, 18 Uhr, 22 Uhr) und malen Sie jeweils eine Uhr dazu.		

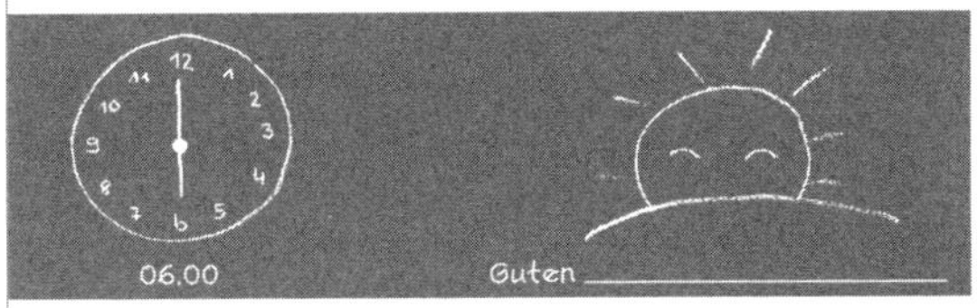

	PL	2. Die TN sammeln aus den Gesprächen in A2, welcher Gruß zu welcher Uhrzeit passen könnte. Deuten Sie z. B. auf 6 Uhr und fragen Sie: „Guten Abend? Guten Morgen? Gute Nacht?“ und zucken Sie mit den Schultern. Verweisen Sie auch auf den Info-Kasten, um deutlich zu machen, dass man am Vormittag normalerweise mit „Guten Morgen“, tagsüber mit „Guten Tag“ und am Abend mit „Guten Abend“ grüßt. *Hinweis:* Viele Sprachen (z. B. Italienisch, Französisch) kennen keinen Unterschied zwischen „Guten Morgen“ und „Guten Tag“. Deshalb ist es wichtig, diesen Unterschied in der deutschen Sprache deutlich zu machen. ⚠ Die TN müssen die Uhrzeiten hier nicht lernen oder anwenden können. Sie sind als zeitliche Hilfsstrukturen gedacht.		
	PL	3. Weisen Sie darauf hin, dass „Hallo“ und „Tschüs“/„Auf Wiedersehen“ an keine Uhrzeit gebunden sind.		
	PA	4. Die TN finden sich paarweise zusammen und schreiben beliebige Uhrzeiten auf Kärtchen. *fakultativ:* Wenn Ihnen im Kurs nicht ausreichend Zeit zur Verfügung steht, können Sie zur Vereinfachung und Unterstützung der Aktivität auch auf die Kopiervorlage im Lehrwerkservice unter www.hueber.de/schritte-plus-neu zurückgreifen.	Blankokärtchen oder KV L1/A3 im Lehrwerkservice	
	PL	5. Machen Sie ein Beispiel vor, indem Sie ein Kärtchen hochhalten und die TN nach dem passenden Gruß fragen.		
	PA	6. Die Paare halten nun abwechselnd eines ihrer Kärtchen hoch und grüßen entsprechend der Tageszeit auf dem Kärtchen. Die Partnerin/Der Partner antwortet entsprechend. Gehen Sie herum und helfen Sie bei Schwierigkeiten. *Hinweis:* Hier können Sie bereits den Film „Hallo und Guten Tag“ aus „Zwischendurch mal …“ (Kursbuch, S. 21) einflechten, um noch einmal an filmischen Beispielen den Unterschied zwischen offiziellen und persönlichen Begrüßungen herauszuarbeiten.	ZDM	

B ICH HEISSE LARA NOWAK.

W-Frage und Aussage

Lernziel: Die TN können sich und andere vorstellen und nach dem Namen fragen.

	Form	Ablauf	Material	Zeit
B1	**Präsentation: Sich vorstellen**			
	PL	1. Zeigen Sie die Fotos auf Folie/IWB. Ein TN liest das Beispiel unter Foto A vor. *Variante:* Hier können Sie zur Einführung der verschiedenen Sätze, um sich vorzustellen, auch „Laras Film“ nutzen (siehe Hinweise zur Foto-Hörgeschichte).	Folie/IWB	

	PL	2. Deuten Sie dann auf Foto B. Da die TN die Personen aus der Foto-Hörgeschichte bereits kennen, können Sie anhand des Namens die richtige Lösung nennen. Schreiben Sie sie unter das Foto. Schreiben Sie an die Tafel und sagen Sie: Mein Name ist Walter Baumann. = Ich heiße Walter Baumann.		
	PL	3. Deuten Sie dann auf Foto C. Die TN nennen den passenden Satz. Ergänzen Sie das Tafelbild und sagen Sie: Mein Name ist Walter Baumann. = Ich heiße Walter Baumann. = Ich bin Walter Baumann.		
	PL	4. Verfahren Sie mit Foto D ebenso. *Lösung: B Mein Name ist Walter Baumann. C Ich bin Lili. D Ich bin Sofia Baumann.*		
	PL	5. Deuten Sie auf sich und sagen Sie: „Ich bin (Frau/Herr) …", je nachdem, ob die TN Ihren Vornamen oder Nachnamen benutzen. Schreiben Sie noch einmal generell die verschiedenen Möglichkeiten, sich vorzustellen, an die Tafel: Wie heißen Sie? Ich heiße … = Ich bin … = Mein Name ist …		
		6. *fakultativ:* Fragen Sie einen der TN: „Wie heißen Sie?" Die TN beantworten die Frage mit dem eigenen Namen. Die TN werfen sich gegenseitig einen Ball zu und stellen sich vor. Es kann ruhig mehrmals reihum gehen. Ungeübtere TN konzentrieren sich auf mindestens eine Variante der Vorstellung. Geübtere TN sollten alle drei in B1 eingeführten Varianten abwechselnd verwenden.	Ball	

B2	**Anwendungsaufgabe: Sich und andere vorstellen**			
	PL	1. Schreiben Sie die Namen aller Personen aus B2 an die Tafel, damit die TN die korrekte Orthografie vor Augen haben. Die TN hören Gespräch A. Deuten Sie ggf. auf Frau Weber und fragen Sie: „Wer ist das?" Die TN ergänzen den Namen im Buch.	CD 1/11	
	PL	2. Die TN hören das Gespräch B so oft wie nötig und ergänzen die Namen. *Lösung: (von links nach rechts) A Frau Weber, B Herr Yulu, Frau Deiser*	CD 1/12	
	PL	3. Spielen Sie die Gespräche noch einmal vor. Die TN hören und lesen mit. Erklären Sie bei Bedarf die Nachfrage „Entschuldigung, wie heißen Sie?", indem Sie einen TN mit einem sehr langen oder schwer nachzusprechenden Namen nach seinem Namen fragen. Deuten Sie dann auf Ihr Ohr, schütteln Sie den Kopf und fragen Sie nach.	CD 1/11–12	
	PL	4. Zeigen Sie auf Herrn Yulu (Bild B) und sagen Sie: „Das ist Herr Yulu." Weisen Sie dann auf einen TN hin (nicht mit dem Zeigefinger deuten!) und wenden Sie sich an den Kurs: „Das ist …". Einige TN stellen andere TN nach diesem Muster vor.		
	PL	5. Weisen Sie die TN auf den Grammatik-Kasten hin. Erklären Sie, dass es einen Zusammenhang zwischen dem Subjekt und dem Verb gibt, indem Sie beim Vorlesen das Subjekt und die jeweilige Verbendung besonders betonen und auch darauf zeigen. Wenn nötig, machen Sie auch ein Beispiel „Ich heißen" und schütteln ganz energisch den Kopf zum Zeichen, dass das nicht geht. Sagen Sie dann „Ich heiße" und bejahen Sie die Aussage. *Hinweis:* Da die TN noch nicht viele Verben kennen, vertiefen Sie das Thema hier nicht. Im C-Teil wird es weitergeführt.	Folie/IWB	

PL	Arbeitsbuch 5–6: im Kurs: Die TN haben schon in Übung 2 auf Seite 10 gesehen, dass in deutschen Aussagesätzen die Stimme am Ende nach unten geht. Spielen Sie die Mini-Gespräche in Übung 5 mehrmals vor und zeigen Sie, dass bei besonders fragendem Tonfall, z. B. bei Rückfragen („Und wie heißen Sie?“), die Stimme am Ende auch nach oben gehen kann. Die TN sprechen die beiden Gespräche im Chor nach. Benutzen Sie wiederum Ihre Hand, um die Betonung auf dem Satzakzent und die Stimmbewegung anzuzeigen: Machen Sie jeweils bei der betonten Silbe im Satz eine Handbewegung wie ein Dirigent, der etwas pointieren möchte, und gehen Sie am Satzende mit der flachen Hand nach unten. Die TN sprechen die Gespräche auch in Partnerarbeit. Legen Sie dann eine Folie von Übung 6 auf und spielen Sie das Gespräch vor. Markieren Sie mit den TN gemeinsam die Betonung, also den Satzakzent, und die Satzmelodie. Die TN lesen auch dieses Gespräch in Partnerarbeit. Bitten Sie die TN abschließend, die Gespräche in Übung 5 und Übung 6 auch zu Hause selbstständig zu üben.	AB-CD 1/3–4	
EA/HA	Arbeitsbuch 7		
B3	**Aktivität im Kurs: Sich und andere vorstellen und nach dem Namen fragen**		
WPA	1. Die TN gehen durch den Kursraum und finden sich mit wechselnden Partnern zusammen. Sie sprechen das Gespräch A aus B2 mit ihren eigenen Namen. In Kursen mit überwiegend lernungewohnten TN geben Sie das Gespräch ohne Namen an der Tafel vor. Wenn die TN dann einige Gespräche geübt haben, löschen Sie nach und nach weitere Wörter, bis die TN schließlich alles frei sprechen müssen.		
GA	2. Die TN finden sich zu dritt zusammen und spielen das Gespräch B. Lassen Sie die Dreiergruppen einige Male wechseln und das Gespräch so mehrfach durchspielen. Auch hier können Sie das Gespräch ohne Namen vorgeben und nach und nach immer mehr Wörter löschen. Weisen Sie Ihre TN auf die Merkhilfe (Kursbuch, S. 18) hin. Gehen Sie mit den TN noch einmal alle Fragen durch, um sie dahingehend zu überprüfen. Heben Sie dann den einzigen Fall hervor, bei dem die Anrede „Frau“ bzw. „Herr“ verwendet wird: „Das ist Frau/Herr + Familienname“. Üben Sie „nach dem Namen fragen“ noch einmal, indem Sie die TN einzeln nach dem eigenen Namen oder dem Namen eines anderen TN fragen. Wenn ihre TN schon gut damit zurechtkommen, können Sie, wenn Sie möchten, bei den Fragen auch die Geschwindigkeit erhöhen.		
PL GA	3. Verweisen Sie auf den Grammatik-Kasten in B2 und notieren Sie an der Tafel: 1 2 3 — Wie [heißen] Sie? — 1 2 3 — Ich [heiße] Richard Yulu. Wer [ist] das? — Das [ist] Herr Yulu. Zeigen Sie, dass das Verb bei W-Fragen (?) und Aussagen (.) auf Position 2 steht. Die Ja-/Nein-Fragen werden in Lektion 3 eingeführt. *fakultativ:* Verweisen Sie auch auf die Grammatikübersicht 1 und 2 auf Seite 18. Hier finden Sie eine Übersicht über die Satzstellung in Aussagesätzen und in den W-Fragen sowie eine Visualisierung zum Thema (siehe auch die Hinweise zu Lernschritt C2, 5.). *fakultativ:* Zur Vereinfachung und Unterstützung der Aktivität können Sie auch auf die Kopiervorlage im Lehrwerkservice unter www.hueber.de/schritte-plus-neu zurückgreifen.	KV L1/B3 im Lehrwerkservice	

B4	**Aktivität im Kurs: Personenraten**			
	PL	1. Bitten Sie die TN vorab, Fotos von bekannten Persönlichkeiten zu suchen. Zeigen Sie das Foto einer berühmten Persönlichkeit und fragen Sie: „Wer ist das?" Zucken Sie mit den Schultern, sehen Sie betrübt aus und sagen Sie: „Ich weiß es nicht!"	Internet, Zeitschriften, Smartphone etc.	
	PL	2. Die TN raten, wer die Person ist. Je nach Antwort nicken Sie mit dem Kopf und sagen Sie: „Ja, stimmt!" oder schütteln Sie den Kopf und sagen Sie: „Nein!" Die TN lesen auch die Beispiele im Buch. *Lösung: A Philipp Lahm, B Angela Merkel, C Wolfgang Amadeus Mozart, D Sebastian Vettel*		
	PL	3. Die TN bilden Vierergruppen und spielen das Personenratespiel mit ihren mitgebrachten Fotos.		
	EA	4. Wer die Aufgabe beendet hat und/oder die Gespräche noch einmal schriftlich festhalten will, schreibt sie in der Rubrik „Schon fertig?" dem Muster in B2 folgend auf. Gehen Sie herum und helfen Sie bei Schwierigkeiten.		
	EA/HA	Arbeitsbuch 8–11		

C ICH KOMME AUS POLEN.

Verbkonjugation bei *ich, du, Sie*

Lernziel: Die TN können ihr Herkunftsland nennen und nach dem Herkunftsland einer Person fragen. Sie können über ihre Sprachkenntnisse Auskunft geben.

	Form	Ablauf	Material	Zeit
C1	**Präsentation der Verbkonjugation bei *du, Sie;* Ländernamen**			
	PL	1. Die TN hören beide Gespräche und ergänzen die fehlenden Satzteile. *Lösung: A kommen Sie; B bist du; kommst du*	CD 1/13–14	

TiPP	Dieser Übungstyp zum Hören und Ordnen kommt häufig vor. Daher sollten Sie immer in der gleichen Weise vorgehen, damit die TN sich darauf einstellen können. Das erste Hören des gesamten Hörtextes dient dazu, dass TN sich zunächst nur auf das Hören und Ansehen der Aufgabe konzentrieren. Sie können sich dabei mit der Situation/dem Gesamtkontext vertraut machen. Beim zweiten Hören mit Pausen ordnen die TN dann die Lösung zu.

	In Kursen mit überwiegend lerngewohnten TN können Sie „Laras Film" einsetzen und den Schwerpunkt auf die Heimatländer der TN legen. Die TN konzentrieren sich beim Sehen darauf, in welcher Form die Personen ihr Heimatland nennen. Dabei können Sie die Kurzform „Aus Deutschland" erweitern zu der im Film vorkommenden Aussage „Ich komme aus Deutschland."		

	PL	2. Schreiben Sie an die Tafel: Klara Schneider: Woher kommen Sie, Frau Nowak? Henry: Woher kommst du, Lara? Aus Polen. Spielen Sie ein ähnliches Gespräch mit den TN: Wenden Sie sich etwas höflich-distanziert an einen TN und sagen Sie: „Guten Tag. Mein Name ist ... Wie heißen Sie?" Geben Sie dem TN Gelegenheit zur Antwort und sagen Sie: „Freut mich. Woher kommen Sie?" Wenden Sie sich dann an zwei TN, die sich gut kennen und/oder sich duzen und denen Sie zutrauen, dass sie das Gespräch richtig vorsprechen. Deuten Sie an, dass die beiden TN das Gespräch mit „du" sprechen sollen.		
	PL	3. Zeigen Sie auch gestisch die Verwendung von „Sie" und „du", indem Sie mit der Körperhaltung einen gewissen Abstand einnehmen, diesen mit den Händen abmessen und „Sie" sagen, während Sie durch geringeren Abstand Nähe ausdrücken und „du" sagen. Verweisen Sie auch auf den Grammatik-Kasten und/oder auf die Grammatikübersicht 3 auf der Seite 18 (siehe die Hinweise zu Lernschritt C3, 5.). In Kursen mit überwiegend lernungewohnten TN sollten Sie mit dem Hinweis auf die generalisierende Grammatikübersicht warten, bis Sie auch C3 bearbeitet haben und den TN alle in der Übersicht vorkommenden Verben bekannt sind.		
	PL	4. Die TN sehen sich die Ländertabelle an. Lesen Sie alle Ländernamen vor. Geben Sie zu einigen Ländern ein Beispiel aus Ihrem Kurs: „Syrien. ... kommt aus Syrien." Erklären Sie den TN z. B. anhand der Weltkarte, dass Syrien ein Land ist. Ergänzen Sie fehlende Länder. *fakultativ:* Erstellen Sie ein Plakat mit den Herkunftsländern der TN analog zu der Tabelle im Buch.	Weltkarte, Plakat	
	PL	5. Wenige Länder haben einen Artikel (siehe Beispiele in der Tabelle). Da es keine Regeln gibt, müssen diese auswendig gelernt werden. Auf der Niveaustufe A1 ist es aber nicht notwendig, dass sich die TN alle Ländernamen merken. Sie sollten ihr eigenes Herkunftsland auf Deutsch nennen können und die Bezeichnungen für Deutschland, Österreich und die Schweiz kennen. Gehen Sie nicht auf die Dativformen bei Ländern wie der Schweiz, dem Jemen oder dem Sudan ein. Es reicht an dieser Stelle aus, wenn die TN sie als Formeln korrekt anwenden können. *fakultativ:* Die TN stehen im Kreis und werfen sich einen Ball zu. Der Werfer fragt: „Woher kommst du?" oder „Woher kommen Sie?" Der Fänger antwortet: „Aus ...".	Ball	

TIPP	Es ist immer hilfreich, neue Strukturen sofort mit einer kleinen Übung einzuschleifen. Es kostet nicht viel Zeit, aber jeder TN hat das Gefühl, beteiligt zu sein und, was noch wichtiger ist, jeder kommt zu Wort. Besonders in Anfängerkursen baut das Redehemmungen ab.

C2	**Erweiterung der Verbkonjugation bei *ich, du, Sie;* W-Fragen**			
a	PL	1. Die TN hören das erste Gespräch und lesen mit.	CD 1/15	
	PA	2. *fakultativ:* Die TN sprechen das Gespräch nun mit eigenen Angaben jeweils einmal mit den Lernpartnern links und rechts von ihnen.		
	PL/PA	3. Verfahren Sie mit den Gesprächen 2 und 3 ebenso.	CD 1/16–17	
	PL	4. Zeigen Sie die Gespräche auf Folie/IWB. Zeigen Sie auf die markierte Frage mit „W" und lesen Sie sie vor, indem Sie das „W" besonders betonen. Fragen Sie dann: „Gibt es noch Fragen mit ‚W'?" Wenn ein TN antwortet, markieren Sie entsprechend die nächste W-Frage.	Folie/IWB	

	EA/PL	5. Die TN markieren nun selbstständig in den Gesprächen alle W-Fragen. *Lösung: 1 Woher kommen Sie? Wer sind Sie? 2 Wer bist du? 3 Woher kommst du?* Weisen Sie die TN auch auf die Grammatikübersicht 2 auf Seite 18 hin und machen Sie deutlich, dass die meisten Fragewörter mit „W" beginnen. Nutzen Sie die Zeichnung, um mit den TN die verschiedenen W-Fragen noch einmal durchzugehen. Betonen Sie dabei das „W" als Kennzeichen für eine W-Frage. Sie können z. B. die Zeichnung vergrößern und die TN finden passende Fragen zu den dargestellten Fragewörtern.	Folie/IWB	
b	EA/PA	6. Da den TN der Unterschied zwischen „du" und „Sie" aus C1 bekannt ist, ergänzen sie die Fragen aus a zunächst jeder für sich. Gehen Sie herum und helfen Sie. Ungeübtere TN können auch zu zweit arbeiten. *Lösung: Sie: Wie heißen Sie? Woher kommen Sie? Wer sind Sie?; du: Wie heißt du? Wer bist du? Woher kommst du?*		
	PL	7. Schreiben Sie die Fragen an die Tafel und machen Sie den Zusammenhang von Person und Verbendung deutlich. Markieren Sie entsprechend. Erklären Sie den TN, dass bei „Sie" die Endung „-en" benutzt wird und bei „du" „-st". „Sind" und „bist" müssen gesondert gelernt werden, da sie sich nicht von dieser Regel ableiten lassen. Wie heißen Sie? — Wie heißt du? Woher kommen Sie? — Woher kommst du? Wer sind Sie? — Wer bist du? ⚠		
c	PL/GA	8. Die TN laufen durch den Raum. Auf Ihr Zeichen hin finden sie sich in Zweier- oder Dreiergruppen zusammen und führen Gespräche wie in a. Wenn nötig, schreiben Sie die Gesprächsstruktur an die Tafel. Wenn die TN einige Gespräche geübt haben, löschen Sie die Gespräche an der Tafel.		

TIPP	Sie können auch Musik laufen lassen, während die TN herumgehen. Wenn Sie die Musik stoppen, bilden die TN Gruppen mit den ihnen am nächsten stehenden Personen.

	PL	*Hinweis:* Hier können Sie auch den Film „Hallo und guten Tag!" aus „Zwischendurch mal ..." (Kursbuch, S. 21) einflechten.	ZDM	
	EA/HA	Arbeitsbuch 12–13		

C3	**Anwendungsaufgabe zur Verbkonjugation bei *du, Sie;* W-Fragen**			
a	EA/PA	1. Die TN lesen die Sätze und kreuzen das passende Personalpronomen, „du" oder „Sie", an und vergleichen anschließend zunächst mit einem anderen TN.		
b	PL	2. Die TN hören das Gespräch, vergleichen und korrigieren ggf. Wiederholen Sie das Gespräch so oft wie nötig. *Lösung: du, Du, Sie, Sie, Sie*	CD 1/18	
	PL	3. Ergänzen Sie das Tafelbild aus C2b um die Fragen „Was sprechen Sie?"/„Was sprichst du?" und markieren Sie auch hier die Personalpronomen und die Endungen. Weisen Sie die TN auch auf den Wechsel von „e" zu „i" bei „du sprichst" hin.		
	PL	4. Die TN sehen sich die Liste der Sprachen im Buch an. Fragen Sie dann einen TN, von dem Sie wissen, dass seine Muttersprache vorkommt: „Was sprichst du?". Fordern Sie den TN durch Gesten auf, einen anderen TN zu fragen. Fahren Sie fort, bis alle TN an der Reihe waren. *fakultativ:* Sammeln Sie alle Sprachen der TN auf einem Plakat.	Plakat	

	PL	5. Ergänzen Sie im Tafelbild die Antwort „Ich spreche Deutsch." und auch die anderen Antworten, die die TN bereits kennen. Markieren Sie auch hier die Verbendung und das Personalpronomen. Verweisen Sie auf den Grammatik-Kasten und/oder auf die Grammatikübersicht 3 auf der Seite 18. Dort finden Sie eine Übersicht über die Verben und die Verbendungen, die die TN nun kennen. Gehen Sie die Endungen am konkreten Verb „kommen" noch einmal durch. Rechts finden die TN eine Merkhilfe mit den Verbendungen bei „ich", „du" und „Sie". Weisen Sie die TN darauf hin, dass diese Formen auf die meisten Verben anwendbar sind und daher unbedingt gelernt werden müssen. *fakultativ:* Konjugieren Sie mit den TN einige Verben, die sie aus den Arbeitsanweisungen aus dem Buch kennen, z. B. „hören", „schreiben", „ergänzen", „markieren" etc. Machen Sie den TN deutlich, dass die Formen von „sein" und die 2. Person Singular von „heißen" und „sprechen" ebenfalls gesondert gelernt werden müssen. Wie heißen Sie? – Wie heißt du? – Ich heiße Amir. Woher kommen Sie? – Woher kommst du? – Ich komme aus Polen. Wer sind Sie? – Wer bist du? ⚠ – Ich bin Peter Mauri. Was sprechen Sie? – Was sprichst du? – Ich spreche Deutsch.		
	GA	6. *fakultativ:* Wenn Sie die Konjugation weiter einüben möchten, verteilen Sie die Kopiervorlage. Jede Gruppe erhält Würfel und Spielfiguren. Die TN würfeln und rücken ihre Spielfigur je nach Augenzahl vor. Sie bilden die passende Verbform nach der gewürfelten Augenzahl. Alle Verben sind den TN durch die Übungsanweisungen im Buch schon bekannt.	KV L1/C3, Spielfiguren, Würfel	
	EA/HA	Arbeitsbuch 14		
	PL	Arbeitsbuch 15: im Kurs: Die TN lesen zunächst in Stillarbeit die Aufgabenstellung und die Aufgabe. Ungeübtere TN markieren in verschiedenen Farben, was zusammengehört, z. B. Deutschland – Köln – Berlin – Frankfurt – Deutsch, Polen – Polnisch etc. Dann hören die TN die Hörtexte so oft wie nötig und kreuzen an, wer was sagt. Abschlusskontrolle im Plenum.	AB-CD 1/5	
EA/PA Grammatik entdecken		Arbeitsbuch 16–18: im Kurs: Die Aufgaben können von geübteren TN in Stillarbeit gelöst werden. Ungeübtere TN arbeiten paarweise zusammen.		
	EA/HA	Arbeitsbuch 19		

C4	**Aktivität im Kurs: Sich vorstellen**			
	WPA	1. Stellen Sie mehrere Stühle in die Mitte. Legen Sie abwechselnd Zettel mit „du" und „Sie" auf die Stühle. Lassen Sie eine ruhige Musik laufen, die TN gehen frei herum. Wenn Sie die Musik stoppen, sprechen die TN, die sich am nächsten stehen, miteinander. Sie fragen sich nach dem Namen, dem Land, der Sprache, wie sie es nun gelernt haben. Ob die TN „du" oder „Sie" sagen, entscheidet der Zettel auf dem Stuhl, der am nächsten steht. Wenn Sie die Musik wieder laufen lassen, gehen die TN weiter etc.	Musik, Zettel	

	EA	2. *fakultativ:* Die TN stellen sich vor und nehmen sich dabei mit dem Smartphone auf. Die Filme können sie sich in der Pause zeigen. *Hinweis:* Nutzen Sie hier „Laras Film", der ein gutes Beispiel dafür ist, wie ein eigener Film der TN über sich selbst aussehen könnte, und welche Informationen die TN auf Deutsch schon geben können (siehe Hinweise zur Foto-Hörgeschichte). Zur Vorbereitung können die TN sich die Übersicht über die Redemittel zu Herkunft und Sprache (Kursbuch, S. 19) ansehen. Zeigen Sie den TN die kleinen Übungen rechts und sagen Sie: „Das bin ich." Geben Sie mündlich Ihre eigenen Daten an. Animieren Sie die TN, die Übung für sich zu machen. Anschließend fragen und antworten sich die TN paarweise gegenseitig.		

TiPP	Wenn Sie die Möglichkeit haben, sammeln Sie die Filme. Am Ende des Kurses ist es bestimmt interessant für die TN, noch einmal zu sehen, wie sie angefangen haben, Deutsch zu lernen.

D BUCHSTABEN

Lernziel: Die TN können die Buchstaben sagen und ihren Namen buchstabieren. Sie können sich am Telefon nach einer Person erkundigen.

	Form	Ablauf	Material	Zeit
D1	**Präsentation des Alphabets**			
	PL	1. Die TN hören das Alphabet einmal ganz und sprechen beim zweiten Hören mit. In Kursen mit überwiegend lernungewohnten TN oder TN, die keine Vorkenntnisse haben, gehen Sie langsamer vor, indem Sie zunächst nur die ersten sechs Buchstaben vorspielen (bis f). Bei der Wiederholung sprechen die TN mit. Üben Sie dann mit den Kärtchen (siehe Punkt 2.) zunächst diese sechs Buchstaben. Dann hören die TN die nächsten sechs (bis l) etc.	CD 1/19	
	PL	2. *fakultativ:* Zeigen Sie auf Kärtchen Buchstaben in willkürlicher Reihenfolge. Die TN nennen jeweils den Buchstaben auf dem Kärtchen. Besonders für TN, die noch nicht so gut lesen und schreiben können, ist es nicht immer einfach, die Buchstaben richtig zu erkennen und zu benennen.	Kärtchen mit Buchstaben	
	PL	3. Um den TN den Begriff „Buchstaben" zu verdeutlichen, schreiben Sie an die Tafel: A a B b } Buchstaben Fragen Sie die TN: „Welche Buchstaben sind neu für Sie?" Schreiben Sie sie an die Tafel, z. B. „ß".		
	EA/PA	4. Die TN suchen allein oder in Partnerarbeit andere Wörter aus der Lektion mit den Buchstaben „ö", „ü", „ß", „z", z. B. „Französisch", „Begrüßung", „tschüs", „Türkisch", „heißen", „zuordnen", „zur", „Ich weiß nicht" ... *Hinweis:* Nicht für jede Ausgangssprache sind dieselben Buchstaben unbekannt: Die türkische Sprache kennt „ö" und „ü", aber „q" nicht, während es sich im Spanischen genau umgekehrt verhält. Wandeln Sie die Aufgabe nach Bedarf ab. *Hinweis:* Hier können Sie das Lied „Das Alphabet" aus „Zwischendurch mal ..." (Kursbuch, S. 20) einflechten. Den TN wird das Alphabet in Liedform noch einmal komplett präsentiert, zugleich werden die Buchstaben im Wortkontext eingebettet. Die Wörter werden mithilfe von Zeichnungen selbsterklärend visualisiert.	ZDM	

	PL/GA	5. *fakultativ:* Spielen Sie mit den TN Alphabet-Bingo der Kopiervorlage L1/D1: Jeder TN erhält pro Runde ein leeres Bingo-Blatt und trägt darin neun Buchstaben seiner Wahl ein. Kreuzen Sie verdeckt verschiedene Buchstaben auf dem Kontrollblatt (auf Folie) an und sagen Sie sie laut an. Die TN markieren die Buchstaben auf ihrem Bingoblatt, wenn sie genannt werden. Wer zuerst alle neun Buchstaben angekreuzt hat, ruft „Bingo!" und hat, wenn alles richtig ist, gewonnen. Zur Kontrolle liest der TN seine Buchstaben noch einmal vor. Kontrollieren Sie mithilfe des Kontrollblatts. Bei der nächsten Runde kann ein TN die Ansage/das Kontrollblatt übernehmen.	KV L1/D1	
D2	**Anwendungsaufgabe: Den eigenen Namen buchstabieren**			
	WPA	1. Die TN buchstabieren sich gegenseitig ihren Namen. Die Partner schreiben den Namen auf. Die TN korrigieren einander. Gehen Sie herum und helfen Sie bei Schwierigkeiten. *fakultativ:* Einige TN buchstabieren ihren Namen im Plenum.	Kärtchen	
	PL	**Arbeitsbuch 20:** im Kurs: Schriftbild und Lautbild stimmen nicht immer überein. Das können Sie den TN insbesondere an den Diphthongen „ei" und „eu" sehr gut zeigen. Die TN hören Übung 19. Stoppen Sie nach jedem Wort bzw. Satz und bitten Sie die TN nachzusprechen. Fragen Sie die TN nach anderen Wörtern aus der Lektion mit diesen Lauten und notieren Sie die Vorschläge der TN an der Tafel (z. B. Schweiz, Österreich, Auf Wiedersehen ...). Die TN sprechen die Wörter an der Tafel.	AB-CD 1/6	
	PL	**Arbeitsbuch 21:** im Kurs: Die TN hören Vor- und Zunamen, die dann buchstabiert werden. Die TN notieren die Namen. Wenn nötig, hören die TN die Hörtexte mehrfach. Abschlusskontrolle im Plenum.	AB-CD 1/7–12	
	EA/HA	**Arbeitsbuch 22**		
D3	**Anwendungsaufgabe: Den eigenen Namen am Telefon buchstabieren**			
	PL	1. Die TN betrachten die Fotos und hören das Telefongespräch ggf. mehrmals an.	CD 1/20	
	PA	2. Die TN lesen das Telefongespräch in Partnerarbeit.		
	PL	3. Schreiben Sie mithilfe der TN ein Dialoggerüst (Kursbuch, S. 16) an die Tafel. *Hinweis:* Erklären Sie den TN, dass am Telefon zum Abschied oft „Auf Wiederhören!" gesagt wird und nicht „Auf Wiedersehen!", weil man sich am Telefon eben nur hört.		
	PA	4. Die TN finden sich paarweise zusammen. Sie sprechen das Telefongespräch mithilfe des Dialoggerüsts nach und verwenden dabei ihren eigenen Namen. Zum Abschluss können zwei oder drei Paare ihr Gespräch dem Plenum präsentieren.		
	EA/HA	**Arbeitsbuch 23–24**		
	EA/HA	**Arbeitsbuch 25–26:** Wenn Sie die beiden Übungen im Kurs durchführen, lösen alle TN Aufgabe 25. Geübtere TN lösen außerdem auch Aufgabe 26. Wenn Sie die Aufgaben als Hausaufgabe aufgeben, sollten sie von allen bearbeitet werden.		
D4	**Aktivität im Kurs: „Die Buchstabenmaus"**			
	PL	1. Führen Sie das Spiel exemplarisch vor, indem Sie für jeden Buchstaben des Wortes „tschüs" einen kurzen Strich an die Tafel zeichnen. Die TN versuchen, das Wort zu erraten, indem sie verschiedene Buchstaben nennen. Jeder richtige Buchstabe wird eingetragen. Nennen die TN einen Buchstaben, der im gesuchten Wort „tschüs" nicht vorkommt, zeichnen Sie ein Stück einer Maus: zuerst den Körper, dann ein Ohr, dann das zweite Ohr etc. Wenn die TN das Wort erraten haben, zeigen Sie zur Veranschaulichung auch die Fotos mit der Lösung im Buch.		

	PL	2. Der TN, der das Wort zuerst erraten kann, kommt als Nächster an die Tafel und darf sich ein Wort ausdenken. *Hinweis:* Hier können Sie bereits das „Buchstabenspiel" aus „Zwischendurch mal ..." (Kursbuch, S. 20) einflechten. Die TN notieren Vornamen, die im Film buchstabiert werden. Die Lösung wird ebenfalls im Film präsentiert.	ZDM	

E ADRESSE

Lernziel: Die TN können Visitenkarten lesen und ein Anmeldeformular mit persönlichen Angaben ausfüllen.

	Form	Ablauf	Material	Zeit
E1	**Leseverstehen: Visitenkarten**			
a	PL	1. Zeigen Sie die erste Visitenkarte auf Folie/IWB und markieren Sie gemeinsam mit den TN den Vornamen, den Familiennamen/Nachnamen, die Straße, die Stadt und das Land in der jeweils richtigen Markierung. Erklären Sie den TN dabei, dass „Familienname" und „Nachname" dasselbe sind.	Folie/IWB	
	EA/PA	2. Die TN markieren die Angaben auf den anderen Visitenkarten. Gehen Sie herum und kontrollieren Sie, ob die TN die richtige Markierung verwenden.		
b	EA/PA	3. Die TN ergänzen die Länder mithilfe der Informationen auf den Visitenkarten. *Lösung: A = Österreich; CH = Schweiz, FL= Liechtenstein*		
	PL	4. *fakultativ:* Fragen Sie die TN nach der internationalen Abkürzung für ihr Land.		
	EA/HA	Arbeitsbuch 28		

E2	**Hörverstehen: Persönliche Angaben verstehen**			
	PL	1. Die TN lesen zunächst das Formular. Dann hören Sie das Gespräch so oft wie nötig und ergänzen das Formular. *Lösung: Familienname: Platini; Vorname: Marie; Stadt: Fribourg*	CD 1/21	
	EA/HA	Arbeitsbuch 29		

E3	**Schreiben: Ein Formular ausfüllen**			
	PL	1. Bringen Sie ein Anmeldeformular Ihrer Schule/Institution mit. Da die TN sich ja alle für den Deutschkurs anmelden mussten, erkennen sie das Formular sicherlich wieder. Sollten Sie keins zur Hand haben, können Sie das Formular im Buch benutzen.	Anmeldeformular	
	PL	2. Schreiben Sie Ihre eigenen Daten als Beispiel an die Tafel. Neue Informationen sind nun die Hausnummer und die Postleitzahl. Erklären Sie, dass Straße, Hausnummer, Postleitzahl und Stadt zusammen die Adresse bilden.		
	EA	3. Die TN tragen ihre Daten in das Originalformular oder ins Buch ein. Gehen Sie herum und helfen Sie bei Schwierigkeiten. TN, die keine Probleme beim Ausfüllen des Formulars haben, können im Unterricht eine eigene Visitenkarte gestalten.		
	EA/HA	4. *fakultativ:* Fordern Sie die TN auf, eine typische Visitenkarte zu entwerfen. In der nächsten Stunde werden die Visitenkarten im Kursraum ausgestellt.		
	GA	*fakultativ:* Wenn Sie noch Zeit haben, können Sie hier das Wiederholungsspiel von der Kopiervorlage anschließen.	KV L1/Wiederholung	
Lektionstests		Einen Test zu Lektion 1 finden Sie hier im LHB auf den Seiten 180–181. Weisen Sie die TN auch auf den Selbsttest im Arbeitsbuch auf Seite 18 hin.	KV L1/Test	

AUDIO- UND VIDEOTRAINING

Form	Ablauf	Material	Zeit
Audiotraining 1: Begrüßung und Abschied			
EA/HA	Die TN hören einzelne Begrüßungen und Verabschiedungen und können diese in den Sprechpausen nachsprechen.	CD 1/22	
Audiotraining 2: Fragen Sie nach!			
EA/HA	Hier geben zwei Personen Auskunft über ihren Namen, ihre Herkunft, ihre Sprache. Die TN sollen nachfragen – zuerst in der „Sie"- dann in der „Du"-Form – und dabei die W-Fragen anwenden, die sie in dieser Lektion kennengelernt haben. Die richtigen Fragen werden nach der Sprechpause noch einmal wiederholt, sodass sich die TN selbst kontrollieren können.	CD1/23	
Audiotraining 3: Buchstabieren Sie die Namen.			
EA/HA	Hier können die TN Namen, die sie aus der Lektion kennen, buchstabieren. Die TN hören einzelne Namen und haben Gelegenheit, diese in den Sprechpausen zu buchstabieren. Nach der Sprechpause wird der Name noch einmal buchstabiert, sodass sich die TN selbst kontrollieren können.	CD1/24	
Videotraining 1: Ich bin K-2-F-2-G.			
EA/HA	Die TN hören und sehen noch einmal die wichtigsten Wendungen zum Kennenlernen dieser Lektion, die in eine spielerische Handlung mit Lara und Tim, zwei der Protagonisten aus der Foto-Hörgeschichte, eingebettet sind. Damit können sie ihr Verständnis überprüfen und wiederholen. *fakultativ:* Parallel zum Film können die TN die Strategien in der Rubrik Kommunikation mitlesen und diejenigen unterstreichen, die im Film vorkommen.	Film „Ich bin K-2-F-2-G."	
Videotraining 2: Das ist super!			
EA/HA	Lara und Tim buchstabieren in diesem Film kleine Sätze. Die TN werden im Film zu Beginn aufgefordert, mitzuschreiben. Der vollständige Text wird am Ende des Films angezeigt, sodass die TN zu Hause selbstständig mit dem Videotraining arbeiten können.	Film „Das ist super!"	

ZWISCHENDURCH MAL ...

Form	Ablauf	Material	Zeit
Lied	**Das Alphabet: Ein einfaches Lied mitsprechen (passt z. B. zu D1)**		
PL	1. Die TN sehen sich die Wörter und Zeichnungen an. Sie hören das Lied einmal und lesen still mit.	CD 1/25	
PL	2. Die TN hören das Lied noch einmal und sprechen mit. *Hinweis:* Die TN können auch den Rhythmus mitklatschen oder schnippen. Da es für die TN aber zunächst viele neue Wörter sind und die Aufmerksamkeit hier gebunden ist, empfiehlt sich das erst beim erneuten Hören.	CD 1/25	
PA	3. Die TN lesen sich die Wörter in Partnerarbeit vor.		

TiPP	Lieder sind eine motivierende Abwechslung im Unterricht. Insbesondere stark rhythmische Lieder wie dieses eignen sich gut zum Üben von Wort- und später auch Satzakzent. Da es sich um Sprechgesang handelt, kann auch mitmachen, wer glaubt, nicht singen zu können. Trotzdem: Wenn die TN starke Hemmungen haben zu singen, sollten Sie den Einsatz von Liedern nicht überdehnen. Im Vordergrund sollte immer der Spaß am Lied stehen. Singen Sie auf jeden Fall selbst mit, um die TN zum Mitmachen zu animieren.

	PL	4. *fakultativ:* Schneiden Sie die Transkription des Liedtextes in mehrere Teile wie ein Puzzle. Die TN hören das Lied und setzen dabei den Liedtext (hier das Alphabet) zusammen. (Hier bietet es sich an, je nach TN-Zahl die einzelnen Wörter mit Bild auszuschneiden. Jeder TN erhält ein Wort, einige lassen sie erst einmal weg. Die TN stellen sich in eine Reihe, wenn „ihr" Wort kommt.)		

		Buchstabenspiel (passt z. B. zu D4) **Im Film werden fünf Vornamen buchstabiert.**		
	EA/PL	1. Sie können den Film im Unterricht einsetzen. Die TN haben die Möglichkeit, Vornamen und ihre Buchstaben nachzusprechen und/oder die buchstabierten Namen zu notieren. Eine Kontrolle wird direkt im Film gezeigt. *Lösung: Max, Julia, Daniel, Felix* *Hinweis:* Zurückhaltenderen TN kann der Film auch als Versicherung dienen, dass sie nach Diktat Buchstaben notieren können. Dann trauen sie sich eher, auch einmal als „Schreiber" an die Tafel zu gehen. Der Film kann als Vorbereitung auf das Spiel „Die Buchstabenmaus" im Kursbuch (Aufgabe D4) dienen. TN, die das Buchstabieren noch weiter üben möchten, sehen sich den Film „Buchstabenspiel" als Hausaufgabe noch einmal an.		

		Hallo und guten Tag! (passt z. B. zu A3, C2 oder C4) **Der Film zeigt fünf kurze Begrüßungs- bzw. Verabschiedungsszenen. Am Ende werden die verschiedenen Grußformen noch einmal nebeneinandergestellt und um die regionalen Varianten „Grüß Gott!" und „Auf Wiederschaun!" erweitert.**		
1/2	PL EA/PA	1. Die TN sehen sich die erste Szene im Film ohne Ton an. Dazu gibt es kein Foto im Buch. Stoppen Sie dann. Fragen Sie die TN, was die Personen sagen bzw. wie sie sich begrüßen. Dabei kommt es nicht darauf an, dass die TN den genauen Wortlaut erraten, sondern es geht um eine der Situation angemessenen Begrüßungsform. Die TN sollten erkennen, dass sich hier Freunde begrüßen. Notieren Sie die Vorschläge an der Tafel. *Lösungsvorschlag: Mann: Hallo. / Frau: Hallo.* *fakultativ:* Bevor Sie den Film zeigen, verteilen Sie die Kopiervorlage. Die TN bearbeiten zur Wiederholung der Begrüßungs- und Abschiedsformen zunächst Übung 1. Lernungewohnte TN können auch zu zweit arbeiten.	KV L1/ZDM	
	PL	2. Dann sehen die TN den Filmabschnitt noch einmal mit Ton und hören, wie sich die Freunde im Film begrüßen. Sie überprüfen ihre Vermutungen. *fakultativ:* Die TN ergänzen auf der Kopiervorlage in Übung 2 das Gespräch zum ersten Filmabschnitt.	KV L1/ZDM	
	PA/PL	3. Zeigen Sie jetzt die vier weiteren Szenen des Films (0:29 – 1:09) ohne Ton. Die TN notieren ihre Vermutungen in Partnerarbeit zu Szene 2 (Foto B), Szene 4 (Foto C) und Szene 5 (Foto A), wie sich die Personen wohl begrüßen könnten (zu Szene 3 gibt es im Buch kein Foto).		

	PL	4. Die TN hören die vier Szenen jetzt mit Ton und vergleichen ihre Notizen mit dem, was die Personen tatsächlich sagen. Verdeutlichen Sie, dass es hier verschiedene Möglichkeiten gibt und es nicht um richtig oder falsch geht. Gehen Sie dabei insbesondere auf die zweite und dritte Szene ein. Junge Leute, die sich sehr gut kennen, begrüßen sich auch oft mit „Hi" oder „Hey". *Hinweis:* Gehen Sie auf die verschiedenen Formen von „Wie geht's?" hier nicht vertiefend ein. Das wird in Lektion 2 thematisiert. *fakultativ:* Verteilen Sie die Kopiervorlage. Die TN hören die vier weiteren Szenen ohne Ton und vermuten, wie sich die Personen wohl begrüßen könnten. Stoppen Sie nach jeder Szene und sammeln Sie auf Zuruf an der Tafel. Beim zweiten Hören mit Ton ergänzen die TN auf der Kopiervorlage in Übung 2 die Gespräche zu den Filmszenen. Stoppen Sie wieder nach jeder Szene, damit die TN genügend Zeit haben, die Lücken zu ergänzen. Gegebenenfalls sehen die TN jeden Filmabschnitt mehrfach. Abschlusskontrolle im Plenum.	KV L1/ZDM	
	GA	5. Die TN finden sich in Kleingruppen zusammen und spielen die Gespräche nach, indem ein TN aus der Gruppe auf ein Foto im Buch zeigt. Dieses Gespräch müssen die anderen nachspielen. *fakultativ:* Die TN spielen die Szenen in Kleingruppen im Plenum vor. Die anderen raten, welche Begrüßung es war. Sie können hierfür auch mit den Fotos aus der Kopiervorlage arbeiten.		
	PL	6. *fakultativ:* Wenn Sie im Anschluss „Begrüßung und Abschied regional" bearbeiten wollen, schauen sich die TN noch einmal die Begrüßungen und Abschiede am Ende des Films an und achten auf Wendungen, die sie noch nicht kennen. Der Mann sagt „Grüß Gott!" und „Auf Wiederschaun!", Wendungen, die in Süddeutschland gebraucht werden, im Norden aber unüblich sind. Weisen Sie die TN darauf hin, dass Grußformen regional sehr unterschiedlich sein können.		

		Begrüßung und Abschied regional (passt z. B. zu A2)		
1	PL	1. Erklären Sie den TN, dass es drei Länder gibt, in denen Deutsch gesprochen wird. Fragen Sie die TN, welche Länder das sind. Verweisen Sie auch auf die Karte im Umschlag vorne innen im Buch. Die Begrüßungsformen, die die TN gerade gelernt haben, werden in allen Ländern verstanden. Aber jede Region grüßt auch anders. Machen Sie die TN darauf aufmerksam, dass sie hier nur eine kleine Auswahl von vielen verschiedenen Varianten hören. Die TN hören den Hörtext und markieren. *Lösung: Im Norden begrüßen sich die Leute zu jeder Tageszeit mit „Moin!" oder „Moin moin!" und verabschieden sich mit „Tschüs!". Im Ruhrgebiet und einem Teil Ostdeutschlands sagte man „Tach!" und „Tschüs!" In Süddeutschland und in Österreich sagen die Leute einfach nur „Servus!", in der Schweiz begrüßen sie sich mit „Grüezi mitenand!" und verabschieden sich mit „Uf Wiederluege!".*	CD 1/26	
2	PL	1. Die TN schreiben an die Tafel, was „Guten Tag" und „Auf Wiedersehen" in ihrer Sprache heißt und sagen es laut. *Hinweis:* Auf diese Weise entsteht ein internationales Tafelbild, das Sie sehr gut als Hintergrund für ein Kursfoto nutzen können.		

MEINE FAMILIE

Folge 2: Pause ist super.

Einstieg in das Thema „Familie“

	Form	Ablauf	Material	Zeit
1	**Vor dem Hören / Beim ersten Hören: Vermutungen äußern/überprüfen**			
a	PL	1. Die TN betrachten die Fotos. Zeigen Sie auf Lara und fragen Sie: „Wer ist das? Was wissen Sie schon?“ Schreiben Sie als Hilfestellung die Rubriken „Name?“, „Land?“ und „Sprache?“ (bekannt aus Lektion 1) an die Tafel. Anschließend können Sie auf Tim zeigen und fragen: „Wer ist das?“. Zucken Sie mit den Schultern, um den TN zu zeigen: „Ich weiß es nicht.“	Folie/IWB	
	PL	2. Die TN antworten, indem sie ihr Vorwissen aus Lektion 1 aktivieren. Ergänzen Sie auf Zuruf die Informationen an der Tafel. Ermuntern Sie die TN, Vermutungen zu Tim anzustellen.	Folie/IWB	
	EA	3. Die TN betrachten die Fotos und lesen die Aufgabe. Erklären Sie dann die neuen Begriffe. Zeigen Sie z. B. auf sich, dann auf die TN und sagen Sie: „Ich bin Deutschlehrer/in. Und Sie lernen Deutsch.“ „Pause“ können Sie erklären, indem Sie die Pausenzeiten Ihres eigenen Kurses an die Tafel schreiben. „Im Park“ können Sie anhand von Foto 2 zeigen. Fragen Sie dann: „Was meinen Sie? Was ist richtig?“ und fordern Sie die TN auf, anzukreuzen, was sie für richtig halten. Es ist nicht wichtig, dass die TN die richtige Lösung nennen können. Sie sollten hier ihre Vermutungen äußern.	Folie/IWB	
TIPP		Nutzen Sie für Worterklärungen so oft wie möglich Abbildungen, Fotos oder Filme aus dem Buch, um neuen Wortschatz in den vorhandenen Kontext zu integrieren.		
b	EA	4. Die TN hören die Foto-Hörgeschichte zum ersten Mal und überprüfen ihre Vermutungen anhand der Lösungen.	CD 1/27–34	
	PL	5. Abschlusskontrolle im Plenum. *Lösung: 1 lernt auch Deutsch. 2 haben Pause.*	Folie/IWB	
2	**Beim zweiten Hören: Woher kommen Lara und Tim?**			
	EA	1. Die TN hören die Hörtexte zu den Fotos 2 und 3 noch einmal und schreiben die richtigen Begriffe in die Lücken auf dem Notizzettel.	CD 1/28–29	
	PL	2. Abschlusskontrolle im Plenum. *Lösung: Tim: Ottawa, Lara: Polen, Lublin* *fakultativ:* Hängen Sie eine Weltkarte auf und bitten Sie die TN, die Länder und Städte von Lara und Tim auf der Weltkarte zu zeigen. Bitten Sie die TN, ihren Vornamen, ihr Land und ihre Stadt auf kleine Zettel bzw. Fähnchen zu notieren. Anschließend fordern Sie die TN auf, ihr Land und ihre Stadt auf der Weltkarte zu zeigen und ihren Klebezettel bzw. ihr Fähnchen darauf zu befestigen. Die TN sagen dazu: „Ich komme aus (Land), aus (Stadt).“	Folie/IWB, Weltkarte, kleine Klebezettel oder Stecknadelfähnchen	
3	**Beim dritten Hören: Laras und Tims Familie**			
a	PL	1. Die TN betrachten die Fotos und lesen die Wörter im Auswahlkasten.	CD 1/30–32	
	EA/PA	2. Die TN hören die Hörtexte zu den Fotos 4–6 noch einmal und ergänzen die Texte. Wenn nötig, hören die TN ein weiteres Mal.	Folie/IWB, CD 1/30–32	
	PL	3. Abschlusskontrolle im Plenum. *Lösung: A Vater, Mutter; B Bruder; C Mutter, Großeltern*	Folie/IWB	

b	EA	4. Fragen Sie „Was ist richtig?“ und spielen Sie die Hörtexte, wenn nötig, noch einmal vor. Die TN hören und kreuzen an.	Folie/IWB, CD 1/30–32	
	PL	5. Abschlusskontrolle im Plenum. *Lösung: 3 Laras Vater lebt in Poznań.*	Folie/IWB	
	PA	*fakultativ:* Teilen Sie den Kurs in lerngewohnte und lernungewohnte TN ein. Die TN finden sich dann paarweise zusammen. Kopieren Sie die Kopiervorlage mehrfach und schneiden Sie die Satzkärtchen aus. Jedes Lernpaar erhält einen Kärtchensatz. Lerngewohnte TN erhalten das komplette Set, lernungewohnte TN arbeiten mit weniger Kärtchen. Sie können z. B. die letzten drei (oder auch mehr) Sätze weglassen. Die Paare hören die Foto-Hörgeschichte noch einmal und ordnen die Satzkärtchen den Personen zu. Zur Abschlusskontrolle verteilen Sie die Lösungen. Die TN vergleichen ihre Lösungen selbstständig.	KV L2/FHG	

TIPP	TN, die über ein Smartphone verfügen, können die App zu *Schritte plus Neu 1* kostenfrei aus dem entsprechenden Store herunterladen, um alle Hörtexte und Filme zum Lehrwerk jederzeit zur Verfügung zu haben und sie bei Bedarf auch in Kleingruppen nutzen zu können.

Laras und Tims Film	Tim und Lara befinden sich im Park und filmen sich gegenseitig mit dem Handy. Zuerst filmt Lara Tim und spricht dazu über Tim, der nur gestisch und mimisch darauf reagiert. Nur am Schluss intoniert er ein einziges Wort „deutsch“. Im zweiten Teil filmt Tim Lara und spricht dazu über Lara, die ebenfalls nichts sagt, sondern auf einem Block nur Stichworte mitzeigt. Der Film passt sehr gut zu C1. Sie können ihn als Einstieg benutzen, um die „er/sie“-Formen einzuführen, oder die TN überprüfen anhand des Film ihre Lösung zu C1. Regen Sie die TN an, in Partnerarbeit selbst einen ähnlichen Film anzufertigen, z. B. nach D4. Die TN können dazu die Informationen, die im Film gegeben werden noch um die neuen Informationen, die sie schon gelernt haben, erweitern. Die TN sollten ihre Texte vorher anfertigen und der jeweilige „Filmemacher“ spricht dann den Text. Die Partnerin / Der Partner agiert dann entweder mimisch oder benutzt einen Block zum Umklappen mit den passenden Stichwörtern.	„Laras und Tims Film“ Lektion 2	

A WIE GEHT'S? – DANKE, GUT.

Anredeformen *du* und *Sie*

Lernziel: Die TN können andere nach dem Befinden fragen und ihr Befinden ausdrücken.

	Form	Ablauf	Material	Zeit
A1	**Präsentation der Redemittel: Nach dem Befinden fragen**			
	PL	1. Die TN sehen sich die Zeichnungen an. Fragen Sie „Wie geht's?“ und deuten Sie dabei auf das Beispiel. Antworten Sie auf die Frage mit Begeisterung: „Super!“ und unterstützen Sie Ihre Antwort durch Mimik und Gestik: Strecken Sie den Daumen nach oben und strahlen Sie. *Variante:* Die TN lassen das Buch geschlossen. Gehen Sie auf einen TN zu, der schon länger im deutschsprachigen Raum lebt und fragen Sie: „Wie geht's?“ Der TN antwortet. Wiederholen Sie das ggf. noch ein paarmal mit weiteren TN, die schon erste Deutschkenntnisse haben. Die TN öffnen erst dann ihr Buch.	Folie/IWB	
	EA	2. Die TN hören die Mini-Gespräche und überlegen, welches Gespräch zu welchem Bild passt. Bei Verständnisschwierigkeiten spielen Sie die Gespräche mehrmals vor und helfen, indem Sie die jeweils passende Mimik/Gestik dazu machen.	CD 1/35	

	PL	3. Abschlusskontrolle im Plenum. *Lösung (von links nach rechts): 4, 2, 1, 5, 3*	CD 1/35, Folie/IWB	
	EA/HA	Arbeitsbuch 1		

A2	**Anwendungsaufgabe: Nach dem Befinden fragen**			
a	PL	1. Die TN betrachten die Fotos. Fragen Sie: „Sie oder du? Was meinen Sie?" Die TN stellen Vermutungen darüber an, wie sich die Personen anreden könnten.	Folie/IWB	
	PL	2. Fragen Sie dann: „Wie geht es Lara?" Deuten Sie dabei auf Foto 1 und die Smileys daneben. Verfahren Sie mit Foto 2 ebenso.	Folie/IWB	
	EA	3. Die TN hören die Gespräche und kreuzen das passende Smiley an.	CD 1/36–37	
	PL	Abschlusskontrolle im Plenum. *Lösung: 1 Lara ☺, 2 Walter Baumann ☺, Frau Jansen ☹*	Folie/IWB	
b	EA	4. Die TN hören noch einmal und lesen dabei die Gespräche mit.	CD 1/36–37	
	PL	5. Verweisen Sie auf den Info-Kasten und zeigen Sie auch mithilfe der Fotos, dass „Wie geht es Ihnen?" für die Anrede mit „Sie" und „Wie geht es dir?" für die Anrede mit „du" gebraucht wird. Die Kurzform „Wie geht's?" deckt beide Fälle ab. Verweisen Sie an dieser Stelle auch auf die Redemittel zum Befinden in der Übersicht zu Grammatik und Kommunikation (Kursbuch, S. 30). Hier sind die wichtigsten Frage- und Antwortmöglichkeiten übersichtlich dargestellt. Weisen Sie die TN auch auf den Tipp hin, Frage und Antwort am besten immer kombiniert zu lernen.	Folie/IWB	
	PA	6. Die TN sprechen die Gespräche mit ihrem eigenen Namen. Denken Sie bitte daran, dass es hier ausschließlich darum geht, die Wendungen lexikalisch einzuschleifen, um sie als Redemittel für die TN bereitzustellen. Erklärungen zum Dativ sind an dieser Stelle nicht notwendig. Die Dativpronomen werden in *Schritte plus Neu 2*, Lektion 13, behandelt.	Folie/IWB	
c	PL	7. Kettenspiel: Schreiben Sie „Wie geht's?" und die unterschiedlichen Antwortmöglichkeiten aus A1 und A2 an die Tafel, sodass die TN die verschiedenen Redemittel vor Augen haben. Dann werfen Sie einem TN den Ball zu und beginnen das Kettenspiel wie im Beispiel. Fangen Sie mit zwei oder drei geübteren TN an. Fordern Sie die TN auf, verschiedene Redemittel zu nutzen.	Ball	
	WPA	*fakultativ:* Klassenspaziergang. Wenn Sie gerne etwas Bewegung in den Unterricht integrieren möchten, können Sie die Kopiervorlage L2/A2 kopieren, zerschneiden und die Redemittelkärtchen im Kurs verteilen. Es macht dabei nichts, wenn die Redemittel jeweils mehrfach vorhanden sind. Alle TN versammeln sich in der Mitte des Kursraums und finden sich paarweise zusammen. Die TN befragen sich gegenseitig und nutzen zur Antwort die Redemittel auf ihrem Kärtchen. Anschließend tauschen die Gesprächspartner ihre Kärtchen untereinander und wechseln zum nächsten freien Gesprächspartner. Gehen Sie während der Übung herum und helfen Sie, wenn nötig.	KV L2/A2	

TiPP	Laminieren Sie die Kopiervorlage vor dem Zerschneiden. Die Kärtchen halten so länger und können immer wieder eingesetzt werden.

	PL	**Arbeitsbuch 2:** im Kurs: Die TN kennen die Stimmbewegung bei W-Fragen und auch den Satzakzent schon aus Lektion 1. Deshalb dürfte ihnen diese Übung keine Schwierigkeiten bereiten. Die TN hören den Hörtext und achten auf die Betonung. Die TN können bei der Silbe, die den Satzakzent trägt, jeweils mit dem Fuß aufstampfen. Dadurch bekommen sie ein Gespür für die Gewichtung dieser Silbe. Setzen Sie für die Stimmbewegung nach unten (W-Frage) und nach oben (Rückfrage) wie in Lektion 1 auch wieder Ihre Hand ein.	Folie/IWB AB-CD 1/13–14	
	EA/HA	**Arbeitsbuch 3–4:** Im Kurs: Alle TN lösen Übung 3. Lerngewohnte TN können außerdem Übung 4 bearbeiten. Bei einer Abschlusskontrolle im Plenum können die TN, wenn sie möchten, ihre Gespräche mit einem Partner vorspielen.		
A3	**Aktivität im Kurs: Rollenspiel**			
	PL	1. Die TN sehen sich die Zeichnungen an und überlegen, wie sich die Personen jeweils anreden. Fragen Sie: „Du oder Sie?" und notieren Sie die Lösungsvorschläge an der Tafel. *Lösungsvorschlag: A Sie (Situation auf dem Amt/einer Behörde); B du (Personen, die sich kennen, z. B. Studenten, Mitschüler, Kursteilnehmer); C du oder Sie (beides ist möglich, je nach Vertrautheit der Personen, z. B. Nachbarinnen, Freundinnen; Eltern, deren Kinder sich kennen); D Sie (Erwachsene, die sich nicht kennen, z. B. beruflicher Kontext; Abholung eines Geschäftsreisenden am Flughafen)*	Folie/IWB	
		Die Regeln für die Anrede mit „du" und „Sie" sind jedoch nicht mehr ganz so klar wie noch vor einigen Jahrzehnten. Auch im Berufsleben wird heute häufiger geduzt als früher. Wer sich einer Gruppe oder Gemeinschaft (z. B. Studenten, Kollegen auf gleicher Ebene) zugehörig fühlt, duzt sich meist. Nennen Sie den TN zunächst nur die eindeutigen Regeln, alles andere wäre zu diesem Zeitpunkt verwirrend: Erwachsene duzen Kinder, Kinder siezen (fremde) Erwachsene. Erwachsene, die sich (noch) nicht kennen, siezen sich normalerweise (z. B. auf dem Amt, an der Kasse im Supermarkt). Höhergestellte Personen wie den Chef sollte man immer siezen, es sei denn, sie bieten das Du an.		
	PL	2. Zwei geübtere TN lesen das Beispielgespräch A vor und führen es zu Ende.	Folie/IWB	
	PA	3. Die TN finden sich paarweise zusammen. Lassen Sie die Paare ganz nach Neigung entscheiden, ob sie die Gespräche zu den Zeichnungen nur sprechen oder auch aufschreiben möchten. Manche TN fühlen sich beim Schreiben sicherer. Ungeübtere TN schreiben bzw. sprechen nur ein Gespräch, geübtere TN überlegen sich für jede der drei Situationen einen Minidialog.		
	PA	4. Die TN üben ihre Minidialoge laut.		
	PL	5. Präsentation der Minidialoge: Einige TN, die ihre Gespräche geübt haben und sie gerne im Plenum vorspielen möchten, erhalten dazu die Gelegenheit. Bitten Sie diese Paare, aufzustehen und die Situation nachzuspielen. Für Dialog C benötigen die TN außerdem zwei Statisten, die die Kinder darstellen.		
	PL	6. *fakultativ:* An dieser Stelle bietet sich die Arbeit mit „Fokus Beruf" im Arbeitsbuch, Seite 30 an, um den TN noch einmal bewusst zu machen, dass die Wahl der Anredeform kontextgebunden ist, im beruflichen Alltag in Deutschland aber das „Sie" überwiegt.	AB-CD 1/21–24	

B DAS IST MEIN BRUDER.

Possessivartikel *mein/meine, dein/deine, Ihr/Ihre*

Lernziel: Die TN können ihre Familie / Familienmitglieder vorstellen.

	Form	Ablauf	Material	Zeit
B1	**Präsentation des Wortfeldes „Familienmitglieder“**			
a	EA	1. Die TN betrachten die Fotos im Familienstammbaum. Sagen Sie: „Das ist eine Familie.“ Die TN lesen die Aufgabe. Dann hören sie das Gespräch und ordnen zu.	Folie/IWB, CD 1/38	
	PL	2. Abschlusskontrolle im Plenum. Fragen Sie: „Wer ist das? Was sagt Walter?“. Deuten Sie dabei auf die einzelnen Personen und ergänzen Sie die Lücken auf Zuruf. *Lösung: Tobias: mein Sohn, Sofia: meine Tochter, Lili: meine Enkelin*	Folie/IWB	
b	EA	3. Die TN sehen sich die die Fotos im Familienstammbaum noch einmal an und kreuzen die richtige Lösung an. Helfen Sie ggf. mit dem neuen Wortschatz, indem Sie einen allgemeinen Stammbaum an die Tafel skizzieren und die Familienmitglieder eintragen.		
	PL	4. Abschlusskontrolle im Plenum. *Lösung: mein Opa.*	Folie/IWB	
	PA/EA	Arbeitsbuch 5		

	Form	Ablauf	Material	Zeit
B2	**Präsentation der Possessivartikel *mein/meine, dein/deine, Ihr/Ihre***			
	EA	1. Die TN betrachten die Fotos und ergänzen die Lücken in den Gesprächen 1 und 2.		
	EA	2. Die TN hören nun die Gespräche und vergleichen mit ihren Lösungen.	CD 1/39	
	PL	3. Abschlusskontrolle im Plenum. *Lösung: 1 mein, 2 Ihre, meine*	Folie/IWB	
	PL	4. Erstellen Sie zur Systematisierung der Possessivartikel zusammen mit den TN ein Tafelbild (s. 5.). Notieren Sie analog zum Grammatik-Kasten zunächst „mein Bruder“, „mein Kind“, „meine Tochter“ und „meine Kinder“ an der Tafel. Unterstreichen Sie „mein Bruder“ blau, „mein Kind“ grün, „meine Tochter“ rot sowie „meine Kinder“ gelb. Verweisen Sie auch auf den oberen Teil des Grammatik-Kastens. Der definite Artikel und die Artikelfarben blau, grün, rot und gelb werden systematisch in Lektion 4 eingeführt.		
	EA/PA Grammatik entdecken	**Arbeitsbuch 7:** Hier können sich die TN die Formen des Possessivartikels noch einmal bewusst machen, da hier das Farbschema selbstständig angewendet wird.		
	PL	5. Ergänzen Sie das Tafelbild dann gemeinsam mit den TN um weitere Possessivartikel und Verwandtschaftsbezeichnung aus der Foto-Hörgeschichte, KB/B1 und B2 sowie AB/5. 		

GA ⟷	6. *fakultativ:* Die TN finden sich in Kleingruppen zusammen. Jede Gruppe erhält die zerschnittenen Domino-Steine von der Kopiervorlage. Ziel ist es, möglichst alle Dominosteine zu verwenden. Als Hilfe können sich die TN am Tafelbild orientieren. Wenn Sie spielbegeisterte TN haben, können die Gruppen gegeneinander antreten. Die Gruppe, die am schnellsten alle Dominosteine verwendet hat, hat gewonnen. *fakultativ:* Teilen Sie die TN in möglichst homogene Gruppen ein. Für lernungewohnte TN können Sie die Artikel <u>vor</u> dem Zerschneiden farbig markieren. Das erleichtert den TN die Zuordnung. Lerngewohnte TN erhalten ein Domino-Set ohne farbige Markierung. Dadurch ergeben sich mehr Kombinationsmöglichkeiten und es ist eine größere Herausforderung, alle Dominosteine unterzubringen.	KV L2/B2	
TIPP	Kopieren Sie die Kopiervorlage auf verschiedenfarbiges Papier. Das erleichtert an den Tischen das Auseinanderhalten der Kärtchen und Sie vermeiden aufwändiges Sortieren nach Beendigung des Spiels.		
PL	7. Sehen Sie sich dann gemeinsam mit den TN noch einmal die Gespräche im Buch an und fokussieren Sie auf die Zusammengehörigkeit von „ich – mein/meine". Zeigen Sie dazu auf sich und sagen Sie: „ich", zeigen Sie dann z. B. auf Ihr Buch und sagen Sie „Das ist mein Buch." Zeigen Sie noch auf weitere Gegenstände, die Ihnen gehören und machen Sie weitere Beispielsätze. Gehen Sie dann zu einem TN und sagen Sie: „du". Zeigen Sie auf sein Buch und sagen Sie: „Das ist dein Buch". Machen Sie weitere Beispiele mit anderen TN mit „du – dein/deine", und „Sie – Ihr/Ihre". Verweisen Sie dann auf den Grammatik-Kasten und die Grammatikübersicht 1 (Kursbuch, S. 30) und die kleine Übung in der rechten Spalte. Zeigen Sie auf die Zeichnung und fragen Sie: „Was sagt die Frau?". Ein geübter TN antwortet. Ergänzen Sie dabei die Sätze auf der Folie/am IWB. *Lösung: 1 Das ist mein Mann. 2 Das ist mein Sohn. 3 Das ist meine Tochter.*	Folie/IWB	
PA ⟷	8. Die TN finden sich paarweise zusammen. Die TN variieren dann mündlich die Gespräche mithilfe der weiteren Redemittelpaare. Zwei geübtere TN machen das erste Beispiel. Gehen Sie herum und helfen Sie, wenn nötig. Achten Sie dabei auf die korrekte Verwendung der Possessivartikel. Sollten sich Ihre TN schwertun, die Grammatik spontan richtig anzuwenden, können die TN die Gespräche zunächst auch schriftlich fixieren und anschließend laut sprechen.		
EA/HA	**Arbeitsbuch 6**		
PL	**Arbeitsbuch 8:** im Kurs: Eine mögliche Methode, den TN die Stimm-Modulation bewusst zu machen, ist das Klopfen oder Klatschen im Rhythmus. Spielen Sie den Hörtext vor. Die TN lesen still mit und achten auf die Markierungen unter den Silben, die die Stärke der Betonung angeben. Die TN hören die Sätze dann noch einmal und klopfen oder klatschen gleichmäßig mit, bei den betonten Silben klopfen oder klatschen sie etwas kräftiger. In einem dritten Durchgang klopfen oder klatschen und sprechen die TN im Chor, ohne den Hörtext zu hören.	AB-CD 1/15	
EA/HA ⟷ ⚠	**Arbeitsbuch 7, 9–12** *fakultativ:* Wenn Sie im Kurs noch Zeit haben, können Sie die Übungen 10 und 11 zur Binnendifferenzierung nutzen. Bilden Sie dazu möglichst homogene Paare. Lernungewohnte TN lösen Übung 10 schriftlich und sprechen dann die Minidialoge. Lerngewohnte TN lösen Übung 10 und 11 schriftlich und üben dann eines der Gespräche in Übung 11 mündlich. Wenn die TN möchten, können Sie abschließend eines der Gespräche im Plenum vorspielen. In Übung 11 kommt bereits die Negation mit „nicht" vor. Diese wird erst in Lektion 4 systematisch eingeführt. Gehen Sie an dieser Stelle nur kurz darauf ein, indem Sie folgenden Satz aus Übung 11 an die Tafel schreiben: „Entschuldigung, mein Name ist <u>nicht</u> ~~Altmann~~." Ich heiße Peters.		

B3	Aktivität im Kurs: Rätsel		
PL	1. Schreiben Sie auf einen Zettel den Namen „María". Machen Sie dann mit einem geübteren TN das Beispiel im Buch. Geben Sie ihm das Kärtchen und bitten Sie ihn, es hochzuhalten und mit Ihnen den Beispieldialog im Buch vorzuspielen. Wiederholen Sie das Beispiel nun mit einem anderen TN und einem neuen Namenskärtchen.	Folie/IWB	
⚠	„Ehefrau" im Beispieldialog ist für die meisten TN neu. Verweisen Sie auf das Foto von Tims Eltern auf Seite 23. Erinnern Sie die TN daran, dass Tims Vater (Richard) und Tims Mutter (Amy) verheiratet sind. Tims Vater ist deshalb Amys Ehemann. Tims Mutter ist Richards Ehefrau.		
EA	2. Die TN schreiben nun den Namen eines Familienmitglieds auf einen Zettel.	Zettel	
WPA	3. Alle TN stehen auf und finden sich jeweils paarweise zusammen. Bitten Sie, wenn nötig, zwei TN, ein weiteres Beispiel zu machen. Anschließend befragen sich alle TN gegenseitig und raten, um wen es sich bei der genannten Person handelt. Ist das Rätsel gelöst, wechseln die TN die Partner und raten erneut. Gehen Sie herum und achten Sie darauf, dass die TN die Possessivartikel korrekt verwenden. *Variante:* Alternativ können Sie die Übung auch am Platz durchführen lassen. Dann beschriften die TN mehrere Zettel mit Namen aus ihrer Familie. Anschließend deuten Sie auf jeden einzelnen und fragen ihre Partnerin / ihren Partner: „Wer ist ...?". Diese/r rät, bis die richtige Lösung gefunden ist. Gehen Sie herum und achten Sie darauf, dass die TN die Possessivartikel korrekt verwenden.		
EA	TN, die bereits alle Verwandtschaftsbeziehungen erraten haben, planen ein fiktives Familienfest und machen eine Einladungsliste wie in „Schon fertig?" vorgeschlagen. Sammeln Sie die Listen – Namen nicht vergessen! – anschließend ein und geben Sie sie korrigiert zurück.		

TIPP	Den TN macht es Spaß, wenn auch Sie von sich erzählen. Bringen Sie doch einfach ein paar Fotos von Ihrer Familie mit. Kleben Sie diese auf ein Plakat, das Sie im Kursraum aufhängen, und beschriften Sie das Plakat mit den TN zusammen. Als Hausaufgabe können die TN ein ähnliches Plakat mit eigenen Familienfotos machen und in den Kurs mitbringen. Planen Sie dann genügend Zeit für die Vorstellung der Familienplakate in Kleingruppen ein. Die Plakate werden dann für alle sichtbar im Kursraum aufgehängt und geben Anlass für Pausengespräche der TN untereinander, denn die Familie spielt in den meisten Herkunftsländern der TN eine große Rolle. Das Interesse der anderen TN ist dementsprechend groß.

	EA/HA	Arbeitsbuch 13		

C ER LEBT IN POZNAŃ.

Personalpronomen, Verbkonjugation

Lernziel: Die TN können den Wohnort nennen.

	Form	Ablauf	Material	Zeit
C1		**Präsentation der Verbkonjugation und der Personalpronomen *er/sie, sie***		
	EA	1. Die TN hören die Texte und sehen die Fotos im Buch an. Machen Sie deutlich, dass die TN wirklich nur hören sollen, um einer realen Hörsituation näherzukommen.	Folie/IWB, CD 1/40	
	EA	2. Die TN lesen die Texte. *Variante:* Hier können Sie auch mit „Laras und Tims Film" einsteigen.		

EA	3. Die TN hören noch einmal und ergänzen die Lücken. Stoppen Sie den Hörtext, wenn nötig, nach jedem einzelnen Satz. TN mit Vorkenntnissen können die Lücken mithilfe der vorgegebenen Stichworte selbstständig ergänzen und ihre Lösungen dann anschließend während des Hörens vergleichen. Ungeübtere TN füllen die Lücken so weit wie möglich und ergänzen dann während des Hörens wie oben beschrieben.	CD 1/40	
PL	4. Abschlusskontrolle im Plenum ggf. anhand von „Laras und Tims Film". *Lösung: A kommt, wohnen, sind, lebt; B ist, kommt, spricht; C wohnen*	Folie/IWB	
PL	5. Schreiben Sie zunächst folgende Beispiele an die Tafel: 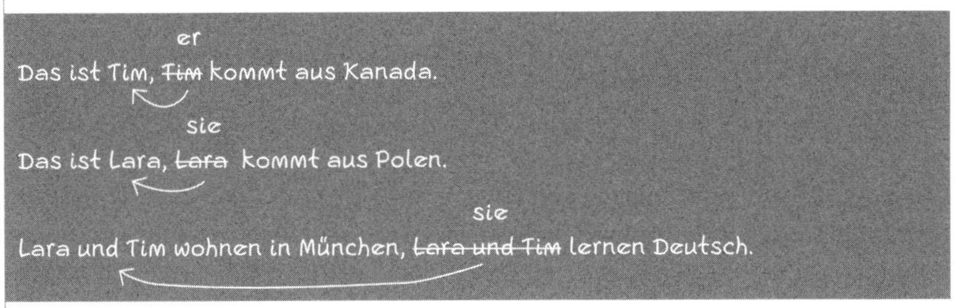	Folie/IWB	
PL	6. Lenken Sie die Aufmerksamkeit der TN nun auf die Verbkonjugation. Schreiben Sie folgende Beispiele an die Tafel.  Verweisen Sie auch auf den Grammatik-Kasten und die Grammatikübersicht 2 (Kursbuch, S. 30).	Folie/IWB	
EA Grammatik entdecken	**Arbeitsbuch 14:** im Kurs: Die TN machen sich den Zusammenhang zwischen Nomen und Personalpronomen bewusst.		
EA/PA	**Arbeitsbuch 15–16:** im Kurs: Geübtere TN lösen die Aufgaben in Stillarbeit. Ungeübtere TN arbeiten paarweise zusammen.		

C2	**Anwendungsaufgabe zur Verbkonjugation und zu den Personalpronomen *er/sie, sie***		
PL	1. Deuten Sie auf Amir und Maya Navid und fragen Sie: „Wer ist das? Woher kommen sie? Wo leben sie?" Deuten Sie auf die Stichworte und den Notizzettel.	Folie/IWB	
PL	2. Die TN lesen die Stichworte und den Notizzettel und beantworten die Fragen.	Folie/IWB	
EA/PA	3. Die TN schreiben analog dazu Texte zu Tao Cheng und Aba Owusu.		
PL	4. Abschlusskontrolle im Plenum. *Lösung: Das ist Tao Cheng. Er kommt aus China. Jetzt lebt er in Österreich. / Das ist Aba Owusu. Sie kommt aus Ghana. Jetzt lebt sie in Deutschland.* *fakultativ:* Verweisen Sie auch auf die Redemittel zu „Andere vorstellen" in der Übersicht (Kursbuch, S. 30). Die TN können hier analog zum Kursbuch ein eigenes Familienmitglied vorstellen. Wer möchte, kann auch ein Foto mitbringen.	Folie/IWB	

C3	**Präsentation der Verbkonjugation: 1. und 2. Person Plural**			
a	EA	1. Die TN sehen sich die Zeichnung an und lesen die Sätze.	Folie/IWB	
	PL/EA	2. Deuten Sie auf die Sätze 1–4 und fragen Sie: „Wer sagt das? Clara oder Merima?“ Die TN hören und kreuzen an.	CD 1/41	
	PL	3. Abschlusskontrolle im Plenum. *Lösung: 2 Clara, 3 Clara, 4 Merima*	Folie/IWB	
	PA	*fakultativ:* Verweisen Sie anschließend auf den Grammatikspot und die Grammatikübersicht 2 (Kursbuch, S. 30). Die TN konjugieren analog zur Verbtabelle in Partnerarbeit die Verben „wohnen“, „lernen“ und „kommen“, die sie bereits kennen.		
		Weisen Sie die TN auch auf das Kreuzworträtsel hin und fordern Sie sie auf, vier weitere Formen von „sein“ zu finden. Geübtere TN lösen die Aufgabe in Stillarbeit, ungeübtere TN arbeiten mit einer Partnerin / einem Partner zusammen. *Lösung: senkrecht: bin, seid; waagerecht: ist, sind*		

TiPP	Neue Strukturen prägen sich am leichtesten ein, wenn mehrere Wahrnehmungskanäle aktiviert werden. Daher empfiehlt es sich, dass die TN die Verbkonjugation nicht nur aufschreiben, sondern auch laut sprechen.

b	PL/WPA	4. Bitten Sie zwei TN aus dem gleichen Land, zu Ihnen an die Tafel zu kommen. Beginnen Sie das Gespräch mit: „Hallo. Wer seid ihr?“. Die TN orientieren sich am Beispiel und ergänzen ihren Namen und ihr Herkunftsland. Sie antworten z. B. „Wir sind Meral und Ergül. Wir kommen aus der Türkei.“ Spielen Sie das zweite Beispiel mit zwei TN aus verschiedenen Ländern vor. Anschließend stehen alle TN auf und finden sich zusammen. Die TN gehen zu zweit durch den Raum und spielen die Gespräche einige Male mit ihren eigenen Angaben durch. *fakultativ:* Zur Vereinfachung und Unterstützung der Aktivität können Sie auch auf die Kopiervorlage im Lehrwerkservice unter www.hueber.de/schritte-plus-neu zurückgreifen.	KV L2/C3 im Lehrwerkservice	
	EA/PA Grammatik entdecken	**Arbeitsbuch 17:** im Kurs: Die TN machen sich die Verbformen noch einmal bewusst. Die Aufgabe kann von geübteren TN in Stillarbeit gelöst werden. Ungeübtere TN arbeiten paarweise zusammen.		
	EA/HA	**Arbeitsbuch 18–21**		

D ZAHLEN UND PERSONALIEN

Zahlen von 0–20, Konjugation des Verbs *haben*

Lernziel: Die TN können bis 20 zählen, Fragen zur eigenen Person beantworten und ein Formular ausfüllen.

	Form	Ablauf	Material	Zeit
D1	**Präsentation der Zahlen von 0 bis 20**			
	PL	1. Die TN hören die Zahlen und sprechen sie nach. *Hinweis:* Da einige TN sicher schon eine Weile in einem deutschsprachigen Land leben, sind die Zahlen diesen TN möglicherweise schon bekannt.	Folie/IWB, CD 1/42	
	PL	2. Veranschaulichen Sie die Bildung der Zahlen 13–19, indem Sie die Leserichtung durch einen Pfeil von der 3 zur 1 etc. anzeigen. 13	Folie/IWB	

	PL	3. Die TN hören die Zahlen noch einmal und sprechen sie im Chor nach. *fakultativ:* Schreiben Sie jede Zahl auf ein Kärtchen und halten Sie die Kärtchen in beliebiger Reihenfolge hoch: Die TN nennen die Zahl auf dem Kärtchen.	CD 1/42 Kärtchen	

TiPP	Das Sprechen im Chor ermöglicht es auch schüchternen TN, die Zahlen laut mitzusprechen und so ein Gefühl für die Aussprache zu bekommen.

	EA/HA	Arbeitsbuch 22–23	AB-CD 1/16	

D2	**Hörverstehen: Telefonnummern richtig verstehen**			
	EA	1. Die TN hören das erste Beispiel und lesen im Buch mit.	CD 1/43	
	PL	2. Die TN hören das Beispiel noch einmal. Ein geübter TN schreibt die gehörte Telefonnummer an die Tafel. Die anderen TN kreuzen die richtige Telefonnummer in ihrem Buch an. Bei Schwierigkeiten hören die TN noch einmal. Verfahren Sie mit 2 und 3 genauso. Anschließend Abschlusskontrolle im Plenum. *Lösung: 2 19 16 10, 3 16 17 03*	CD 1/43	
	PL	*fakultativ:* Wenn Sie die Zahlen 1–20 im Kurs noch weiter üben möchten, können Sie mit Ihren TN Zahlen-Bingo spielen. Die Spielregeln kennen die TN bereits vom Alphabet-Bingo in Lektion 1/D.	KV L2/D2	
		Weisen Sie die TN darauf hin, dass es in Deutschland üblich ist, Telefonnummern als Dezimalzahlen (19 16 10 statt 1 9 1 6 1 0) zu nennen. Diese Übung ist daher eine gute Vorbereitung auf den Alltag in Deutschland.		
	EA/HA	Arbeitsbuch 24		

TiPP	Wenn die TN Spaß am Spielen haben, können Sie das Spiel später mit höheren Zahlen wiederholen. Wichtig ist dabei nur, dass Sie die Zahlenspanne, z. B. 20–50, vorher genau vereinbaren und diese nicht zu groß ist, damit das Spiel nicht zu lange dauert.

D3	**Schreiben: Ein Formular mit Personalien ausfüllen**			
	EA	1. Die TN hören das Gespräch und lesen im Buch mit.	CD 1/44	
	PL	2. Die meisten Fragen sind bekannt. Erklären Sie „Wo sind Sie geboren?" anhand Ihres eigenen Geburtsorts und sagen Sie z. B.: „Ich bin in Nürnberg geboren."		
	EA/PL	3. Die TN lesen das nebenstehende Formular. Erklären Sie unbekannte Begriffe. Schreiben Sie „das Heimatland" an die Tafel und sagen Sie: „Das ist mein Land: Da bin ich geboren. Deutschland ist mein Heimatland." Schreiben Sie dann „der Geburtsort" und „der Wohnort" an die Tafel und sagen Sie: „Der Geburtsort ist die Stadt, wo ich geboren bin." Wenn Sie möchten, können Sie Ihren Geburtsort auf der Landkarte zeigen und sagen: „Ich bin in ... geboren." Sie können den Geburtsort auch mit einem Sternchen (*) symbolisieren. Erklären Sie dann „der Wohnort" indem Sie sagen: „München ist mein Wohnort. Hier wohne ich." Füllen Sie das Formular exemplarisch mit Ihren Personalien aus. Fragen Sie bei Familienstand: „Was bedeutet ‚verheiratet'?" und deuten Sie auf das Ring-Symbol im Buch. „Was bedeutet ‚ledig', ‚verwitwet' und ‚geschieden'?" Schreiben Sie diese Wörter an die Tafel und zeichnen Sie kleine Symbole (z. B. durchgestrichener Ring für „ledig", zerbrochene Ringe für „geschieden" und ein Kreuz neben „Ehemann/Ehefrau" für „verwitwet"). Fragen Sie auch die TN: „Wer ist verheiratet?"	Folie/IWB, Landkarte	
	EA/PA	4. Die TN hören das Gespräch noch einmal. Geübtere TN ergänzen das Formular in Stillarbeit. Ungeübtere TN arbeiten paarweise zusammen und helfen einander.	CD 1/44	

	PL	5. Abschlusskontrolle im Plenum. *Lösung: Vorname: Isabel, Geburtsort: Madrid, Straße: Marktstr. 1, Telefonnummer: 788639, Familienstand: geschieden* *Hinweis:* An dieser Stelle bietet sich das Kettenspiel aus „Zwischendurch mal ..." an (Kursbuch, S. 32). Die TN wenden dabei auf spielerische Art und Weise die in den Lernschritten A–D erworbenen Kenntnisse in Bezug auf sich selbst an und erfahren dabei auch etwas über die anderen TN.	Folie/IWB ZDM	
	EA/HA ⟷	**Arbeitsbuch 25–26:** im Kurs: Wenn Sie die beiden Übungen im Kurs durchführen, lösen alle TN Aufgabe 25. Geübtere TN ergänzen außerdem auch Aufgabe 26. Als Hausaufgabe sollten sie von allen bearbeitet werden.		
	EA/HA	**Arbeitsbuch 27**		
	PA Grammatik entdecken	**Arbeitsbuch 28:** im Kurs: Die TN machen sich, wenn nötig, Notizen zu den Stichpunkten und tauschen sich dann, wie im Buch angegeben, dialogisch mit ihrer Partnerin/ihrem Partner aus. Dabei üben sie gleichzeitig noch einmal die W-Fragen. *Variante:* Wenn Sie die Übung als Aufgabe zur Prüfungsvorbereitung auf *Start Deutsch 1* gestalten möchten, können die TN anhand der Stichpunkte monologisch über sich berichten. *Hinweis:* Pro Stichpunkt sollten im mündlichen Teil der Prüfung *Start Deutsch 1* ein bis zwei Sätze genannt werden. Die TN dürfen die Sätze vorher nicht schriftlich fixieren, können ihre Präsentation aber selbstverständlich vorher im Kurs oder zu Hause vorbereiten.		

D4	**Aktivität im Kurs: Partnerinterview**			
a	EA	1. Die TN markieren die Fragen in D3. Weisen Sie noch einmal auf den Gebrauch der „Sie"- und „Ihr"-Form hin. Wiederholen Sie bei Bedarf noch einmal, warum es „Ihre Adresse" und „Ihre Telefonnummer" heißt. Verweisen Sie an der Stelle auch auf die Grammatikübersicht 1 (Kursbuch, S. 30).		
	PA	2. Die TN befragen ihre Partnerin/ihren Partner und machen sich Notizen. Gehen Sie herum und helfen Sie bei Schwierigkeiten. *Hinweis:* Wenn Sie sich im Kurs duzen bzw. die TN sich untereinander duzen, verweisen Sie an dieser Stelle auf den Grammatik-Kasten zu „haben". Fordern Sie die TN auf, die Fragen entsprechend umzuformen. Die Verbkonjugation sowie die Possessivartikel haben die TN bereits kennengelernt. *fakultativ:* Zur Vereinfachung und Unterstützung der Aktivität können Sie auch auf die Kopiervorlage im Lehrwerkservice unter www.hueber.de/schritte-plus-neu zurückgreifen.	KV L2/D4 im Lehrwerkservice	
b	EA/PL	3. Die TN machen anhand ihrer Notizen eine Art Steckbrief für ihre Partnerin/ihren Partner. Verweisen Sie vorher auf den Grammatik-Kasten zu „haben", die Grammatikübersicht 2 (Kursbuch, S. 30) und auf die Übersicht über die Redemittel zu „Angaben zur Person" (Kursbuch, S. 31). *fakultativ:* Wer möchte, kann seine Partnerin/seinen Partner im Plenum vorstellen. *Hinweis:* Hier können Die TN eine Kurs-Kontaktliste erstellen, wie sie in „Zwischendurch mal ..." (Kursbuch, S. 33) vorgeschlagen wird.	ZDM	

TiPP	Empfehlen Sie Ihren TN, Fragen zu ihrer Person zusammen mit ihren persönlichen Angaben zu lernen, da ihnen diese Fragen im Alltag voraussichtlich noch oft gestellt werden. Hierzu können die TN den kleinen Steckbrief aus der Übersicht (Kursbuch, S. 31) ausfüllen.

HA		4. Die TN nutzen die Stichpunkte aus dem Partnerinterview und formulieren als Hausaufgabe vollständige Sätze zu ihrer Partnerin / ihrem Partner. *fakultativ:* Wenn Ihre TN Spaß an „Laras und Tims Film“ haben oder gerne Handyfilme machen, können sie hier analog dazu eigene Filme in Partnerarbeit anfertigen. Wer möchte, kann die Filme in der nächsten Kursstunde auch zeigen. *Hinweis:* Hier bietet sich die Arbeit mit „Fokus Alltag“ an (Arbeitsbuch, S. 29). *Hinweis:* Zum Abschluss können Sie den Film „Ich heiße Esila.“ aus „Zwischendurch mal ...“ einsetzen (Kursbuch, S. 32).	ZDM	

TiPP	Wenn Sie wissen möchten, wie gut die TN den bisherigen Lernstoff anwenden können, bitten Sie sie, den Text auf ein extra Papier zu schreiben, sodass Sie die Hausaufgabe einsammeln und korrigieren können. Die Texte können dann, wenn alle damit einverstanden sind, im Kursraum aufgehängt werden.

	EA/HA	Arbeitsbuch 29		

E DEUTSCHSPRACHIGE LÄNDER

Lernziel: Die TN lernen einige Städte der deutschsprachigen Länder kennen. Sie können einfache Informationen verstehen.

	Form	Ablauf	Material	Zeit
E1		**Landeskunde: Präsentation der deutschsprachigen Länder (D-A-CH) und der Himmelsrichtungen**		
	PL	1. Die TN sehen sich die Landkarte der deutschsprachigen Länder an.	Folie/IWB	
	PL	2. Fragen Sie die TN, wer eine andere Stadt als den Wohnort in Deutschland, Österreich oder der Schweiz kennt. Die TN zeigen die Orte, wenn möglich, auf der Karte.	Folie/IWB	
	PL	3. Zeigen Sie mithilfe der Landkarte die Himmelsrichtungen. Verweisen Sie zur Unterstützung auch auf den Kompass im Buch.	Folie/IWB	
	PL	4. Ein TN liest Beispiel a vor. Er sucht und zeigt Hamburg auf der Landkarte.	Folie/IWB	
	PL/PA	5. Je ein TN liest eines der nächsten Beispiele vor, die übrigen TN suchen die Stadt auf der Landkarte. Die TN markieren bei der entsprechenden Flagge. *Variante:* Die Aufgabe kann auch in Partnerarbeit gemacht werden. Dann Abschlusskontrolle im Plenum. *Lösung: b Schweiz, c Österreich, d Deutschland, e Österreich, f Schweiz, g Deutschland, h Deutschland*	Folie/IWB	
	PL	6. Fragen Sie die TN: „Wo leben Sie gerade: In Österreich? In der Schweiz? In Norddeutschland?“ Die TN nennen die deutschsprachige Region, in der sie leben. Dabei nutzen sie die Himmelsrichtungen zur Konkretisierung der geografischen Lage.		
	EA/HA	Arbeitsbuch 30	AB-CD 1/17–20	

E2	Leseverstehen: Persönliche Angaben zu Personen verstehen			
a	PL	1. Ein geübterer TN liest Text A vor. Fragen Sie die anderen TN: „Wie ist der Vorname von Frau Landtaler?". Die TN antworten anhand der Information im Text. Notieren Sie die Lösung auf dem Steckbrief. Verfahren Sie mit den beiden anderen Angaben zu Vera Landtaler ebenso.	Folie/IWB	
	EA/PA	2. Die TN lesen die Texte B–D still und ergänzen die Steckbriefe. Ungeübtere TN können die Aufgabe zu zweit lösen, z. B. auch mit einem geübten TN zusammen.		
	PL	3. Abschlusskontrolle im Plenum. *Lösung: A Vorname: Vera, Heimatland: Österreich, Wohnort: Salzburg; B Familienname: Lichtblau, Vorname: Ralf, Wohnort: Kiel; C Familienname: Steiner, Vorname: Matteo, Heimatland: Schweiz, Wohnort: Basel; D Familienname: Marković, Vorname: Marina, Heimatland: Deutschland, Wohnort: Heilbronn.*	Folie/IWB	
b	PL	4. Ein TN liest Beispiel A vor. Fragen Sie: „Was ist richtig?"	Folie/IWB	
	EA	5. Die TN lesen Text A noch einmal und prüfen, ob der 2. Satz richtig oder falsch ist.		
	EA	6. Die TN lösen die Aufgaben B–D.		
	PL	7. Abschlusskontrolle im Plenum. *Lösung: B Ralf Lichtblau hat ein Kind. C Matteos Mutter ist Lehrerin. D Sie hat eine Schwester.* TN, die früher fertig sind als die anderen, schreiben in der Rubrik „Schon fertig?" einen kurzen Text über sich selbst. Sammeln Sie die Texte ein und geben Sie sie korrigiert zurück.	Folie/IWB	
	EA/HA	Arbeitsbuch 31		
	GA	*fakultativ:* Wenn Sie noch Zeit haben, können Sie hier das Rollenspiel von der Kopiervorlage anschließen.	KV L2/Wiederholung	
Lektionstests		Einen Test zu Lektion 2 finden Sie hier im LHB auf den Seiten 182–183. Weisen Sie die TN auf den Selbsttest im Arbeitsbuch auf Seite 28 hin.	KV L2/Test	

AUDIO-UND VIDEOTRAINING

	Form	Ablauf	Material	Zeit
Audiotraining 1: Wie geht's?				
	EA/HA	Die TN hören einzeln Fragen nach dem Befinden und mögliche Antworten. Nach dem Signalton haben sie jeweils Gelegenheit, diese nachzusprechen und die festen Wendungenso zu memorieren.	CD 1/45	
Audiotraining 2: Angaben zur Person				
	EA/HA	Die TN hören Fragen zur Person und jeweils ein Stichwort, das sie für die Antwort verwenden sollen. Sie haben dann im ersten Teil des Audiotrainings Gelegenheit, die richtige Antwort zu geben und diese laut vor sich hin zu sprechen. Nach der Sprechpause hören die TN die Antwort, um ihre Antwort und die korrekte Aussprache kontrollieren zu können. Im zweiten Teil des Audiotrainings, beantworten die TN die Fragen mit ihren eigenen Angaben zur Person und trainieren so für ihren Alltag in den deutschsprachigen Ländern.	CD 1/46	

Audiotraining 3: Das ist doch deine Mutter!				
	EA/HA	Die TN hören als Beispiel die Frage: „Das ist doch deine Mutter, oder?“ und die Antwort „Ja, genau! Das ist meine Mutter!“. Anschließend beantworten sie in den Sprechpausen analoge Fragen zu anderen Familienmitgliedern, ebenfalls nach dem vorgegebenen Muster mit „Ja, genau! Das ist ...“. Nach der Sprechpause hören die TN die Antwort, um ihre Lösung und die korrekte Aussprache kontrollieren zu können.	CD1/47	
Videotraining 1: Hallo Olga!				
	EA/HA	Die TN hören und sehen in vier spielerische Szenen eingebettet noch einmal die wichtigsten Wendungen zur Frage nach dem Befinden und deren Beantwortung, die sie in dieser Lektion kennengelernt haben. Damit können die TN ihr Wissen überprüfen und wiederholen.	Film „Hallo Olga!“	
Videotraining 2: Wer ist das?				
	EA/HA	Den TN werden nacheinander einige Fragen zur Person gestellt. Als Grundlage für die Antworten wird rechts im Bild ein Steckbrief zur Verfügung gestellt. Zusätzlich wird in Teil 1 des Videotrainings zu jeder Antwort ein Teil der Antwort eingeblendet. Dabei dient die Anzahl der Linien als Anhaltspunkt. Im Anschluss an die Frage ergänzen die TN die vorgegebene Antwort um die Angaben aus dem Steckbrief. Die TN erhalten Gelegenheit, die Antwort in Gedanken zu formulieren oder laut auszusprechen. Nach der Sprechpause hören die TN die Antwort und können sie zum Vergleich mitlesen. In Teil 2 des Videotrainings antworten die TN ohne Hilfestellung. Auf diese Weise ist eine Progression innerhalb der Aufgabe gegeben. *fakultativ:* Wenn Sie das Videotraining im Kurs einsetzen, bearbeiten ungeübtere TN nur Teil 1, geübtere TN beide Teile.	Film „Wer ist das?“	

ZWISCHENDURCH MAL ...

	Form	Ablauf	Material	Zeit
		Ich heiße Esila. (passt z. B. zu D4) **Die junge Österreicherin Esila erzählt anhand eines Familienstammbaums kurz über ihre Eltern und Großeltern. Dabei stehen die einzelnen Personen, aber auch Österreich als ihr Herkunftsland, im Fokus.**		
	PL	1. Die TN sehen das Foto im Buch an. Fragen Sie: „Wer ist das?“, Wo lebt sie?“, „Wer sind die anderen Personen? Was meinen Sie?“	Folie/IWB	
	PL	2. Die TN stellen Vermutungen an, ohne die Sätze daneben zu lesen. Sammeln Sie mündlich.		
	EA	3. Fragen Sie, bevor die TN den Film sehen, noch einmal: „Wer ist das?“ und deuten Sie dabei auf das Foto mit Esila und ihrem Familienstammbaum. Die TN sehen den Film und konzentrieren sich auf die Beantwortung der Frage.	Folie/IWB	
	PL	4. Die TN nennen, was sie verstanden haben. Notieren Sie Stichpunkte an der Tafel.		
	PL	5. Deuten Sie dann auf den ersten Satz und lesen Sie vor: „Esila ist sechzehn.“ Fragen Sie: „Ist das richtig?“. Die TN antworten mit „Ja“ oder „Nein“. Verfahren Sie mit den Sätzen 2 und 3 ebenso und kreuzen Sie an. *Lösung: 1 falsch; 2 richtig; 3 falsch*	Folie/IWB	

	6. Die TN lesen nun die Sätze 4–9, bevor sie den Film noch einmal sehen. Gehen Sie an dieser Stelle noch nicht auf Wortschatzfragen ein. Vieles klärt sich durch das Hör-Sehverstehen während des Films.		
	7. Die TN sehen den Film ggf. zweimal und kreuzen dann an, was richtig ist. Geübtere TN können Sie auffordern, sich während des zweiten Hörens die Korrekturen zu den falschen Aussagen zu notieren. Deuten Sie dazu auf Satz 1 und sagen Sie: „Esila ist 16. Das ist falsch. Was ist richtig?“		
GA	8. Abschlusskontrolle im Plenum. *Lösung: richtig: 5 Zafer Kartal ist Türke und spricht sehr gut Deutsch. 7 Oma Krisztina und Opa Walter wohnen in Wien; falsch: 1 Esila ist 19. 3 Esila wohnt in Linz. 4 Esila hat keine Schwester. Oma Nilüfer spricht nicht gut Deutsch. Opa Walter kommt aus Wien. Oma Krisztina kommt aus Ungarn.* Die Negation mit „kein“ wird erst in Lektion 3 systematisiert, die Negation mit „nicht“ in Lektion 4. Hier genügt es, wenn Sie „eine Schwester“ und „gut Deutsch“ zur Veranschaulichung durchstreichen. *fakultativ:* Wenn Sie viele geübte TN im Kurs haben, können Sie zur Vertiefung das Textpuzzle „Esila und ihre Familie“ von der Kopiervorlage machen. Die TN finden sich dazu in möglichst heterogenen Gruppen zusammen. Jede Kleingruppe erhält ein Set Textkarten. Fordern Sie die TN auf, den Text zu rekonstruieren. Als Hilfe können Sie die ersten 2–3 Sätze an die Tafel schreiben. Dann arbeiten alle Gruppen für sich und legen die Textkarten. Die TN können dabei auf bisher Gelerntes wie Verbkonjugation, Personalpronomen, Länderbezeichnungen etc. aus den Lektionen 1 und 2 zurückgreifen. Gehen Sie herum und helfen Sie bei Schwierigkeiten. Die TN sehen den Film dann noch einmal und korrigieren dabei ggf. die Reihenfolge ihrer Textstreifen. Teilen Sie den Gruppen zur Selbstkontrolle die Kopiervorlage aus.	Folie/IWB KV L2/ZDM	
	Weisen Sie die TN darauf hin, dass „Sankt“ in Ortsnamen „St.“ abgekürzt wird.		

Spiel	**Kettenspiel: über sich und andere berichten; Festigung der Verwendung der Personalpronomen und Verbformen in der 3. Person Singular (passt z. B. zu D4)**		
PL	1. Bitten Sie eine weibliche TN, in die Rolle der ersten Zeichenfigur zu schlüpfen und die Sprechblase laut vorzulesen. Zwei männliche TN fahren mit der zweiten und dritten Sprechblase im Uhrzeigersinn fort. Zeigen Sie zur Veranschaulichung jeweils auf die Person, um die es geht.	Folie/IWB	
PL PL	2. Bitten Sie einen geübten TN zu beginnen und seinen Namen sowie zwei weitere Informationen über sich zu nennen. *Hinweis:* Wenn Sie sicher gehen wollen, dass möglichst viele verschiedene Angaben zur Person spielerisch geübt werden, können Sie vor Spielbeginn nochmal die in Lektion 2 gelernten Angaben zur Person gemeinsam mit den TN an der Tafel sammeln. *Variante:* Wenn Sie viele TN im Kurs haben, kann es für einige TN schwierig sein, sich alle Informationen der vorangehenden TN zu merken und korrekt zu wiederholen. Sie können deshalb entweder die Anzahl der zu wiederholenden Beispiele reduzieren oder vereinbaren, dass die TN sich gegenseitig helfen, wenn sie nicht weiterkommen.		

Projekt		Anwendungsaufgabe: Eine Kurs-Kontaktliste erstellen (passt z. B. zu D4)		
1	PA	1. Die TN wählen eine Partnerin / einen Partner, mit der/dem sie noch nicht zusammengearbeitet haben und ergänzen den Fragebogen. Gehen Sie herum und helfen Sie bei Schwierigkeiten.		
2	PL	2. Da die TN oft daran interessiert sind, auch außerhalb des Kurses miteinander in Kontakt treten zu können, bietet es sich an, eine Kurs-Kontaktliste anzufertigen. Erstellen Sie, wenn alle TN einverstanden sind, eine Kurs-Kontaktliste. Ein TN diktiert seinen Namen, seine Telefonnummer und seine E-Mail-Adresse. Ein zweiter TN schreibt sie auf die Folie oder tippt sie ein. Die übrigen TN notieren mit und achten darauf, dass die Buchstaben- bzw. Zahlenfolge stimmt. Wechseln Sie durch. *Hinweis:* Die Namen der anderen Kursteilnehmer zu schreiben, kann eine Herausforderung sein. Erinnern Sie die TN daran, dass sie in Lektion 1/D gelernt haben, ihre Namen zu buchstabieren.	Folie/IWB	
⚠		3. Ziehen Sie am Ende eine Kopie der Folie und teilen Sie die Liste im Kurs aus. Je nachdem, aus welchem Kulturkreis Ihre TN kommen und welche Vorerfahrungen sie gemacht haben, wollen einige ihre Kontaktdaten vielleicht nicht nennen. Respektieren Sie diesen Wunsch, ohne weiter nachzufragen. Die TN schreiben in diesen Fällen nur den Namen in die Kontaktliste. Mit zunehmender Vertrautheit untereinander, können die TN die Liste dann ggf. selbstständig ergänzen.		
3	PL	4. Erstellen Sie eine Statistik, welche Sprachen im Kurs gesprochen werden. Fragen Sie einen TN: „Welche Sprachen spricht deine Partnerin / dein Partner?". Der TN antwortet anhand seiner Notizen aus Aufgabe 1 (Partnerinterview). Machen Sie eine Strichliste an der Tafel oder erstellen Sie ein Plakat mit den Kurssprachen, das im Kursraum aufgehängt wird. *Variante:* Sie können analog zum Partnerinterview in Aufgabe 1 auch zwischen Muttersprache und Fremdsprache unterscheiden.	Plakat	

TIPP	Wenn Sie spielbegeisterte TN im Kurs haben, können Sie vorher auch Wetten abschließen, welche Fremdsprache am häufigsten gesprochen wird. Das macht es für die TN spannender, die Ergebnisse an der Tafel zu verfolgen.

FOKUS ALLTAG: IN DER STADTBIBLIOTHEK

Die TN wissen, welchen Service öffentliche Bibliotheken bieten.

	Form	Ablauf	Material	Zeit
1		**Ein Formular ausfüllen**		
	PL	1. Die TN betrachten die Fotos. Erklären Sie, wenn nötig, was eine Stadtbibliothek ist, indem Sie z. B. „der Buchladen = die Buchhandlung" und „die Bibliothek" an die Tafel schreiben und mit Worten und Pantomime zeigen, wie Sie ein Buch kaufen bzw. ausleihen (also mitnehmen und wieder zurückbringen). Ideal ist es natürlich, wenn Sie selbst einen Bibliotheksausweis haben und diesen vorzeigen können.	Folie/IWB	
	EA	2. *fakultativ:* Wenn nötig, markieren die TN auf dem Ausweis des Mädchens alle wichtigen Wörter zu einer Adresse (vgl. Lektion 2/D3) damit Wörter wie Straße, Hausnummer etc. in Erinnerung gerufen werden.	Folie/IWB	
	EA/PA	3. Die TN füllen allein oder zu zweit das Anmeldeformular aus.		
	PL	4. Abschlusskontrolle im Plenum. *Lösung: meiner Tochter, Marta, 18.07.2007, Kieselweg, 12, 25348, Glückstadt*		

	EA/PA	5. *fakultativ:* Wenn einige der TN Kinder haben, verteilen Sie Kopien des Anmeldescheins (vorher die Eintragungen mit Tippex löschen!). Die TN füllen das Formular für ihr Kind / ihre Kinder aus. Wer keine Kinder hat, hilft seiner Partnerin/seinem Partner.		
		In vielen Städten und Gemeinden gibt es öffentliche Bibliotheken, in denen jeder Bürger kostenlos oder gegen eine geringe Jahresgebühr Bücher, Zeitschriften und andere Medien ausleihen kann. Oft kann man digitale Medien (eBooks, ePaper von Zeitungen und Filme etc.) auch online ausleihen. Um diesen Service nutzen zu können, muss man in der Stadt bzw. Gemeinde wohnen und bei der Stadtbibliothek ein Anmeldeformular ausfüllen. In der Regel erhält man dann einen Bibliotheksausweis, mit dem man sich verschiedene Medien ausleihen kann.		
Projekt		**Besuch einer öffentlichen Bibliothek**		
		1. Organisieren Sie einen gemeinsamen Besuch, indem Sie dort am besten vorab anrufen und den Besuch ankündigen. Sicher nimmt sich einer der Mitarbeiter dann Zeit für die TN und bereitet einige Anmeldeformulare vor. 2. Erstellen Sie mithilfe der kleinen Zeichnungen von Seite 29 im Arbeitsbuch eine Kopiervorlage mit Ankreuzkästchen vor jedem Medium. Verteilen Sie diese Kopiervorlage an die TN und sagen Sie ihnen, dass sie gemeinsam eine Bibliothek besuchen wollen. Die TN sollen herausfinden, ob es diese Dinge in der örtlichen Bibliothek auch zu leihen gibt. *fakultativ:* Wenn Ihre TN interessiert sind und Sie glauben, dass sie auch weiterhin die Bibliothek nutzen möchten, ergänzen Sie die Kopiervorlage noch mit Begriffen wie „Bücher/CDs für Deutschlerner" oder „Bücher in meiner Sprache". 3. Fragen Sie die TN, wo die örtliche Bibliothek ist. Vielleicht weiß es ein TN und kann die Straße nennen. 4. Fahren Sie gemeinsam mit dem Kurs zur Bibliothek und lassen Sie die TN in kleinen Gruppen in der Bibliothek umherstreifen und ihre Kopiervorlage ergänzen. 5. Wer möchte, kann für sich einen Bibliotheksausweis beantragen und ein Anmeldeformular ausfüllen. *Variante:* Wenn Sie den TN dafür mehr Ruhe und Zeit geben möchten, nehmen Sie einige Anmeldeformulare mit. Die TN können das Formular in der nächsten Unterrichtsstunde ausfüllen und Fragen stellen. Wer einen Bibliotheksausweis beantragen möchte, geht dann damit selbstständig zur Bibliothek. 6. Die TN vergleichen in der nächsten Unterrichtsstunde, welche Medien sie in der Bibliothek gefunden haben.		

FOKUS BERUF: *DU ODER SIE?*

Die TN wissen, welche Anredeform in welcher Situation angemessen ist.

	Form	Ablauf	Material	Zeit
1/2		**Hörverstehen: Die passende Anredeform**		
a	PL	1. Deuten Sie auf das Beispiel A und fragen Sie: „Wer sind die Personen? Sagt Nurcan „du" oder „Sie"?" Die TN stellen Vermutungen zur Gesprächssituation an. *Lösungsvorschlag: Nurcans Kollegen: Sie* *Hinweis:* Wenn es sich um höhergestellte Personen (Arzt/Ärztin) handelt, ist es üblich, sich zu siezen. Bei Zeichnung A könnte es sich aber auch um gleichgestellte Kollegen (Krankenschwester/Krankenpfleger) handeln. Dann ist, je nach Vertrautheitsverhältnis, „du" oder „Sie" angemessen.	Folie/IWB	

	EA	2. Die TN sehen sich die anderen Zeichnungen an und entscheiden, welche Anredeform in diesen Situationen angemessen ist.	Folie/IWB	
b	PA	3. Die TN hören die Gespräche und vergleichen mit ihren Lösungsvorschlägen.	AB-CD 1/21–24	
	PL	4. Abschlusskontrolle im Plenum. *Lösung: B Sie, C Sie, D du*	Folie/IWB	
2	EA	1. Die TN lesen die Stichworte und ergänzen die Sätze. Gehen Sie, wenn nötig, auf neuen Wortschatz ein. „Chefarzt" können Sie erklären, indem Sie „Arzt" und „Doktor" gleichsetzen. Alternativ können Sie auf Zeichnung B verweisen. Falls „Chef" nicht bekannt ist, können Sie die Hierarchie im Krankenhaus an die Tafel zeichnen.		
	PA	2. Die TN vergleichen ihre Lösungen und lesen die Gespräche laut.		
	PL	3. Abschlusskontrolle im Plenum: Die TN lesen ihre Gespräche paarweise vor. *Lösung: A das ist, Willkommen; B Mein Name ist, Freut mich; C wie geht es Ihnen denn, nicht so gut; D Wie geht es dir, Danke, super* *fakultativ:* Spielfreudige Paare spielen das Gespräch vor. Um die Situationen authentischer zu gestalten, können Sie ein paar Requisiten zur Verfügung stellen, z. B. eine Tasche, ein Klemmbrett und eine Kaffeetasse für Gespräch A oder eine Picknickdecke für Gespräch D.	Folie/IWB	
3	**Rollenspiel**			
	PA/HA	1. Die TN lesen die Aufgabe und schreiben eigene Gespräche. Sie können sich dabei an Übung 2 orientieren. Gehen Sie herum und helfen Sie bei Schwierigkeiten.		
	PL	2. Die TN spielen ihre Gespräche vor.		

EINKAUFEN

Folge 3: Bananenpfannkuchen

Einstieg in das Thema „Einkaufen"

	Form	Ablauf	Material	Zeit
1	**Vor dem Hören: Welche Wörter kennen Sie schon?**			
	PL	1. Die TN betrachten die Fotos. Fragen Sie: „Was kennen Sie schon?"		
	PL	2. Die TN antworten und zeigen auf die jeweiligen Lebensmittel. Wenn die TN nichts kennen, zeigen Sie auf Foto 2 und fragen Sie: „Wo ist Butter? Ist das Butter? Oder das?"	Folie/IWB	
	PL	3. Die TN zeigen das Produkt auf dem Foto.	Folie/IWB	
	PL	4. Verfahren Sie mit den anderen Lebensmitteln genauso.	Folie/IWB	
	PL	5. Zeigen und beschriften Sie zur Abschlusskontrolle die Produkte. *Lösung: Bananen: Foto 6; Butter: Foto 2; Eier: Foto (5 Hier aus Schokolade) 6, 7; Mehl: Foto 1; Milch: Foto 1; Zucker: Foto 1; Pfannkuchen: Foto 8; Schokolade: Foto 5*	Folie/IWB	
2	**Beim ersten Hören**			
	PL	1. Hier bietet sich vor dem Hören ein Assoziogramm zum Thema „Einkaufen" an. 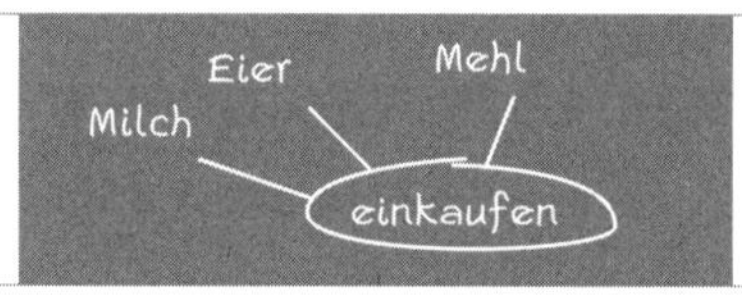		
	PL	2. Die TN lesen die Aufgabe. Wenn Sie das Gefühl haben, die TN verstehen die Verben „kaufen" und „brauchen" nicht, stellen Sie das Verb „kaufen" pantomimisch dar, indem Sie den Stift eines TN nehmen und so tun, als ob Sie Geld aus Ihrer Tasche ziehen würden. Sagen Sie: „Ich kaufe den Stift." und reichen Sie dem TN das imaginäre Geld, während Sie den Stift zunächst behalten. Verfahren Sie mit dem Verb „brauchen" ebenso. Tun Sie so, als ob Sie Ihren Stift suchen würden, sagen und zeigen Sie auch pantomimisch: „Ich möchte schreiben. Ich habe keinen Stift, ich brauche einen Stift." Oder zeigen Sie einen leeren Geldbeutel und sagen Sie: „Ich möchte etwas kaufen. Ich habe kein Geld. Ich brauche Geld!" und machen eine entsprechende Geste mit Daumen und Zeigefinger. Fragen Sie dann die TN: „Ich möchte Joghurt kaufen. Was brauche ich?" (Antwort: Geld)		
	EA	3. Die TN hören die Foto-Hörgeschichte und kreuzen an.	CD 1/48–55	
	PL	4. Abschlusskontrolle im Plenum. *Lösung: a Butter, Zucker, Mehl; b Eier; c Bananen, Eier; d Eier*		
3	**Nach dem ersten Hören: Schlüsselsätze verstehen**			
	PL	1. Ein TN liest die ersten beiden Zitate vor. Zeigen Sie beim ersten Satz auf das zweite Foto, um zu verdeutlichen, dass es ein Zitat aus dem Hörtext zu Foto 2 ist.	Folie/IWB	
	PL	2. Zeigen Sie beim Vorlesen des zweiten Zitats auf mehrere mögliche Fotos und machen Sie ein fragendes Gesicht. Wenn ein TN das richtige Foto nennt, tragen Sie die Nummer (Foto 3) entsprechend ein.	Folie/IWB	
	EA/PA	3. Die TN ordnen zu. Lernungewohnte TN können auch zu zweit arbeiten.		
	PL	4. Die TN hören noch einmal und vergleichen mit ihren Antworten.	CD 1/48–55	

PL/PA	5. Abschlusskontrolle im Plenum. *Lösung: b – 3, c – 1, d – 8, e – 4, f – 5, g – 6, h – 7* *fakultativ:* Jedes Paar erhält eine Kopiervorlage. Die TN schneiden die Sprechblasen aus und legen sie vor sich auf den Tisch. Sie lesen die Sprechblasen und ordnen diese den Fotos und den Personen zu. Lernungewohnte TN arbeiten entweder mit einem schnelleren TN zusammen oder sie bearbeiten weniger Sprechblasen. Sie können hierfür beim Kopieren schon einige Vorlagen mit weniger Sprechblasen vorbereiten. Anschließend hören die TN die Foto-Hörgeschichte noch einmal und überprüfen ihre Lösung. Abschlusskontrolle im Plenum.	KV L3/FHG, Scheren, CD 1/48–55	

TiPP	Sie können die Kopiervorlage auch laminieren und die Sprechblasen einmal ausschneiden und immer wieder verwenden.

4	**Nach dem Hören: Über das eigene Land erzählen**		
PL	1. Fragen Sie die TN, was man für Pfannkuchen braucht und notieren Sie an der Tafel: Pfannkuchen Eier Mehl Milch Zucker Butter Stellen Sie sicher, dass alle die Aufgabe verstanden haben.		
PL	2. Fragen Sie die TN: „Gibt es in Ihrem Land auch Pfannkuchen? Wie heißen Pfannkuchen in Ihrer Sprache?" Ein TN liest die Sprechblase vor. Geben Sie dann die Fragen ins Plenum. Sie können auch einzelne TN direkt ansprechen. Motivierend ist es auch, wenn jeder TN „Pfannkuchen" in seiner Sprache an die Tafel schreibt.		

TiPP	Wenn Sie eine Frage ins Plenum geben, ist es vor allem im Anfängerunterricht oft so, dass sich zunächst keiner traut, etwas zu sagen. Helfen Sie den TN, indem Sie zunächst einen lerngewohnten TN ansprechen und dann nach und nach auf die „stilleren" TN übergehen. Oft verlieren die TN über dem Zuhören und dem Wunsch, auch das eigene Land zu vertreten, ihre Scheu.

Laras Film	Lara stellt in dem Film ihre Einkaufsstraße vor. Produkte der Bäckerei werden ausführlicher vorgestellt (Brot/verschiedene Brötchensorten). Weiter kommen als Oberbegriffe vor: „Wurst", „Käse", „Obst" und „Gemüse". Der Film kann im Unterricht z. B. vor A1 eingesetzt werden, um den TN einige Lebensmittel in Wort und Bild vorzustellen. Dabei kann der Film jeweils bei 1:09, 1:21, 1:30 und 1:42 gestoppt werden, damit die TN beschreiben können, was sich jeweils in Laras Korb befindet. Nach B2 kann er zur Wortschatzerweiterung und Festigung genutzt werden, indem die TN notieren, was es in der Bäckerei, beim Metzger, im Käsegeschäft und im Obst- und Gemüseladen jeweils genau gibt. Dazu stoppen Sie den Film, wenn die Theken gezeigt werden und die TN notieren, was sie kennen. Zu E2 können Sie den Film auch nutzen, um mit den TN zu besprechen, welche Geschäfte es in Laras Einkaufsstraße gibt. In Kursen mit überwiegend lernungewohnten TN beschränken Sie sich auf die Geschäfte und ihre Benennung, die Lara vorstellt. In Kursen mit überwiegend lerngewohnten TN können Sie die Geschäfte, die bis 0:26 gezeigt werden, besprechen. Wenn die TN Lust haben, können sie auch einen eigenen Einkaufsfilm mit ihrem Handy drehen und in der nächsten Kursstunde zeigen.	„Laras Film" Lektion 3	

A HABEN WIR ZUCKER?

Ja-/Nein-Frage; Wiederholung W-Frage

Lernziel: Die TN können Lebensmittel benennen und selbst einen Einkaufszettel schreiben.

	Form	Ablauf	Material	Zeit
A1	**Präsentation des Wortfelds „Lebensmittel"**			
	EA	1. Die TN sehen sich das Foto mit den Lebensmitteln im Buch an und ordnen die Lebensmittel zu, die sie bereits kennen. *Hinweis:* Sie können einige Lebensmittel auch anhand von „Laras Film" einführen.		
	PA	2. Die TN vergleichen ihre Ergebnisse.		
	PL	3. Zeigen Sie die Lebensmittel auf Folie/IWB. Fragen Sie die TN in der vorgegebenen Reihenfolge nach den Lebensmitteln: „Was ist Nummer 1?" Tragen Sie (oder ein geübter TN) die Nummern auf der Folie / am IWB ein. *Lösung: 1 Bier, 2 Salz, 3 Zucker, 4 Mineralwasser, 5 Mehl, 6 Fleisch, 7 Käse, 9 Wein, 11 Tee, 12 Brot*	Folie/IWB	
	PA	4. Die TN decken die Lösung ab und fragen sich gegenseitig nach den Lebensmitteln. Die TN zeigen oder fragen: „Was ist Nummer 1?" Die Partnerin / der Partner antwortet „Das ist Bier."		
	EA/HA	Arbeitsbuch 1–3		

A2	**Variationsaufgabe: Präsentation der Ja-/Nein-Frage**			
	PL	1. Klären Sie mit den TN die Situation auf dem Bild: „Was haben die Personen? Was brauchen sie?" (Eine Frau schreibt eine Einkaufsliste, die andere Frau kontrolliert, was noch im Schrank ist.) Dann hören die TN das Gespräch.	Folie/IWB, CD 1/56	
	PA	2. Zwei geübtere TN lesen das Minigespräch mit verteilten Rollen. Motivieren Sie Ihre TN, anhand der Einkaufsliste und des Schrankinhalts weitere kleine Gespräche zu variieren.		
	PL	3. Schreiben Sie zwei Beispiele für die zwei Fragetypen an die Tafel. Haben wir Zucker? Ja./Nein. Was ist das? Zucker.		
	PL	4. Fordern Sie die TN auf, das Tafelbild mit weiteren bekannten W-Fragen aus den vorhergehenden Lektionen zu ergänzen. Stellen Sie die entsprechenden Ja-/Nein-Fragen gegenüber. Lassen Sie sich dabei von den TN helfen. Haben wir Zucker? Ja./Nein. Was ist das? Zucker. Kommen Sie aus Deutschland? Ja. Woher kommen Sie? Aus Deutschland.		
	PL	5. Fragen Sie die TN, wie man auf Fragen wie „Kommst du ...?" oder „Bist du ...?" antwortet und wie die Antwort bei Fragen mit einem W-Wort lautet. Die TN sollten jetzt den Unterschied verstehen: Ja-/Nein-Fragen werden mit „Ja" oder „Nein" beantwortet, mit W-Fragen erfragt man eine Information. Verweisen Sie auch auf den Grammatik-Kasten und/oder auf die Grammatikübersicht 1 und 2 (Kursbuch, S. 42). Machen Sie die TN auf die Merkhilfe aufmerksam und wiederholen Sie anhand der Zeichnung noch einmal die Situation aus der Lektion. Die Frau antwortet auf die Frage: „Haben wir Zucker?" mit „Nein". Fragen Sie: „Ist das richtig?" Die TN prüfen den Schrankinhalt und stellen fest: „Nein. Das ist falsch." (Im Schrank befindet sich Zucker.)		

PL	**Arbeitsbuch 4:** im Kurs: Die TN haben die Satzmelodie und den Satzakzent bei W-Fragen und in Aussagen schon gut geübt. Jetzt soll ihnen der Unterschied zwischen Ja-/Nein-Fragen und W-Fragen verdeutlicht werden. Bei Ja-/Nein-Fragen geht die Stimme am Ende leicht nach oben. Spielen Sie das Audio vor, die TN markieren die Satzmelodie. Die TN sprechen die Fragen und Antworten dann abwechselnd mit einer Partnerin / einem Partner. Dabei sollten sie die Stimmbewegung mit der flachen Hand mitmachen (vgl. Lektion 1 und Lektion 2). Die TN hören die Fragen und Antworten noch einmal und markieren den Satzakzent. Die TN sprechen im Chor und klatschen den Satzrhythmus mit.	AB-CD 1/25	

A3	**Anwendungsaufgabe zur Ja-/Nein-Frage**			
	PL	1. Klären Sie mit den TN die Situation auf dem Bild: Ein Mädchen (Lili) kauft in einem kleinen Laden ein. Dann hören die TN das Gespräch. Lenken Sie die Aufmerksamkeit noch einmal auf die Satzmelodie.	Folie/IWB, CD 1/57	
	PA	2. Die TN spielen in Partnerarbeit weitere Gespräche und achten auf die richtige Satzmelodie. *Hinweis:* Hier können Sie zur Auflockerung den Comic „Der kleine Mann am Kiosk" einflechten.	ZDM	
	EA/HA	Arbeitsbuch 5		
EA Grammatik entdecken		**Arbeitsbuch 6:** im Kurs: Hier können sich die TN noch einmal die Satzstellung im Aussagesatz, in der W-Frage und in der Ja-/Nein-Frage bewusst machen.		
EA/HA		**Arbeitsbuch 7–8:** im Kurs: Alle TN lösen Übung 7, lerngewohnte TN lösen zusätzlich Übung 8. Bei der Abschlusskontrolle können die TN die Minigespräche auch zu zweit vortragen.		

A4	**Aktivität im Kurs: Einkaufszettel schreiben**			
a	PL	1. Klären Sie vorab, wenn nötig, die Bedeutung des Verbs „brauchen" (siehe FHG/2).		
	PL	2. Schreiben oder zeichnen Sie an die Tafel, was Sie an Lebensmitteln noch zu Hause haben. Fordern Sie die TN auf, Sie zu fragen, was Sie brauchen (also heute Abend im Supermarkt kaufen müssen). Bitten Sie dann einen TN, an der Tafel eine Einkaufsliste für Sie zu schreiben.	Folie/IWB	
	EA	3. Die TN schreiben oder zeichnen nun ihrerseits, was sie zu Hause haben. *fakultativ:* Wenn Ihnen im Kurs nicht ausreichend Zeit zur Verfügung steht, können Sie zur Vereinfachung und Unterstützung der Aktivität auch auf die Kopiervorlage im Lehrwerkservice unter www.hueber.de/schritte-plus-neu zurückgreifen.	KV L3/A4 im Lehrwerkservice	
b	PA	4. In Partnerarbeit befragen sich die TN gegenseitig und schreiben eine Einkaufsliste für die Partnerin / den Partner.		

TIPP	Versuchen Sie so oft wie möglich, das Vorwissen der TN im Unterricht einzubeziehen. Da für alle TN, die in Deutschland leben, das Thema „Einkaufen" und das Wortfeld „Lebensmittel" sehr wichtig sind, bietet es sich hier besonders an, z. B. mit einem Wettspiel das Vorwissen zu aktivieren. Schreiben Sie verschiedene Oberbegriffe auf (Milchprodukte/Obst/Gemüse/Sonstiges) und teilen Sie die TN in gemischte Gruppen ein (nicht alle ganz „Neuen" in eine Gruppe). Machen Sie zu den Oberbegriffen je ein Beispiel. Jede Gruppe wählt einen Oberbegriff. Dann schreiben die TN in acht Minuten so viele Lebensmittel/Gegenstände auf, wie ihnen einfallen.

B DAS IST DOCH KEIN EI.

Unbestimmter Artikel und Negativartikel

Lernziel: Die TN können nach einem Wort fragen und Vermutungen äußern.

	Form	Ablauf	Material	Zeit
B1		**Präsentation des unbestimmten Artikels und des Negativartikels**		
	PL	1. Die TN sehen sich das Foto an. Fragen Sie, wer die Personen auf dem Foto sind (Lili, Verkäuferin). Führen Sie ggf. das Wort „Verkäuferin" ein und schreiben Sie es an die Tafel. Fragen Sie: „Wo ist Lili?" Wenn die TN nur mit „Supermarkt" antworten, reicht das hier völlig aus. Schreiben Sie das Wort auch an die Tafel, damit die TN sehen, wie man es schreibt.		
TiPP		Benutzen Sie möglichst immer den gleichen Bereich der Tafel, um neue Wörter zu notieren. Solche Systematisierungen helfen den TN, Unterrichtsinhalte zuzuordnen.		
	EA	2. Die TN hören das Gespräch und ergänzen die Sätze in Stillarbeit. *Lösung: keine, ein*	CD 1/58	
	PL	3. Schreiben Sie die Nomen aus der Aufgabe mit dem unbestimmten Artikel an die Tafel. Die TN ergänzen den Negativartikel. Machen Sie deutlich, dass im Deutschen für die Negation des unbestimmten Artikels der kleine Buchstabe „k" genügt. ein Ei – kein Ei ein Schokoladenei – kein Schokoladenei eine Schokolade – keine Schokolade Verweisen Sie auch auf den Grammatik-Kasten und/oder auf die Grammatikübersicht 3 (Kursbuch, S. 42). Dort ist die Bildung des Negativartikels visualisiert. Zeigen Sie den TN die Grafik und lassen Sie sie Beispiele dazu finden.		
	PL	4. *fakultativ:* In Kursen mit geübten TN können Sie anhand der Beispiele schon kurz darauf eingehen, dass das Deutsche drei Genera kennt, die TN sich aber zunächst nur zwei verschiedene Formen merken müssen.		
	⚠	Vertiefen Sie das Thema nicht. Der bestimmte Artikel wird in Lektion 4 eingeführt. Es genügt, wenn deutlich wird, warum für den unbestimmten Artikel an dieser Stelle zwei Beispiele aufgeführt werden.		
TiPP		Da Wörterbücher nicht mit Artikelpunkten arbeiten, geben Sie für Aufgabe B2 folgende Information kurz an der Tafel vor: m (=maskulin) / der -> ein n (= neutral) / das -> ein f (= feminin) / die -> eine		
B2		**Anwendungsaufgabe zum indefiniten Artikel**		
	PL	1. Zeigen Sie das Bild auf Folie/IWB. Lesen Sie mit einem geübteren TN das Beispiel, indem Sie entsprechend auf die Orange und das Würstchen zeigen. *Variante:* Nehmen Sie einen Apfel, eine Kartoffel, eine Banane, eine Orange, eine Tomate, ein Brötchen, einen Kuchen und ein Ei mit in den Unterricht. Halten Sie diese abwechselnd hoch und fragen Sie: „Wie heißt das auf Deutsch?" und warten Sie auf die Antwort: „Apfel." Sagen Sie: „Genau, das ist ein Apfel." Dadurch wird das Vorwissen der TN aktiviert und neuer Wortschatz eingeführt sowie die anschließende Aufgabe vorentlastet.	Folie/IWB, verschiedene Lebensmittel	
	PA	2. In Partnerarbeit zeigen die TN und machen weitere Gespräche. Bei Bedarf sehen die TN ins Wörterbuch. *Hinweis:* Zur Wortschatzerweiterung können Sie hier auch „Laras Film" einsetzen.	Wörterbuch	

TiPP	In Gruppen mit überwiegend lerngewohnten TN können Sie das Wortfeld „Lebensmittel“ erweitern, indem die TN aus Werbeprospekten weitere Lebensmittel ausschneiden und sich dazu wie in B2 befragen. Die TN können auch hier ein Wörterbuch benutzen.		

	PL	*Hinweis:* Hier können Sie bereits das Projekt „Lebensmittelalphabet“ aus „Zwischendurch mal ...“ (Kursbuch, S. 44) einflechten.	ZDM	
	PL	**Arbeitsbuch 9:** im Kurs: Die TN hören die Wörter und sprechen sie im Chor nach. Schreiben Sie „Apfel“ und „Banane“ an die Tafel und bitten Sie die TN, diese Wörter noch einmal zu sprechen. Malen Sie dabei den Längenakzent unter den jeweiligen Vokal und zeigen Sie an diesem Beispiel, dass Vokale im Deutschen lang oder kurz gesprochen werden können. Die TN hören noch einmal und markieren nach dem Beispiel an der Tafel und im Buch die Länge der Vokale. Die TN sprechen in Partnerarbeit die Sätze der Übung. Erinnern Sie sie an die Stimmbewegung in Fragen und Antworten, die die TN schon in Lektion 1 und Lektion 2 geübt haben. Abschließend hören die TN den Hörtext und überprüfen ihre Aussprache.	AB-CD 1/26–27	
	EA/HA	**Arbeitsbuch 10–11**		

B3	**Anwendungsaufgabe zum indefiniten Artikel und zum Negativartikel**			
	PL	1. *fakultativ:* Um die Aufgabe vorzuentlasten, zeigen Sie die mitgebrachten Realien der Reihe nach und sagen Sie z. B. bei dem Wort „Apfel“, indem Sie den Kopf schütteln: „Das ist keine Kartoffel. Das ist auch keine Tomate, das ist ein Apfel.“	verschiedene Lebensmittel	
	PL	2. Ein TN liest das Beispiel vor.		
	PLA	3. Die TN lösen die Aufgabe in Partnerarbeit.		
	PL	4. Abschlusskontrolle im Plenum. *Lösung: b eine Orange; c eine Birne; d ein Brötchen; e ein Ei; f eine Banane*		

TiPP	Die TN machen als Hausaufgabe weitere Fotos wie in B3 mit dem Smartphone. In der nächsten Stunde befragen sich die TN wie in B3 mit ihren Fotos zur Wiederholung und Festigung. Sie können die Anzahl der Fotos, die jeder TN machen soll, auf drei begrenzen.

	PA	5. *fakultativ:* Kopieren Sie die Kopiervorlage, sodass jedes Paar einen Satz Dominokarten erhält. Die TN mischen die Karten und verteilen sie gleichmäßig. Der erste TN legt eine beliebige Karte. Der zweite TN muss dann links einen passenden Satzanfang oder rechts ein passendes Lebensmittel anlegen, dabei sagt er den vollständigen Satz, z. B. „Das ist eine Birne.“ Nun legt der erste TN eine passende Karte an. *Variante:* Alternativ oder zusätzlich als Wiederholung können die TN die Dominokärtchen auch zerschneiden, die Nomen auf den Wortkärtchen eintragen und in Kleingruppen ein Memospiel spielen.	KV L3/B3	
	EA	**Arbeitsbuch 12–14:** im Kurs: Alle TN lösen Übung 13, lerngewohnte TN lösen zusätzlich Übung 14. Abschlusskontrolle im Plenum.		

B4	**Aktivität im Kurs: Ratespiel**			
	PL	1. Zeichnen Sie ein Bild wie im Beispiel an die Tafel. Fragen Sie mit skeptischer Miene: „Ist das ein Würstchen?“ und antworten Sie sich selbst: „Nein, das ist kein Würstchen.“ Schreiben Sie dann an die Tafel: Ist das ein Würstchen? Nein, das ist kein Würstchen. (–) Eine Banane? Ja, genau. Das stimmt. (✓)	Folie/IWB	

	PL	2. Die TN spielen weiter, indem immer ein TN ein Lebensmittel an die Tafel zeichnet und die anderen raten. Weisen Sie die TN auf der Übersichtsseite „Grammatik und Kommunikation" (Kursbuch, S. 43) auf die Redemittel zu „Nachfragen: Wie heißt das auf Deutsch?" hin. Hier können die TN alle Fragen und mögliche Antworten auf einen Bick noch einmal durchgehen und auch für ihre eigenen Fragen kleine Sätze schreiben. *Lösung: Das ist ein Kuchen.*		

TiPP	Teilen Sie große Gruppen in zwei oder mehrere kleine Gruppen auf und lassen Sie die Gruppen selbstständig spielen. Die TN können dann auch auf Papier zeichnen.

EA/PL Grammatik entdecken	**Arbeitsbuch 15:** Im Kurs: Gehen Sie herum und helfen Sie den TN, die hier Probleme haben, die Analogie zu finden. Besprechen Sie dann die Aufgabe im Plenum und machen Sie weitere Beispiele, indem Sie z. B. einen Apfel hochhalten: „Das ist ein Apfel" – „Das ist mein Apfel." Halten Sie an der Tafel fest: ein - kein - mein eine - keine - meine		

C KAUFST DU BITTE ZEHN EIER?

Nomen: Singular und Plural

Lernziel: Die TN können Mengen benennen.

	Form	Ablauf	Material	Zeit
C1	**Präsentation des Plurals**			
	PL	1. Die TN sehen sich die Fotos und die Nomen an. Sie hören den Hörtext zunächst einmal komplett und dann mit Pausen, damit sie Zeit zum Schreiben haben.	CD 1/59	
	PL	2. Abschlusskontrolle im Plenum. *Lösung: A Eier, B Bananen*		
	PL	3. Halten Sie zunächst zehn Finger hoch und sagen Sie „zehn Eier". Halten Sie dann einen Finger hoch und schauen Sie fragend ins Plenum. Ein TN antwortet „ein Ei". Halten Sie Singular und Plural an der Tafel fest und unterstreichen Sie die Pluralendung. Fragen Sie nach Bananen und Pfannkuchen ebenso und ergänzen Sie das Tafelbild. Machen Sie noch einmal deutlich, dass „ein(e)" auch nur eins meint. zehn Eier - ein Ei zwei Bananen - eine Banane zwanzig Pfannkuchen - ein Pfannkuchen		

C2	**Systematisierung des Plurals; Präsentation des Negativartikels im Plural**			
	PL	1. Die TN betrachten den Einkaufswagen und benennen die Lebensmittel, die im Wagen sind.	Folie/IWB	
	PA	2. Geben Sie ein Beispiel für ein Lebensmittel, das sich nicht im Wagen befindet (z. B. Äpfel), und sagen Sie, indem Sie den Kopf schütteln: „Im Wagen sind keine Äpfel." Geben Sie auch ein Beispiel für ein Lebensmittel, das sich im Wagen befindet und sagen Sie: „Im Wagen sind Kiwis."	Folie/IWB	
	EA	3. Die TN übertragen nun die vorgegebenen Lebensmittel auf den jeweiligen Zettel. Hilfe finden die TN im Grammatik-Kasten. *Lösung: Im Einkaufswagen sind Orangen, Brote, Bananen, Würstchen.* *Im Einkaufswagen sind keine Eier, Tomaten, Birnen.*		

	PL	4. Lesen Sie mit den TN die Grammatik-Kästen. Die TN erkennen, dass es für verschiedene Wörter verschiedene Pluralformen gibt. Notieren Sie an der Tafel die möglichen Plural-Endungen, um den TN zu zeigen, dass die Möglichkeiten der Pluralbildung immerhin endlich sind. Machen Sie deutlich, dass der Plural zu jedem Nomen dazugelernt werden muss. Weisen Sie die TN darauf hin, dass der Plural des Negativartikels immer „keine" ist. Verweisen Sie auch die Grammatikübersicht 4 (Kursbuch, S. 42). Mit der kleinen Aufgabe können die TN die Pluralformen gleich mit ihrem eigenen Alltag in Verbindung bringen. -/¨: Äpfel · -e/¨e: Brote · er/¨er: Eier · -(e)n: Bananen · -s: Kiwis · Kuchen Der Plural wird hier als unbestimmte Form eingeführt. Der bestimmte Artikel im Plural ist Thema in Lektion 4.	
	EA/HA	Arbeitsbuch 16–17	AB-CD 1/28
C3		**Anwendungsaufgabe zum Plural: Arbeit mit dem Wörterbuch**	
	PL	1. Die TN betrachten den Auszug aus dem Wörterbuch.	Folie/IWB
	PL	2. Umkreisen Sie auf der Folie die Plural-Endung „-n" und weisen Sie darauf hin, dass die Angabe der Pluralform im Wörterbuch so aussehen kann.	
	PL	3. Schlagen Sie auch zusammen mit den TN im Buch die Seiten LWS 7 und 8 mit dem Lernwortschatz auf. Die TN sehen sich anhand schon gelernter Nomen (z. B. Apfel) an, wie die Pluralangaben gemacht werden.	
	PA	4. Die TN suchen nun in Partnerarbeit die Pluralformen zu den anderen Beispielen aus ihren Wörterbüchern heraus. *fakultativ:* Sollten nicht genügend Wörterbücher vorhanden sein, können Sie auch die Kopiervorlage verteilen. Gehen Sie herum und helfen Sie. Geübtere TN suchen zu weiteren Wörtern aus der Lektion die Pluralform. Bitte denken Sie daran, dass das Ziel der Übung das Heraussuchen der Pluralendung ist. Sollten Fragen zu den Artikeln kommen, weisen Sie ggf. darauf hin, dass die TN das in der nächsten Lektion lernen.	KV L3/C3
	PL	5. Abschlusskontrolle im Plenum. *Lösung: Joghurt(s), Zwiebeln, Fische*	
	EA Grammatik entdecken	Arbeitsbuch 18: im Kurs: Beginnen Sie diese Übung zunächst im Plenum. Die TN suchen im Wörterbuch die entsprechende Pluralform. Fragen Sie dann, wohin der Plural geschrieben werden muss. Sie können auch auf die einzelnen Spalten zeigen und fragen: „Hierhin?". Wenn Sie das Gefühl haben, die TN haben verstanden, worum es geht, arbeiten sie in Stillarbeit weiter.	Folie/IWB
	EA/HA	Arbeitsbuch 19–22	AB-CD 1/29
C4		**Aktivität im Kurs: Suchbild**	
	PA	1. Die TN beschreiben zu zweit die Unterschiede auf den beiden Bildern. *Lösung: In Regal A sind vier Orangen, drei Kuchen und keine Kiwi. In Regal B sind vier Birnen, fünf Orangen, vier Kuchen, keine Tomaten und keine Bananen.* Lerngewohnte TN arbeiten zu zweit, indem sie Rücken an Rücken sitzen und das Bild des Partners jeweils mit einem Klebezettel verdecken. Das erschwert die Aufgabe, indem die TN sich auf das Gesagte konzentrieren, es verstehen und es zunächst am eigenen Bild überprüfen müssen, ehe sie antworten: „In Regal B sind keine Bananen." oder „In Regal B sind vier Birnen." *fakultativ:* Zur Unterstützung der Aktivität können Sie auch auf die Kopiervorlage im Lehrwerkservice unter www.hueber.de/schritte-plus-neu zurückgreifen.	Klebezettel, KV L3/C4 im Lehrwerkservice

	EA/HA	2. *fakultativ:* Die TN machen mit dem Smartphone ein Foto von ihrem geöffneten Kühlschrank. Für das zweite Foto nehmen sie einige Sachen aus dem Kühlschrank heraus oder legen einige hinein. In der nächsten Stunde befragen sich die TN wie in C4 mit ihren Fotos zur Wiederholung und Festigung. Dazu schicken die TN ihrem Partner eines der Fotos zu.		

TiPP	Neuer Wortschatz lässt sich immer gut am Anfang der nächsten Stunde wiederholen. Die TN machen z. B. selbst Wortlisten der bekannten Nomen, finden sich in Zweier- bis Vierergruppen zusammen und fragen sich gegenseitig die Pluralformen der Nomen ab. Schnelle TN können mit der Aufgabe in der Rubrik „Schon fertig?" weitermachen.

D PREISE UND MENGENANGABEN

Zahlen von 21 bis 100

Lernziel: Die TN können Preise und Mengenangaben nennen und verstehen; sie können auch einen Prospekt verstehen.

	Form	Ablauf	Material	Zeit
D1	**Präsentation der Zehnerzahlen von 20 bis 100**			
	PL	1. Die TN hören das Beispiel.	CD 1/60	
	PL	2. Schreiben Sie an die Tafel: 0,20 € = zwanzig Cent		
	EA	3. Die TN hören erneut und lösen die Aufgabe in Stillarbeit.	CD 1/60	
	PL	4. Abschlusskontrolle im Plenum. Schreiben Sie die Zahlen, die TN diktieren Ihnen die Centangaben.		
	EA/HA	Arbeitsbuch 23–24	AB-CD 1/30–31	

	Form	Ablauf	Material	Zeit
D2	**Präsentation der Zahlen von 21 bis 100**			
	PL	1. Die TN hören das erste Gespräch. Verweisen Sie im Buch auf die Lösung.	CD 1/61	
	PL	2. Die TN hören die anderen Gespräche so oft wie nötig und kreuzen die richtigen Preise an.	CD 1/62–63	
	EA	3. Abschlusskontrolle im Plenum. *Lösung: b) 2,20 €; c) 2,99 €*		
	PL	4. Verweisen Sie auf den Grammatik-Kasten zur Bildung der Zahlen. Machen Sie deutlich, dass zuerst die Einerzahl, dann die Zehnerzahl genannt wird, und schreiben Sie ein paar Zahlenbeispiele an die Tafel. Die TN lesen die Zahlen vor. Das Bildungsprinzip kennen die TN schon aus Lektion 2/D.		

TiPP	Die TN stellen sich im Kreis auf und zählen einmal reihum bis 100 und noch einmal rückwärts. So haben die TN alle Zahlen einmal gehört und einige auch gesprochen.

WPA	5. *fakultativ:* Jeder TN erhält einen kleinen Zettel, auf dem er fünf Zahlen zwischen 1 und 100 in Ziffern notiert. Machen Sie es an der Tafel vor. Sammeln Sie die Zettel ein. Die TN finden sich zu Paaren zusammen. Jedes Paar erhält zwei beliebige Zettel (nicht die eigenen). Jeder TN diktiert dem Partner die Zahlen auf seinem Zettel. Die Paare können anschließend die Zettel untereinander tauschen und weitere Zahlen diktieren.	kleine Zettel	

D3	**Anwendungsaufgabe: Maßeinheiten und Gewichte benennen; Preise nennen**			
	PL	1. Die TN betrachten die Prospektseite. Lesen Sie mit den TN die Info-Kästen zu den Mengenangaben.	Folie/IWB	
	PL	2. Die TN suchen Beispiele zu den Mengenangaben (z. B. ein Kilo Hackfleisch) im Prospekt heraus und zeigen das Produkt im Buch.	Folie/IWB	
	PL	3. Zwei TN lesen das Beispiel vor. Weisen Sie dabei noch einmal auf den Gebrauch der Plural- und Singularform des Verbs hin, indem Sie an die Tafel schreiben: 1 Gramm kostet … 100 Gramm kosten … Verweisen Sie auch auf die Variante „Was kostet …?" oder „Wie viel kostet …?"		
	GA	4. Die TN fragen sich gegenseitig wie im Beispiel. Gehen Sie herum und helfen Sie bei Schwierigkeiten.		
	GA	5. *fakultativ:* Bringen Sie Supermarktprospekte mit. Die TN teilen sich je nach Vertiefungswunsch in Gruppen auf: Gruppe A wiederholt ausschließlich den Wortschatz (Lebensmittel und Verpackungen): „Was ist das?", „Das ist (ein Liter) Milch." Gruppe B wiederholt die Zahlen anhand der Preisangaben: „Ein Kilo Orangen kostet … ." Gruppe C schreibt ein Einkaufsgespräch auf der Basis des momentanen Kenntnisstandes: „Guten Tag, ich brauche Äpfel." „Haben Sie …?" „Wie viel kostet …?". Wenn es der zeitliche Rahmen zulässt, können sich anschließend ein TN aus Gruppe A und ein TN aus Gruppe B zusammenfinden. Der TN aus Gruppe B beschreibt nun ein Produkt (z. B. „Das ist eine Flasche Saft."), der andere TN nennt die Preisangabe („Sie kostet 1,09 Euro."). Die beiden „Spezialisten" korrigieren sich gegenseitig. Gehen Sie herum und helfen Sie, wenn nötig.	Supermarkt-prospekte	
	EA	6. Wer die Aufgabe beendet hat, schreibt für sich einen Einkaufszettel auf Deutsch. Gehen Sie herum und weisen Sie, wenn nötig, darauf hin, dass die TN möglichst Produkte und Mengen notieren sollen, die sie heute einkaufen wollen oder regelmäßig einkaufen, falls heute kein Einkauf ansteht.		
	GA	7. *fakultativ:* Zur Wiederholung der Mengenangaben und der Lebensmittel können Sie in der nächsten Stunde Plakate aufhängen, auf denen Sie die bekannten Mengenangaben so notieren, dass drumherum jeweils genug Platz ist. Die TN finden sich in Kleingruppen zusammen und notieren die passenden Lebensmittel, wenn möglich ohne Hilfsmittel. *Hinweis:* Zusätzlich können Sie aus „Zwischendurch mal …" den Film „Opas Kartoffelsalat" (Kursbuch, S. 44) aufnehmen.	Plakate ZDM	
	EA/HA	Arbeitsbuch 25–27		

E EINKAUFEN UND KOCHEN

Verbkonjugation *möchten*

Lernziel: Die TN können ein Einkaufsgespräch führen und ein einfaches Rezept lesen.

	Form	Ablauf	Material	Zeit
E1	**Lernziel: Hörverstehen: Sortieren von Redemitteln**			
a	PL	1. Die TN betrachten das Foto. Fragen Sie: „Wo ist das? Wie viele Personen sprechen?"	Folie/IWB	
	PL	2. Zeigen Sie anhand des Fotos auch die Begriffe „Kundin/Kunde" und „Verkäuferin/Verkäufer" und erklären Sie: „Die Kundin kauft etwas, zum Beispiel Äpfel. Die Verkäuferin verkauft die Produkte."	Folie/IWB	

	PL	3. Die TN lesen still die Aufgabe und die Lebensmittel. Dann hören sie das Gespräch einmal und markieren die Antwort. *Lösung: Kartoffeln, Äpfel*	CD 1/64	
b	PL	4. Die TN kreuzen an, wer was sagt und hören dann das Gespräch noch einmal. Stoppen Sie, wenn nötig, das Gespräch nach dem ersten Satz und dann nach dem zweiten und fragen Sie jeweils: „Wer sagt das?“	CD 1/64	
	PL	5. Ungeübtere TN werden beim zweiten Hören in zwei Teams unterteilt: Ein Team achtet nur auf die Verkäuferin und überprüft die passenden Sätze, ein Team achtet nur auf die Kundin und überprüft die passenden Sätze. Anschließend finden sich die TN aus den beiden Teams paarweise zusammen und vergleichen die Eintragungen. Geübtere TN markieren die Sätze von Verkäuferin und Kundin. Die TN korrigieren sich gegenseitig.	CD 1/64	
	PL	6. Abschlusskontrolle im Plenum mithilfe eines Dialograsters (vgl. Kursbuch, S. 40) an der Tafel. Entwickeln Sie zunächst das Gespräch aus dem Hörtext. Ergänzen Sie dann mit den TN zusammen die Formulierungen aus E2, die man alternativ benutzen kann. Machen Sie deutlich, dass diese Satzteile dasselbe bedeuten und austauschbar sind.		

E2	**Anwendungsaufgabe und Rollenspiel: Ein Verkaufsgespräch schreiben und anschließend spielen**			
a	PL	1. Verweisen Sie auf die Formen von „möchten“ im Grammatik-Kasten und/oder auf die Grammatikübersicht 5 (Kursbuch, S. 42). Weisen Sie darauf hin, dass in diesem Zusammenhang „ich möchte“ wie „ich hätte gern“ oder „ich brauche“ benutzt wird. Unter der Rubrik „Beim Einkaufen: Bitte schön?“ finden die TN alle Redemittel auch noch einmal in Frage und Antwort auf einen Blick und können in der kleinen Übung rechts selbst ein kleines Gespräch mit Formulierungen für ihren eigenen Alltag schreiben. Die Zeichnung dient als Bildimpuls für mögliche Inhalte.		
	PA	2. Mithilfe der Redemittel an der Tafel schreiben die TN zu zweit ein Einkaufsgespräch.		
	PA	3. Gehen Sie herum und helfen Sie bei Schwierigkeiten.		
	PL	4. Einige freiwillige Paare spielen ihr Gespräch vor.		
b	PA	5. Die schriftlichen Gespräche aus a helfen den TN, die sprachlichen Mittel für eine der vorgegebenen Rollen bereitzustellen. Die TN können eine Rolle auswählen oder Sie verteilen die Rollen. Jedes Paar entscheidet sich für nur ein Gespräch.		
	PL	6. Lassen Sie die TN richtig „Theater spielen“, d. h. lassen Sie sie aufstehen und nach vorne kommen. So können sie sich besser in ihre Rolle einfühlen. *Hinweis:* Hier können Sie zur Vorbereitung auf das Rollenspiel die verschiedenen Geschäfte in „Laras Film“ zeigen.		

TiPP	Rollenspiele sind für das Erlernen einer Fremdsprache sehr gut geeignet, weil die TN dabei auch sogenannten nonverbalen „Lernstoff“ (passende Gestik, Mimik, Intonation) üben können. Hier handelt es sich um ein gelenktes Rollenspiel: Die Struktur der Gespräche ist vorgegeben und die Gespräche werden nur geringfügig verändert. So können die TN nicht nur neue Strukturen und/oder neuen Wortschatz kontrolliert üben, sondern auch die nonverbalen kommunikativen Elemente trainieren. Eine Fehlerkorrektur sollte ausschließlich in Bezug auf die jeweils zu übenden sprachlichen Phänomene und in Bezug auf nonverbale Elemente erfolgen.

	EA/HA	Arbeitsbuch 28–30		

E3	Leseverstehen: Ein einfaches Rezept verstehen			
a	PL	1. Die Bücher sind zunächst geschlossen. Zur Vorentlastung zeigen Sie die Zeichnungen und fragen die TN, was das ist. Klären Sie den Begriff „Teigtasche". Dass etwas in dem Teig wie in einer Tasche ist („Teigtasche"), sieht man auf der Abbildung. Zur Verdeutlichung können Sie auch Ihre Tasche hochhalten.	Folie/IWB	
	PL	2. Zeichnen Sie ein Assoziogramm an die Tafel. Die TN sammeln weitere Esswaren aus Teig (Kuchen, Brot ...).	Folie/IWB	
	PL	3. *fakultativ:* Vielleicht können Sie anhand der Mitwirkung der TN bei dieser Aufgabe feststellen, ob die TN gern backen oder kochen. Schlagen Sie in dem Fall vor, dass, wer Lust hat, Gebäck oder Teigtaschen mit in den Kurs bringt. Bauen Sie ein Buffet auf, auf dem jedes Gebäck mit Namen beschriftet wird. Vielleicht können die TN sogar mithilfe eines Wörterbuchs eine Zutatenliste erstellen. Die TN essen und genießen gemeinsam.		
	EA	4. Die TN lesen still die Rezepte in b und ergänzen die Länder.		
	PL	5. Abschlusskontrolle im Plenum. *Lösung: Jiăzoi – China, Pelmeni – Russland, Mantı – Türkei*		
b	EA	6. Die TN Die TN lesen die Rezepte noch einmal und kreuzen an, was man für alle Teigtaschen braucht.		
	PL	7. Abschlusskontrolle im Plenum *Lösung: Mehl, Wasser, Hackfleisch*		

TIPP	Mit „internationalen" Wortlisten können Sie den Wortschatzerwerb der TN unterstützen. Die TN machen die Erfahrung, dass nicht alles anders ist und neu gelernt werden muss, sondern dass wir in einer – auch sprachlich – internationalen Welt leben. Besonders gut funktioniert es, wenn die TN andere europäische Sprachen als Mutter- oder Fremdsprache sprechen (z. B. Englisch, Französisch, Spanisch). Probieren Sie den Sprachvergleich dann z. B. auch bei den Wortfeldern „Körper", „Familienmitglieder", „Zahlen", „Monate" oder „Farben" aus. Für andere Ausgangssprachen könnte die Methode immerhin mit Wortfeldern wie „Speisen und Getränke", „Neue Medien", „Schulfächer" oder „Sportarten" funktionieren.

E4	Anwendungsaufgabe: Ein eigenes Rezept schreiben			
	EA/GA	1. Die TN schreiben ein eigenes Rezept für Teigtaschen in ihrem Land und suchen ein Foto, das sie im Kurs zeigen können (z. B. auf dem Smartphone). Wenn mehrere TN aus einem Land kommen, können diese auch in Kleingruppen zusammenarbeiten.		
	GA	2. Die TN bereiten einen kleinen Text über sich wie in E3 vor und stellen sich und ihr Rezept in Kleingruppen vor. Anschließend können Sie die Rezepte auch für alle kopieren, so dass ein Kurs-Kochbuch entsteht. *Hinweis:* Zusätzlich können Sie aus „Zwischendurch mal ..." das Projekt „Ein Gericht aus meinem Heimatland" (Kursbuch, S. 45) aufnehmen.	ZDM	
	PL	**Arbeitsbuch 31:** im Kurs: landeskundliche Informationen zu den verschiedenen Bezeichnungen für Brötchen	AB-CD1/32	
	EA/HA	**Arbeitsbuch 32**		
	GA	*fakultativ:* Wenn Sie noch Zeit haben, können Sie hier die Wiederholung zu Lektion 3 anschließen.	KV L3/Wiederholung	
Lektionstests		Einen Test zu Lektion 3 finden Sie hier im LHB auf den Seiten 184–185. Weisen Sie die TN auf den Selbsttest im Arbeitsbuch auf Seite 40 hin.	KV L3/Test	

AUDIO-UND VIDEOTRAINING

Form	Ablauf	Material	Zeit
Audiotraining 1: Was ist das?			
EA/HA	Die TN hören verschiedene Lebensmittel und sollen in den Sprechpausen mit „Nein, das ist kein(e) …" antworten. Nach der Sprechpause hören die TN die korrekte Antwort, damit sie ihre Lösung und ihre Aussprache selbst korrigieren können.	CD 1/65	
Audiotraining 2: Plus 10 Cent			
EA/HA	Die TN beantworten die Frage: „Was kostet das?", indem sie immer 10 Cent zu dem vom Sprecher genannten Preis hinzuaddieren müssen. Anschließend Kontrolle durch die Antwort des Sprechers.	CD 1/66	
Audiotraining 3: Das brauchen Sie auch.			
EA/HA	Die TN hören ein Beispiel, was der Sprecher an Lebensmitteln braucht. Die TN wiederholen die Antwort mit „auch". Gleichzeitig können hier lernungewohnte TN noch einmal die Mengenangaben verschiedener Lebensmittel nachhören. Anschließend Kontrolle durch die Antwort des Sprechers.	CD 2/67	
Videotraining 1: Ich hätte gern Reis.			
EA/HA	Die TN sehen im Film Lara und Tim, die als Verkäufer und Käuferin ein Verkaufsgespräch spielen. Empfehlen Sie besonders ungeübteren TN diesen Film, den Sie auch später immer wieder zur Wiederholung und Festigung benutzen können, indem sie jeweils eine der Rollen mitsprechen.	Film „Ich hätte gern Reis."	
Videotraining 2: Eine Flasche Wasser			
EA/HA	Mit diesem Film können die TN Lebensmittel und die zugehörigen Mengenangaben wiederholen. Tim stellt jeweils ein Gefäß auf den Tisch und Lara ein Lebensmittel. Die TN sagen, was nun auf dem Tisch steht. Dann sagt Tim die Lösung. Empfehlen Sie diesen Film besonders den ungeübten TN, die damit den Lernstoff selbstständig zu Hause wiederholen können.	Film „Eine Flasche Wasser"	

TIPP	Zur Kontrolle können Sie die TN am nächsten Kurstag nach den Audio- und Videotrainings fragen. Bitten Sie die TN, die Texte zusätzlich aufzuschreiben. Eine weitere Möglichkeit ist es, dass die TN die Lebensmittel und die Mengenangaben am nächsten Kurstag notieren: „Wer erinnert sich an die meisten?"

ZWISCHENDURCH MAL …

Form	Ablauf	Material	Zeit
Projekt	**Das Lebensmittel-Alphabet (passt z. B. zu B2)**		
GA	1. Die TN arbeiten in Kleingruppen, wenn möglich in sprachhomogenen Gruppen. Das erleichtert die Arbeit mit dem Wörterbuch und die Verständigung innerhalb der Gruppe. Sie suchen zu jedem Buchstaben des Alphabets neue Lebensmittel heraus. Achten Sie darauf, dass die TN auch den unbestimmten Artikel dazuschreiben. Begrenzen Sie die Anzahl auf drei Lebensmittel pro Buchstabe, sonst entstehen unendliche Listen. Geben Sie den TN auch eine Zeitvorgabe, z. B. 15 Minuten, um alle Buchstaben abzuarbeiten. Die TN erstellen zum Abschluss ein Plakat. Ungeübtere TN nehmen das Foto zu Hilfe und tragen zunächst diese Lebensmittel in die Liste ein. Wenn nötig, benutzen sie ihr Wörterbuch. Sie können ungeübteren TN in Kleingruppen auch nur zehn Buchstaben vorgeben.	Wörterbuch, Plakate	

TIPP		In Kursen mit überwiegend lerngewohnten TN können Sie auch mehrere etwa gleich starke Gruppen bilden. Die Gruppen suchen zunächst ohne Wörterbuch zehn Minuten zu jedem Buchstaben ein bis zwei Lebensmittel und tragen sie auf einem Plakat ein. Danach haben die Gruppen weitere zehn Minuten, um mithilfe des Wörterbuchs Lebensmittel zu den fehlenden Buchstaben zu suchen. Anschließend gibt es Punkte für jedes Lebensmittel, das keine andere Gruppe auf ihrer Liste hat. Die Gruppe mit den meisten Punkten hat gewonnen.		
	PL	2. Jede Gruppe stellt ihre Liste im Plenum vor, aber es werden nur noch die Lebensmittel genannt, die noch nicht vorgekommen sind. Zum Schluss werden alle Plakate im Kursraum aufgehängt.		

		Opas Kartoffelsalat (passt z. B. zu D3) **Vor laufender Kamera wird ein Kartoffelsalat nach Opas Rezept angefertigt.**		
1	PL	1. Die Bücher sind geschlossen. Zeigen Sie auf den Salat auf dem Foto und fragen Sie: „Was ist das?" Falls keiner der TN den Begriff „Salat" kennt, erklären Sie „Salat", indem Sie auf die Schüssel auf dem Foto zeigen.	Folie/IWB	
	PA	2. Die TN vermuten zu zweit, welche Zutaten in einen Kartoffelsalat hineingehören könnten und schreiben eine Zutatenliste. Lerngewohnte TN schreiben die passenden Mengenangaben dazu. *fakultativ:* Verteilen Sie die Kopiervorlage. Die TN markieren die Zutaten, von denen sie meinen, dass sie in den Salat kommen.	Kopiervorlage L3/ZDM 1	
	PL	3. Die TN sehen sich den Film an, und vergleichen mit ihren Vermutungen. Anschließend Kontrolle im Plenum.	Kopiervorlage L3/ZDM 1	
	EA	4. Die TN schlagen die Bücher auf und lesen den Einkaufszettel. Zunächst ergänzen sie aus dem Gedächtnis.		
	PL	5. Die TN sehen den Film noch einmal und kontrollieren bzw. ergänzen. Anschließend Kontrolle im Plenum. *Lösung: Kilo, 1, 1, Becher, Wasser, Salz*	Folie/IWB	
2	PL	1. Fragen Sie die TN: „Ist Opas Kartoffelsalat gut?" Sammeln Sie im Kurs. Hier können die TN auf die Redemittel aus der Foto-Hörgeschichte zurückgreifen („lecker", „superlecker" ...).		

Projekt		**Ein Gericht aus meinem Heimatland (passt z. B. zu E4)**		
	EA/PA	1. Die TN überlegen sich ein Gericht aus ihrem Heimatland und schreiben einen Einkaufszettel dafür. Lernungewohnte TN können auch zu zweit arbeiten. Diese Aufgabe kann auch als Hausaufgabe gegeben werden.		
	EA/PA	2. Die TN suchen ein Foto von ihrem Gericht oder kochen das Gericht zu Hause und machen mit dem Smartphone ein Foto davon.		
	PL	3. Die TN zeigen sich ihre Fotos und erzählen von ihrem Gericht. Wie heißt es? Was brauchen sie? Anschließend können Sie die Rezepte sammeln und ein Kurs-Kochbuch erstellen, das für alle kopiert wird. *fakultativ:* Sicher ist es auch interessant, wenn jeder sein Gericht zu Hause kocht und an einem Tag in den Kurs mitbringt. Wenn Sie das über mehrere Kurstage verteilen, sodass an jedem Tag zwei oder drei TN etwas mitbringen, können die TN probieren und darüber sprechen. Gibt es so etwas auch im Heimatland? Welche Lebensmittel kennt oder benutzt man im Heimatland vielleicht gar nicht?		

Comic		Der kleine Mann: Kiosk (passt z. B. zu A3)		
1	PL	1. Zwei TN lesen den Comic mit verteilten Rollen. Klären Sie ggf. das Wort „Durst".		
2	PA	2. Zu zweit schreiben die TN ein neues Gespräch anhand der vorgegebenen Wörter. *fakultativ:* Verteilen Sie die Kopiervorlage. Die TN schreiben ihre Gespräche direkt in die leeren Sprechblasen.	KV L3/ZDM 2	
	PL	3. Einige Paare spielen ihre Gespräche im Plenum vor. Hängen Sie die Comics im Kursraum aus, sodass die TN sie in der Pause lesen können.		

FOKUS ALLTAG: EINE PRODUKTINFORMATION VERSTEHEN

Die TN können das Wesentliche aus Produktinformationen entnehmen (z. B. Haltbarkeitsdatum, Lagerungsweise, Inhaltsstoffe).

	Form	Ablauf	Material	Zeit
1	**Lernziel: Produktinformationen verstehen**			
	PL	1. Die TN sehen die Zeichnungen an. Deuten Sie auf die Zeichnungen. Fragen Sie: „Wo ist es kühl und trocken?" Die TN zeigen auf die entsprechende Zeichnung. Fragen Sie, was man kühl und trocken lagert, z. B. Äpfel, Reis, Mehl ... *fakultativ:* Führen Sie das Wort „Kühlschrank" ein, um den Zusammenhang von „kühl lagern" und „Kühlschrank" noch deutlicher zu machen, ebenso „Keller" und „dunkel".	Folie/IWB	
	EA/PA ⟷	2. Die TN sehen sich die beiden anderen Zeichnungen an und ordnen zu. Lernungewohnte TN arbeiten zu zweit.		
	PL	3. Abschlusskontrolle im Plenum. *Lösung: A mindestens haltbar bis, B kühl und dunkel lagern*		
	PA	4. Die TN sammeln weitere Lebensmittel, die man wie in A und B lagert. Abschlussgespräch im Plenum.		
2	**Leseverstehen: Produktinformationen verstehen**			
	PL	1. Bringen Sie ein Produkt mit Mindesthaltbarkeitsdatum mit, z. B. eine Flasche Saft oder ein Glas Joghurt. Machen Sie, wenn nötig, mit einem Zeitstrahl an der Tafel deutlich, dass man den Saft/Joghurt in diesem ganzen Zeitraum öffnen kann.		
	EA/PA	2. Die TN lesen die Produktinformationen und lösen die Aufgabe.		
	PL	3. Abschlusskontrolle im Plenum. *Lösung: B In Apfelschorle ist Wasser. Lale lagert Apfelsaft kühl und dunkel.* *C Lale lagert Edelbitter-Schokolade kühl und trocken. Die Vollmilchschokolade ist mindestens haltbar bis 09/20.*	verschiedene Lebensmittel	
Projekt		1. Bitten Sie die TN, verschiedene Lebensmittel mit in den Kurs zu bringen, z. B. von ihrem letzten Einkauf.		
⚠		2. Die TN finden sich in kleinen Gruppen von 3–4 TN zusammen und lesen die Produktinformationen auf den mitgebrachten Produkten. Sie machen Notizen zu Haltbarkeitsdatum, Lagerhinweisen, Menge, Herkunft und ggf. auch Zutaten. Gehen Sie herum und helfen Sie bei Wortschatzfragen. Es genügt, wenn die TN die wichtigsten Informationen verstehen. Sie können nicht darüber sprechen, da z. B. Datumsangaben noch nicht eingeführt sind.		

FOKUS BERUF: IM INTERNET BESTELLEN

Die TN können etwas im Internet bestellen.

	Form	Ablauf	Material	Zeit
1	**Ein Online-Formular ausfüllen**			
	PL	1. Die TN sehen das Foto an und lesen die Aufgabe. Fragen Sie: „Was macht Simona Nováková?" Klären Sie die Begriffe „bestellen" (sagen/schreiben, dass man etwas kaufen möchte), „Getränke" (anhand des Einkaufszettels) und „Online-Getränkemarkt" (ein Geschäft für Getränke im Internet).		
	PA	2. Die TN lesen den Einkaufszettel und ergänzen das Online-Formular in Partnerarbeit.		
	PL	3. Abschlusskontrolle im Plenum. *Lösung: a) 5, b) 8,25, d) Apfelsaft, e) Bier, f) 1.*		
2	**Leseverstehen: Ein Online-Formular verstehen**			
	PL	1. Die TN sehen sich das Beispiel in c an. Erklären Sie, was „mit Kreditkarte" kaufen heißt, indem Sie verschiedene Kreditkartenanbieter nennen, z. B. Visa, Barclays, MasterCard etc. Erklären Sie „auf Rechnung" kaufen. Man erhält die Getränke und muss dann erst den Betrag der Rechnung überweisen. Zur Verdeutlichung können Sie einen Überweisungsvordruck von einer Bank mitbringen. Dann suchen die TN die Information über die Zahlungsart auf dem Formular und zeigen darauf.		
	PA	2. In Partnerarbeit lesen die TN das Formular noch einmal und kreuzen an.		
	PL	3. Abschlusskontrolle im Plenum. *Lösung: a) Fa. Müller & Müller, b) 74,24 Euro*		
	PL	4. Führen Sie mit den TN ein kleines Abschlussgespräch darüber, ob sie schon mal etwas im Internet bestellt haben. Im Heimatland oder/und in Deutschland?		

MEINE WOHNUNG

Folge 4: Ach so!

Einstieg in das Thema „Wohnen“

	Form	Ablauf	Material	Zeit
1		**Vor dem Hören: Vermutungen äußern**		
a	PL	1. Die TN betrachten die Fotos. Zeigen Sie auf die Fotos und fragen Sie: „Wo sind Tim und Lara? In Laras Wohnung oder in Tims Wohnung? Was meinen Sie?“. Die TN äußern ihre Vermutung und kreuzen an. Sollte „Wohnung“ noch nicht bekannt sein, zeigen Sie auf den Wohnungsgrundriss (Kursbuch, S. 48) und sagen Sie „Das ist eine Wohnung.“. *Lösung: in Laras Wohnung*	Folie/IWB	
b	PL	2. Zeigen Sie jetzt auf die Foto-Hörgeschichte und fragen Sie: „Wo sehen Sie eine Lampe?“. Einige TN kennen das Wort „Lampe“ vielleicht schon und können auf eines der Fotos deuten. Andernfalls zeigen Sie auf eine Lampe im Kursraum und sagen: „Das ist eine Lampe.“	Folie/IWB	
	PA	3. Die TN lesen die anderen Begriffe und überlegen gemeinsam, auf welchem der Fotos man diese sieht. Abschlusskontrolle im Plenum. *Lösung: eine Lampe: 1, 2, 3, 5, 6; ein Zimmer: 5, 6; eine Küche: 7, 8; ein Bad: 4*	Folie/IWB	
c	PL	4. Deuten Sie auf die Lampe auf Foto 1 und fragen Sie: „Ist die Lampe alt oder neu?“. Die Zeichnungen veranschaulichen die Bedeutung von „alt“ und „neu“. Ein TN nennt die richtige Lösung.	Folie/IWB	
	EA/PA	5. Die TN sehen sich die Fotos noch einmal genauer an und stellen Vermutungen an. Die Zeichnung helfen bei der Erschließung der Wortbedeutung von „groß/klein“, „hell/dunkel“, „teuer/billig“ und „schön/hässlich“. Geübtere TN lösen die Aufgabe in Stillarbeit, ungeübtere TN arbeiten paarweise zusammen. *Lösung: 2 klein, 3 hell, 4 billig, 5 schön*	Folie/IWB	
2		**Beim ersten Hören: Vermutungen überprüfen**		
	EA	1. Die TN hören die Foto-Hörgeschichte und verfolgen sie auf den Fotos mit. Dabei vergleichen sie mit ihren Lösungen in Aufgabe 1c.	CD 1/68–75	
	PL	2. Abschlusskontrolle im Plenum. Fragen Sie: „Wie ist das Bad?“. Ein TN nennt die richtige Lösung. Kreuzen Sie die richtige Lösung an. *Lösung: 2 klein, 3 hell, 4 billig, 5 schön*	Folie/IWB	
3		**Beim zweiten Hören: Kernaussagen der Geschichte verstehen**		
	EA	1. Die TN lesen die Aussagen. Fragen Sie: „Was ist richtig?“ Die TN hören die Foto-Hörgeschichte noch einmal und kreuzen an. Wenn nötig, spielen Sie die Hörtexte mehrmals vor. Geübtere TN lösen die Aufgabe in Stillarbeit, ungeübtere TN arbeiten paarweise zusammen. Abschlusskontrolle im Plenum. *Lösung: richtig: a, c, e*	Folie/IWB, CD 1/68–75, KV L4/FHG	
	GA	*fakultativ:* Jede Gruppe erhält ein Kartenset von der Kopiervorlage. Die TN lesen die Karten und versuchen, sie aus der Erinnerung in eine sinnvolle Reihenfolge zu bringen. Zur Kontrolle hören sie noch einmal. Abschließend können die TN die Foto-Hörgeschichte mit verteilten Rollen laut vorlesen. Ermutigen Sie die TN, Tim und Lara dabei nachzuahmen, sodass die Geschichte lebendig wird.		

Laras Film	In „Laras Film" präsentieren Lara und Tim mit einem Handyfilm jeweils die eigene Wohnung bzw. das Zimmer. „Laras Film" können Sie im Unterricht zur Verständnissicherung des neuen Wortschatzes nutzen. Fragen Sie: „Welche Zimmer hat Laras Wohnung? Welche Möbel gibt es in Laras/Tims Zimmer?". Sammeln Sie den Wortschatz an der Tafel. Dieses Vorgehen eignet sich z. B. zur Wortschatzwiederholung als Einstieg bei A3. Oder zeigen Sie den Film nach B2 zur gezielten Veranschaulichung der Artikel und Personalpronomen. Nach C1 können Sie den Film nutzen, um die Möbelstücke noch einmal zu wiederholen.	„Laras Film" Lektion 4	

A DAS BAD IST DORT.

Definiter Artikel *der, das, die*; Lokaladverbien *hier* und *dort*

Lernziel: Die TN können die Zimmer einer Wohnung benennen und sie lokalisieren.

	Form	Ablauf	Material	Zeit
A1		**Präsentation des Wortfelds „Wohnräume" und des definiten Artikels**		
	PL	1. Die TN lassen die Bücher geschlossen. Zeigen Sie den Wohnungsgrundriss (Kursbuch, S. 48) ohne die Wortliste.	Folie/IWB	
	PL	2. Deuten Sie auf die einzelnen Räume und fragen Sie: „Wie heißt das Zimmer auf Deutsch?". Notieren Sie schon bekannte Zimmerbezeichnungen mit dem bestimmten Artikel neben dem Grundriss.	Folie/IWB	
	PL	3. Verweisen Sie auf den Grammatik-Kasten und schreiben Sie die Beispiele an die Tafel. Verweisen Sie auf die Genuspunkte, die die TN bereits aus Lektion 3 kennen. Erklären Sie, dass es nur wenige Anhaltspunkte dafür gibt, welchen Artikel ein Wort im Deutschen hat. Der Artikel eines Wortes sollte daher immer gleich mitgelernt werden. Vergleichen Sie hierzu auch die Grammatikübersicht 1 und den Tipp auf der Übersichtsseite „Grammatik und Kommunikation" (Kursbuch, S. 54). Regen Sie die TN dazu an, sich weitere Zimmerbezeichnungen mit dem Artikel und dem Genuspunkt in der jeweiligen Farbe zu notieren.	Folie/IWB	
	EA	4. Die TN öffnen nun das Buch und ordnen die Zimmer den Bildern zu. Abschlusskontrolle im Plenum. *Lösung: von oben nach unten: 9, 7, 4, 5, 3, 8, 6, 1, 2*		

TiPP	Machen Sie zusammen mit den TN eine Tabelle mit drei Spalten: **„der"** (blau), **„das"** (grün) und **„die"** (rot) und sammeln Sie Zimmerbezeichnungen, die den gleichen Artikel haben. Durch das Sortieren und Gruppieren von Wortschatz können sich die TN neue Wörter besser merken.

	EA/HA	Arbeitsbuch 1		

A2		**Variation: Anwendungsaufgabe zum bestimmten und unbestimmten Artikel**		
a	PL	1. Die TN lassen die Bücher geschlossen. Zeigen Sie die Zeichnung und fragen Sie: „Welche Zimmer sind im Haus?". Die TN hören den Hörtext. Abschlusskontrolle im Plenum. *Lösung: ein Arbeitszimmer, eine Küche, ein Flur*	Folie/IWB, CD 1/76	
	PL	2. Spielen Sie das Gespräch noch einmal vor und stoppen Sie nach jedem Sprechpart. Die TN sprechen – immer noch ohne mitzulesen – im Chor nach, um den neuen Wortschatz und die Satzmelodie ins Ohr zu bekommen.	CD 1/76	

	PA	3. Die TN hören das ganze Gespräch und lesen im Buch mit. Dabei ergänzen sie die definiten Artikel. Abschlusskontrolle im Plenum. *Lösung: Das, der, die* Verweisen Sie dann auf den Grammatik-Kasten. Sollten Fragen zur Verwendung des unbestimmten und bestimmten Artikels aufkommen, können Sie kurz erklären, dass Dinge, die im Gespräch neu sind oder über die der Sprecher noch nicht gesprochen hat, mit „ein" eingeführt werden. Sie sollten dieses Thema jedoch nicht zu sehr vertiefen, da die meisten TN erfahrungsgemäß durch Erklärungen eher verwirrt werden. Warten Sie mit Erklärungen dieser Art, bis die TN sich schon mehr mit dem bestimmten Artikel vertraut gemacht haben.	Folie/IWB, CD 1/76	
	EA/PA	**Arbeitsbuch 3:** im Kurs: Geben Sie den TN weitere Beispiele für die Verwendung des bestimmten und unbestimmten Artikels an die Hand, bevor sie die Übung machen. Geübtere TN lösen die Aufgabe in Stillarbeit. Ungeübtere TN arbeiten paarweise zusammen.		
	PL	4. Gehen Sie jetzt auf die Bedeutung der Lokaladverbien „hier" und „dort" ein. Zur Veranschaulichung können Sie auf einen Gegenstand in Ihrer Nähe, z. B. die Tafel, zeigen und mit Betonung auf „hier" sagen: „Die Tafel ist hier." Anschließend zeigen Sie auf einen Gegenstand am anderen Ende des Kursraums und sagen mit Betonung auf „dort": „Der/Das/Die ... ist dort." Verweisen Sie dann auf den Info-Kasten und auf die Rubrik „Nach dem Ort fragen: Wo ist die Küche?" in der Übersicht „Grammatik und Kommunikation" (Kursbuch, S. 54). Hier haben die TN die Fragen nach dem Ort und die Antworten mit „hier" und „dort" auf einen Blick.	Folie/IWB	
b	PA	5. Die TN sprechen das Gespräch mit verteilten Rollen.		
	EA/PA	6. Die TN lesen die Varianten und variieren das Gespräch. Achten Sie darauf, dass die Partner ihre Rollen tauschen, damit jeder TN einmal die unbestimmten bzw. bestimmten Artikel verwendet. *Variante:* Lernungewohnte TN können das Gespräch im Buch und ggf. auch eine oder zwei Varianten schriftlich festhalten und die Artikel dabei farbig unterstreichen. Das gibt ihnen Zeit, sich noch einmal in Ruhe mit den Strukturen zu beschäftigen und sich die Artikel besser einzuprägen. Geübtere TN können, wenn sie früher fertig sind, die Varianten verdeckt auf einer Folie oder an der Tafel notieren. Kontrollieren Sie dabei, wenn nötig, die Schreibweise. Andere TN, die bereits fertig sind, können zusätzliche Varianten erfinden.	Folie/IWB	
	PL	7. Abschließend können einige TN ihre Gespräche im Plenum präsentieren. Die schriftlich fixierten Gespräche werden jetzt aufgedeckt, sodass die anderen TN mitlesen können. Hat niemand die Gespräche notiert, schreiben Sie sie mit. Wenn die geübteren TN zusätzliche Gespräche erfunden haben, sollten sie an dieser Stelle Gelegenheit bekommen, diese mündlich zu präsentieren.	Folie/IWB	
	EA/HA	Arbeitsbuch 2, 4–7		
A3	**Aktivität im Kurs: Meine Traumwohnung beschreiben**			
	PL	1. Zeichnen Sie den Grundriss Ihrer Traumwohnung an die Tafel und benennen Sie die Zimmer. Alternativ können Sie auch auf den Grundriss im Buch zeigen. Sagen Sie: „Das ist meine Traumwohnung. Hier ist das Bad, dort ist ...". Deuten Sie dabei auf die jeweiligen Zimmer. *Hinweis:* Hier bietet sich zur Wortschatzwiederholung die Arbeit mit „Laras Film" an. Die TN sehen den Handyfilm. Fragen Sie: „Welche Zimmer sind in Laras Wohnung? Welchen Artikel haben sie?". Sammeln Sie den Wortschatz noch einmal an der Tafel. Im Film werden die TN durch Laras Präsentation ihrer Wohnung inspiriert und haben die Situation konkret vor Augen. Sie können – wenn sie möchten – ihre Traumwohnung dann auf ähnliche Weise im Plenum vorstellen.		

	EA	2. Die TN zeichnen die Grundrisse ihrer Traumwohnung.		
	PA/GA	3. Die TN lesen das Beispielgespräch. Dann finden sie sich paarweise oder in Kleingruppen zusammen und beschreiben sich gegenseitig ihre Traumwohnung. Gehen Sie herum und helfen Sie bei Schwierigkeiten.		
	PL	4. Die TN hängen die Grundrisse im Kursraum auf. Wer möchte, kann seine Wohnung im Plenum vorstellen.		

B DAS ZIMMER IST SEHR SCHÖN. ES KOSTET …

Prädikatives Adjektiv; Personalpronomen *er, es, sie;* Negation mit *nicht*

Lernziel: Die TN können Häuser und Wohnungen beschreiben.

	Form	Ablauf	Material	Zeit
B1	**Präsentation des prädikativen Adjektivs und der Negation mit *nicht***			
	EA	1. Die TN lesen das Gespräch im Buch.		
	EA/PL	2. Die TN hören das Gespräch und kreuzen an. Abschlusskontrolle im Plenum. *Lösung: nicht, sehr*	Folie/IWB, CD 1/77	
	PL	3. Gehen Sie auf die Bedeutung von „teuer" ein. Sagen Sie: „Tims Zimmer kostet 350,– €. Das ist teuer." Machen Sie bei „teuer" mit Daumen und Zeigefinger die Geste für „Geld". Fahren Sie fort: „Laras Zimmer kostet 150,– €. Das ist nicht teuer. Aber Stefans Zimmer kostet 500,– €. Das ist sehr teuer.". Verweisen Sie hier auch auf den Grammatik-Kasten oben und die Grammatikübersicht 3 (Kursbuch, S. 54), wo auch nochmal auf die Negation mit „kein" hingewiesen wird, die die TN bereits aus Lektion 3 kennen.		
	EA/HA	**Arbeitsbuch 8:** Versichern Sie sich, dass die TN die Bedeutung von „nicht" und „sehr" verstanden haben, bevor sie die Übung im Arbeitsbuch machen.		
	PA Grammatik entdecken	**Arbeitsbuch 9:** im Kurs: Ein TN liest Beispiel a vor. Schreiben Sie den korrekten Satz an die Tafel und verbinden Sie „kein" und „Apfel" wie im Arbeitsbuch vorgegeben mit einem Pfeil. Die Bedeutung von „kein/e" kennen die TN bereits aus Lektion 3. Ein anderer TN liest Beispiel c. Verbinden Sie analog „nicht" und „teuer" mit einem Pfeil. Die übrigen Beispiele lösen die TN in Partnerarbeit. Vergleichen Sie die Ergebnisse abschließend im Plenum und fragen Sie: „Warum sagen wir „kein Apfel", aber „nicht teuer"?" Erinnern Sie die TN ggf. daran, dass Nomen mit „kein/e" negiert werden (L3) und erklären Sie, dass Adjektive mit „nicht" verneint werden.		
	EA/HA	**Arbeitsbuch 10**		
B2	**Wiederholung der Personalpronomen *er, sie;* Präsentation des Personalpronomens *es***			
a	PL	1. Zwei TN lesen die erste Frage mit Antwort vor. Fragen Sie: „Was bedeutet ‚sie'?". Die TN kennen die Personalpronomen „er" und „sie" bereits aus L2, sodass es ihnen keine Schwierigkeiten bereiten sollte, den Zusammenhang zwischen „die Wohnung" und „sie" herzustellen. Verdeutlichen Sie diesen durch einen Pfeil.	Folie/IWB	
	EA/PA	2. Die TN lesen die nächsten beiden SMS-Nachrichten und markieren wie im Beispiel Artikel und Nomen sowie Personalpronomen. Geübtere TN lösen die Aufgabe in Stillarbeit, ungeübtere arbeiten paarweise zusammen.		

	PL	3. Abschlusskontrolle im Plenum. Zeigen Sie auf den Grammatik-Kasten, in dem die drei Personalpronomen „er, es, sie" mit einem Nomen und entsprechenden Genuspunkten veranschaulicht sind. Verweisen Sie an dieser Stelle auch auf die Grammatikübersicht 2 (Kursbuch, S. 54) und die Grafik rechts, die den Zusammenhang von bestimmtem Artikel und Personalpronomen sehr gut verdeutlicht. *Lösung: das Bad → Es, ein Flur? → er*	Folie/IWB	
b	PA	4. Die TN ergänzen die Personalpronomen. Abschlusskontrolle im Plenum. *Lösung: Es, Er, Sie*	Folie/IWB	
	EA/HA ⟷	**Arbeitsbuch 11–13:** im Kurs: Alle TN machen die Übungen 11 und 12. Geübtere TN ergänzen außerdem Übung 13.		
		5. Verweisen Sie dann auf den Info-Kasten und wiederholen Sie, wenn nötig, die Bedeutung der Adjektive, die die TN aus der Foto-Hörgeschichte bereits kennen. *fakultativ:* Alternativ dazu oder im Anschluss daran bearbeiten die TN zur Semantisierung der Adjektive die Kopiervorlage. *Hinweis:* Hier können Sie zur Wiederholung „Laras Film" einflechten. Die TN achten dann besonders auf die Artikel und die Personalpronomen.	Folie/IWB, KV L4/B2	

B3	**Aktivität im Kurs: Partner-Ratespiel**			
	PL	1. Die TN sehen sich die Zeichnungen an. *fakultativ:* Führen Sie bei Interesse der TN die deutschen Wörter für diese Wohnungen ein: „der Wohnwagen", „das Schloss", „der Wolkenkratzer" / „das Hochhaus", „die (Holz-)Hütte", „das Hausboot", „die Villa" / „das Luxusapartment".	Folie/IWB	
	PA/ WPA	2. Die TN lesen das Beispielgespräch. Sie beschreiben sich gegenseitig ein Haus, die Partnerin / der Partner versucht zu erraten, um welches der Bilder es geht. Sie wiederholen das Ratespiel mehrmals. *Variante:* Die TN gehen mit ihrem Buch umher und beschreiben einer Partnerin / einem Partner eines der Häuser. Wenn er/sie erraten hat, um welches der Bilder es geht, tauschen die Partner die Rollen. Anschließend gehen sie weiter und suchen sich neue Partner. Verweisen Sie an dieser Stelle auf die Rubrik „Beschreiben: Wie ist dein Zimmer?" (Kursbuch, S. 55). Ermuntern Sie die TN, analog zum Beispiel rechts ihr (Traum-)Zimmer oder ihre (Traum-)Wohnung zu beschreiben. Dabei können die TN auf den Wortschatz aus der Übung zurückgreifen. *Hinweis:* Hier können Sie den Film mit dem Lied „Das ist die Küche." aus „Zwischendurch mal ..." (Kursbuch, S. 57) einsetzen, um das Wortfeld „Wohnung" und die Adjektive rhythmisch und über Gestik/Mimik zu festigen. *Hinweis:* An dieser Stelle bietet sich die Arbeit mit „Fokus Beruf" an, da hier anhand der „Goldenen Büro-Regeln" noch einmal die Negation mit „nicht" und „kein" geübt wird.	ZDM	
	EA/HA	Arbeitsbuch 14–15		

C DIE MÖBEL SIND SEHR SCHÖN.

Pluralartikel *die*

Lernziel: Die TN können Möbelstücke, Elektrogeräte und Farben benennen sowie Gefallen und Missfallen ausdrücken.

	Form	Ablauf	Material	Zeit
C1		**Präsentation der Wortfelder „Möbel", „Elektrogeräte" und „das Bad"**		
	PL	1. Die TN lassen die Bücher geschlossen. Fragen Sie, indem Sie auf einen Tisch zeigen: „Was ist das?" TN, die schon länger in Deutschland sind, werden die Antwort kennen. Zeigen Sie dann auf einen Stuhl und fragen Sie: „Und das?" Helfen Sie, falls niemand diese Wörter kennt.		
	PL	2. Schreiben Sie die Wörter mit dem definiten Artikel an die Tafel.		
	PL	3. Die TN öffnen nun ihr Buch. Ein TN liest das erste Beispiel vor und zeigt auf den Schrank. Zwei andere TN zeigen auf die Lampe und die Dusche.	Folie/IWB	
	EA/PA	4. Geübtere TN lösen die Aufgabe in Stillarbeit, ggf. mithilfe des Wörterbuchs. Ungeübtere TN arbeiten paarweise zusammen. Gehen Sie herum und helfen Sie.		
	PL	5. Abschlusskontrolle im Plenum: Je ein TN kommt nach vorne und beschriftet die Folie bzw. schreibt ans IWB. *Lösung: Möbel: 5 der Sessel, 6 der Tisch, 7 der Stuhl, 12 das Bett, 13 der Teppich, 15 das Sofa, 16 das Regal; Elektrogeräte: 2 der Fernseher, 4 der Kühlschrank, 8 die Waschmaschine, 14 der Herd; das Bad: 10 die Badewanne, 11 das Waschbecken*	Folie/IWB	
	PA	6. *fakultativ:* Die TN zeichnen ihre Wohnung und beschreiben mit den ihnen bekannten Redemitteln ihrer Partnerin / ihrem Partner das Inventar: „Das ist das Wohnzimmer. Hier ist ein Tisch. Der Tisch ist groß." *Hinweis:* An dieser Stelle bietet sich die Arbeit mit „Laras Film" an, um die Möbelstücke noch einmal zu wiederholen. Fordern Sie die TN auf, besonders auf die Möbel zu achten und sich diese zu notieren. Schreiben Sie diese dann auf Zuruf mit dem bestimmten Artikel an der Tafel.		
	EA/PL	**Arbeitsbuch 16:** im Kurs: Die TN hören nacheinander Wörter, die sie bereits kennen oder leicht ableiten können. Sie achten beim Hören auf die Betonung und markieren die entsprechende Silbe. Dabei stellen sie fest, dass die Betonung im Deutschen meistens auf der ersten Silbe liegt. Die TN hören die Wörter noch einmal und sprechen sie im Chor nach.	AB-CD 1/33–34	
	HA	**Arbeitsbuch 17**		
	GA	7. *fakultativ:* Wenn Sie mit Ihren TN den Wortschatz der Lektionen 3 und 4 spielerisch wiederholen wollen, können Sie an dieser Stelle „Vier gewinnt" spielen. Kopieren Sie für jede Vierergruppe eine Kopiervorlage (Spielbrett) und legen Sie zwei verschiedene Arten von Spielfiguren bereit. Jede Vierergruppe wird in je zwei Teams (A und B) unterteilt, die gegeneinander antreten. Jedes Team bekommt eine Sorte Spielfiguren. Team A beginnt je nach Aufgabenstellung (z. B. Wiederholung des Wortschatzes): „Das ist ein Zimmer." (Spielstein auf „Zimmer"). Team B folgt: „Das ist ein Bett." (Spielstein auf „Bett") etc. Jedes Team versucht, vier Steine fortlaufend entweder horizontal, vertikal oder diagonal zu setzen. Wer zuerst vier Steine in einer Reihe hat, hat gewonnen. Man kann das Spiel ruhig mehrfach hintereinander spielen, es ergeben sich immer neue Konstellationen, sodass es nicht langweilig wird. *Variante:* In der zweiten Runde können die definiten Artikel und die neu gelernten Adjektive eingeübt werden, z. B. „Der Tisch ist schön." (Spielstein auf „Tisch").	KV L4/C1, Spielfiguren (z. B. Chips/ Spielfiguren/ Geldmünzen ...)	

C2		**Präsentation: Redemittel, um Gefallen, Missfallen auszudrücken; Pluralartikel *die***		
a	PL	1. Fragen Sie einen geübteren TN, der schon länger in Deutschland lebt: „Wie gefällt Ihnen das Zimmer?" und verweisen Sie dabei auf den Kursraum. Warten Sie die Antwort des TN ab und wiederholen Sie sie mit nach oben oder unten zeigendem Daumen, um die Bedeutung von „gefällt mir (nicht)" zu verdeutlichen. Machen Sie weitere Beispiele mit Singular und Plural bis allen TN die Bedeutung von „Wie gefällt Ihnen ...?" bzw. „Wie gefallen Ihnen ...?" klar ist. Verweisen Sie abschließend auf den Info-Kasten und die Rubrik „Gefallen/Missfallen: Wie gefällt dir/Ihnen der Tisch?" (Kursbuch, S. 54).	Folie/IWB	
	PL	2. Zeigen Sie auf das Bild und fragen Sie: „Wo sind die Personen? Wer sind die Personen? Was machen sie?". Einer der TN hat vielleicht schon Erfahrungen mit dem Möbelkauf gemacht und kennt das Wort „Möbelgeschäft". „Verkäufer/Verkäuferin" und Kunde/Kundin" kennen die TN bereits aus Lektion 3.	Folie/IWB	
	EA/PA	3. Die TN hören das Gespräch im Möbelhaus und ergänzen die definiten Artikel. Geübtere TN lösen die Aufgabe in Stillarbeit. Ungeübtere TN arbeiten paarweise zusammen. Abschlusskontrolle im Plenum. *Lösung: der, der, die, die, das*	Folie/IWB, CD 1/78	
b	EA/PA	4. Die TN lesen das Gespräch noch einmal und markieren dabei alle Ausdrücke, die Gefallen oder Missfallen ausdrücken. Dann sortieren Sie diese den Smileys zu. Geübtere TN lösen die Aufgabe in Stillarbeit. Ungeübtere TN arbeiten paarweise zusammen. Abschlusskontrolle im Plenum. *Lösung: von links nach rechts: nicht so gut, es geht, gut*	Folie/IWB	
	PL	5. Markieren Sie alle Pluralformen, die in C2a vorkommen („Stühle", „Tische", „Betten"). Stellen Sie die Pluralformen dann an der Tafel den Singularformen gegenüber und unterstreichen Sie die Artikel. Auf diese Weise verdeutlichen Sie, dass die definiten Artikel im Singular verschieden sind, es aber nur eine Pluralform „die" gibt. Verweisen Sie hier auch auf den Grammatik-Kasten und die Grammatikübersicht 2 (Kursbuch. S. 54). Singular – Plural der Stuhl – die Stühle der Tisch – die Tische das Bett – die Betten	Folie/IWB	
c	PL/GA	6. Die TN sehen sich noch einmal die Möbel und die anderen Einrichtungsgegenstände in C1 an. Stellen Sie einem TN die erste Frage in der Sprechblase: „Wie gefallen dir denn die Stühle?" und deuten Sie dabei auf die Stühle in C1. Der TN antwortet mit dem Beispiel: „Sehr gut, sie sind sehr modern.". Bitten Sie ihn, die nächste Frage vorzulesen und sich damit an einen anderen TN zu wenden. Setzen Sie die Kettenübung so lange im Kurs fort, bis alle Gegenstände in C1 erwähnt wurden. Wenn die TN Spaß daran haben oder Sie der Meinung sind, dass noch mehr Übung erforderlich ist, können die TN darüber hinaus nach Gegenständen im Kursraum fragen. *Variante:* Sie können die Übung auch in Kleingruppen durchführen lassen. Gehen Sie dann herum und verbessern Sie, wenn nötig, damit sich keine falschen Formen einschleifen. *fakultativ:* Verweisen Sie auf die kleine Übung in der Rubrik „Gefallen/Missfallen: Wie gefällt dir/Ihnen der Tisch?" (Kursbuch, S. 54). Die TN betrachten die Zeichnung und können in die Rolle des Verkäufers schlüpfen und noch einmal selbst Fragen und Antworten formulieren.	Folie/IWB	
	PL Prüfung	**Arbeitsbuch 18:** im Kurs: Das Format dieser Übung zum Hörverstehen entspricht der Prüfung *Start Deutsch 1* des Goethe-Instituts (eine von drei Lösungen ist richtig ist und die Hörtexte werden zweimal gehört).	AB-CD 1/35–37	
	EA/HA	**Arbeitsbuch 19–20:** Hier geht es um Wörterbucharbeit. Wenn Ihren TN der Umgang mit dem Wörterbuch noch schwerfällt, machen Sie die Übungen im Kurs gemeinsam.		
	HA	**Arbeitsbuch 21–23, 26**		

	EA Grammatik entdecken	Arbeitsbuch 24–25: im Kurs: Die TN lesen in Stillarbeit oder zusammen mit ihrem Partner / ihrer Partnerin das Gespräch und ergänzen die richtigen Formen von „gefallen". Vergleichen Sie dann die Lösungen im Kurs, bevor die TN alle definiten Artikel und alle Personalpronomen in Übung 24 markieren und anschließend in Übung 25 noch einmal systematisieren.		
C3	**Aktivität im Kurs: Farben und Farbnuancen**			
	PL	1. Bitten Sie zwei geübtere TN, das Beispielgespräch vorzulesen und mit einigen Möbelstücken fortzusetzen. Verweisen Sie auf den Malkasten, der den TN hilft, die richtige Farbbezeichnung zu finden und anzuwenden. Das Beispiel im Infokasten zeigt, wie mithilfe von „hell-" und „dunkel-" Farben nuanciert werden können. Machen Sie Ihre TN auch auf die Rubrik „Beschreiben: Wie ist dein Zimmer?" auf der Übersichtsseite „Grammatik und Kommunikation" (Kursbuch, S. 55) aufmerksam. Hier können sich die TN an der Zusammenfassung der Fragen und Antworten zum Thema „Beschreiben" orientieren. Mit der kleinen Übung können sie, gesteuert durch die Zeichnung, einen eigenen Text verfassen.		
	PA	2. Die TN stellen sich nach dem vorgegebenen Muster gegenseitig Fragen zu ihrer Wohnung. *Hinweis:* An dieser Stelle bietet es sich an, mit dem Projekt „(M)Eine Traumwohnung" aus „Zwischendurch mal..." (Kursbuch, S. 56) zu arbeiten. Bitten Sie die TN, ihre eigene Wohnung/ihr eigenes Zimmer zu fotografieren und den anderen im Kurs zu präsentieren.	ZDM	

TiPP	Wenn Sie Bewegung im Unterricht mögen, können Sie auch Luftballons in den verschiedenen Farben mitbringen und zur Wiederholung der Farben die TN auffordern, aufzustehen, die Luftballons anzustupsen und dabei die Farbe zu sagen.

	EA/HA	Arbeitsbuch 27		

D WOHNUNGSANZEIGEN

Zahlen bis eine Million

Lernziel: Die TN können bis eine Million zählen und Wohnungsanzeigen relevante Informationen entnehmen.

	Form	Ablauf	Material	Zeit
D1	**Präsentation der Zahlen bis zu einer Million**			
	PL	1. Gehen Sie, wenn nötig, noch einmal auf die Bildung der Zahlen ab 13 bzw. 20 (bekannt aus Lektion 2) ein. Wiederholen Sie dann die Zahlen 1–100, die die TN bereits aus Lektion 3 kennen. Dazu stellen sich die TN im Kreis auf und werfen sich im Zickzack den Ball zu. Dabei zählen sie zunächst in Einserschritten (1, 2, 3 ...) hoch. Wechseln Sie dann z. B. ab 20 zu Zweierschritten (20, 22, 24 ...), später zu Dreier- und Fünferschritten. Bei 100 angekommen, können die TN z. B. in Fünfer- oder Zehnerschritten rückwärts zählen bis sie wieder bei 0 angekommen sind. *fakultativ:* An dieser Stelle können Sie noch einmal das Zahlen-Bingo von KV L2/D2 spielen. Begrenzen Sie die Zahlen dabei auf eine Spanne von max. 40 Zahlen, also z. B. von 10–50, damit das Spiel nicht zu lange dauert.	Ball, KV L2/D2	
	PL	2. Die TN hören dann die Hunderterzahlen, lesen im Buch mit und sprechen nach.	CD 1/79	
	PL	3. Die TN schreiben abwechselnd eine Zahl zwischen 100 und 1000 an die Tafel, die anderen lesen diese laut vor.		

D2	**Anwendungsaufgabe: Zahlen zwischen 100 und einer Million verstehen**			
	PL/EA	1. Die TN lesen die Aufgabe 1, fragen Sie: „Was kostet das Sofa? 92 €, 299 € oder 2.099 €?". Die TN hören das Gespräch und kreuzen an. Kontrolle im Plenum. *Lösung: 1 299,– €*	Folie/IWB, CD 1/80	
	EA	2. Die TN hören nun die Hörtexte zu 2 und 3, wenn nötig mehrfach, und kreuzen an. Abschlusskontrolle im Plenum. *Lösung: 2 701 108; 3 60 cm x 120 cm* Verweisen Sie an dieser Stelle auch auf den Info-Kasten, der noch einmal zeigt, wie man die Maßangaben richtig ausspricht.	Folie/IWB, CD 1/81–82	
	EA/PL	Arbeitsbuch 28: im Kurs	AB-CD 1/38	

D3	**Anwendungsaufgabe: Telefonnummern diktieren**			
	PL	1. Deuten Sie auf das erste Bild uns fragen Sie: „Wo ist das Telefon?", um „zu Hause" einzuführen. Fragen Sie weiter: „Wer von Ihnen hat so ein Telefon zu Hause?". Heutzutage hat nicht mehr jeder einen Festnetzanschluss. Einige TN werden stattdessen vielleicht auf ihr Mobiltelefon zeigen. Fragen Sie: "Wie heißt das auf Deutsch?", um den in Deutschland gängigeren Begriff „Handy" einzuführen. Zeigen Sie dann auf das dritte Bild und fragen Sie: „Wo ist steht das Telefon?" und führen Sie „bei/auf der Arbeit" ein.	Folie/IWB	
	PL	2. Fragen Sie einen TN: „Wie ist Ihre Nummer zu Hause?". Notieren Sie die Antwort des TN mit. Fragen Sie weiter: „Haben Sie eine Handynummer?" Notieren Sie die Antwort ebenfalls mit. In manchen Kulturen wird das Fragen nach der Telefonnummer als Verletzung der Privatsphäre betrachtet. So würde man in manchen Ländern insbesondere fremde Frauen nicht nach ihrer Nummer fragen. Machen Sie deshalb deutlich, dass die TN selbstverständlich auch eine fiktive Nummer nennen können.	Folie/IWB	
	PA	3. Die TN arbeiten paarweise zusammen und fragen sich gegenseitig nach den Telefonnummern. Die Redemittel in den Sprechblasen helfen ihnen bei der Antwort.		

D4	**Leseverstehen 1: Wohnungsgrößen und Mietpreise aus Wohnungsanzeigen entnehmen**			
	PL	1. Führen Sie in das Thema Wohnungssuche ein, indem Sie fragen: „Sie suchen eine Wohnung. Wie machen Sie das?". Notieren Sie die Vorschläge der TN, wie z. B. Internet, Zeitung etc. an der Tafel und führen Sie abschließend ggf. selbst den Begriff „Wohnungsanzeige" ein. Wenn möglich, bringen Sie zur Veranschaulichung eine Tageszeitung mit der entsprechenden Rubrik oder einen Link zu einem einschlägigen Internetportal mit.	Wohnungsanzeigen (Zeitung, Internetportal)	
	PL	2. Zeigen Sie dann auf Anzeige A und fragen Sie: „Wie groß ist die Wohnung?" und „Was kostet sie im Monat?". Ein TN liest die markierten Stellen vor. Gehen Sie an dieser Stelle kurz auf den Info-Kasten ein und verdeutlichen Sie, dass man die Quadratmeter auf unterschiedliche Weise angeben kann.	Folie/IWB	
	EA/PA	3. Fragen Sie weiter: „Wie groß sind die anderen Wohnungen und was kosten sie?". Die TN lesen die übrigen Anzeigen und markieren die Informationen in den entsprechenden Farben. Geübtere TN lösen die Aufgabe in Stillarbeit, ungeübtere TN arbeiten paarweise zusammen.		
	PL	4. Abschlusskontrolle im Plenum. Die TN lesen die Größenangaben sowie die Mietpreise vor. Markieren Sie die Informationen auf der Folie/am IWB. *Lösung: Wie groß ist die Wohnung? B 36 qm, C 3-Zimmer-Wohnungen / 60 qm, D 2-Zimmer-Wohnung, E 1-Zimmer-Wohnung / 33 qm; Was kostet sie im Monat? B 500 Euro, C 950 Euro, D 750 Euro, E 588 Euro*	Folie/IWB	

D5	Leseverstehen 2: Eine passende Wohnung finden			
	PL	1. Ein TN liest Satz a vor. Deuten Sie dann auf die Wohnungsanzeigen in D4 und fragen Sie: „Welche Anzeige passt?".	Folie/IWB	
	PL	2. Abschlusskontrolle im Plenum: Die TN lesen noch einmal die Anzeigen und nennen die richtige Lösung und erklären, warum die Wohnung hier passt. Markieren Sie die relevante Textstelle.	Folie/IWB	
	EA	3. Die TN bearbeiten die restlichen Aufgaben. Geübtere TN lösen die Aufgabe in Stillarbeit. Ungeübtere TN arbeiten paarweise zusammen. Dabei markieren sie die relevanten Textstellen. Da das Herausfiltern vor allem lernungewohnten TN noch Schwierigkeiten bereitet, werden sie für diese Aufgabe länger brauchen als lerngewohnte TN, die bereits über die genannten Lesestrategien verfügen. Letztere lösen deshalb in der Zwischenzeit die Zusatzaufgabe aus der Rubrik „Schon fertig?". Wenn am Ende noch Zeit ist, können sie ihre Anzeigen im Kurs vorlesen. Sonst sammeln Sie die Texte anschließend ein und geben Sie sie den TN ggf. mit Korrekturvorschlägen zurück. Abschlusskontrolle im Plenum. *Lösung: b B, c C* *Hinweis:* An dieser Stelle können Sie anschließend mit „Fokus Alltag" weiterarbeiten, um das Thema „Wohnung" zu vertiefen.	Folie/IWB	

TIPP	Diese Lesestrategie sollten sich die TN von Anfang an angewöhnen, denn so stellen sie sicher, dass sie für die richtige Lösung nichts Wichtiges übersehen haben. Sie lernen dabei auch, dass für eine bestimmte Information nicht alles verstanden werden muss. Diese Strategie ist auch für Prüfungen wichtig.

	PA	4. *fakultativ:* Zur Anwendung des Gelernten können Sie zum Abschluss die Kopiervorlage einsetzen, mit deren Hilfe die TN in Partnerarbeit Wohnungsvermittlung spielen und den neuen Wortschatz kommunikativ verwenden.	KV L4/D5	
	EA/HA	**Arbeitsbuch 29:** im Kurs: In dieser Übung erarbeiten die TN die in Wohnungsanzeigen üblichen Abkürzungen, deren Kenntnis für das Leseverstehen unbedingt notwendig ist. Bringen Sie in diesem Fall aktuelle Wohnungsanzeigen aus einer Tageszeitung oder von einem Onlineportal mit. Abkürzungen, wie z. B. „HZ" (Heizung), „NK" (Nebenkosten), „KT" (Kaution) etc. können Sie so gemeinsam im Kurs klären.	AB-CD 1/39, Wohnungsanzeigen	
	EA/HA	*Hinweis:* An dieser Stelle können Sie zur Vertiefung des Themas die Schreibaufgabe „Zimmer frei!" aus der Rubrik „Zwischendurch mal ..." (Kursbuch, S. 56) in den Unterricht integrieren. Wenn Sie im Kurs nicht so viel Zeit haben, können die TN die Aufgabe als Hausaufgabe bearbeiten.	ZDM	

E AM TELEFON

Lernziel: Die TN können Kleinanzeigen Informationen entnehmen und Auskünfte telefonisch erfragen.

	Form	Ablauf	Material	Zeit
E1	**Hörverstehen 1: Kerninformationen verstehen**			
	PL	1. Ein TN liest die Aufgaben vor.		
	EA	2. Die TN hören das Gespräch und kreuzen an.	CD 1/83	
	PL	3. Die TN nennen die Lösung und hören als Abschlusskontrolle noch einmal. *Lösung: a Herr Schuster b Schreibtisch*	Folie/IWB, CD 1/83	

E2	**Hörverstehen 2: Auskünfte zu einer Kleinanzeige**			
	PL	1. Bringen Sie Kleinanzeigen aus der Zeitung mit oder zeigen Sie eine entsprechende Internetseite. Fragen Sie: „Was ist das?". TN, die bereits länger in Deutschland leben, kennen ggf. den Begriff „Kleinanzeige". Schreiben Sie ihn mit Artikel an die Tafel.	Folie/IWB, Kleinanzeigen	
	PL	2. Die TN lesen die Anzeige im Buch. Wenn Sie vorher bereits mit „Fokus Beruf" gearbeitet haben, kennen die TN das Wort „Schreibtisch" bereits. Wenn nicht, erklären Sie es z. B. anhand der Zeichnung im Arbeitsbuch auf Seite 54. Fragen Sie dann: „Wie ist der Schreibtisch? Alt oder neu? Schön oder nicht schön? Was kostet er?".	Folie/IWB	
	EA	3. Die TN entnehmen der Anzeige die entsprechenden Informationen. *Lösung: sehr schön, fast neu (nur ein Jahr alt), 120,– €*	Folie/IWB	
	EA	4. Die TN hören das Telefongespräch noch einmal und ordnen zu. Stoppen Sie an den Schlüsselstellen, damit die TN Zeit zum Ergänzen des Gesprächs haben.	CD 1/83	
	PL	5. Zwei TN lesen das Gespräch mit verteilten Rollen vor.		
	PL	6. Ergänzen Sie zur Abschlusskontrolle die fehlenden Sätze. Verweisen Sie auch auf den Info-Kasten. *Lösung: Und wie groß ist er?, Sind Sie heute zu Hause?, Und wo wohnen Sie, bitte?*	Folie/IWB	

TiPP	Das Gespräch eignet sich auch gut zum Auswendiglernen wichtiger Redemittel. Diese helfen den TN in einer realen ähnlichen Situation, weil sie dann auf ihr Wissen zurückgreifen können.

	EA/HA	Arbeitsbuch 30		

E3	**Aktivität im Kurs: Ein Telefongespräch spielen**			
	EA	1. Die TN lesen die Anzeigen und die Redemittel unter den Anzeigen. Verweisen Sie auch auf den Info-Kasten.	Folie/IWB	
	PA	2. Mithilfe der Redemittel aus E2 und E3 spielen die TN ein Telefongespräch. Ungeübtere TN halten sich an die Anzeigen im Buch. Geben Sie geübten TN, die die Aufgaben auf dieser Seite leicht bewältigen konnten, Anzeigen aus der aktuellen Tageszeitung oder dem Internet oder lassen Sie sie selbst Anzeigen erfinden. Sie spielen ein Telefonat anhand dieser Anzeigen. TN, die sich mit dem freien Sprechen noch schwertun, können ihr Telefongespräch aufschreiben, bevor sie es spielen. Gehen Sie herum und helfen Sie den TN, wenn nötig. *fakultativ:* Zur Vereinfachung und Unterstützung der Aktivität können Sie auch auf die Kopiervorlage im Lehrwerkservice unter www.hueber.de/schritte-plus-neu zurückgreifen.	Kleinanzeigen, KV L4/E3 im Lehrwerkservice	
	PL	3. Abschließend können ein paar TN ihre Gespräche vorspielen, wenn sie möchten. Simulieren Sie dabei eine möglichst „echte" Telefonsituation, indem Sie die TN bitten, sich Rücken an Rücken zu setzen. Stellen Sie bei den freien Telefongesprächen Verständnisfragen an die anderen TN, z. B.: „Was möchte sie/er kaufen? Wie groß ist ...? Was kostet ...?" Dadurch erreichen Sie einen sehr guten Lerneffekt: Die TN werden durch diese „Telefonate" in eine authentische Hörsituation versetzt und müssen eine echte Verstehensleistung vollbringen.		
	PA Schreibtraining	Arbeitsbuch 31–32: im Kurs: Zur Vertiefung des Gelernten und zum weiteren Training des Leseverstehens lösen die TN Aufgabe 31 und üben in Aufgabe 32 das freie Schreiben.		
	EA/PA	Arbeitsbuch 33: im Kurs: Die TN systematisieren den neuen Wortschatz mithilfe je eines Wortigels zu den Wortfeldern „Wohnung", „Möbel" und „Elektrogeräte", indem sie die ihnen bereits bekannten Wörter und die neuen Vokabeln ergänzen. Gehen Sie herum und achten Sie darauf, dass die TN die Vokabeln mit dem richtigen bestimmten Artikel notieren. Ermuntern Sie die TN, sich die Farbsignale anzugewöhnen.		

PL	Arbeitsbuch 34–35: im Kurs 34a Die TN hören die Wörter und lesen im Buch mit. Schreiben Sie dann „Bett" und „Tee" sowie „Tisch" und „Miete" an die Tafel und bitten Sie die TN, diese Wörter noch einmal zu sprechen. Malen Sie dabei den Längenakzent unter den jeweiligen Vokal und zeigen Sie an diesen Beispielen, dass Vokale im Deutschen lang oder kurz gesprochen werden können. Machen Sie die TN besonders auf den Unterschied in der Aussprache zwischen kurzem, offenem „e" und langem, geschlossenem „e" aufmerksam. Sie können das geschlossene „e" mit den TN trainieren, indem Sie sie bitten, „iiiiiiii" zu sagen und dabei allmählich in „e" überzugehen, wobei sie die Mundstellung weiterhin wie bei „iiiiiii" lassen, also: „iiiiiiiieeeeee". Die TN hören dann noch einmal und markieren nach dem Beispiel an der Tafel und im Buch die Länge der Vokale. Vergleichen Sie die Lösung an der Folie/am IWB. 34b Die TN hören noch einmal und sprechen im Chor nach. Die Markierungen helfen ihnen dabei. 35 Die TN hören den Hörtext und sprechen die Sätze im Chor nach. Erinnern Sie die TN an die Stimmbewegung in Fragen und Antworten, die sie schon in Lektion 1 und Lektion 2 geübt haben.	Folie/IWB, AB-CD 1/40–42	
GA	*fakultativ:* Wenn Sie noch Zeit haben, können Sie hier die Wiederholung zu Lektion 4 anschließen.	KV L4/Wiederholung	
Lektionstests	Einen Test zu Lektion 4 finden Sie hier im LHB auf den Seiten 186–187. Weisen Sie die TN auf den Selbsttest im Arbeitsbuch auf Seite 53 hin.	KV L4/Test	

AUDIO- UND VIDEOTRAINING

Form	Ablauf	Material	Zeit
Audiotraining 1: Wo ist …?			
EA/HA	1. Die TN hören „Das ist meine Wohnung." und sollen in den Sprechpausen mit „ Ah, schön! Und wo ist …?" antworten. Die Zimmer, nach denen sie fragen sollen, sind vorgegeben. Nach der Sprechpause hören die TN die korrekte Antwort, damit sie ihre Lösung und ihre Aussprache selbst korrigieren können.	CD 1/84	
Audiotraining 2: Ist das hier die Küche?			
EA/HA	1. Die TN hören „Ist das hier (die Küche)?" und antworten in den Sprechpausen mit „Nein. Das ist nicht (die Küche). Das hier ist (die Küche).". Nach der Sprechpause hören die TN die korrekte Antwort, damit sie ihre Lösung und ihre Aussprache selbst korrigieren können. Hier kommt es besonders auf die Betonung an.	CD 1/85	
Audiotraining 3: Wie gefällt dir das?			
EA/HA	1. Die TN hören „Wie gefällt dir (das Bett)?" und antworten in den Sprechpausen mit „Es geht. Aber hier: Wie gefällt dir (der Schrank)?". Die Einrichtungsgegenstände, nach denen sie fragen sollen, sind vorgegeben. Nach der Sprechpause hören die TN die korrekte Antwort, damit sie ihre Lösung und ihre Aussprache selbst korrigieren können. Hier kommt es besonders auf die Betonung an.	CD 1/86	
Videotraining 1: Schauen Sie mal!			
EA/HA	1. Die TN sehen in dem Film Lara und Tim, die ein Gespräch zwischen einer Verkäuferin im Möbelhaus und einem Kunden spielen.	Film „Schauen Sie mal!"	

Videotraining 2: Wie ist das Regal?			
EA/HA	1. Mit diesem Film üben die TN Telefongespräche aufgrund von Kleinanzeigen. Es werden Angaben zu Möbeln eingeblendet und schrittweise nach Farbe, Alter, Maßangaben und dem Preis gefragt. In den Sprechpausen formulieren die TN analog zum Beispiel korrekte Antworten. Anschließend hören die TN die korrekten Antworten, die zusätzlich eingeblendet werden, damit sie ihre Lösung und ihre Aussprache selbst korrigieren können. *fakultativ:* Wenn Sie die Übung im Kurs durchführen, können die TN im Anschluss weitere Telefongespräche nach dem gleichen Muster erfinden und dann vorspielen. Dazu hören sie zunächst ein Beispiel noch einmal und notieren sich die Fragen. Dann überlegen sie sich mit ihrem Partner / ihrer Partnerin eigene Gespräche. Ungeübte TN beschränken sich auf ein eigenes Beispiel. Geübtere TN können mehrere Telefongespräche simulieren.	Film „Wie ist das Regal?"	

ZWISCHENDURCH MAL ...

	Form	Ablauf	Material	Zeit
Schreiben		**Zimmer frei!: Eine Zimmerannonce verstehen und eine eigene Anzeige schreiben (passt z. B. zu D5)**		
1	PL	1. Decken Sie nur die Überschrift „Zimmer frei!" auf und fragen Sie: „Welche Informationen stehen in der Anzeige? Was meinen Sie? Notieren Sie die Vermutungen der TN an der Tafel.	Folie/IWB	
TiPP		Hypothesen über den Textinhalt aufgrund der Überschrift zu bilden, ist eine Strategie, die den TN hilft, sich auf den Textinhalt einzustellen und ihr Vorwissen zu aktivieren, bevor sie den Text lesen.		
	EA/PA	2. Die TN lesen die Anzeige und korrigieren anschließend die Aussagen. Geübtere TN lösen die Aufgabe in Stillarbeit, ungeübtere TN arbeiten paarweise zusammen. Abschlusskontrolle im Plenum. *Lösung: 2 Es ist hell, ruhig und billig. 3 Das Zimmer ist möbliert: ein Bett, ein Schrank, ein Schreibtisch, ein Tisch und zwei Stühle. 4 Das Bad hat eine Toilette und eine Dusche.*		
2	EA/HA	1. Die TN schreiben eine Anzeige für ihr Zimmer oder ihre Wohnung.		
	PL	2. Wer möchte, kann seine Anzeige vorlesen. Sammeln Sie die Texte ein, um zu sehen, ob sie noch einmal etwas wiederholen müssen.		
TiPP		Korrigieren Sie nur, was die TN bis jetzt schon gelernt haben. Andere Fehlerkorrekturen können die TN nicht nachvollziehen und sind also nicht produktiv. Anstatt die Fehler zu korrigieren, können Sie sie auch nur markieren und die TN bitten, diese selbst zu korrigieren. Dabei ist es hilfreich, wenn Sie Fehlerkategorien unterscheiden und diese unterschiedlich markieren. So können Sie z. B. Grammatikfehler einfach unterstreichen, Orthografiefehler doppelt unterstreichen, Ausdruckfehler unterringeln etc.		
Projekt		**(M)Eine Traumwohnung: Bilder einer Traumwohnung mitbringen und mündlich präsentieren (passt z. B. zu C3)**		
1	PL	1. Klären Sie den Begriff „Traumwohnung", indem Sie z. B. sagen: „Meine Wohnung ist klein, dunkel und hat keinen Balkon. Meine Traumwohnung ist groß, hell und hat einen Balkon." Die Betonung liegt dabei auf „Traum".		
	EA	2. Bitten Sie die TN dann, entweder ihre eigene Wohnung zu fotografieren oder im Internet nach Bildern zu suchen. Diese Bilder sollen Sie dann im Kurs beschreiben. Ihren Text für die Präsentation können die TN zu Hause vorbereiten.		

2	GA ⟷	3. Die TN präsentieren anhand der mitgebrachten Fotos ihre Traumwohnung. Fordern Sie geübtere TN auf, ihre Traumwohnung möglichst anhand von Stichpunkten zu präsentieren. Ungeübtere TN können ihren vorbereiteten Text vorlesen. Begrenzen Sie die Zeit für Präsentation und eventuelle Rückfragen auf 2–3 Minuten.		

TiPP	Bitten Sie geübte TN, in ihrem Text die Schlüsselwörter zu markieren und sich daran wie an einem Geländer zu orientieren. Sie können sie auch bitten, nur diese Wörter noch einmal auf einen extra Zettel zu schreiben und nur diesen zur Präsentation zu benutzen. Das wird für viele TN eine ungewohnte Übung sein, ist aber eine effektive Form des Stichwortzettelschreibens und fördert das freie Sprechen.

		Das ist die Küche. (passt z. B. zu B3) **Im Film wird eine 2-Zimmerwohnung vorgestellt. Der Text dazu ist in Liedform und wiederholt das Wortfeld „Wohnung" (Zimmer und Adjektive).**		
1	EA	1. Die TN sehen den Film einmal und notieren, welche Zimmer sie sehen. Abschlusskontrolle im Plenum. *Lösung: Wohnzimmer, Schlafzimmer*	Folie/IWB	
2		2. Die TN lesen den Liedtext und achten dabei besonders auf die Illustrationen.	Folie/IWB	
		3. Die TN hören das Lied noch einmal, lesen oder singen mit und machen dabei die gleichen Bewegungen wie auf den Bildern.		

TiPP	Mit Liedern können Sie auch Bewegung in den Unterricht bringen. Das ist besonders bei Intensivkursen mit vier und mehr Unterrichtsstunden am Tag wichtig. Bitten Sie die TN aufzustehen und mitzuklatschen. Wer möchte, kann sich dazu auch im Rhythmus bewegen. TN, die aus Kulturen kommen, in denen viel und gern getanzt wird, können hier die anderen zum Mitmachen motivieren.

FOKUS BERUF: REGELN IM BÜRO

Die TN wissen, wie man sich im Büro verhält.

	Form	Ablauf	Material	Zeit
1	**Wortfeld „Aktivitäten im Büro"**			
	PL	1. Die TN sehen sich die Zeichnung an. Überprüfen Sie das Vorwissen der TN, indem Sie mit ihnen alle Wörter und Aktivitäten sammeln, die sie im Bild benennen können. Notieren Sie die Begriffe der TN an der Tafel.	Folie/IWB	
	EA	2. Die TN ordnen die Wörter zu. Abschlusskontrolle im Plenum. *Lösung: A Pizza essen B privat telefonieren C rauchen F Musik hören*	Folie/IWB	
	PL	3. *fakultativ:* Wenn Ihre TN ihren Wortschatz um das Wortfeld „Büroeinrichtung" erweitern möchten, können Sie das Bild nutzen, um neuen Wortschatz zu erarbeiten, z. B. analog zur Übung 33 (Arbeitsbuch, S. 52). Mögliche neue Wörter wären z. B. „der Schreibtischstuhl", „der Papierkorb", „das Großraumbüro", „der Flachbildschirm", „die Schreibtischschublade", „die Tastatur", „die Maus", „die Teeküche"," der Kollege", „die Kollegin" etc. Setzen Sie auch die Genusfarben ein, um das Memorieren zu erleichtern.	Folie/IWB	
2	**Leseverstehen 1: Verhaltensregeln im Büro global verstehen**			
	EA/PA ⟷	1. Fragen Sie: „Welche Informationen finden Sie im Text?". Die TN lesen die drei Fragen, die „Goldenen Büro-Regeln" und kreuzen an. Geübtere TN lösen die Aufgabe in Stillarbeit. Ungeübtere TN arbeiten paarweise zusammen.		

	PL	2. Abschlusskontrolle im Plenum. Die TN lesen den Text abschnittweise laut vor. Gehen Sie dabei auf unbekannten Wortschatz, wie „Lärm", „nicht erlaubt" und „verboten" ein. Wenn Ihr Kursraum an einer lauten Straße liegt, können Sie z. B. das Fenster öffnen und sagen: „Es ist laut. Es gibt Lärm." und sich dabei die Ohren zuhalten. „Nicht erlaubt" bzw. „verboten" können Sie erklären, indem Sie ein Verbotsschild mit einer durchgestrichenen Zigarette an die Tafel zeichnen. Deuten Sie darauf und sagen Sie: „Rauchen ist hier nicht erlaubt. Rauchen ist verboten." *Lösung: Was ist hier erlaubt, was ist verboten?*		
3	**Leseverstehen 2: Verhaltensregeln im Büro detailliert verstehen**			
	EA/PA ⟷	1. Die TN sehen sich das Bild in 1 noch einmal an und prüfen anhand des Textes, ob die Tätigkeiten A–F erlaubt sind. Geübtere TN lösen die Aufgabe in Stillarbeit. Ungeübtere TN arbeiten paarweise zusammen. Abschlusskontrolle im Plenum. *Lösung: ja c nein b, d, e, f*	Folie/IWB	

FOKUS ALLTAG: RUND UMS WOHNEN

Die TN kennen die Bedeutung von *Kaltmiete* und *Nebenkosten*. Sie können, auch telefonisch, einfache Mitteilungen der Hausverwaltung oder des Vermieters verstehen.

	Form	Ablauf	Material	Zeit
1	**Leseverstehen: Kosten im Mietvertrag**			
a	PL	1. Zeigen Sie das Foto von Ben und fragen Sie: „Was macht Ben? Was meinen Sie?". Die TN lassen die Bücher geschlossen und äußern Vermutungen. Einige TN, die bereits länger in Deutschland leben, haben sicher schon Erfahrungen mit Wohnungssuche und Umzug gemacht und kennen einige in diesem Kontext relevante Wörter, wie „eine neue Wohnung", „der Umzug", „umziehen", „tragen" etc. Schreiben Sie die Begriffe an die Tafel.	Folie/IWB	
	PL	2. *fakultativ:* Laden Sie vorab einen Standard-Mietvertrag aus dem Internet herunter oder besorgen Sie einen im Schreibwarenladen. Zeigen Sie den TN den Mietvertrag.	Mietvertrag	
	PL	3. Deuten Sie auf die Wohnungsanzeige und den Ausschnitt aus dem Mietvertrag. Sagen Sie: „Ben hat eine neue Wohnung. Was kostet sie?". Hier können Sie das neue Wort „Apartment" erklären. Sagen Sie: „Ein *Apartment* ist ein großes Zimmer mit Küche." Zeichnen Sie zur Verdeutlichung ggf. einen Grundriss an die Tafel. Erklären Sie weiter: „Ben wohnt hier. Das Apartment ist nicht sein Apartment. Er bezahlt jeden Monat Miete." „Monatlich" können Sie erklären, indem Sie sagen: „Ben bezahlt jeden Monat, also monatlich 521,– €.". Die TN sollten verstehen, dass Zahlungen für Miete und Strom in der Regel monatlich zu zahlen sind. Schreiben Sie zur Verdeutlichung ein paar Daten (1.1.20.. 1.2.20.. ...) an die Tafel und daneben die Zahlungen, sodass erkennbar ist, dass sich dieselben Zahlungen jeden Monat wiederholen. „Betragen/beträgt" können Sie als Synonym für „kosten/kostet" bezeichnen: „Die Miete beträgt 521,– €" = „Die Miete kostet 521,– €."	Folie/IWB	

TIPP	Wenn Sie TN im Kurs haben, die einige dieser Wörter bereits kennen, weil sie schon länger in Deutschland leben, können Sie sie auch bitten, den anderen diese Wörter zu erklären. Auf diese Weise können sie ihr Vorwissen in den Kurs mit einbringen.

	PL/EA ⟷	4. Die TN lesen die Anzeige. Schreiben Sie „Nebenkosten“ an die Tafel und erinnern Sie die TN, dass sie das Verb kosten bereits aus „Wieviel kostet das?“ in Lektion 3 kennen. Erklären Sie dann: „Nebenkosten sind die Kosten, also der Preis, für Wasser und Heizung.“. „Heizung“ können Sie erklären, indem Sie auf einen Heizkörper im Kursraum zeigen. Sagen Sie abschließend: „Kaltmiete ist die Miete ohne Nebenkosten. Warmmiete ist die Miete mit Nebenkosten.“ Die TN ergänzen jetzt die Kosten im Mietvertrag im Buch. Geübtere TN lösen die Aufgabe in Stillarbeit. Ungeübtere TN arbeiten paarweise zusammen. Abschlusskontrolle im Plenum. *Lösung: Kaltmiete 390,– €; Warmmiete: 521,– €*		
b	PL	5. Deuten Sie auf den Kontoauszug und fragen Sie: „Was ist das?“. Die TN sehen sich den Kontoauszug an und erkennen anhand des Banknamens, des Zeitraums und der aufgelisteten Zahlen, dass es sich um einen Kontoauszug handelt. Führen Sie das Wort „Kontoauszug“ ein.	Folie/IWB	
	EA/PA ⟷	6. Fragen Sie: „Was bezahlt Ben jeden Monat für seine Wohnung?“. Die TN lesen den Kontoauszug und notieren die Kosten. Geübtere TN lösen die Aufgabe in Stillarbeit. Ungeübtere TN arbeiten paarweise zusammen. Abschlusskontrolle im Plenum. *Lösung: 521,00 €, Telefon und Internet, 578,64 €*	Folie/IWB	
	⚠	7. Deuten Sie jetzt auf den Posten „Öko-Energy: Strom“ auf dem Kontoauszug und fragen Sie: „Was ist Strom?“. Wenn keiner der geübteren TN das Wort „Strom“ erklären kann, ziehen Sie z. B. den Stecker des CD-Spielers aus der Steckdose und sagen Sie: Kein Strom, keine Musik.“. Falls Ihre TN nach anderen Begriffen auf dem Kontoauszug, wie „Lebensversicherung“ und „Gehalt“ fragen, erklären sie diese. Fragt niemand explizit nach diesen Wörtern, belassen Sie es bei den Wörtern, die im Zusammenhang mit der Wohnungssuche relevant sind und bereits eingeführt wurden. Es geht in dieser Übung um selektives Leseverstehen. Die TN müssen also nicht jedes Wort verstehen, um die Aufgabe lösen zu können.	Folie/IWB	

2		**Hörverstehen: Mitteilungen von der Hausverwaltung verstehen**		
	PL	1. Sagen Sie: „Ben kommt nach Hause. Es gibt eine Nachricht auf seiner Mailbox. Wer ruft an?“ Die TN hören den Anfang der Nachricht. Ein TN liest das Beispiel vor. Erklären Sie ggf. an dieser Stelle, dass die Stadtwerke für Wasser und Energie (Strom, Gas) zuständig sind.	AB-CD 1/43	
	EA	2. Die TN hören die Nachricht bis zum Ende und kreuzen an. Abschlusskontrolle im Plenum. *Lösung: b Die Heizung. c Er möchte in die Wohnung. d Heute Abend.*	AB-CD 1/43, Folie/IWB	
Projekt		**Besuch bei einer Meldebehörde**		
		1. *fakultativ:* Schreiben Sie „Einwohnermeldeamt“ oder die Bezeichnung für die Meldebehörde in Ihrer Region an die Tafel. Fragen Sie, wer schon dort war (vermutlich alle), und machen Sie deutlich, dass jeder in Deutschland meldepflichtig ist und dass man sich ummelden muss, wenn man umzieht.		
		2. Kündigen Sie vorab bei der Meldebehörde an, dass Sie mit dem Kurs kommen, und gehen Sie gemeinsam zur Meldebehörde. Die TN sollten wissen, wo die Meldebehörde ist, wann die Öffnungszeiten sind und wie die Telefonnummer ist. Die TN machen sich dazu Notizen.		
		3. Eine freundliche Mitarbeiterin / Ein freundlicher Mitarbeiter stellt sicher Meldeformulare zur Verfügung, auf dem die TN ihre gegenwärtige Adresse eintragen können – zu Übungszwecken, versteht sich. *Variante:* Wenn Sie das Gefühl haben, dass manche TN hier noch Informationsbedarf haben, können Sie mit Ihren TN auch das Sozialreferat bzw. das Amt für Wohnen und Migration besuchen. Dort erhalten die TN Informationen über günstige Wohnungen (Genossenschaftswohnungen), Sozialwohnungen bzw. Mietzuschüsse.		

MEIN TAG

Folge 5: Von früh bis spät

Einstieg in das Thema „Tagesablauf"

	Form	Ablauf	Material	Zeit
1	**Vor/Beim ersten Hören: Die Rahmenhandlung und wesentliche Inhalte erkennen**			
	PL	1. Kopieren Sie Foto 1 auf Folie oder zeigen Sie nur Foto 1 aus der Slide-Show und fragen Sie: „Wo ist Lara? Was macht sie?". Die TN stellen Vermutungen an.	Folie/IWB	
	GA	2. Kopieren Sie die Foto-Hörgeschichte und schneiden Sie die einzelnen Fotos ohne die Nummerierung aus. Die Bücher bleiben geschlossen. Verteilen Sie je ein Foto-Set an die Kleingruppen. Die TN legen die Fotos in eine mögliche Reihenfolge.	Kartensets	
	EA	3. Die TN hören nun die Foto-Hörgeschichte mit geschlossenen Büchern und gleichen diese mit der Reihenfolge ihrer Fotos ab. Abschlusskontrolle im Plenum oder anhand der Foto-Hörgeschichte im Buch. Es ist nicht notwendig, dass die TN bereits hier alle Aktivitäten verstehen. Der neue Wortschatz und die trennbaren Verben werden in der Lektion erarbeitet.	CD 2/1–8, Folie/IWB	
	PL	4. Die TN lesen die Aussagen und kreuzen an. Abschlusskontrolle im Plenum. *Lösung: a Sie ist im Kurs. b Sie macht eine Präsentation.*	Folie/IWB	
2	**Beim zweiten Hören: Aktivitäten verstehen**			
	PL	1. Lesen Sie mit den TN gemeinsam die Wörter.	Folie/IWB	
	PA	2. Die TN schreiben den Wortschatz auf Kärtchen/Zettel.	Kärtchen/Zettel	
	PA	3. Die TN hören die Foto-Hörgeschichte noch einmal und ordnen die Kärtchen/Zettel den Fotos im Buch oder aus dem Foto-Set zu. *Lösung: frühstücken: Foto 3, einkaufen: Foto 5, Musik hören: Foto 7, kochen: Foto 6, spazieren gehen: Foto 5, eine Präsentation machen: Foto 1, aufstehen: Foto 2, Deutschkurs haben: Foto 4*	CD 2/1–8	
3	**Beim dritten Hören: Aktivitäten im Detail verstehen**			
	EA/PA	1. Die TN lesen sich die Satzenden durch und versuchen, sie aus dem Gedächtnis den Personen zuzuordnen. Geübtere TN lösen die Aufgabe in Stillarbeit, ungeübtere TN arbeiten paarweise zusammen. *Hinweis:* An dieser Stelle können durchaus noch einige Sätze offen bleiben. Den einen oder anderen Teilsatz können die TN dann während des Hörens zuordnen.		
	PL	2. Die TN hören die Foto-Hörgeschichte noch einmal zur Kontrolle. *Lösung: Lara: steht um Viertel nach sieben auf. / räumt die Küche auf. / geht zum Deutschkurs. / geht am Nachmittag spazieren oder kauft ein. / kocht das Abendessen. / ruft ihre Familie an.; Sofia: arbeitet viel und ist am Abend müde.; Lara, Sofia und Lili: frühstücken zusammen. / essen zusammen.*	CD 2/1–8, Folie/IWB	
4	**Nach dem Hören: Anwendungsaufgabe**			
	PA	1. Fragen Sie: „Was machen Sie auch jeden Tag?". Die TN nehmen die passenden Zettel aus Aufgabe 2 und berichten. Zuerst erzählt Partner A, dann Partner B. Ungeübtere TN beschränken sich auf die vorgegebenen Wörter. Geübtere TN können weitere Aktivitäten benennen, die sie täglich ausführen.	Kärtchen/Zettel aus Aufgabe 2	

⚠	*Hinweis:* Zur Vertiefung des Themas können Sie an dieser Stelle mit „Laras Film" arbeiten. Die TN konzentrieren sich dabei auf die Aktivitäten. Fragen Sie die TN vor dem Sehen: „Was machen Sofie, Lili, Tim und Lara heute?" Wenn Sie viele lernungewohnte TN im Kurs haben, teilen Sie die TN in vier Gruppen ein. Jede Gruppe achtet auf eine andere Person und macht Notizen. Klären Sie bei Bedarf anschließend den neuen Wortschatz, „Hausaufgaben machen" und „Abendessen". An dieser Stelle sollen die TN noch nicht auf die Uhrzeiten achten! Diese werden erst in Lernschritt B eingeführt. Gehen Sie hier auch noch nicht auf die Verwendung der Präpositionen ein. Die TN wiederholen die Aussagen der Personen hier als feste Wendungen.		
Laras Film	In „Laras Film" „Dienstagmorgen, Viertel vor acht" dokumentiert Lara, was Sofia, Lili und Tim zu bestimmten Uhrzeiten machen. Sie können den Film am Ende der Foto-Hörgeschichte zur Erweiterung der Aktivitäten, zur Inspiration der TN nach A5, zur Festigung der Uhrzeiten nach B3 oder als Anregung zur Schreibaufgabe in D3 einsetzen.	„Laras Film" Lektion 5	

A ICH RÄUME MEIN ZIMMER AUF.

Trennbare Verben im Satz, Verbkonjugation: *fernsehen, essen, arbeiten*

Lernziel: Die TN können über Aktivitäten und Vorlieben sprechen.

	Form	Ablauf	Material	Zeit
A1	**Präsentation der trennbaren Verben und des Wortfelds „Aktivitäten"**			
	EA/PA	1. Deuten Sie auf die Fotos und fragen Sie: „Was macht Lara?". Die TN sehen sich die Fotos an und lesen die Sätze. Dann hören sie und ordnen die Fotos. Geübtere TN lösen die Aufgabe in Stillarbeit. Ungeübtere TN arbeiten paarweise zusammen.	Folie/IWB, CD2/9	
	PL	2. Schreiben Sie zur Abschlusskontrolle auf Zuruf alle Sätze in der richtigen Reihenfolge an die Tafel. *Lösung: 1 Lara steht früh auf. 2 Sie räumt die Küche auf. 3 Sie kauft im Supermarkt ein. 4 Sie ruft ihre Familie an. 5 Sie kocht das Abendessen. 6 Sie sieht fern.*	Folie/IWB	
	PL	3. Lenken Sie die Aufmerksamkeit der TN auf die Sätze 1–4. Satz 6 mit dem Verb „fernsehen" lassen Sie zunächst außer Acht, da hier noch der Vokalwechsel hinzu kommt. Fragen Sie: „Wie heißt das Verb?". Die TN antworten mithilfe des linken Grammatik-Kastens und leisten bei Satz 2 und 4 einen Transfer. Erklären Sie dann anhand der Sätze 1–4, dass es im Deutschen Verben gibt, die getrennt werden können. Machen Sie auch deutlich, dass dieses Präfix ans Satzende wandert und das Verb normal konjugiert wird. Dies können Sie besonders anschaulich darstellen, indem Sie „aufstehen", „aufräumen", „einkaufen" und „anrufen" groß auf je ein Kärtchen schreiben und das Präfix abschneiden. Verweisen Sie an dieser Stelle auch auf die Grammatikübersicht 1 (Kursbuch, S. 66). aufstehen – Lara [steht] früh [auf]. aufräumen – Sie [räumt] die Küche [auf]. einkaufen – Sie [kauft] im Supermarkt [ein]. anrufen – Sie [ruft] ihre Familie [an].	Folie/IWB	

TiPP	Die TN lernen hier eine Möglichkeit kennen, sich trennbare Verben zu notieren. Die TN können zu Hause selbstständig die bereits im Unterricht besprochenen trennbaren Verben notieren und jeweils einen Beispielsatz bilden. Diese Liste kann im Laufe der Zeit im Kurs oder auch zu Hause immer weiter ergänzt werden. Fordern Sie die TN dazu auf, selbstständig notierte Verben und Sätze in den Unterricht „mitzubringen" und zu präsentieren. Dadurch profitieren alle vom individuellen Lernfortschritt des Einzelnen.

	PL	4. Zeigen Sie dann auf Satz 6 und fragen Sie: „Lara sieht fern. Wie heißt das Verb im Infinitiv?" Fragen Sie dann einen geübteren TN: „Siehst du heute Abend auch fern?". Notieren Sie Ihre Frage und die Antwort des TN an der Tafel. Machen Sie dann auf den Vokalwechsel *e → ie* aufmerksam. Die TN kennen bereits das Verb „sprechen" mit Vokalwechsel *e → i*. Stellen Sie die Konjugation der beiden Verben gegenüber, um zu zeigen, dass der Vokalwechsel immer in der 2. und 3. Person Singular stattfindet. Bei allen anderen Formen bleibt der Stammvokal gleich.	Folie/IWB	
	GA	5. *fakultativ:* Wenn Sie mit ihren TN die Satzstellung bei trennbaren Verben üben möchten, teilen Sie pro Kleingruppe je ein Kartenset von „Laras Tag" aus. Sie können dabei zwischen Gruppen mit ungeübteren TN (Variante A) und Gruppen mit geübteren TN (Variante B) differenzieren. Die Verben sind kursiv gedruckt, sodass die Zusammengehörigkeit der trennbaren Verben visualisiert wird. Die TN bilden passende Sätze zu den Fotos der Foto-Hörgeschichte und ordnen sie zu.	KV L5/A1	

A2	**Anwendungsaufgabe: Trennbare/untrennbare Verben im Satz**			
	PL	1. Deuten Sie auf die Stichworte und fragen Sie: „Was macht Sofia?". Ein TN liest die erste Karte und das Beispiel vor. Bitten Sie dann einen anderen TN, das zweite Beispiel zu ergänzen. Weisen Sie an dieser Stelle auf die zwei Grammatik-Kästen hin: Zeigen Sie, dass das Verb „essen" ebenfalls einen Vokalwechsel von e → i aufweist und analog zu „sprechen" gebildet wird. Erinnern Sie hier auch nochmal an den Vokalwechsel bei „fernsehen". Zeigen Sie dann auf den Grammatik-Kasten zu „arbeiten" und weisen Sie darauf hin, dass hier in der 2. und 3. Person ein „-e-" hinzukommt, um die Aussprache zu erleichtern. (Die Verbstammendung „-t" und die Verbendung „-st" bzw. „-t" können nicht hintereinander ausgesprochen werden. Verweisen Sie an dieser Stelle auf die Verben „essen" und „fernsehen" in der Grammatikübersicht 4 (Kursbuch, S. 66).	Folie/IWB	
	EA/PA	2. Die TN schreiben anhand der Stichpunkte vollständige Sätze und vergleichen diese im Anschluss mit den Sätzen ihrer Partnerin / ihres Partners. Gehen Sie herum und helfen Sie bei Schwierigkeiten. *Lösung: Sie frühstückt mit Lara und Lili. Sie geht zur Arbeit. Sie arbeitet lang. Sie spielt mit Lili. Sie kauft im Supermarkt ein. Sie isst mit Lara und Lili. Sie räumt die Wohnung auf. Sie sieht ein bisschen fern. Sie geht ins Bett.*		
	EA/PA	Arbeitsbuch 1		
	EA Grammatik entdecken	**Arbeitsbuch 2:** im Kurs: Die TN markieren die Verben und tragen dann die Sätze in die Tabelle ein. Auf diese Weise machen sie sich noch einmal bewusst, dass das Verb bzw. der Verbstamm trennbarer Verben immer auf Position 2 und das Präfix immer am Satzende steht, egal wie lang der Satz ist. Geübtere TN lösen die Aufgabe in Stillarbeit. Ungeübtere TN arbeiten paarweise zusammen.		
	EA/PA	Arbeitsbuch 3		
	EA/PA	**Arbeitsbuch 4–5:** im Kurs: Alle TN bearbeiten Übung 4. Geübtere TN bearbeiten zusätzlich Übung 5.		
	PL	**Arbeitsbuch 6:** Die TN machen sich noch einmal bewusst, dass der Wortakzent im Deutschen in der Regel auf der ersten Silbe liegt. Dies bedeutet, dass die Betonung bei trennbaren Verben auf dem Präfix liegt.	AB-CD 1/44–46	

A3	**Anwendungsaufgabe: Partnerinterview**			
a	EA/PA	1. Deuten Sie auf das Beispiel und fragen Sie einen TN: „Was machen Sie gern?". Der TN bildet einen Satz mit „arbeiten". Fragen Sie dann einen anderen TN: „Was machen Sie nicht gern?". Sie/Er bildet einen Satz mit „früh aufstehen". Anschließend notiert jede/r TN sechs Aktivitäten, die sie/er (nicht) gern macht, auf einem Zettel. Smileys nicht vergessen!	Folie/IWB	

b	PL	2. Zwei TN lesen das Beispielgespräch. Deuten Sie auf den Grammatik-Kasten und verdeutlichen Sie, dass das Präfix der trennbaren Verben ans Satzende wandert. Zeigen Sie anhand des Beispielsatzes „Nein, ich stehe nicht gerne auf.“, dass auch bei der Verneinung mit „nicht“ die Satzstellung erhalten bleibt und das Präfix auch hier am Satzende steht. Machen Sie ggf. zusammen mit den TN ein weiteres Beispiel für eine Fragesatz und eine Verneinung mit dem Verb „einkaufen“. Verweisen Sie Ihre TN auch auf die Grammatikübersicht 2 (Kursbuch, S. 66).	Folie/IWB	
	PA	3. Die TN tauschen die Zettel, fragen sich gegenseitig nach dem Muster im Buch und kontrollieren die Antworten anhand der Notizen. Gehen Sie herum und achten Sie auf den korrekten Gebrauch der trennbaren Verben. *fakultativ:* In Kursen mit ungeübteren TN können Sie als Hilfestellung die Kopiervorlage austeilen. Die TN kreuzen dann zunächst ihre Vorlieben an, bevor sie ihre Partnerin / ihren Partner befragen und die Antworten andersfarbig markieren.	KV L5/A3	
	PL/GA	4. Die TN erzählen über die Vorlieben und Abneigungen ihrer Partner.		
EA/HA Schreib-training		**Arbeitsbuch 7:** Die TN beschreiben zunächst die Vorlieben von Omar und Mailin und schreiben dann über sich selbst.		

A4	**Vertiefungsaufgabe: Vorlieben und Abneigungen im Kurs erfragen**			
	PL	1. Deuten Sie auf das Beispiel im Buch und fragen Sie: „Wer kauft gern im Supermarkt ein?“. Wer das gern tut, steht auf. Erfragen Sie nach dem gleichen Muster weitere Vorlieben und Abneigungen im Kurs. Achten Sie dabei darauf, vor allem die neuen Verben zu benutzen. *Variante:* Nachdem das Muster klar ist, können auch einige TN eine Frage an alle richten. Auf diese Weise werden die neuen Verben und Strukturen in einer authentischen Situation angewendet, und es kommt Bewegung in den Unterricht.	Folie/IWB	

A5	**Aktivität im Kurs: Mein Tag**			
	EA/PL/GA	Die TN machen Fotos von ihrem Tag und präsentieren diese am nächsten Tag im Plenum oder in Kleingruppen und wenden dabei das Gelernte an. *Hinweis:* Zur Inspiration können Sie an dieser Stelle „Laras Film“ zeigen.		

B WIE SPÄT IST ES JETZT?

Lernziel: Die TN können nach der Uhrzeit fragen und die Uhrzeit angeben.

	Form	Ablauf	Material	Zeit
B1	**Variation: Präsentation der Uhrzeit**			
		1. Basteln Sie vorab eine Pappuhr. *fakultativ:* Hierfür können Sie auch auf die Kopiervorlage im Lehrwerkservice unter www.hueber.de/schritte-plus-neu zurückgreifen.	Pappuhr (KV L5/B4 im Lehrwerk-service)	
	PL	2. Fragen und notieren Sie an der Tafel: „Wie spät ist es?“. Deuten Sie dabei auf eine Uhr, um die Frage zu verdeutlichen. Die TN hören das kurze Gespräch und lesen im Buch mit. Fragen Sie noch einmal: „Wie spät ist es?“ und zeigen Sie auf die Uhr im Buch. Wiederholen Sie laut: „Es ist Viertel vor zwölf.“	CD 2/10	

	PL	3. Stellen Sie die Uhr auf „Viertel nach zwölf" und fragen Sie einen geübteren TN: „Wie spät ist es? Ist es schon ein Uhr?". Deuten Sie dann im Info-Kasten auf „Viertel nach ...". Der TN antwortet analog zum Beispielgespräch. Verfahren Sie mit „halb ..." ebenso.	Pappuhr, Folie/IWB	
	PA	4. Die TN sehen sich die Varianten an und fragen ihre Partner. Abschlusskontrolle im Plenum. Verweisen Sie dann auf den Info-Kasten und machen Sie deutlich, dass man bei der mündlichen Angabe der Uhrzeit nur von eins bis zwölf zählt und man nicht „Viertel vor drei Uhr" sagt, sondern nur „Viertel vor drei".	Folie/IWB	
	PL	5. Die TN fragen sich anschließend mithilfe der Pappuhr, die von TN zu TN wandert, analog zum Beispiel gegenseitig nach unterschiedlichen Uhrzeiten zu voller Stunde, „Viertel nach/vor" und „halb". Es geht hier ausschließlich um das Erfragen und Angeben der Uhrzeit. Zeitangaben auf die Frage „Wann?" lernen die TN in Lernschritt C kennen.	Pappuhr	

B2	**Hörverstehen: Erweiterung der Uhrzeiten**			
a	EA	1. Die TN sehen sich die Zeichnungen an, dann hören sie die Gespräche und ordnen die Bilder zu. Abschlusskontrolle im Plenum. *Lösung: 2 D, 3 C, 4 A*	CD 2/11–14	
b	EA/PA	2. Die TN hören die Gespräche noch einmal, wenn nötig auch zweimal, und notieren die Uhrzeiten wie im Beispiel. Zeichnen Sie zur Abschlusskontrolle die Uhrzeiten und notieren Sie auf Zuruf die Uhrzeit im Wortlaut. Geübtere TN lösen die Aufgabe in Stillarbeit. Ungeübtere arbeiten paarweise zusammen. *Lösung: zehn nach eins, fünf vor vier, fünf vor halb drei*	CD 2/11–14, Folie/IWB	
	PL	3. Stellen Sie die Pappuhr und fragen Sie einen geübteren TN: „Wie spät ist es?". Die TN üben mit der Pappuhr und fragen sich reihum nach der Uhrzeit. Dabei können sie alle Uhrzeiten aus der in B1 abgebildeten Uhr verwenden.	Pappuhr	
	EA/PA	**Arbeitsbuch 8:** im Kurs: Diese Aufgabe dient zur Bewusstmachung der Systematik, wann man „vor" bzw. „nach" verwendet. Weisen Sie die TN darauf hin, dass man sowohl „zwanzig nach eins" als auch „zehn vor halb zwei" sagen kann.		

B3	**Erweiterung: *kurz vor/gleich* und *nach***			
	PL	1. Zeigen Sie anhand des Beispiels, dass konkrete Minutenangaben kurz vor oder nach der vollen Stunde im mündlichen Sprachgebrauch selten gemacht werden. Notieren Sie zur Verdeutlichung an der Tafel: Es ist ~~vier~~ nach sieben. / kurz — Es ist ~~drei~~ vor elf. / kurz Verweisen Sie auch auf den Info-Kasten.	Folie/IWB	
	EA/PA	2. Die TN lesen die anderen Beispiele und ergänzen die Uhrzeiten. Geübtere TN lösen die Aufgabe in Stillarbeit. Ungeübtere TN arbeiten paarweise zusammen. Gehen Sie herum und helfen Sie bei Schwierigkeiten. Abschlusskontrolle im Plenum. *Lösung: b kurz vor zehn / gleich zehn, c kurz nach zehn, d kurz vor zwölf / gleich zwölf, e kurz nach zwölf* Gehen Sie hier nicht auf die Lesart der offiziellen Uhrzeit (9 Uhr 58) ein. Diese wird in Lernschritt E eingeführt. Die TN sollten zuerst lernen, wie man die Uhrzeit im privaten Kontext bzw. im mündlichen Sprachgebrauch verwendet. *Hinweis:* An dieser Stelle bietet sich die Arbeit mit „Laras Film" an. Sie können den Film hier zur Festigung der Uhrzeiten einsetzen. Fragen Sie die TN vor dem Sehen: „Was machen Sofie, Lili, Tim und Lara heute?" . Die TN sehen „Laras Film" und machen sich Notizen. Rekonstruieren Sie den Tagesablauf der vier Personen abschließend gemeinsam mit den TN in chronologischer Reihenfolge an der Tafel.	Folie/IWB	
	EA/HA	**Arbeitsbuch 9–10: im Kurs:** Zur Festigung der Uhrzeit bearbeiten alle die Übung 9. Schnellere TN ergänzen außerdem Übung 10.		

	PL/EA	**Arbeitsbuch 11: im Kurs:** Hier üben die TN die Bedeutung „schon" und „erst". Die TN sehen sich Bild a an. Ein TN liest das Beispiel laut vor. Fragen Sie: „Was ist das Problem?" und stellen Sie sicher, dass die TN die Situation erfasst haben. Machen Sie ggf. ein weiteres Beispiel, indem Sie auf Ihre Uhr schauen und erschrocken rufen: „Oje! Schon zwölf!" und hektisch ein paar Sachen zusammenpacken. Verfahren Sie mit Beispiel b genauso. Beispiel c und d lösen die TN dann in Stillarbeit.		

B4	**Aktivität im Kurs: Sich gegenseitig nach der Uhrzeit fragen**			
	PA	1. Die TN zeichnen jeweils einige Zifferblätter mit unterschiedlichen Uhrzeiten. Verweisen Sie die TN auch auf die Rubrik „Uhrzeit: Wie spät ist es?" (Kursbuch, S. 67), wo sie die neuen Redemittel im Überblick finden. *fakultativ:* Wenn Ihnen im Kurs nicht ausreichend Zeit zur Verfügung steht, können Sie zur Vereinfachung und Unterstützung der Aktivität auch auf die Kopiervorlage im Lehrwerkservice unter www.hueber.de/schritte-plus-neu zurückgreifen.	KV L5/B4 im Lehrwerkservice	
	PA/ WPA	2. Jeder TN zeigt seine Uhren und fragt die Partnerin / den Partner nach der Uhrzeit. Diese/Dieser antwortet entsprechend: „Es ist ... (Uhr)." Gehen Sie herum und korrigieren Sie ggf. vorsichtig die Fehler, indem Sie die korrekte Uhrzeit wiederholen. Die TN können auch herumgehen und mit wechselnden Partnern kommunizieren. *fakultativ:* Wenn Sie im Kurs noch Zeit haben, können die TN ihre eigenen Handyfotos aus A5 noch einmal heranziehen und einem TN, mit dem sie noch nicht über ihren Tagesablauf gesprochen haben, ihren Tag chronologisch unter Angabe von Uhrzeiten beschreiben. Die Aufgabe eignet sich auch zur Wiederholung der Uhrzeit zu einem späteren Zeitpunkt.		

C WANN FÄNGT DER DEUTSCHKURS AN?

Präpositionen *am, um, von ... bis*

Lernziel: Die TN können Wochentage benennen und über die eigene Woche sprechen.

	Form	Ablauf	Material	Zeit
C1	**Präsentation der Präpositionen *um, am, von ... bis* und des Verbs *anfangen***			
a	PL/EA	1. Deuten Sie auf das Kursprogramm und fragen Sie: „Welchen Deutschkurs besucht Lara?". Die TN lesen die Daten, hören das Gespräch und markieren. *Lösung: Montag bis Freitag 08.30 Uhr–12.00 Uhr und 12.30–15.00 Uhr (40 Unterrichtsstunden)*	Folie/IWB, CD 2/15	
b	PL	2. Schreiben Sie „anfangen" im Infinitiv an die Tafel. Markieren Sie wie in A1 durch einen Schrägstrich, dass es sich hier ebenfalls um ein trennbares Verb handelt. Wenn Ihre TN eine Liste mit trennbaren Verben führen, fordern Sie sie auf, „anfangen" zu ergänzen. Deuten Sie dann auf Ihre Armbanduhr oder eine Uhr im Kursraum und fragen Sie: „Wann fängt unser Kurs an?" Schreiben Sie die Antwort an die Tafel und weisen Sie noch einmal explizit auf die Satzendstellung des Präfixes hin, indem Sie den Verbstamm und das Präfix an der Tafel verbinden. Unser Deutschkurs [fängt] um 9.00 Uhr [an]. Fragen Sie ggf. weiter nach anderen Zeiten, z. B. dem Pausenbeginn, bis die Bedeutung des Verbs „anfangen" allen klar ist. Verweisen Sie hier auch auf die Grammatikübersicht 1 (Kursbuch, S. 66) Die TN können die kleine Übung mit allen bisher gelernten trennbaren Verben lösen. *Lösung: einkaufen, fernsehen, aufstehen, anfangen, anrufen*	Folie/IWB	

	EA/PA	3. Gehen Sie dann auf den Vokalwechsel in „anfangen" ein, indem Sie die TN an die unregelmäßigen Verben „sprechen" und „fernsehen" erinnern. Weisen Sie die TN darauf hin, dass der Vokalwechsel hier von *a* → *ä* erfolgt und ebenfalls nur die 2. und 3. Person Singular betrifft. Verweisen Sie zur Verdeutlichung auf den Grammatik-Kasten und auf die Grammatikübersicht 4 (Kursbuch, S. 66), wo die TN mit „schlafen" ein weiteres Verb mit Vokalwechsel *a* → *ä* kennenlernen, das in C2 eingeführt wird.		
	EA/PA	4. Die TN lesen und hören die Angaben zu Laras Kurs noch einmal und ergänzen die Sätze. Geübtere TN lösen die Aufgabe in Stillarbeit. Ungeübtere TN arbeiten paarweise zusammen. Abschlusskontrolle im Plenum. *Lösung: 2 drei Uhr; 3 Freitag, halb neun, drei*	CD 2/15, Folie/IWB	
	PL	5. Notieren Sie an der Tafel einige Beispielsätze, um deutlich zu machen, dass man mit „Wann?" sowohl nach einem Zeitpunkt, als auch nach einem Zeitraum fragen kann und für die Angabe eines Zeitpunkts „am" oder „um", aber für die Angabe eines Zeitraums „von … bis …" verwendet. Verweisen Sie auch auf den Grammatik-Kasten rechts. <u>Wann</u> ruft Lara ihre Eltern an? – <u>Am</u> Sonntag. <u>Wann</u> fängt der Deutschkurs an? – <u>Um</u> halb neun. <u>Wann</u> ist der Kurs? – <u>Von</u> Montag <u>bis</u> Freitag.		
	PL	6. Stellen Sie einige Fragen, die sich auf den Kursalltag der TN beziehen, z. B. „Wann endet Ihr Kurs?", „Wann ist der Kurs?" etc. Wenn den TN die Wochentage noch nicht bekannt sind, verweisen Sie auf Tims Wochenplan in C3, wo die Wochentage chronologisch genannt werden. *Hinweis:* In der Regel sind die Wochentage den TN bereits vertraut, denn diese begegnen ihnen fast täglich. Bei Bedarf können Sie Übung 12 aus dem Arbeitsbuch vorziehen, um die Wochentage bereits hier systematisch einzuführen.	Folie/IWB	
C2	**Variation: Anwendungsaufgabe zu temporalen Angaben**			
	PL	1. Deuten Sie auf das Foto und fragen Sie: „Wann macht er eine Party?". Die TN hören das Gespräch zunächst bei geschlossenen Büchern, wenn nötig mehrmals, und beantworten die Frage.	Folie/IWB, CD 2/16	
	PL	2. Fordern Sie zwei TN auf, das Gespräch im Buch mit verteilten Rollen zu lesen. Die anderen TN lesen im Buch mit. Verweisen Sie auch noch einmal auf den Grammatik-Kasten in C1a und auf die Grammatikübersicht 3 (Kursbuch, S. 66). Gehen Sie hier noch nicht näher auf die Tageszeiten ein. Diese lernen die TN in Lernabschnitt D kennen.		
	PA	3. Die TN variieren das Gespräch. Gehen Sie herum und helfen Sie, wenn nötig.		
	EA	**Arbeitsbuch 12:** Hier werden die Wochentage geübt. Außerdem findet sich hier ein Hinweis auf unterschiedliche Bezeichnungen für „Samstag". Verweisen Sie in diesem Zusammenhang auch auf den Info-Kasten zum „Wochenende" (Kursbuch, S. 62) und auf die Rubrik „Verabredung: Hast du Zeit?" in „Grammatik und Kommunikation" (Kursbuch, S. 67). Weisen Sie die TN auch auf die kleine Übung daneben hin.		
	EA/HA	**Arbeitsbuch 13–14**		
C3	**Anwendungsaufgabe: Aktivitäten und temporale Angaben**			
	PA	1. Die TN sehen sich Tims Wochenplan an und lesen das Beispiel. TN, die lieber sprechen als schreiben, formulieren mündlich abwechselnd einfache Sätze mithilfe der Stichpunkte und ggf. darüber hinaus. Ungeübtere TN notieren die ausformulierten Sätze schriftlich. Gehen Sie herum und helfen Sie bei Schwierigkeiten. Mündliche Abschlusskontrolle im Plenum.		

	PL	2. Gehen Sie abschließend kurz darauf ein, dass man mit „Um wie viel Uhr ...?" konkret nach der Uhrzeit fragen kann, während die Frage mit „Wann ...?" auch andere Antworten, wie z. B. mit „von ...bis ..." und Wochentage, offen lässt. Verweisen Sie an dieser Stelle noch einmal auf die Grammatikübersicht 3 in „Grammatik und Kommunikation" (Kursbuch, S. 66).		
	EA/HA	Arbeitsbuch 15–16		

C4	**Aktivität im Kurs: Partnerinterview**			
	EA/HA	1. Lesen Sie mit den TN die Aufgabe und die Beispiele. Die TN schreiben dann sechs eigene Fragen mit „Wann ...?" oder „Um wie viel Uhr ...?" auf einen Zettel.	Folie/IWB, Zettel	
	PA/ WPA	2. Die TN finden sich paarweise zusammen und stellen sich gegenseitig ihre Fragen. Paare, die schneller fertig sind, lösen die Zusatzaufgabe „Schon fertig?". Sie können diese individuellen Terminkalender einsammeln und korrigieren. *Variante:* Alternativ dazu können die TN sich auch mit ihren Fragen im Raum bewegen und sie wechselnden Partnern stellen. Sie wechseln dabei je nach verfügbarer Zeit entweder nach jeder Frage oder nach jedem Fragenset.		
	PA	3. *fakultativ:* Zur Vereinfachung und Unterstützung der Aktivität können Sie auch auf die Kopiervorlage im Lehrwerkservice unter www.hueber.de/schritte-plus-neu zurückgreifen. Mit der Kopiervorlage können Ihre TN die authentische Gesprächssituation „einen gemeinsamen Termin finden / sich verabreden" üben. Kopieren und zerschneiden Sie dazu die Kopiervorlage, sodass TN A Terminkalender A, TN B Terminkalender B erhält. Erklären Sie die Aufgabe, indem Sie sagen: „Sie wollen gemeinsam einkaufen gehen. Sie suchen einen Termin von zwei Stunden, also z. B. von 8.00 – 10.00 Uhr oder von 13.00 – 15.00 Uhr. Ihre Terminkalender sind nicht gleich. Fragen Sie." Lesen Sie dann zusammen mit den TN das Beispiel. Die TN befragen sich gegenseitig und finden einen gemeinsamen Termin zum Einkaufen. Gehen Sie herum und helfen Sie bei Schwierigkeiten. Fragen Sie abschließend exemplarisch einige Paare, wann sie gemeinsam einkaufen gehen. *Hinweis:* Diese Aufgabestellung entspricht „Sprechen – Teil 3" der mündlichen Prüfung *Start Deutsch A2* des Goethe-Instituts.	KV L5/C4 im Lehrwerkservice	

TiPP	Wenn Sie eine ungerade TN-Zahl haben, üben Sie mit einem TN, der noch viel Hilfestellung benötigt, oder drei TN arbeiten zusammen. In diesem Fall haben die zwei ungeübteren TN die gleichen Terminkalender, sodass sie sich abwechseln können.

	PL/EA/ PA	**Arbeitsbuch 17: im Kurs:** In der Übung werden die neu gelernten Verben und die Negation mit „nicht" und „kein" (L3 und L4) wiederholt. Wenn Sie viele ungeübte TN im Kurs haben, können Sie zunächst gemeinsam die Verben zu Bild 1–7 an der Tafel im Infinitiv sammeln. Verweisen Sie auch noch einmal auf die Grammatikübersicht 4 (Kursbuch, S. 66). Machen Sie das Beispiel, bevor die TN die übrigen Sätze ergänzen. Die TN betrachten nun das Bild in Teil b und lesen zunächst die Aufgabe und das Beispiel. Weisen Sie hier explizit auf die Negation mit „nicht" hin. Fragen Sie dann: Was macht Opa am Samstag?" Die TN negieren Satz 4 aus Teil a. Alle TN negieren die Sätze aus 17a, geübtere TN ergänzen außerdem die zusätzlichen Informationen, z. B. „Frau Reinhard arbeitet heute nicht am Computer. Sie hat heute frei."	Folie/IWB	
	PA	4. *fakultativ:* An dieser Stelle bietet sich die Arbeit mit „Fokus Beruf" (Arbeitsbuch, S. 67) an, um das Gelernte in einem authentischen Kontext anzuwenden.		

D TAGESZEITEN

Verbposition im Satz bei temporalen Angaben

Lernziel: Die TN können Angaben zur Tageszeit verstehen und machen sowie über den Tagesablauf berichten.

	Form	Ablauf	Material	Zeit
D1		**Präsentation des Wortfelds „Tageszeiten"**		
	PL	1. Vergrößern Sie die Bilder und schreiben Sie die Tageszeiten auf Wortkarten. Verteilen Sie diese dann in ungeordneter Reihenfolge an die TN. Diese versuchen zunächst, die richtige Entsprechung, wie z. B. aufgehende Sonne = am Morgen, zu finden, und stellen sich dann mit der passenden Partnerin / dem passenden Partner auf. Wer kein Bild bzw. keine Karte erhalten hat, informiert sich im Buch darüber, was zusammengehört, und korrigiert die Paarbildung, wenn nötig.	Bilder, Wortkarten	
	PL	2. Die TN lesen die Tageszeiten laut von den Kärtchen ab.		
	EA	3. Die TN bearbeiten nun die Aufgabe im Buch. Abschlusskontrolle im Plenum. *Lösung: von links nach rechts: am Morgen, am Nachmittag, am Abend* Weisen Sie darauf hin, dass bei den Tageszeiten genauso wie bei den Wochentagen die Präposition „am" benutzt wird (Ausnahme: in der Nacht). Verweisen Sie hier auch auf den Grammatik-Kasten zu den Tageszeiten und auf die Grammatikübersicht 3 (Kursbuch, S. 66).		
	EA/HA	Arbeitsbuch 18		

D2		**Erweiterung: Die Verbposition im Satz**		
a	PL	1. Deuten Sie auf das Bild und fragen Sie: „Was machen die Personen? Wo sind sie?". Einige TN, die bereits länger in Deutschland leben, kennen vielleicht die Wörter „reparieren", „Werkstatt" und auch die Berufsbezeichnung „Mechaniker". Führen Sie sie sonst ein. Deuten Sie dann auf die beiden Personen und sagen Sie: „Das sind Robert und sein Kollege. Sie sprechen über das Wochenende. Was sagt Robert? Was macht er am Vormittag, am Nachmittag etc.?".	Folie/IWB	
	EA	2. Die TN lesen die Vorgaben, hören das Gespräch und verbinden die Satzteile. Abschlusskontrolle im Plenum. *Lösung: 2 räumt er auf, kauft ein und kocht. 3 isst er mit Nina. 4 macht er Sport. 5 geht er ins Kino. 6 geht er spazieren.*	CD 2/17, Folie/IWB	
	PL	3. Fragen Sie noch einmal: „Was macht Robert am Vormittag?". Notieren Sie die Antwort an der Tafel und schreiben Sie die Variante ohne Inversion direkt darüber. Es sollte deutlich werden, dass das Verb immer an Position 2 bleibt, die temporale Angabe aber mit dem Subjekt den Platz tauschen kann. Verweisen Sie auch auf den Grammatik-Kasten in D2 und die Grammatikübersicht 5 (Kursbuch, S. 66). Die nebenstehende Wäscheleine mit den farbigen Satzteilen veranschaulicht noch einmal die Satzstellung in Sätzen mit temporalen Angaben. Verweisen Sie an dieser Stelle noch einmal auf die Grammatikübersicht 3 (Kursbuch, S. 66) und fordern Sie die TN auf, die freie Schreibaufgabe „Was machen Sie wann?" zu lösen, in der sie sowohl die temporalen Präpositionen als auch die Inversion üben können. Sammeln Sie die Texte ein, um sich einen Überblick über den Lernstand der TN zu verschaffen und den TN individuell Feedback geben zu können.		
b	PL	4. Sehen Sie zusammen mit den TN Bild A an. Fragen Sie: „Was macht Robert am Morgen wirklich?" Lesen Sie dann gemeinsam mit den TN den ersten Beispielsatz.		
	PA	5. Die TN sehen sich die anderen Bilder an und ergänzen die Sätze mithilfe des Grammatik-Kastens. TN, die schneller fertig sind, überlegen sich anschließend nach demselben Muster, wie der Tagesablauf des Kollegen aussehen könnte.		

	PL	6. Abschlusskontrolle im Plenum. Die TN, die zusätzlich den Tagesablauf des Kollegen geschrieben haben, können diesen ebenfalls vorstellen. *Lösung: B Am Vormittag trinkt Robert Kaffee. C Am Mittag isst Robert Pizza. D Am Nachmittag spielt Robert Computerspiele. E Am Abend sieht Robert fern. F In der Nacht chattet Robert.* Verweisen Sie an dieser Stelle noch einmal auf die Grammatikübersicht 3 (Kursbuch, S. 66) und fordern Sie die TN auf, die zugehörige Schreibaufgabe als Hausaufgabe zu bearbeiten. Die Ergebnisse kann, wer will, in der nächsten Stunde präsentieren. Sammeln Sie alle Texte der TN ein, um sich einen Überblick zu verschaffen, ob alle TN das bisher Gelernte verstanden haben und anwenden können.		
		7. Schreiben Sie anschließend mithilfe der TN die Konjugation des Verbs „chatten" an die Tafel und erinnern Sie die TN an das eingeschobene „-e-", das die TN schon von „arbeiten" und „kosten" kennen. Verweisen Sie an dieser Stelle noch einmal auf die Grammatikübersicht 4 (Kursbuch, S. 66) und die Grafik daneben hin, die den TN veranschaulicht, dass bei den Verben „arbeiten", „finden", „kosten" und „chatten", in der 3. Person Singular zur leichteren Aussprache ein „-e-" eingeschoben wird.		
	EA/HA	Arbeitsbuch 19		
		Hinweis: An dieser Stelle bietet sich die Arbeit mit dem Comic „Der kleine Mann: Die Traumfrau" aus „Zwischendurch mal ..." (Kursbuch, S. 69) an.	ZDM	
D3	**Aktivität im Kurs: Spiel „Ihr Tag"**			
	EA	1. Die TN schreiben vier Informationen zu ihrem Tagesablauf auf. Drei sollen richtig sein, eine falsch.		
	PL	2. Deuten Sie auf die Aussagen rechts und lesen Sie sie vor. Bitten Sie dann drei TN, das Beispiel mit verteilten Rollen vorzulesen. Markieren Sie dann die Redemittel, mit denen man Vermutungen äußern kann sowie die Antwortmöglichkeiten „Stimmt." und „Doch.". Verweisen Sie an dieser Stelle auch auf die Rubrik „Strategien: Ich glaube, ..." in „Grammatik und Kommunikation" (Kursbuch, S. 67).	Folie/IWB	
	GA	3. Die TN lesen sich gegenseitig ihre Sätze vor. Die anderen raten, was nicht stimmt. *Hinweis:* An dieser Stelle bietet sich die Arbeit mit dem Hörtext „Meine Woche" aus „Zwischendurch mal ..." (Kursbuch, S. 69) an, in dem Hans Berthold von seinem Wochenablauf erzählt.	ZDM	
PL		4. *fakultativ:* Wenn ihre TN gern spielen, können Sie hier das Wechselspiel von der Kopiervorlage einschieben. Die TN üben dabei noch einmal die Uhrzeit und die richtige Satzstellung mit/ohne Inversion anhand der Protagonisten aus „Laras Film". Geübtere TN erhalten Variante A, ungeübtere TN Variante B. Die TN befragen sich gegenseitig: „Was macht ... um ...?" oder „Wann ...?" und ergänzen die Informationen. Abschließend sehen die TN „Laras Film" und vergleichen mit ihren Lösungen.	Laras Film Lektion 5, KV L5/D3	
PA Grammatik entdecken		**Arbeitsbuch 20:** im Kurs: Die TN machen sich die Satzstellung bei trennbaren Verben bewusst.		
EA/PA		**Arbeitsbuch 21–22:** im Kurs: alle bearbeiten Übung 21. Schnellere TN schreiben außerdem die Sätze in Übung 22.		

E FAMILIENALLTAG

Offizielle Uhrzeit, *jede/jeden, jedes*

Lernziel: Die TN können Schilder und Telefonansagen zu Öffnungszeiten verstehen.

	Form	Ablauf	Material	Zeit
E1	**Lese- und Hörverstehen: Öffnungszeiten; Präsentation der offiziellen Uhrzeit**			
a	PL	1. Die TN sehen sich die Schilder an. Helfen Sie mit unbekannten Wörtern wie „Sprechzeiten", „Kinder- und Jugendärztin" etc. Deuten Sie dann auf Beispiel B und fragen Sie: „Wann ist der Kindergarten geöffnet?". Markieren Sie die Antwort.	Folie/IWB	
	PL	2. Fordern Sie die TN auf, alle Öffnungszeiten zu markieren..		
	PL	3. Die TN hören die Ansagen und ordnen zu. Abschlusskontrolle im Plenum. *Lösung: 2 D, 3 C, 4 A*	CD 2/18-21, Folie/IWB	
b	PL	4. Die TN lesen die Aufgabe. Anschließend hören sie noch einmal und konzentrieren sich darauf, wie die Uhrzeit angesagt wird. Abschlusskontrolle im Plenum. *Lösung: 2 13 Uhr, 3 acht Uhr 30 bis 13 Uhr, 4 16 Uhr 30*	CD 2/18-21, Folie/IWB	
	PL	5. Verweisen Sie dann auf den Info-Kasten und machen Sie deutlich, dass innerhalb der Familie, unter Freunden etc. die inoffizielle Uhrzeit verwendet wird, im Fernsehen oder Radio, am Flughafen oder Bahnhof, aber auch bei Ämtern und bei Ärzten auf dem Anrufbeantworter die offizielle Uhrzeit. Weisen Sie die TN an dieser Stelle auch auf die Rubrik „Öffnungszeiten: (Von wann bis) Wann ist … geöffnet?" (Kursbuch, S. 67) hin und fordern Sie sie auf, die kleine Übung daneben zu lösen. *Lösung: Die Praxis ist von Montag bis Donnerstag von acht bis achtzehn Uhr geöffnet. Am Freitag ist sie von sieben Uhr dreißig bis zwölf Uhr geöffnet. / Der Kindergarten ist von Montag bis Freitag von acht bis achtzehn Uhr geöffnet. / Der Supermarkt ist von Montag bis Samstag von sieben bis zwanzig Uhr geöffnet.* *fakultativ:* Um den Unterschied zwischen offizieller und inoffizieller Uhrzeit zu verdeutlichen, können Sie noch einmal mit der Pappuhr arbeiten. Die TN stellen die Uhr und fragen sich reihum: „Wie spät ist es? Wie sagt man das privat/offiziell?".	Folie/IWB, Pappuhr	
	EA/HA	Arbeitsbuch 23–25		
	Prüfung	**Arbeitsbuch 26**: im Kurs: In dieser Übung geht es darum, Tageszeiten, Uhrzeiten und Öffnungszeiten richtig zu verstehen. Das Format (Multiple-Choice) entspricht dem des Hörverstehens von *Start Deutsch 1* des Goethe-Instituts.	AB-CD 1/47–49	
	GA	*fakultativ:* Wenn die TN noch weiter üben möchten, verteilen Sie die „Dominosteine" der Kopiervorlage.	KV L5/E1	

E2	**Leseverstehen: Selektives Lesen**			
a	PL	1. Deuten Sie auf die Fotos auf S. 65 und fragen Sie: „Wie ist Veras Tag? Was macht sie?". Die TN beschreiben mündlich Veras Tagesablauf nach dem Muster: „Um 6 Uhr steht Vera auf.". Die TN achten dabei besonders auf die Inversion.		
	PL	2. Die TN lesen die Aufgabe und dann den Text auf S. 65 und kreuzen an, was zutrifft. Geübtere TN lösen die Aufgabe in Stillarbeit, ungeübtere TN arbeiten paarweise zusammen. Abschlusskontrolle im Plenum. *Lösung: 4 Vera ist am Abend müde.*	Folie/IWB	
	PL	3. Deuten Sie dann auf den Satz „Ich habe die Kinder also jeden Morgen, jeden Abend …" und sagen Sie zur Verdeutlichung: „Vera hat die Kinder am Montagmorgen, am Dienstagmorgen, am Mittwochmorgen etc. also jeden Morgen.". Verweisen Sie dann auch auf den Info-Kasten rechts.		

	PA/ WPA	4. *fakultativ:* Notieren Sie an der Tafel „Was machen Sie jeden Morgen/Abend/…?" und „Was machen Sie jedes Wochenende?" sowie eine mögliche Antwort mit/ohne Inversion. Fragen Sie dann einige TN, bevor sich die TN gegenseitig befragen. Die TN können auch wechselnde Partner befragen. *Hinweis:* An dieser Stelle bietet sich der Einsatz des Comics aus „Zwischendurch mal …" (Kursbuch, S. 68) an, da der kleine Mann jeden Tag dasselbe tut.	ZDM	
b	EA	5. Die TN sehen noch einmal die Fotos an und schreiben sechs Sätze über Veras Tagesablauf. Vier sollen richtig sein, zwei falsch.		
	PA	6. Dann tauschen die TN ihre Sätze aus, vergleichen die Sätze mit den Bildern und korrigieren die falschen Aussagen wie im Beispiel angegeben. *Hinweis:* Hier bietet sich der Lesetext „Hallo, ich bin Franziska" und der Film „So ist mein Tag." aus „Zwischendurch mal …" (Kursbuch, S. 68–69) an. *Hinweis:* Wenn Sie viele TN mit kleinen Kindern im Kurs haben, können Sie zur Vertiefung mit „Fokus Familie" zum Thema „Kinderbetreuung" weiterarbeiten.	ZDM	
	EA/HA	**Arbeitsbuch 27:** im Kurs: Erinnern Sie die TN an die unterschiedliche Länge der Vokale. Die TN hören und markieren die Vokallänge. Anschließend sortieren sie die Wörter nach Vokallänge. Die Übung eignet sich auch gut als Hausaufgabe.	AB-CD 1/50	
	GA	*fakultativ:* Wenn Sie noch Zeit haben, können Sie hier die Wiederholung zu Lektion 5 anschließen.	KV L5/Wiederholung	
Lektionstests		Einen Test zu Lektion 5 finden Sie hier im LHB auf den Seiten 188–189. Weisen Sie die TN auf den Selbsttest im Arbeitsbuch auf Seite 65 hin.	KV L5/Test	

AUDIO- UND VIDEOTRAINING

	Form	Ablauf	Material	Zeit
Audiotraining 1: „Aha!"				
	EA/HA	1. Im ersten Teil hören die TN, was der Sprecher wann macht und antworten in den Sprechpausen mit der Interjektion „Aha!" und wiederholen die Aussage des Sprechers. Dabei wird noch einmal die Inversion geübt. Nach der Sprechpause hören die TN die korrekte Antwort, damit sie ihre Lösung und ihre Aussprache selbst korrigieren können. Im zweiten Teil sollen die TN auf Fragen antworten.	CD 2/22	
Audiotraining 2: „Das machen Sie nicht gern."				
	EA/HA	1. Die TN hören „Ich (stehe) gern (auf)?" und sollen in den Sprechpausen mit „Ich (stehe) nicht gern (auf)." bzw. „Nein, ich (stehe) nicht gern (auf)." reagieren. Hier kommt es besonders auf die Betonung von „nicht" und des Präfixes an. Nach der Sprechpause hören die TN die korrekte Antwort, damit sie ihre Lösung und ihre Aussprache selbst korrigieren können. .	CD 2/23	
Audiotraining 3: „Keine Zeit!"				
	EA/HA	1. Die TN hören „(Ich mache am Samstag eine Party.) Hast du Zeit?" und sollen in den Sprechpausen mit „Am (Samstag)? – Am (Samstag gehe ich ins Kino)." antworten. Die Aktivitäten sind vorgegeben. Nach der Sprechpause hören die TN die korrekte Antwort, damit sie ihre Lösung und ihre Aussprache selbst korrigieren können.	CD 2/24	

Videotraining 1: „Wie spät ist es denn?"			
EA/HA	1. Die TN sehen in dem Film Lara und Tim, die ein Gespräch über Vorlieben und Öffnungszeiten spielen.	Film „Wie spät ist es denn?"	
Videotraining 2: „Wann ist geöffnet?"			
EA/HA	1. Mit diesem Film können die TN das Leseverstehen und die Aussprache von Öffnungszeiten üben. Es werden Angaben zu Öffnungszeiten sowie zwei mögliche Antworten eingeblendet. Eine Antwort ist richtig. In den Sprechpausen lesen die TN die passende Antwort vor. Nach der Sprechpause hören die TN die korrekte Antwort, damit sie ihre Lösung und ihre Aussprache selbst korrigieren können.	Film "Wann ist geöffnet?"	

ZWISCHENDURCH MAL ...

Form	Ablauf	Material	Zeit
Comic	**Der kleine Mann: Die Traumfrau (passt z. B. zu D2 und E2)**		
PL	1. Erstellen Sie zusammen mit den TN ein Assoziogramm. Malen Sie dazu ein großes Herz an die Tafel und beschriften es mit „mein Traummann/meine Traumfrau". Fragen Sie: „Wo treffen Sie Ihre Traumfrau/Ihren Traummann?" Erklären Sie „treffen", indem Sie mit Ihren Händen zwei Personen darstellen, die sich aufeinander zugehen. Die TN sammeln Ideen und erschließen sich mithilfe des Wörterbuchs neuen Wortschatz. Notieren Sie mögliche Gelegenheiten (Party, Arbeit, Sport etc.) an der Tafel. *Hinweis:* Notieren Sie Nomen immer mit dem zugehörigen Artikel in der passenden Farbe, damit diese immer gleich mitgelernt werden.		
PL	2. Die TN sehen sich den Comic an. Fragen Sie: „Wo trifft der kleine Mann seine Traumfrau?". *Lösung: im Traum*	Folie/IWB	
EA/PA	3. Die TN lesen die Aussagen und ordnen zu. Geübtere TN lösen die Aufgabe in Stillarbeit. Ungeübtere TN arbeiten zu zweit. Abschlusskontrolle im Plenum. *Lösung: von links nach rechts: 3, 1, 4, 5, 6, 2*	Folie/IWB	
Lesen	**Hallo! Ich bin Franziska. (passt z. B. zu E2, empfohlen vor der Rubrik „Film")**		
PL	1. Deuten Sie auf das Foto und fragen Sie: „Wer ist das?", „Was sind die Personen von Beruf?" Führen Sie die Berufsbezeichnungen „Zahnarzt" und „Zahnarzthelferin" ein.	Folie/IWB	
EA/PA	2. Die TN lesen die Stichpunkte und dann den Text, um die gesuchten Informationen herauszufinden. Geübtere TN lösen die Aufgabe in Stillarbeit. Ungeübtere TN arbeiten paarweise zusammen. Abschlusskontrolle im Plenum. *Lösung: aus Bodenheim, lebt in Mainz, Wohnung: ein Zimmer, eine Küche, ein Bad, Arbeit: Zahnarzthelferin, Freund: Nicolas 24, studiert Medizin in Göttingen, Hobbys: Klettern* *Hinweis:* Franziskas Porträt wird in der Rubrik „Film" noch erweitert. Deshalb bietet es sich an, zuerst mit dem Lesetext und dann mit dem Film zu arbeiten.	Folie/IWB	
PA/ WPA	3. *fakultativ:* Schreiben Sie „Was sind Sie von Beruf?" – „Ich bin ... ." an die Tafel. Die TN schlagen ihren Beruf im Wörterbuch nach und fragen anschließend ihre Partnerin / ihren Partner. Dabei gehen sie herum und befragen wechselnde Partner. *Hinweis:* Der Fokus dieser Aktivität liegt auf dem mündlichen Gebrauch der eigenen Berufsbezeichnung und dem näheren Kennenlernen der TN untereinander. Das Wortfeld „Berufe" wird in Lektion 8 vertieft.		

		So ist mein Tag. (passt z. B. zu E2, empfohlen nach der Rubrik „Lesen")		
1	EA	1. Die TN sehen die Slide-Show „So ist mein Tag." und achten besonders auf neue Wörter. Gehen Sie bei Bedarf auf neue Wörter ein.		
	EA	2. Die TN lesen Franziskas Aktivitäten und ordnen sie den Uhrzeiten zu. Geübtere TN lösen die Aufgabe in Stillarbeit. Ungeübtere TN arbeiten paarweise zusammen. Abschlusskontrolle im Plenum. *Lösung: bis 7.30 Uhr im Bad sein; 7.30 Uhr schnell frühstücken; 7.45 Uhr losgehen zur Zahnarztpraxis; 8.00 Uhr Arbeit fängt an; 8.00 Uhr – 13.00 Uhr arbeiten; 13.00 Uhr – 15.00 Uhr Mittagspause machen: nach Hause oder ins Fitnessstudio gehen; 15.00 Uhr – 18.00 Uhr wieder in der Praxis sein; 18.15 Uhr nach Hause kommen; 18.15 Uhr – 19.00 Uhr aufräumen, Kleidung waschen oder einkaufen; 19.15 Uhr essen; 19.30 – 23.00 Uhr telefonieren mit Nicolas, lesen oder fernsehen; manchmal ausgehen und Freundinnen treffen*		
	PL	3. Machen Sie die TN darauf aufmerksam, dass „ausgehen" und „losgehen" trennbare Verben sind, „lesen" und „treffen" einen Vokalwechsel aufweisen. Lassen Sie jeweils einen geübteren TN eines der Verben an der Tafel konjugieren. Verweisen Sie auch nochmal auf die Grammatikübersicht 4 im Kursbuch, S. 66.	Folie/IWB	
2	PA/HA	1. Die TN formulieren anhand der Stichpunkte in 1 Sätze. Gehen Sie herum und achten Sie darauf, dass die TN die Verben richtig konjugieren und die Satzstellung beachten. Korrigieren Sie ggf. sanft, indem Sie den jeweiligen Satz korrekt wiederholen. Ungeübtere TN schreiben die Sätze zuerst auf, bevor sie sie reihum chronologisch vorlesen.	Folie/IWB	
Hören		**Meine Woche (passt z. B. zu D3)**		
	PL	1. Die TN sehen sich das Foto und die Stichpunkte im Beispiel an. Fragen Sie: „Was wissen Sie über Hans Berthold?".	Folie/IWB	
	EA	2. Die TN hören und markieren die zutreffenden Informationen.	CD 2/25	
	PL	3. Fragen Sie zur Abschlusskontrolle: „Wie ist Hans Bertholds Woche?". Die TN formulieren anhand der markierten Stichworte vollständige Sätze. Achten Sie dabei besonders auf die Satzstellung. *Lösung: Am Morgen: geht zum Friedhof; Am Vormittag: Tochter Anna kommt; Am Mittag: Mittagsschlaf von 14 bis 15 Uhr; Am Nachmittag: geht spazieren, spielt Karten/Schach; Am Abend: Abendessen, sieht fern, geht ins Bett*		
	HA	4. *fakultativ:* Als Hausaufgabe können die TN Hans Bertholds Wochenablauf aufschreiben, um den neuen Wortschatz und die Satzstellung mit Inversion noch einmal zu üben. Korrigieren Sie die Texte ggf.		

FOKUS FAMILIE: INFORMATIONEN ÜBER KINDERBETREUUNG

Die TN kennen wesentliche Strukturen der Kinderbetreuung.

	Form	Ablauf	Material	Zeit
		Da dieser Fokus möglicherweise nur für einen Teil der TN von Interesse ist, können die Übungen auch als Hausaufgabe gegeben werden.		
1	**Leseverstehen 1: Möglichkeiten der Kinderbetreuung im Kindergarten**			
	PL	1. *fakultativ:* Aktivieren Sie das Vorwissen der TN, indem Sie fragen, wo ihre Kinder während des Kurses sind. Notieren Sie die Antworten der TN wie „Kindergarten", „Schule", „zu Hause" an die Tafel und fragen Sie auch nach dem Alter der Kinder. Notieren Sie das Alter zu den passenden Begriffen.		

	Form	Ablauf	Material	Zeit
	EA/PA	2. Die TN lesen die Überschrift und sehen das Foto an. Fragen Sie: „Wer informiert hier?", um den Text zuzuordnen. Die TN lesen dann den Text und markieren die Uhrzeiten und Informationen zum Essen. Geübtere TN lösen die Aufgabe in Stillarbeit. Ungeübtere TN arbeiten paarweise. Abschlusskontrolle im Plenum. *Lösung: Gruppe 1: 8.30 – 14.00, Mittagessen um 13.00; Gruppe 2: 8.00 – 16.00, Frühstück und Mittagessen; Gruppe 3: 14.00 – 18.00, Obst am Nachmittag; Gruppe 4: 13.00 – 18.00, Mittagessen um 13.00*	Folie/IWB	
	PL	3. Fragen Sie: „Wo bekomme ich Informationen über die Kinderbetreuung? Wo kann ich fragen?" und „Wann ist geöffnet?". *Lösung: im Kindergarten Kunterbunt, Montag bis Freitag von 8.00 – 18.00 Uhr*	Folie/IWB	
2	**Leseverstehen 2: Die passende Kinderbetreuung finden**			
	PA	Die TN lesen die Situationen und überlegen in Partnerarbeit, in welcher Institution das Kind betreut werden kann. Abschlusskontrolle im Plenum. *Lösung: a Gruppe 2, b Gruppe 3*		
		Informieren Sie die TN darüber, dass Kindergärten – und auch weiterführende Schulen – frei gewählt werden dürfen. Erklären Sie, dass viele Schulen eine Hausaufgabenbetreuung am Nachmittag anbieten (vgl. „Fokus Familie" zu Lektion 7).		
Projekt		*fakultativ:* Fragen Sie exemplarisch einige TN mit Kindern, in welche Schule bzw. in welchen Hort, Kindergarten etc. ihre Kinder gehen, wo sich diese/r befindet und welche Möglichkeiten der Betreuung es dort gibt. TN ohne Kinder recherchieren im Internet nach Betreuungseinrichtungen und Schulen in der Nähe der Sprachschule. Ggf. können Sie mit passenden Suchbegriffen helfen. TN mit Kindern präsentieren kurz die Betreuungseinrichtung ihrer Kinder, die anderen TN ihre Rechercheergebnisse. Wenn Sie die Möglichkeit dazu haben und die TN daran interessiert sind, machen Sie einen Rundgang in der Umgebung der Sprachschule.		

FOKUS BERUF: INFORMATIONSTEXTE VERSTEHEN

Die TN können schriftliche Informationen zum Sprachkursbesuch verstehen.

	Form	Ablauf	Material	Zeit
1	**Leserverstehen 1: Selektives Lesen**			
	PA	1. Die TN markieren die Zeitangaben, die Ortsangaben, die Preisangaben und die Serviceangebote des Beratungsbüros in der angegebenen Farbe.		
	PA/ WPA	2. Die TN vergleichen ihre Markierungen mit den anderen TN und korrigieren sich ggf. gegenseitig. Wenn Sie viele lernungewohnte TN im Kurs haben, können Sie eine Abschlusskontrolle im Plenum anschließen. *Lösung: A Wann ist der Deutsch-Test? Freitag, 24.01., 9.00 Uhr; Wo ist der Deutsch Test?: VHS Bremerhaven, Zimmer 216; Was kostet der Deutsch-Test?: 0,– Euro für Teilnehmer an Integrationskursen, 160,– Euro für andere Teilnehmer; B Wann ist die Sprachberatung?: Mo bis Mi: 9.00 bis 15.00 Uhr, Do: 14.00 bis 15.00 Uhr* Zur Lösung der Aufgabe ist es nicht nötig, dass die TN alle Wörter verstehen. Ziel ist es, ihnen zu zeigen, dass sie Texten, die für sie relevante Informationen enthalten, bereits die wichtigsten Informationen entnehmen können. Klären Sie hier lediglich die Begriffe „Sprachberatung", „Anmeldung", „Zuwanderer", „Einstufungstest" sowie „VHS/Volkshochschule", die für die Bearbeitung der folgenden Aufgaben benötigt werden.	Folie/IWB	

TiPP	Wenn einige TN darüber hinaus an der Wortbedeutung von anderen Wörtern interessiert sind, leiten Sie sie an, die Begriffe selbstständig im Wörterbuch nachzuschlagen und sich Nomen mit dem entsprechenden Artikel und Genuspunkt zu notieren. Damit die Wörterbucharbeit im Kurs nicht zu viel Zeit einnimmt und die TN zum selbstständigen Lernen angeleitet werden, sollten die TN weitere Wörter individuell zu Hause nachschauen.

2		**Leseverstehen 2: Wesentliche Informationen verstehen**		
	EA/PA	1. Die TN lesen die Aussagen und kreuzen an. Die farbigen Markierungen in 1 helfen Ihnen, die passende Information schnell zu finden. Geübtere TN lösen die Aufgabe in Stillarbeit. Ungeübtere TN arbeiten paarweise zusammen. Gehen Sie herum und helfen Sie bei Schwierigkeiten. Abschlusskontrolle im Plenum. Wenn Sie viele lernungewohnte TN im Kurs haben, können Sie vorab gemeinsam mit den TN die Aussagen analog zu Aufgabe 1 farbig markieren. *Lösung: A Der Test ist um 9.00 Uhr. B Die Sprachberatung gibt Informationen zu Deutschkursen.*	Folie/IWB	
	⚠	Gehen Sie hier noch nicht auf die Ordinalzahlen ein, diese lernen die TN in Lektion 14. Weisen Sie aber darauf hin, dass man auch bei Datumsangaben die Präposition „am" benutzt, die die TN bereits kennen.		
3		**Hörverstehen: Das Fernbleiben vom Unterricht entschuldigen**		
	EA	1. Die TN lesen die Satzteile. Dann hören sie die Gespräche und verbinden, was zusammenpasst. Abschlusskontrolle im Plenum. *Lösung: b zur Volkshochschule zur Sprachberatung c einen Einstufungstest*	AB-CD 1/51–53	
		2. *fakultativ:* Wenn Sie die Übung 11 im Arbeitsbuch noch nicht nach B3 behandelt haben, bietet sich dies an dieser Stelle zur Verdeutlichung der Bedeutung von „schon" und „erst" an.		
		Schreiben Sie „sich entschuldigen" an die Tafel und erklären Sie, dass die TN Ihnen Bescheid geben sollen, wenn sie früher gehen müssen oder nicht zum Unterricht kommen können. Möglicherweise ist eine solche Situation im Verlauf des Kurses schon vorgekommen und Sie können diese als Beispiel aufgreifen. Wichtig ist, dass die TN immer auch einen Grund für ihr Fernbleiben nennen. Erklären Sie, dass die TN sich selbstständig darum kümmern müssen, Versäumtes nachzuholen.		

4		**Sprechen: Sich für das Fernbleiben vom Unterricht entschuldigen**		
	PL	1. Gehen Sie mit den TN die Redemittel durch und spielen Sie die Gespräche aus 3 noch einmal vor. Die TN hören bewusst hin, wie sich die Kursteilnehmer in den Hörtexten entschuldigen.	AB-CD 1/51–53	
	PL	2. Deuten Sie dann auf die Situationskärtchen und klären Sie die Bedeutung von „Konsulat" und „Arzt".		
	PA	3. Die TN wählen eine Situation aus und sprechen zu zweit. Gehen Sie herum und hören Sie in die Mini-Gespräche hinein. TN, die früher fertig sind, können weitere Gespräche simulieren. Wenn einige TN die Gespräche lieber zuerst aufschreiben, bevor sie sie sprechen, geben sie Ihnen die Möglichkeit dazu. Das Schreiben dient auch der Bewusstmachung und Verankerung der neuen Redemittel.		
Projekt		**Die Homepage Ihrer Sprachschule sichten**		
	GA/HA	1. *fakultativ:* Die TN sehen sich mithilfe ihres Handys, iPads oder Laptops auf der Homepage Ihrer Sprachschule jeweils ein anderes Angebot an, z. B. Alphabetisierungskurs, Mütterkurs, Frauenkurs, Kurs zur Vorbereitung auf den „Deutschtest für Zuwanderer" (DTZ), Kinderbetreuung etc. Die TN notieren Angaben zu Zeit, Ort und Kosten des jeweiligen Angebots und formulieren eigene Sätze.		
	PL/GA	2. Die TN präsentieren die unterschiedlichen Angebote. Auf diese Weise lernen die TN die Sprachschule besser kennen und können das Angebot noch besser nutzen.		

FREIZEIT

Folge 6: Der Käsemann

Einstieg in das Thema „Freizeit"

	Form	Ablauf	Material	Zeit
1	**Vor dem Hören: Schlüsselwörter verstehen**			
a	PL	1. Die Bücher sind geschlossen. Zeigen Sie die Fotos 1–4. Bereiten Sie Folienstreifen bzw. Klebezettel mit den Verben „einen Ausflug machen", „Auto fahren", „Nachrichten schreiben", „Mundharmonika spielen" und „wandern" vor und verteilen Sie sie. Die TN betrachten die Fotos und legen/kleben die Verben zur passenden Situation auf den Fotos. Stellen Sie sicher, dass alle TN die neuen Verben verstehen, indem Sie die Situationen auf jedem Foto noch einmal zeigen.	Folie/IWB, Folienstreifen/ Klebezettel	
	PL	2. Anhand der neuen Verben erzählen die TN, was Lili, Sofia und die anderen auf den Fotos jeweils machen. Fragen Sie: „Wem schreibt Lara Nachrichten? Und was schreibt sie?" Regen Sie die TN an, Vermutungen darüber anzustellen, wie die Geschichte weitergeht.	Folie/IWB, Folienstreifen/ Klebezettel	
	EA	3. *fakultativ:* Um die neuen Wörter zu wiederholen und für die weiteren Aufgaben zu festigen, können Sie die Kopiervorlage einsetzen. Die TN bearbeiten Übung 1 und ordnen den Nomen das passende Verb zu.	KV L6/FHG, Übung 1	
	PA	4. Die TN öffnen die Bücher, sehen sich die ganze Geschichte an und bearbeiten Aufgabe 1a. Gehen Sie herum und helfen Sie, wenn nötig. In Kursen mit überwiegend lernungewohnten TN oder wenn Sie den Eindruck haben, dass den TN die Aufgabe schwerfällt, machen Sie eine Abschlussbesprechung im Plenum. *Lösung: Foto 1: Sofia fährt Auto. Foto 3: Lara schreibt Nachrichten. Foto 4: Lara, Lili, Sofia und Walter wandern. Foto 5: Lara, Lili, Sofia und Walter machen ein Picknick. Foto 8: Walter spielt Gitarre und Mundharmonika.*		
b	EA	5. Die TN bearbeiten die Aufgabe. Abschlusskontrolle im Plenum. *Lösung: Es gibt viele Wolken.*		
2	**Das erste Hören: Die Geschichte global verstehen**			
	GA	1. Die TN schließen die Bücher wieder. Sie notieren, was sie an Lebensmitteln zu einem Picknick mitnehmen und vergleichen mit den anderen Gruppen. *Variante:* Jede Gruppe sucht die Gruppe, mit der sie die meisten Übereinstimmungen hat.		
TIPP		Verknüpfen Sie die Wortfelder der einzelnen Lektionen, wenn es sich anbietet, um Wortschatz zu wiederholen und zu festigen.		
	PL	2. Die TN vergleichen mit den Lebensmitteln, die auf Foto 5 zu erkennen sind. Fragen Sie die TN: „Was meinen Sie? Was ist in der Dose?"		
	PL	3. Die TN hören die Foto-Hörgeschichte und zeigen im Buch mit. Sie achten insbesondere darauf, was in der Dose ist. Abschlusskontrolle im Plenum. *Lösung: Käse*	CD 2/26–33	
3	**Nach dem ersten Hören: Den wesentlichen Inhalt verstehen**			
	EA/PA	1. Die TN lesen die Aufgabe und kreuzen an, was sie behalten haben. Ungeübtere TN können auch zu zweit arbeiten. TN, die schneller fertig sind, notieren zusätzlich, welches Foto zu welchem Satz passt.		
	PL	2. Die TN hören die Foto-Hörgeschichte noch einmal und vergleichen mit ihren Antworten. Abschlusskontrolle im Plenum. *Lösung: b Dose. c Hunger. d keine Würstchen e ruft Tim an. | Dose. f schön*	CD 2/26–33	

TiPP	In diesem Lernstadium können Sie die TN zum ersten Mal zu einer schriftlichen Nacherzählung anregen. Deuten Sie noch einmal auf Foto 1 und fragen Sie: „Wann ist das?“ und „Was machen die Personen hier?“ und warten Sie auf Vorschläge der TN. Finden Sie zusammen mit den TN ein paar Sätze, die das erste Foto beschreiben. Notieren Sie die Sätze an der Tafel. Die TN schreiben die Geschichte selbstständig weiter. Lernungewohnte TN können auch zu zweit oder in Kleingruppen arbeiten. Wenn Sie im Kurs keine Zeit haben, schreiben die TN die Geschichte als Hausaufgabe. Auf diese Weise üben die TN, sich schriftlich auszudrücken. Achten Sie bei der Korrektur in erster Linie auf den Inhalt. Der grammatikalisch richtige Ausdruck sollte im Hintergrund stehen.

4	**Nach dem Hören: Über Vorlieben in der Freizeit erzählen**		
PL/PA/GA	1. Geben Sie an der Tafel vor: ++ sehr gern, + gern, - nicht so gern, -- gar nicht gern Machen Sie ein Beispiel, indem Sie den TN über Ihre Vorlieben erzählen: „Ich wandere sehr gern. Ich koche nicht gern. Ich mache gar nicht gern Picknick. Aber ich höre gern Musik.“ Schreiben Sie die Sätze an und erklären Sie, dass bei zweiteiligen Verben wie „Musik hören“, „Auto fahren“ etc. das Nomen hinter dem Adverb steht: „Ich fahre gern Auto.“. Machen Sie den TN auch deutlich, dass „Ich wandere gern.“ und „Wandern finde ich gut/toll/super.“ gleichbedeutend sind. Schreiben Sie die Sätze ggf. als Beispiel an die Tafel und weisen Sie die TN auf die Rubrik „Hobbys: Ich tanze gern.“ in der Übersicht „Grammatik und Kommunikation“ (Kursbuch, S. 79) hin. Geben Sie den TN Zeit, anhand des Tafelbildes einen kleinen Text über ihre Vorlieben bzw. Abneigungen vorzubereiten und zu üben. Lernungewohnte TN formulieren ihren Text aus, lerngewohnte TN machen sich Stichpunkte; auch als Hausaufgabe geeignet. Die TN berichten dann am nächsten Kurstag über sich. *fakultativ:* Wenn Sie den TN weitere Ideen für Freizeitaktivitäten geben und die Ja-/Nein-Frage wiederholen möchten, kreuzen die TN auf der Kopiervorlage an, was sie gern / nicht gern machen. Anschließend fragen sie ihre Partnerin / ihren Partner. Gehen Sie herum und achten Sie darauf, dass die TN richtige Ja-/Nein-Fragen stellen. Wiederholen Sie diese ggf. anhand einiger Beispiele im Plenum.	KV L6/FHG, Übung 2	
Laras Film	Lara hält mit ihrem Smartphone Eindrücke des Picknicks fest und kommentiert diese. Sie spricht über das Wetter, über die Hinfahrt und über die Wanderung. Geben Sie Fragen vor, die die TN beim oder nach dem Sehen beantworten, z. B. „Wie ist das Wetter am Anfang?“ „Was sehen sie auf der Hinfahrt?“ „Was gibt es zu essen?“ „Wie finden Lara, Sofia, Tim und Lili den Ausflug?“ Sie können den Film auch zur Wiederholung nach A2 nutzen und auf das Wetter im Film eingehen. Zu B4 können Sie ihn einsetzen und die Aufmerksamkeit auf die Lebensmittel lenken, die man zu einem Picknick mitnehmen kann. Wenn die TN Lust haben, können sie ihren nächsten Ausflug wie Lara mit dem Smartphone dokumentieren und im Kurs zeigen.	„Laras Film“ Lektion 6	

A DAS WETTER IST NICHT SO SCHÖN.

Lernziel: Die TN können einen Wetterbericht verstehen, nach dem Wetter fragen und darüber sprechen.

	Form	Ablauf	Material	Zeit
A1	**Präsentation des Wortfelds „Wetter“**			
	PL	1. Zeigen Sie noch einmal auf Foto 4 der Foto-Hörgeschichte und fragen Sie: „Wie ist das Wetter?“ Die Antwort „Es gibt viele Wolken.“ kennen die TN schon vom Hören bzw. von Aufgabe 1b der Foto-Hörgeschichte.	Folie/IWB	
	PL	2. Zeigen Sie im Buch auf Bild A und wiederholen Sie die Frage „Wie ist das Wetter?“. Verweisen Sie auf die richtige Antwort, um die Aufgabenstellung zu verdeutlichen.	Folie/IWB	

	PL	3. Abschlusskontrolle im Plenum. Klären Sie mit den TN, dass „bewölkt" und „viele Wolken" dasselbe bedeuten. *Lösung: B Es sind 25 Grad. Es ist warm. C Es ist windig. D Es regnet. E Es ist bewölkt. F Die Sonne scheint. G Es sind nur 7 Grad. Es ist kalt.*	Folie/IWB	
	GA	4. *fakultativ:* Teilen Sie die TN je nach Kenntnisstand in Dreiergruppen ein. Ungeübtere TN erhalten pro Gruppe einen Kärtchensatz der Kopiervorlage mit den Zeichnungen und Wetterangaben und ordnen sie zu. Gehen Sie herum und helfen Sie bei Schwierigkeiten. Geübtere TN-Gruppen bearbeiten die Aufgabe im Buch. Anschließend überlegen sie sich weitere Wetterangaben (Es donnert, blitzt ...), notieren diese ggf. mithilfe des Wörterbuchs auf Kärtchen und malen ein entsprechendes Bild dazu. Diese Wetterkärtchen präsentieren sie im Plenum, sodass auch die übrigen TN die neuen Redemittel notieren können. *Varianten:* Sie können die Kopiervorlage zu Beginn des nächsten Kurstages noch einmal zur Wiederholung für alle einsetzen. Lerngewohnte TN spielen in Kleingruppen mit den Kärtchen das Memo-Spiel. Gewonnen hat, wer die meisten Pärchen hat oder, wenn Sie es einmal anders machen wollen, wer die Sonne bekommen hat. So gewinnt nicht immer der „Beste". Lernungewohnte TN spielen zu zweit. Sie mischen die Kärtchen und teilen sie unter sich auf. Dann sucht jeder TN aus seinen Kärtchen bereits passende Paare und legt sie vor sich aus. Die anderen Kärtchen halten die TN auf der Hand. Der erste TN spielt ein Kärtchen aus, egal ob Text oder Bild. Der andere TN muss „bedienen", indem er das passende Text- oder Bildkärtchen dazulegt. Dann spielt der andere TN aus. Bei dieser Variante gibt es keinen Gewinner oder Verlierer.	KV L6/A1, Kärtchen	

A2	**Anwendungsaufgabe zum Wortfeld „Wetter", Erweiterung: Die Himmelsrichtungen**			
a	PL	1. Die TN sehen sich zunächst nur das Wettersymbol A an. Fragen Sie: „Wie ist das Wetter?" Notieren Sie die Antwort ggf. an der Tafel. Verfahren Sie mit B und C ebenso. Machen Sie bei C deutlich, dass es regnet <u>und</u> die Sonne scheint.		
	EA/PA	2. Die TN lesen die Wetterberichte und unterstreichen alle Wörter, die das Wetter beschreiben. Erklären Sie den TN, dass sie die Aufgabe lösen können, wenn sie sich nur darauf konzentrieren. Die TN ordnen zu. Ungeübtere TN arbeiten zu zweit. Abschlusskontrolle im Plenum. *Lösung: B – 1, C – 3*	Folie/IWB	
	PL	3. Fragen Sie nach dem aktuellen Wetter am Kursort: „Wie ist das Wetter heute?"		

TiPP	Sie können diese Frage an den folgenden Kurstagen immer wieder zu Unterrichtsbeginn stellen. So bleibt der Wortschatz präsent und die TN werden dafür sensibilisiert, dass Smalltalk über das Wetter in Deutschland üblich ist und man so häufig ein Gespräch beginnt.

	PL	4. Die TN schlagen die Landkarte auf der Umschlagseite vorn auf. Lesen Sie den ersten Satz des Wetterberichtes 1 vor. Fordern Sie die TN auf: „Zeigen Sie, wo ist das?" Verfahren Sie ebenso mit „an der Küste", „im Landesinneren" und „im Süden". Verweisen Sie auch auf den Info-Kasten und machen Sie die TN darauf aufmerksam, dass man bei Himmelsrichtungen auf die Frage „Wo?" die Präposition „im" benutzt. Fragen Sie anschließend, wo der Kursort liegt. Die TN sehen sich in Text 2 das Wetter für Freitag an. Fragen Sie: „Wie wird das Wetter am Freitag?" Erklären Sie den TN, dass „der Schnee" das Nomen zu „Es schneit." ist, sowie „der Regen" zu „Es regnet.". Weisen Sie die TN auch auf den Info-Kasten zu den Gradangaben hin. *fakultativ:* Wenn Sie die Himmelsrichtungen weiter einüben möchten, fragen sich die TN zu zweit anhand der Landkarte im Umschlag nach Städten: „Wo ist München?" Der andere TN antwortet: „Im Süden."		

b	EA/PA	5. Die TN lesen die Wetterberichte noch einmal und kreuzen an. Ungeübtere TN arbeiten zu zweit. Abschlusskontrolle im Plenum. *Lösung: 2 Heute sind es maximal sieben Grad. Am Freitag schneit es. 3 Im Süden regnet es nicht.*		
c	PL	6. Die TN hören den ersten Radio-Wetterbericht so oft wie nötig und ordnen zu. Hierbei helfen den TN die Unterstreichungen (siehe Punkt 2.). Verfahren Sie mit dem zweiten und dritten Hörtext ebenso. Abschlusskontrolle im Plenum. *Lösung: 1 – B, 2 – C* *Hinweis:* Hier können Sie auch „Laras Film“ einsetzen (Aspekt „Wetter“).	CD 2/34–36	

TIPP	Wenn Sie fragen, ob die TN noch einmal hören möchten, empfiehlt es sich, auf die ungeübteren TN zu achten. Oft winken die lerngewohnten TN schnell ab, während lernungewohntere TN sich nicht trauen, noch einmal um Wiederholung zu bitten.

	EA/HA	Arbeitsbuch 1		
	EA/PA	Arbeitsbuch 2–3: im Kurs: Diese Aufgabe dient zur Bewusstmachung der Systematik, wann man „vor“ bzw. „nach“ verwendet. Weisen Sie die TN darauf hin, dass man sowohl „zwanzig nach eins“ als auch „zehn vor halb zwei“ sagen kann.		
A3	**Aktivität im Kurs: Über das Wetter im Heimatland berichten**			
	PL	1. Lesen Sie mit den TN die Redemittel. Eine ähnliche Abstufung kennen die TN bereits aus Lektion 2/A1 auf die Frage „Wie geht's?“. Fragen Sie nach dem aktuellen Wetter am Kursort: „Wie ist das Wetter heute? Wie finden Sie das?“	Folie/IWB	
	PL	2. Klären Sie mit den TN die Jahreszeiten anhand der Zeichnung. Schreiben Sie ggf. die entsprechenden Monate in Zahlen dazu. Teilen Sie den Kurs nach Nationalitäten oder auch Kontinenten in Gruppen ein. Die TN lesen die Beispiele im Buch.	Folie/IWB	
	GA	3. Jede Gruppe erhält ein Plakat. Notieren Sie an der Tafel die Fragen „Wie ist das Wetter im Frühling in Ihrem Land/Kontinent?“ Die Gruppen notieren auf den Plakaten wie im Buch die Temperaturangaben zu den jeweiligen Jahreszeiten. *fakultativ:* Wenn Ihnen im Kurs nicht ausreichend Zeit zur Verfügung steht, können Sie zur Vereinfachung und Unterstützung der Aktivität auch auf die Kopiervorlage im Lehrwerkservice unter www.hueber.de/schritte-plus-neu zurückgreifen.	Plakate, KV L6/A3 im Lehrwerkservice	
	GA	4. Hängen Sie die Plakate auf. Die TN finden sich in neuen Kleingruppen zusammen. Sie fragen und informieren sich gegenseitig über das Wetter in ihren Ländern. Dabei gehen die Gruppen von Plakat zu Plakat.	Plakate	
	EA/HA	Arbeitsbuch 4		
	EA/HA Schreibtraining	Arbeitsbuch 5		
	PL	Arbeitsbuch 6: im Kurs: Die TN hören die drei Wetterberichte und kreuzen an.	AB-CD 1/54–56	

A4	**Aktivität im Kurs: Über das Lieblingswetter erzählen**			
	WPA	1. Erzählen Sie den TN von Ihrem Lieblingswetter und was sie dann machen, oder lesen Sie die Sprechblase vor. Zeigen Sie den TN die Satzmuster im Buch und. Die TN gehen im Raum herum und sprechen mit wechselnden TN über ihr Lieblingswetter. Da die Aufgabe nicht variiert wird, sollten die TN nicht mit mehr als 3–4 TN reden. TN, die schon fertig sind, informieren sie sich z. B. mit dem Smartphone über das Wetter von morgen und berichten darüber anschließend im Plenum. Verweisen Sie auch auf die Rubrik „Das Wetter: Die Sonne scheint.“ in der Übersicht „Grammatik und Kommunikation“ (Kursbuch, S. 79).	Folie/IWB	
	EA/HA	Arbeitsbuch 7–8		

B HAST DU DEN KÄSE?

Akkusativ: *den, einen, keinen*

Lernziel: Die TN können einfache Gespräche beim Einkauf oder am Imbiss führen.

	Form	Ablauf	Material	Zeit
B1	**Präsentation des Akkusativs (definiter Artikel)**			
	PL	1. Die Bücher sind geschlossen. Aktivieren Sie den vorhandenen Wortschatz, indem Sie fragen: „Was haben Lara und ihre Freunde zu ihrem Picknick mitgenommen?". Notieren Sie die Vorschläge der TN zunächst ohne Artikel mit. Ergänzen Sie anschließend mit den TN zusammen die Artikel.	Folie/IWB	
	PL	2. Die TN hören das Gespräch und ordnen zu. Abschlusskontrolle im Plenum. *Lösung: der; den*	Folie/IWB, CD 2/37	
	PL	3. Lesen Sie zusammen mit einem TN noch einmal das Gespräch vor und betonen Sie dabei übertrieben den definiten Artikel. Schreiben Sie das Gespräch an die Tafel und unterstreichen Sie die definiten Artikel. Verwenden Sie dabei für den Nominativ und den Akkusativ unterschiedliche Farben. Verweisen Sie auf die beiden Grammatik-Kästen. Hier sehen die TN deutlich, dass sich nur der maskuline definite Artikel in Nominativ und Akkusativ unterscheidet, die anderen Artikel dagegen gleich bleiben.	Folie/IWB	
	⚠	Die Unterscheidung von Nominativ (Subjekt) und Akkusativ (Objekt) kann vor allem jenen TN Schwierigkeiten bereiten, deren Muttersprache diese Unterscheidung formal nicht macht. Ungeübtere Lerner werden durch zu ausführliche Erläuterungen erfahrungsgemäß eher verwirrt. Es empfiehlt sich, den Akkusativ durch ständige Übung und Anwendung zu automatisieren. Sie können auch das Subjekt und das Objekt jeweils farblich markieren und die Fragen „Wer oder was?" für das Subjekt und „Wen oder was?" für das Objekt einführen. Verweisen Sie auch auf die Grammatikübersicht 1 (Kursbuch, S. 78). Dort finden Sie eine Übersicht über den definiten Artikel im Nominativ und im Akkusativ. Weisen Sie die TN noch einmal auf die Artikelpunkte hin und erklären Sie, dass blau für maskulin, rot für feminin, grün für Neutrum und gelb für den Plural steht. Besprechen Sie mit den TN auch den Lerntipp rechts. Die TN können sich grammatische Strukturen leichter merken, wenn sie diese situativ einbetten und mit Beispielen lernen.		

TiPP	Führen Sie feste Farben (Achtung: Artikelpunkte!) oder Unterstreichungen (geringelte Linie, doppelt unterstrichen ...) für bestimmte Kategorien wie Subjekt, Akkusativ-Objekt, temporale und lokale Angaben ein. Diese sollten Sie in Tafelbildern immer wieder einsetzen und auch die TN daran gewöhnen, sie für ihre Notizen zur Grammatik zu verwenden. Insbesondere wenn in der Muttersprache Ihrer TN keine formalen Unterschiede zwischen Subjekt und Objekten gemacht werden, kann es für die TN hilfreich sein, wenn sie sich durch (farbige) Markierungen die Funktion der Satzglieder immer wieder bewusst machen. Dies gilt z. B. auch für die besondere Verbstellung des Deutschen.

	Form	Ablauf	Material	Zeit
B2	**Anwendungsaufgabe zum Akkusativ (definiter Artikel)**			
	PL/PA	1. Die TN hören das Gespräch und variieren dann.	CD 2/38	
	PL	2. *fakultativ:* Die TN spielen in Kleingruppen zur weiteren Übung des Akkusativs das Quartett von der Kopiervorlage. Notieren Sie vorab die für das Spiel notwendigen Fragen und Antworten an der Tafel: Hast du den/das/die ...? — Ja, hier bitte. / Nein, tut mir leid. Ich habe den/das/die ... nicht. Machen Sie mit einem TN ein Beispiel, indem Sie fragen: „Hast du den Apfel?" Der TN antwortet und gibt Ihnen ggf. seine Karte. Die TN spielen zu viert und fragen die Mitspieler nach den fehlenden Karten für ihr Quartett.	KV L6/B2	

PL/PA	**Arbeitsbuch 9:** im Kurs: Üben Sie mit den TN den Satzakzent. Die TN hören Übung a und markieren den Satzakzent. In b sprechen sie das Mini-Gespräch in Partnerarbeit nach. Lassen Sie ein paar TN auch exemplarisch im Plenum nachsprechen. In c können die TN selbst sprechen und hören anschließend zur Kontrolle. Wenn die TN mit dem Erkennen des Satzakzents und des Wortakzents noch Schwierigkeiten haben, sollten Sie sie die Mini-Gespräche zuerst schreiben und die Akzente markieren lassen, bevor die TN sie dann sprechen. Regen Sie die TN dazu an, die Übungen auch zu Hause noch einmal zu wiederholen.	AB-CD 1/57–59	
EA Grammatik entdecken	**Arbeitsbuch 10:** im Kurs: Mit dieser Übung prüfen die TN nach, ob sie den Unterschied zwischen Nominativ (Subjekt) und Akkusativ (Objekt) verstanden haben.		

B3	**Partnergespräch zum Akkusativ (indefiniter Artikel und Negativartikel)**		
PL	1. Die TN betrachten die Zeichnung und lesen die Speisekarte. Klären Sie, wenn nötig, unbekannte Wörter. Notieren Sie ggf. alle Wörter mit Artikel an der Tafel.		
PL	2. Zwei TN lesen das Gespräch vor. Machen Sie die TN auf den Grammatik-Kasten aufmerksam. Analog zum bestimmten Artikel verändert ein maskulines Nomen auch beim unbestimmten Artikel seine Form, wenn es zum Objekt wird. Machen Sie den TN deutlich, dass die Endungen der maskulinen Artikel im Akkusativ gleich sind: „d<u>en</u> – ein<u>en</u> – kein<u>en</u>". Verweisen Sie auch auf die Grammatikübersicht 2 und 3 (Kursbuch, S. 78). Dort finden die TN eine Übersicht über den indefiniten und den Negativartikel.	Folie/IWB	
PA	3. Die TN erfinden in Partnerarbeit eigene Gespräche. Gehen Sie herum und helfen Sie bei Schwierigkeiten. *Hinweis:* Hier können Sie das Lied „Wir sind nicht allein" aus „Zwischendurch mal ..." (Kursbuch, S. 80) einflechten. Im Lied kommen verschiedene Lebensmittel mit Negativartikel vor.	ZDM	
EA/HA	**Arbeitsbuch 11–13**		
EA/HA	**Arbeitsbuch 14–15: im Kurs:** Alle TN lösen Übung 14. Geübtere TN ergänzen außerdem auch Übung 15. Als Hausaufgabe sollten die Übungen von allen bearbeitet werden.		
PA Grammatik entdecken	**Arbeitsbuch 16: im Kurs:** Geübtere TN arbeiten in Stillarbeit. Ungeübtere TN arbeiten paarweise zusammen. Verdeutlichen Sie den TN in der Abschlusskontrolle, dass die maskulinen Formen der Artikel im Akkusativ Singular immer die Endung „-en" haben.		

B4	**Aktivität im Kurs: Ein Picknick planen: Wer macht was?**		
PL	1. Machen Sie analog zu B1 ein Assoziogramm zu „Ein Picknick mit dem Deutschkurs". Fragen Sie: „Was brauchen wir?". *Hinweis:* Hier können Sie „Laras Film" einsetzen und die Aufmerksamkeit auf die Lebensmittel lenken, die man zu einem Picknick mitnehmen kann.		
GA	2. Die TN schreiben mithilfe der Stichwörter an der Tafel eine Einkaufsliste. Das ist den TN schon aus Lektion 3 bekannt.		
PL	3. Lesen Sie mit den TN die Beispiele im Buch. Die TN entscheiden in ihrer Gruppe, wer was kauft.		

TiPP	Planen Sie ein reales Picknick mit Ihren TN. Die TN könnten die Lebensmittel selbst mitbringen.

EA Grammatik entdecken	**Arbeitsbuch 17**: im Kurs: Geübtere TN arbeiten in Stillarbeit. Ungeübtere TN arbeiten zu zweit. Den TN sollte im Abschlussgespräch deutlich werden, dass bei Komposita der Artikel vom zweiten Nomen bestimmt wird.		
EA/HA Prüfung	**Arbeitsbuch 18**: im Kurs: Wenn Sie die Übung als Aufgabe zur Prüfungsvorbereitung auf *Start Deutsch 1* (Goethe-Institut) gestalten möchten, geben Sie den TN eine Zeit vor, z. B. acht Minuten. Die TN arbeiten dann ohne Hilfsmittel.		

C HAST DU KEINEN HUNGER MEHR? – DOCH.

Ja-/Nein-Frage und Antwort: *ja, nein, doch*

Lernziel: Die TN können zustimmen und widersprechen.

	Form	Ablauf	Material	Zeit
C1	**Präsentation der Antwort mit *doch***			
	PL/GA	1. Die TN hören das erste Gespräch und ergänzen.	CD 2/39	
	EA	2. Die TN lesen das zweite Gespräch und ergänzen nach ihrem Gefühl. Dann hören sie das Gespräch und überprüfen ihre Lösung. Anschließend Kontrolle im Plenum. *Lösung: 1 Ja; 2 Ja, Nein, Doch, Doch*	CD 2/39	

TIPP Die TN lesen in Kleingruppen die Gespräche mehrmals mit halblauter Stimme, zunächst ohne auf die Rollen zu achten, um sich die Sätze einzuprägen. Nach einigen Durchgängen liest nur noch ein TN die Fragen, die anderen sprechen aus dem Gedächtnis die Antworten mit. Der TN, der liest, hilft, wenn nötig. Dann wechseln die TN die Rollen und ein anderer TN liest. Auf diese Weise behalten die TN Mustersätze im Kopf, die später die eigene Sprachproduktion unterstützen können. Ein gewisses Repertoire an Mustersätzen ist besonders für lernungewohnte TN hilfreich.

	Form	Ablauf	Material	Zeit
	PL	3. Verweisen Sie auf den Grammatik-Kasten und stellen Sie den TN weitere Fragen, z. B. „Haben Sie das Kursbuch heute nicht dabei?" Betonen Sie dabei besonders die Negation und machen Sie ein verwundertes Gesicht, um zu verdeutlichen, dass negative Fragen häufig mit Erstaunen vorgebracht werden. Machen Sie auch deutlich, dass nicht nur „nicht", sondern auch der Negativartikel „kein" die Frage negativ macht. TN, die dieses Prinzip aus ihrer Sprache kennen (z. B. Französisch), werden damit keine Schwierigkeiten haben. Weisen Sie die TN auch auf die Grammatikübersicht 4 (Kursbuch, Seite 78) hin. Verdeutlichen Sie den TN anhand des Beispiels auf der rechten Seite noch einmal den Unterschied zwischen der „einfachen" und der negativen Frage.		
C2	**Variation: Anwendungsaufgabe zu negativen Fragen**			
	PL	1. Die TN sehen sich das Bild zu Gespräch 1 an. Besprechen Sie mit den TN, soweit sprachlich möglich, die Situation. Sammeln Sie dann an der Tafel, was es in so einem kleinen Kiosk auf dem Berg zu essen und zu trinken geben könnte. In einem zweiten Durchgang fragen Sie nach den Artikeln und ergänzen den Tafelanschrieb.		
	PL ⚠	2. Fordern Sie zwei TN auf, das Gespräch im Buch mit verteilten Rollen zu lesen. Die anderen TN lesen im Buch mit. Verweisen Sie auch noch einmal auf den Grammatik-Kasten in C1a und auf die Grammatikübersicht 3 (Kursbuch, S. 66). Gehen Sie hier noch nicht näher auf die Tageszeiten ein. Diese lernen die TN in Lernabschnitt D kennen.	CD 2/40	

	Form	Ablauf	Material	Zeit
	PL/GA	3. Verfahren Sie mit dem Gespräch 2 ebenso. Hier sammeln Sie an der Tafel dann weitere Freizeitvorschläge.	CD 2/41	
	PL	4. Damit die TN sich zunächst nur auf die negativen Fragen konzentrieren können, lenken Sie erst jetzt die Aufmerksamkeit der TN auf „nehmen“. Weisen Sie auf den Vokalwechsel *e* → *i* bei „du“ und „er/es/sie“ hin, indem Sie das Verb an der Tafel konjugieren. Im D-Teil werden weitere Verben mit Vokalwechsel eingeführt und vertieft. *Hinweis:* Hier können Sie das Lied „Wir sind nicht allein“ aus „Zwischendurch mal …“ (Kursbuch, S. 80) einflechten. Die TN hören hier viele negierte Sätze mit dem Negativartikel. Da diese Form der Negation den TN oft nicht so präsent ist, können Sie das Lied zur Bewusstmachung nutzen.	ZDM	
	EA/HA	Arbeitsbuch 19		
	EA/HA	Arbeitsbuch 20–21: im Kurs: Alle TN lösen Übung 20. Geübtere TN ergänzen außerdem auch Übung 21. Wenn Sie die Übungen als Hausaufgabe aufgeben, sollten sie von allen bearbeitet werden.		
	EA/HA	Arbeitsbuch 22		
C3	**Aktivität im Kurs: Partnerspiel**			
	EA	1. Die TN lesen den „Notizzettel“ mit den vier Fragen im Buch und notieren ebenfalls vier Interviewfragen. Achten Sie darauf, dass die TN keine W-Fragen notieren.		
	PL	2. Lesen Sie zusammen mit den TN die Beispiel-Gespräche im Buch laut vor. Spielen Sie Erstaunen und zeigen Sie, dass besonders die Rückfrage mit „Wie bitte? …“ und die zweite Antwort betont werden.		
	PA/PL	3. Die TN stellen der Partnerin / dem Partner ihre Interviewfragen und tun dabei so, als ob sie nicht alles verstehen würden. Wer möchte, kann das Interview auch im Plenum vortragen		

D FREIZEIT UND HOBBYS

Konjugation der Verben *treffen, lesen, fahren*

Lernziel: Die TN können über Freizeitaktivitäten sprechen. Sie können ein Personenporträt verstehen.

	Form	Ablauf	Material	Zeit
D1	**Präsentation des Wortfelds „Freizeitaktivitäten und Hobbys“**			
	PL	1. Die Bücher bleiben geschlossen. Zeigen Sie die Verben aus D1. Fragen Sie die TN, welche Verben sie kennen. Die TN, die ein Verb kennen, erklären den anderen dieses pantomimisch. Erweitern Sie das Wortfeld mit den TN nach Bedarf.	Folie/IWB	
	PL	2. Die TN öffnen ihr Buch und ordnen die Verben dem jeweils passenden Foto zu. Gehen Sie herum und helfen Sie, wenn nötig. Abschlusskontrolle im Plenum. *Lösung: B Gitarre spielen; C wandern; D stricken; E Fahrrad fahren; F grillen; G schwimmen; H Freunde treffen*	Folie/IWB	

D2	Anwendungsaufgabe: Über Hobbys sprechen			
a	PL	1. Die TN lesen das Beispiel. Verweisen Sie auf die besonderen Formen von „lesen“: Vokalwechsel *e → ie*, „treffen“: *e → i*, „fahren“: *a → ä*. Andere Verben mit Vokalwechsel wie „fernsehen“, „essen“, „nehmen“ oder „schlafen“ sind den TN bereits bekannt. Verweisen Sie auch auf die Grammatikübersicht 5 (Kursbuch, S. 78). Auf der rechten Seite finden Sie einen Lerntipp. Die TN können solche Kärtchen zu zweit, im Unterricht oder als Hausaufgabe erstellen. *fakultativ*: In Kursen mit überwiegend lernungewohnten TN können Sie gemeinsam Kärtchen zu den Verben, die die TN bereits kennen, erstellen. Diese Kärtchen können die TN überallhin mitnehmen und die neuen Verben lernen.	Folie/IWB, Kärtchen	

TiPP	Die TN gehen durch den Raum und sprechen dabei im Chor die Konjugation einiger Verben mit Vokalwechsel. Geben Sie ein Verb vor und sprechen Sie als „Chorleiter“ mit. Nennen Sie die neuen Verben dabei ruhig öfter. Bewegung regt den Kreislauf an und unterstützt das Memorieren. Nehmen Sie diese Übung später wieder auf und/oder nutzen Sie sie als Stundeneinstieg oder zwischendurch.

	PL	2. Fragen Sie einige TN exemplarisch nach ihren Hobbys. Die TN antworten mithilfe der Redemittel im Buch. Zur Rubrik „Hobbys: Ich tanze gern.“ (Kursbuch, S. 79) können die TN einen Steckbrief über ihre eigenen Hobbys schreiben.		
	PA	3. Die TN befragen sich gegenseitig nach ihren Hobbys. *Hinweis:* Hier können Sie das Projekt „Freizeit in meiner Stadt“ aus „Zwischendurch mal ...“ (Kursbuch, S. 81) einflechten. Die TN recherchieren allgemeine Daten und Informationen über das Wetter und Freizeitmöglichkeiten ihrer Heimatstadt und präsentieren ihre Ergebnisse im Plenum. So wird das Thema „Freizeit“ noch einmal in einem anderen Zusammenhang zum Gesprächsthema. *Hinweis:* Sie können auch das Lied „Wir sind nicht allein“ aus „Zwischendurch mal ...“ (Kursbuch, S. 80) einbringen. Die TN werden durch das Lied an das Thema „Vereine“ herangeführt, die in Deutschland bei der Freizeitgestaltung eine große Rolle spielen. Es gibt sehr viele Vereine zu allen möglichen Freizeitaktivitäten. Viele Menschen in Deutschland sind dort aktiv.	ZDM	
	GA	4. *fakultativ:* Zum Abschluss können Sie mit Ihren TN Pantomime spielen. Verteilen Sie an jede Kleingruppe einen Satz Bildkarten der Kopiervorlage. Machen Sie ein Beispiel, indem Sie Schwimmbewegungen machen. Die TN raten, um welche Aktivität es sich handelt. Zur Kontrolle zeigen Sie Ihre Bildkarte „schwimmen“. Dann spielen die TN selbstständig in Kleingruppen. *Variante:* Wenn Sie die Konjugation der neuen Verben üben möchten, erhalten die TN in Kleingruppen einen Würfel und einen Satz Karten der Kopiervorlage. Die TN ziehen eine Karte und würfeln. Die Karte zeigt das Verb und der Würfel das Personalpronomen: 1 = „ich“, 2 = „du“, 3 = „er“ oder „sie“, 4 = „wir“, 5 = „ihr“, 6 = „sie/Sie“. Die TN bilden dann kleine Sätze, z. B. „grillen“ und 3: „Sie grillt.“ Lerngewohnte TN, die schnell fertig sind, malen eigene Bildkarten und spielen eine weitere Runde.	KV L6/D2, Würfel	
	EA/HA	Arbeitsbuch 23		

D3	Leseverstehen: Ein Personenprofil			
	EA	1. Die TN lesen das Profil in Stillarbeit. Sagen Sie den TN, dass sie sich möglichst viele Informationen merken sollen und geben Sie den TN zwei Minuten Zeit. Dann schließen die TN die Bücher und notieren alles, was sie über Berhan Gül behalten haben. Die TN öffnen die Bücher und kontrollieren.		
	PL	2. Fragen Sie, was das für ein Text ist und wo man solche Texte findet. Es sollte klar werden, dass es sich um ein Profil in einem sozialen Netzwerk handelt.		
	EA	3. Die TN lesen das Profil noch einmal und unterstreichen alles, was auch für sie passt.		

	WPA	4. Die TN gehen herum und sprechen mit anderen TN über die Gemeinsamkeiten. Dabei suchen sie TN, die möglichst viele Gemeinsamkeiten mit ihnen selbst haben. *fakultativ*: Wenn Sie genug Zeit haben, machen Sie eine Plenumsrunde. Lesen Sie einen Punkt von Güls Profil vor, z. B. „Alter: 30". TN, auf die das zutrifft, stehen auf.		
	EA/HA	Arbeitsbuch 24–25		
	EA/PA ⟷	Arbeitsbuch 26–27: Wenn Sie die beiden Übungen im Kurs durchführen, lösen alle TN Übung 26. Geübtere TN ergänzen außerdem auch Übung 27. Als Hausaufgabe sollten sie von allen bearbeitet werden.		
	EA/HA	Arbeitsbuch 28		

D4	**Aktivität im Kurs: Ein Profil schreiben**			
	EA	1. Die TN schreiben ihr eigenes Profil. Gehen Sie herum und helfen Sie. *fakultativ:* Zur Unterstützung der Aktivität können Sie auch auf die Kopiervorlage im Lehrwerkservice unter www.hueber.de/schritte-plus-neu zurückgreifen.	KV L6/D4 im Lehrwerk-service	
	GA	2. In Kleingruppen sprechen die TN über ihr Profil. Hier geht es vor allem um die Verwendung der neuen Redemittel. Gehen Sie deshalb herum und achten Sie darauf, dass die TN in ganzen Sätzen sprechen und nicht nur ihre Stichworte ablesen. TN, die besonders schnell mit ihrem Profil fertig sind, schreiben oder sprechen mit einem anderen TN darüber, was sie nächstes Wochenende machen. *fakultativ:* Die TN formulieren ihr Profil als Hausaufgabe aus. Sammeln Sie die Texte ein und korrigieren Sie sie. *Hinweis:* Hier können Sie den Film „Almas Hobby: Wolkenfotos" aus „Zwischendurch mal ..." (Kursbuch, S. 80) einflechten. Die TN haben gerade von ihren Hobbys erzählt und der Film zeigt passend dazu eine junge Frau, die über ihr ungewöhnliches Hobby berichtet: Sie fotografiert gern Wolken.	ZDM	

TIPP	Hängen Sie die Profile im Kursraum auf. Dann können die TN die Profile lesen, die anderen besser kennenlernen und ggf. Freunde für die Freizeit finden.

E BESONDERE HOBBYS

Lernziel: Die TN können Interviews über Hobbys verstehen.

	Form	Ablauf	Material	Zeit
E1	**Leseverstehen: Zwei Interviews**			
	PL/EA	1. Die TN sehen sich die Fotos an und spekulieren über die Hobbys der Personen. Dann lesen sie und markieren wie angegeben. Abschlusskontrolle im Plenum. *Lösung: Alma: Alter: 34 Jahre alt, Hobby: Ich mache gern Wolkenfotos. Karim: Alter: ich bin 28, Beruf: Ich arbeite als Programmierer in einer IT-Firma., Hobby: Ich spiele Fußball und Backgammon.*	Folie/IWB	
	PL	2. Stellen Sie den TN weitergehende Fragen zum Textverständnis, z. B. „Warum macht Alma heute kein Foto?", „Wie ist das Wetter heute?", „Was ist für Alma gutes Wetter?", „Welches Problem hat Karim heute?" etc. *Hinweis:* Hier können Sie den Film „Almas Hobby: Wolkenfotos" aus „Zwischendurch mal ..." (Kursbuch, S. 80) einflechten. Der Film zeigt (passend zum Lesetext) Alma, die noch einmal über ihr Hobby erzählt.	ZDM	

	PA	3. Die TN lesen die Interviews mehrmals mit verteilten Rollen, dabei achten sie darauf, gut zu betonen und flüssig zu lesen. Wenn nötig, lesen Sie mit einem geübteren TN einmal beide Interviews mit guter Betonung vor.		
	EA/HA	Arbeitsbuch 29–30		
	PL	**Arbeitsbuch 31**: im Kurs: Die TN hören drei kleine Interviews. Drei Personen erzählen von ihren Hobbys. Die TN hören die Interviews, wenn nötig, mehrmals.	AB-CD 1/60–62	
E2	**Anwendungsaufgabe: Über besondere Hobbys sprechen**			
	GA	1. Die TN erzählen sich, wie ihnen die Hobbys von Alma und Karim gefallen und welche Hobbys sie selbst haben. Zusätzlich können die TN über andere besondere Hobbys berichten, von denen sie gehört haben. *Hinweis:* Hier können Sie das Projekt „Freizeit in meiner Stadt" aus „Zwischendurch mal ..." (Kursbuch, S. 81) einflechten. Die TN recherchieren allgemeine Informationen und Informationen über das Wetter und Freizeitmöglichkeiten ihrer Heimatstadt und präsentieren ihre Ergebnisse im Plenum. Vielleicht gibt es auch besondere Freizeitmöglichkeiten in der Heimatstadt, von der die TN gehört haben und über die sie berichten können.	ZDM	
	PL	**Arbeitsbuch 32**: im Kurs: Üben Sie mit den TN den Wortakzent. Die TN hören Aufgabe a und markieren die Betonung. In b hören die TN die Wörter noch einmal und haben Zeit, sie nachzusprechen. Anschließend sprechen die TN Mini-Gespräche in Partnerarbeit. Wenn die TN mit dem Erkennen des Wortakzents noch Schwierigkeiten haben, sollten sie in den Mini-Gesprächen vor dem Sprechen die Akzente markieren. Regen Sie die TN dazu an, die Übungen auch zu Hause noch einmal zu machen.	AB-CD 1/63–64	
	GA	*fakultativ:* Wenn Sie noch Zeit haben, können Sie hier die Wiederholung zu Lektion 6 anschließen.	KV L6/Wiederholung	
Lektionstests		Einen Test zu Lektion 6 finden Sie hier im LHB auf den Seiten 190–191. Weisen Sie die TN auf den Selbsttest im Arbeitsbuch auf Seite 77 hin.	KV L6/Test	

AUDIO- UND VIDEOTRAINING

	Form	Ablauf	Material	Zeit
Audiotraining 1: Meine Hobbys				
	EA/HA	1. Die TN hören von einem Sprecher verschiedene Hobbys und sollen in den Sprechpausen zustimmend antworten: „Oh ja, (Lesen), (Lesen) macht Spaß!"	CD 2/42	
Audiotraining 2: Was machst du in der Freizeit?				
	EA/HA	1. Die TN beantworten die Frage, was sie in der Freizeit machen. Es werden Geräusche vorgegeben, die die TN versprachlichen sollen: „Ich (lese) gern."	CD 2/43	
Audiotraining 3: Vorlieben				
	EA/HA	1. Die TN werden vom Sprecher nach verschiedenen Vorlieben (Lieblingsbuch, -farbe etc.) gefragt und antworten nach dem Muster: „Mein(e) Lieblings... ist ..."	CD 2/44	

Videotraining 1: Geht doch			
EA/HA	1. Die TN sehen in dem Film Lara, die Tim zum Nachmachen einer Koordinationsübung animieren will. Die TN lernen den umgangssprachlichen Wortschatz zur Animation, was sagt man, wenn es nicht klappt und schließlich, wenn es klappt. *Hinweis:* Dieses Bewegungsspiel können Sie auch zur Auflockerung im Kurs einsetzen, wenn die TN eine kleine Pause brauchen.	Film „Geht doch!"	
Videotraining 2: Wie ist das Wetter?			
EA/HA	1. Mit dem Film können die TN die Wendungen zum Wetter wiederholen. Lara stellt in dem Film pantomimisch das Wetter dar. Unten sind als Hilfe noch einmal die Wendungen als Schüttelkasten vorgegeben. Die TN überlegen, welches Wetter gemeint ist. Dann gibt Tim die Lösung. Empfehlen Sie besonders ungeübteren TN diesen Film, den Sie auch später immer mal wieder zur Wiederholung und Festigung ansehen können.	Film „Wie ist das Wetter?"	

ZWISCHENDURCH MAL ...

Form	Ablauf	Material	Zeit
Lied	**Wir sind nicht allein (passt z. B. zu B2, C2, D2)**		
PL	1. Zeigen Sie das Foto und fragen Sie: „Was machen die Leute?" Das Wort „singen" ist aus Lektion 4 schon bekannt.	Folie/IWB	
PL	2. Die TN hören das Lied mit geschlossenen Büchern, damit sie sich ganz auf das Zuhören und Verstehen konzentrieren können. Fragen Sie, welche Wörter die TN gehört haben, und sammeln sie. *fakultativ:* In Kursen mit überwiegend lernungewohnten TN bereiten Sie große Zettel vor, auf denen Sie einige Wörter, die im Lied vorkommen (z. B. „Kaffee", „Milch", „Tomatensaft", „singen", „Verein") und ein paar andere (z. B. „Wasser", „trinken", „treffen") notieren. Es gibt ein Wort pro Zettel. Für jeden TN sollte es ein Wort geben. Beim Hören stellen sich alle TN, deren Wort vorkommt, auf die linke Seite. Wenn Sie genug Zeit haben, hören die TN das Lied ein zweites Mal und stellen sich in der Reihenfolge des Vorkommens ihrer Wörter auf. Die TN, die kein passendes Wort hatten, helfen dabei. So hören die TN das Lied mehrmals, ohne dass es langweilig wird.	CD 2/45	
PL	3. Klären Sie mit den TN, was ein „Verein" ist. Fragen Sie: „Ist man im Verein allein?" Erklären Sie, dass man im Verein sein Hobby zusammen mit anderen macht.		
PL	4. Fragen Sie die TN: „Was meinen Sie? Für welche Hobbys gibt es noch Vereine?" Es genügt, wenn die TN ihnen bekannte Aktivitäten nennen. Helfen Sie mit den Namen für die Vereine, z. B. „schwimmen" = Schwimmverein, „lesen" = Bücherclub etc. *fakultativ:* In Frauen- und Elternkursen kommt es vor, dass den TN ihr Bedürfnis nach individueller Freizeit oder Hobbys gar nicht bekannt ist. Forschen Sie nach den Vorlieben der TN. Viele können z. B. nicht schwimmen, möchten es aber lernen. Das Thema „Verein" ist dann sekundär. Fragen Sie nach Kursen, die die TN gern machen würden, z. B. „Ich möchte schwimmen lernen. Ein Schwimmkurs ist interessant.".		
HA	5. *fakultativ:* TN mit Computerkenntnissen können eine Internetrecherche durchführen und Adressen von Vereinen an ihrem Wohnort sammeln. Diese Adressen können sie in der folgenden Unterrichtsstunde präsentieren.		
PL	6. Die TN hören das Lied noch einmal und lesen mit. Wer Lust hat, singt mit.	CD 2/45	

TiPP	In vielen Kulturen „ziert“ man sich nicht so wie bei uns, wenn es um das Singen vor Publikum geht. Im Gegenteil: Singen gehört für viele – wie auch Tanzen – dazu. Bitten Sie die TN doch einmal, ihre Lieblingslieder aus ihrer Heimat vorzusingen oder etwas vorzutanzen. Einige sind sicher bereit dazu und die anderen lassen sich zum Mitklatschen oder Mittanzen animieren.

		Almas Hobby: Wolkenfotos (passt z. B. zu E1) **Alma erzählt, wann und wo sie Wolkenfotos macht. Sie zeigt einige ihrer schönsten Fotos und erklärt, warum Wolkenfotos nicht langweilig sind.**		
	EA/PA	1. Die Bücher sind geschlossen. Die TN sehen den ersten Teil des Films (bis 0:50) mit Ton. Geben Sie den TN dann etwas Zeit, um sich Notizen zu machen: „Was haben Sie über Alma erfahren?“ Verfahren Sie mit dem zweiten (bis 1:45) und dritten Teil (bis zum Ende) ebenso. In Partnerarbeit sprechen die TN darüber, was sie über Alma erfahren haben.		
	EA/PA	2. Die TN schlagen die Bücher auf und ergänzen den Text über Alma. Ungeübtere TN arbeiten zu zweit. Anschließend Kontrolle im Plenum.. *Lösung: Süddeutschland, Wolken, Farben, Wochenende*		
	EA	3. *fakultativ:* Verteilen Sie die Kopiervorlage. Die TN sehen den Film ohne Ton und bearbeiten Übung 1. Besprechen sie die Ergebnisse im Plenum. Die TN lesen die Sätze aus Übung 2 der Kopiervorlage. Dann sehen sie den Film mit Ton so oft wie nötig und markieren. Abschlusskontrolle im Plenum. Geübtere TN korrigieren zusätzlich die „falschen“ Sätze und ergänzen die richtigen Informationen.	KV L6/ZDM	
Projekt		**Freizeit in meiner Stadt (passt z. B. zu D2 und E2)**		
1	GA/EA	1. Die TN bilden Gruppen nach Heimatländern, wenn das nicht möglich ist, arbeiten die TN allein. Sie recherchieren zunächst nur die Antworten zu den Fragen in Aufgabe 1 und notieren die Ergebnisse. Gehen Sie herum und helfen Sie, wenn nötig.		
2	GA/EA	1. Die TN ergänzen ihre Ergebnisse aus Aufgabe 1 und markieren die Informationen.		
	PL	2. Die TN erzählen im Plenum über ihre Heimatstadt. *fakultativ:* Wenn Sie mit einem IWB arbeiten oder über einen Internetanschluss und einen Beamer verfügen, können die TN zusätzlich passende Fotos suchen und diese in die Präsentation miteinbeziehen.		

FOKUS BERUF: ARBEITSAUFTRÄGE VERSTEHEN

Die TN können das Wesentliche ganz einfacher schriftlicher Arbeitsaufträge verstehen (z.B. auf Tourenplänen).

	Form	Ablauf	Material	Zeit
		Da dieser Fokus möglicherweise nur für einen Teil der TN von Interesse ist, können die Übungen auch als Hausaufgabe gegeben werden.		
1	**Leseverstehen 1: Einen Tourenplan verstehen**			
	EA/PL	1. Geben Sie den TN ein bisschen Zeit, damit sie sich den Tourenplan zunächst einmal ansehen und sich orientieren können. Das Foto und die Zeichnung helfen dabei. Die TN lesen dann die Fragen. Machen Sie den TN deutlich, dass es zunächst nur um diese Informationen geht, die sie dem Plan entnehmen und ergänzen müssen. Abschlusskontrolle im Plenum. *Lösung: b Dienstag, c von 6.15 bis 11.15 Uhr, d 6* Ungeübtere TN unterstreichen die Informationen zuerst und ergänzen dann danach.		

2	**Leseverstehen 2: Einen Tourenplan verstehen**			
	EA/PA	1. Die TN sehen sich die Bilder an und ordnen die Aufgaben aus dem Tourenplan zu. Wenn nötig, nehmen sie das Wörterbuch zu Hilfe. Abschlusskontrolle im Plenum *Lösung: C, A, D, E*		
Projekt		Bitten Sie berufstätige TN, schriftliche Arbeitsaufträge aus ihrer Firma mitzubringen, sofern vorhanden. Oder organisieren Sie selbst von Bekannten, die z.B. in einem Krankenhaus oder Pflegeheim arbeiten, solche Pläne oder Laufzettel. Die TN stellen in Gruppen ihre Arbeitsaufträge vor und erklären, was genau sie machen müssen. Gehen Sie herum und helfen Sie mit Vokabeln aus. Wenn die TN keine eigenen Arbeitsaufträge mitbringen konnten, lesen sie gemeinsam die von Ihnen mitgebrachten Vorlagen, indem Sie sie auf Folie/IWB zeigen. Stellen Sie mündlich Verständnisfragen dazu, so wie in Übung 1.		

FOKUS ALLTAG: SICH IM INTERNET INFORMIEREN

Die TN können für sie wichtige und vertraute Suchbefehle in Suchmaschinen des Internets eingeben und einfache Anweisungen verstehen.

	Form	Ablauf	Material	Zeit
1	**Leseverstehen: Informationen in eine Internet-Maske eintragen**			
	PL	1. Die TN lesen zuerst die Situation. Stellen Sie Verständnisfragen dazu, z. B.: „Wo wohnt Monir?", „Wohin fährt Monir?" oder „Wann fährt Monir?" Klären Sie ggf. unbekannten Wortschatz.		
a	EA/PA	2. Zeigen Sie die erste Seite. Deuten Sie auf das Eingabefeld „Start" und fragen Sie: „Was schreibt Monir"? Verfahren Sie mit den anderen Feldern ebenso. *Lösung: Berlin, Ziel: Dortmund, zurück: Sonntag*	Folie/IWB	
b	EA/PA	3. Die TN lösen die Übung allein oder zu zweit. Abschlusskontrolle im Plenum. *Lösung: 15.00 – 20.50 Uhr, 10.10 – 16.35 Uhr;*		
c	EA/PA	4. Die TN lösen Die Übung allein oder zu zweit. Abschlusskontrolle im Plenum. *Lösung: 42,90 EUR*		
2	**Leseverstehen: Information einer Internetseite verstehen**			
	PA	1. Die TN lesen und korrigieren die Sätze. Gehen Sie herum und helfen Sie, wenn nötig. Abschlusskontrolle im Plenum. *Lösung: b ~~vier~~ fünf, c ~~keine~~ eine*		
	PL/HA	2. *fakultativ:* Fragen Sie die TN, welche Stadt in Deutschland/Österreich/der Schweiz sie gern besuchen möchten. Als Hausaufgabe suchen die TN im Internet nach geeigneten Busverbindungen und den Preisen für das kommende Wochenende. Ausgangsort ist immer der Kursort oder die nächste größere Stadt. Bitten Sie die TN, sich alle relevanten Informationen zu notieren. Geben Sie ggf. eine Tabelle an der Tafel vor. Stadt | Name der Firma | Uhrzeit Hinfahrt → | Uhrzeit Rückfahrt ← | Preis Am nächsten Kurstag vergleichen die TN ihre Ergebnisse. Wenn mehrere TN dasselbe Ziel gewählt haben, können Sie ermitteln, wer die billigste oder schnellste Möglichkeit gefunden hat.		

KINDER UND SCHULE

Folge 7: Prima Team

Einstieg in das Thema „Schule"

	Form	Ablauf	Material	Zeit
1		**Vor dem Hören: Vermutungen über die Geschichte äußern**		
a	PA	1. Kopieren Sie die Bilder der Foto-Hörgeschichte und schneiden Sie die Fotos auseinander. Vergessen Sie nicht, die Nummerierung der Fotos zu entfernen, behalten Sie aber den Titel „Folge 7: Prima Team" . Die Bücher sind geschlossen. Jedes TN-Paar erhält einen Satz Fotos. Die TN bringen die Fotos in eine sinnvolle Reihenfolge und versuchen, die Geschichte zu erzählen. Ungeübtere TN erzählen nur, was auf den Fotos passiert, was die Personen machen und wo sie sind.	Fotos der Foto-Hörgeschichte	
	PA	2. Die TN spekulieren: Wer ist ein „Prima Team"?		
b	EA/PA	3. Die TN öffnen die Bücher und stellen Vermutungen darüber an, wer was sagt und kreuzen an. *fakultativ:* Die Bücher bleiben geschlossen. Jedes Paar erhält eine Kopiervorlage, schneidet die Sätze auseinander und überlegt, zu welchem Foto die Sätze passen. Sie legen die Sätze zum passenden Foto. Die TN unterstreichen den Namen der Person, die ihrer Meinung nach den Satz sagt.	KV L7/FHG	
	PL	4. Vergleichen Sie die Ergebnisse im Plenum. Akzeptieren Sie die Lösungsvorschläge der TN. Es geht hier um Hypothesen.		

	Form	Ablauf	Material	Zeit
2		**Beim ersten Hören**		
	PL	1. Die TN hören die Foto-Hörgeschichte so oft wie nötig und vergleichen während des Hörens ihre Lösungen aus Aufgabe 1 bzw. mit den Sätzen der Kopiervorlage. Abschlusskontrolle im Plenum. Sprechen Sie auch darüber, warum Lili, Lara und Sofia ein „Prima Team" sind. *Lösung: 1a Sofia, Lili und Lara; 1b Foto 1: Sofia, Foto 3: Lili, Foto 4: Lara, Foto 5: Lara, Foto 6: Lili, Foto 7: Lili, Foto 8: Sofia*	CD 2/46–53	

	Form	Ablauf	Material	Zeit
3		**Nach dem ersten Hören: Die Geschichte zusammenfassen**		
	PL	1. Ein TN liest den Satz mit der Nummer eins vor. Fragen Sie: „Wie geht die Geschichte weiter?" oder „Was passiert dann?".		
	PL	2. Lösen Sie zusammen mit den TN das nächste Beispiel. Verweisen Sie auf die Fotos, die den TN dabei helfen, die richtige Reihenfolge zu finden.		
	EA/PA	3. Die TN nummerieren die übrigen Sätze. Wer fertig ist, vergleicht sein Ergebnis mit der Partnerin / dem Partner. Geübtere TN können zusätzlich notieren, welches Foto zu welchem Satz passt.		
	PL	4. Anschließend hören die TN die Foto-Hörgeschichte noch einmal, wenn nötig auch mehrfach, und korrigieren sich selbstständig. Abschlusskontrolle im Plenum. *Lösung: von oben nach unten: 5, 4, 3, 6, 2*	CD 2/48–53	
	Laras Film	Lara bittet Lili nach dem Mathe-Lernen, noch einmal ihr selbstgeschriebenes Gedicht aufzusagen. Im Gedicht beschreibt Lili, was sie alles kann. Die TN sehen den Film und notieren aus dem Gedächtnis, was Lili alles kann. Im Unterricht können Sie daraus ein Wettspiel machen, wer erinnert sich an die meisten Begriffe? Sie können den Film auch zur Wiederholung nach A3 nutzen, um den TN zu zeigen, wie man aus den Dingen, die man gut kann, ein Gedicht macht. Vielleicht hat der eine oder andere TN Lust, es auch zu versuchen. Ungeübtere TN können Lilis Gedicht auswendig lernen.	„Laras Film" Lektion 7	

A ICH KANN NICHT IN DIE SCHULE GEHEN.

Das Modalverb *können*

Lernziel: Die TN können über ihre Möglichkeiten und Fähigkeiten sprechen.

	Form	Ablauf	Material	Zeit
A1		**Präsentation des Modalverbs *können***		
	EA	1. Die TN hören die Gespräche und ergänzen die Lücken. Abschlusskontrolle im Plenum. *Lösung: A Kannst, B kann, C kann*	CD 2/54–56	
	PL	2. Ein TN liest die Sätze noch einmal vor. Verweisen Sie auf den Grammatik-Kasten, insbesondere auf den Vokalwechsel in den Singularformen sowie auf die fehlende Personalendung in der 1. und 3. Person Singular – einem Charakteristikum der Modalverben.	Folie/IWB	
	PL	3. *fakultativ:* Bereiten Sie Kärtchen mit den Personalpronomen und einigen Namen aus dem Kurs vor. Üben Sie mit den TN die Formen von „können", indem Sie in willkürlicher Reihenfolge die Kärtchen zeigen. Die TN bilden jeweils die dazugehörige Form von „können". Wenn die TN den Ablauf der Übung verstanden haben, können Sie auch in Kleingruppen weiterarbeiten lassen.	Kärtchen	
TIPP		Diese Übung kann später mit den anderen Modalverben wiederholt werden und eignet sich auch gut als Warming-up zu Beginn einer Stunde. Ungeübtere TN können so auch die Konjugation anderer Verben festigen, denn gerade die Verbendungen stellen für viele TN eine besondere Schwierigkeit dar. Nennen Sie ein Verb und zeigen Sie ein Kärtchen. Die TN schreiben oder nennen die konjugierte Verbform.		
A2		**Variation: Anwendungsaufgabe zum Modalverb *können*; Erweiterung: Die Satzklammer beim Modalverb**		
	PL	1. Zeigen Sie die Zeichnung auf Folie/IWB. Fragen Sie die TN: „Wer sind die Personen?", „Wo sind sie?" Was ist die Situation?" Lassen Sie den TN hier Freiheiten, indem Sie nicht jeden Fehler verbessern.	Folie/IWB	
	PA	2. Die TN hören das Gespräch und variieren es anschließend zu zweit.	CD 2/57	
	PL	3. Die TN wiederholen die Varianten noch einmal. Notieren Sie einige Beispiele an der Tafel. Fragen Sie: „Wo steht ‚können' im Satz?", „Wo steht ‚einkaufen'"? Position 2 … Ende: Ich **kann** nicht **einkaufen.** Ich **kann** nicht mit Jonas zum Arzt **gehen.** Position 1 … Ende: **Kannst** du im Supermarkt **einkaufen?** **Kannst** du mit Jonas zum Arzt **gehen?**		
	PL	4. Machen Sie die TN auf die Satzklammer im Aussagesatz und in der Ja-/Nein-Frage aufmerksam. Verdeutlichen Sie anhand eines Beispiels an der Tafel, dass die Verbklammer beliebig erweitert werden kann, sich die Position von Modalverb und Infinitiv aber nicht ändert. Ergänzen Sie z. B. den Satz „Ich kann nicht einkaufen." schrittweise, bis Sie den komplexen Satz „Ich kann heute leider nicht im Supermarkt einkaufen." erhalten. Verweisen Sie auch auf die Grammatikübersicht 1 und 2 (Kursbuch, S. 90). Weisen Sie die TN besonders auf die rechte Seite hin, wo noch einmal grafisch verdeutlicht wird, dass die 1. und 3. Person Singular von „können" keine Endungen haben. Die TN können außerdem noch die kleine Übung machen. *Musterlösung: Ich kann gut kochen. Ich kann ein bisschen Gitarre spielen. Ich kann nicht schwimmen.*	Folie/IWB	

		fakultativ: Um den TN die Struktur bildhaft zu verdeutlichen, stellen Sie zwei Stühle vor die Tafel. Schreiben Sie einen der Beispielsätze (inkl. Satzzeichen) aus A2 auf Kärtchen, z. B. „Ich kann Annas Lehrer nicht anrufen." Verteilen Sie die Kärtchen. Die TN stellen sich dem Satz entsprechend vor der Tafel auf. Die TN, die „kann" und „anrufen" haben, setzen sich entsprechend auf die Stühle, um zu zeigen, dass diese beiden Elemente sich nicht bewegen können. Verteilen Sie einen Zettel mit einer Uhrzeit z. B. „um 8 Uhr". Der TN sucht eine passende Position im Satz. Bereiten Sie weitere Sätze vor und üben Sie mit den TN, bis Sie das Gefühl haben, dass die TN das Prinzip verstanden haben.		
TIPP		Sie können die TN immer mal wieder auffordern, einige Sätze in ihre Muttersprache zu übersetzen. Dieser kontrastive Vergleich hilft insbesondere kognitiven Lernern, sich neue Strukturen im Deutschen bewusst zu machen und dadurch besser einzuprägen. Dies gilt nicht nur für Gemeinsamkeiten mit der Muttersprache, sondern auch für Unterschiede.		
	EA/HA	**Arbeitsbuch 1**		
	EA/PA	**Arbeitsbuch 2–3:** im Kurs: Die Aufgabe kann von geübteren TN in Stillarbeit gelöst werden. Ungeübtere TN arbeiten paarweise zusammen.		
A3	**Aktivität im Kurs: Über eigene Fähigkeiten sprechen und andere danach fragen**			
	PL	1. Zeigen Sie im Bingo-Spiel auf das Feld „Ski fahren" und auf „gut" und fragen Sie einen TN wie im Beispiel: „Kannst du gut Ski fahren?" Erklären Sie den TN, dass sie nur dann den Namen des Gefragten notieren dürfen, wenn er mit „Ja." antwortet. Machen Sie einige weitere Beispiele, indem Sie auf die Verben und auf das Adjektiv der Spalte zeigen, bis die TN das Prinzip verstanden haben. Zeigen Sie auf die rechte Seite, um zu verdeutlichen, wie die TN „sammeln" müssen. Wer zuerst vier Personen vertikal, diagonal oder waagerecht hat, ruft „Stopp!".	Folie/IWB	
	WPA	2. Die TN befragen sich gegenseitig, bis einer „Stopp!" ruft. Zur Kontrolle versprachlicht dieser TN seine vier Felder: „Arne kann gut Kuchen backen." etc. *fakultativ:* Um die Übung zu erweitern, bilden die TN einen Kreis. Nennen Sie den Namen eines TN und fragen Sie: „Was wissen wir über Nino?". Die anderen TN schauen in ihrem Spielplan nach, was sie über diesen TN wissen und bilden entsprechende Sätze. Dann nennen Sie einen anderen Namen. *Hinweis:* Hier können Sie den Film „Ui!" aus „Zwischendurch mal ..." (Kursbuch, S. 92) einflechten. Die TN lernen Ausrufe im Kontext kennen, die zum Teil auch als Reaktion auf eigene Fähigkeiten oder auf die Fähigkeiten anderer benutzt werden, z. B. „Ui!" als Ausdruck des Staunens, wenn jemand etwas sehr gut kann. *Hinweis:* Sie können auch „Laras Film" einbauen, in dem Lili ein Gedicht über ihre Fähigkeiten vorträgt.	ZDM	
	PA	3. *fakultativ:* Um die Formen von „können" in der 3. Person Singular und Plural zu trainieren, verteilen Sie die Kopiervorlage so an die Paare, dass ein TN A und der andere B bekommt. Die TN befragen sich gegenseitig nach den fehlenden Informationen und notieren sie. Machen Sie einige Beispiele, damit die TN das Prinzip verstehen. Gehen Sie herum und helfen Sie. Zur Kontrolle befragen die TN sich anschließend im Plenum.	KV L7/A3	
	PL	**Arbeitsbuch 4:** im Kurs: Die TN hören Geräusche zu Tätigkeiten und markieren die passenden Verben.	AB-CD 1/65	
	EA/HA	**Arbeitsbuch 5**		
	EA/HA	**Arbeitsbuch 6–7:** im Kurs: Alle TN machen Übung 6. Geübtere TN ergänzen außerdem auch Übung 7. Als Hausaufgabe sollten sie von allen bearbeitet werden.		

PL	**Arbeitsbuch 8:** im Kurs: Der Laut [ʃ] wird im Deutschen stimmlos gesprochen, im Gegensatz zu einigen anderen Sprachen, die auch oder nur die stimmhafte Variante kennen. Der Laut wird als „sch" verschriftlicht. Die TN kennen schon viele Wörter mit „sch", sammeln Sie mit ihnen einige an der Tafel (z. B. Waschmaschine, Fisch, Schule). Spielen Sie mit den TN Dampflokomotive: „Sch, sch, sch ..." Der Laut muss hart und mit Druck kommen. Die TN lesen auch ihre Wörter an der Tafel. Sie öffnen ihr Buch, hören und sprechen nach. Dann markieren sie, wo sie überall „sch" hören. Kontrollieren Sie im Plenum und machen Sie die TN darauf aufmerksam, dass die Buchstabenkombinationen „sp" und „st" am Wort- oder Silbenanfang „schp" und „scht" ausgesprochen werden. Die TN hören Übung c und ergänzen „sch" bzw. „s". Regen Sie die TN dazu an, die Übungen auch zu Hause noch einmal zu Hause selbstständig zu üben.	AB-CD 1/66–68	

B JA, SIE WILL DEN MATHETEST SCHREIBEN.

Das Modalverb *wollen*

Lernziel: Die TN können Absichten ausdrücken und ihren Willen äußern.

Form	Ablauf	Material	Zeit
B1	**Präsentation des Modalverbs *wollen***		
PL	1. Erinnern Sie die TN an die Foto-Hörgeschichte. Die TN ergänzen die Zitate neben den Fotos. Da sie das Modalverb „können" und die Struktur bereits kennengelernt haben, wird das den TN keine großen Schwierigkeiten bereiten. Abschlusskontrolle im Plenum. *Lösung: B Willst ... aufstehen; C ... will ... schreiben* *fakultativ:* Analog zu Aufgabe A2 können Sie auch wieder „anschaulicher" vorgehen. Bereiten Sie die Zitate in B1 auf Kärtchen vor und stellen Sie zwei Stühle vor die Tafel. Die Bücher sind geschlossen. Zeigen Sie Foto 1, 3 und 5 der Foto-Hörgeschichte aus der Slide-Show oder auf Folie. Verteilen Sie die Kärtchen des ersten Satzes an einige TN. Die TN stellen/setzen sich entsprechend. Erinnern Sie die TN daran, dass sie diese Struktur bereits von „können" kennen. Verfahren Sie mit den beiden anderen Sätzen ebenso. Erst dann bearbeiten die TN die Aufgabe im Buch.	Folie/IWB, Kärtchen	
PL	2. Verweisen Sie auf den Grammatik-Kasten und auf die Grammatikübersicht 1 und 2 auf Seite 90, insbesondere auf den Vokalwechsel in den Singularformen sowie auf die fehlende Personalendung in der 1. und 3. Person Singular – einem Charakteristikum der Modalverben. Üben Sie dann die Formen von „wollen" mit Kärtchen wie bei „können" (siehe Tipp zu A1). Nehmen Sie nach einiger Zeit die Kärtchen von „können" zur Wiederholung dazu, indem Sie das Modalverb nennen und dann ein Kärtchen zeigen. Wenn die TN einige Sicherheit mit den Formen haben, erweitern Sie die Übung und gehen Sie dazu über, Sätze auf Kärtchen zu verteilen, um auch die Struktur weiter einzuüben.	Kärtchen	
EA/PA Grammatik entdecken	**Arbeitsbuch 9:** im Kurs: Geübtere TN machen die Übung in Stillarbeit. Ungeübtere TN arbeiten paarweise zusammen.		
EA/HA	Arbeitsbuch 10		

B2	Anwendungsaufgabe zum Modalverb *wollen*			
a	PL	1. Die TN sehen sich die Fotos an und äußern Vermutungen über die Personen: „Woher kommen sie?“, „Welche Sprache(n) sprechen sie?“, „Was wollen sie vielleicht lernen?“ Notieren Sie die Vermutungen in Stichworten.		
	PL	2. Die TN hören jeden Hörtext so oft wie nötig und notieren. Geübtere TN notieren zusätzlich die Sprachen, die die Personen bereits sprechen. Abschlusskontrolle im Plenum und Vergleich mit den Vermutungen an der Tafel. Verweisen Sie die TN auch auf die Rubrik „Starker Wunsch: Was willst du lernen?“ (Kursbuch, S. 91). Hier können die TN auch die kleine Übung machen und fünf eigene Wünsche notieren. *Lösung: B Vietnamesisch, C Englisch, D Deutsch; (können: A Englisch, Spanisch, B -, C etwas Englisch, D Griechisch, Englisch)*	CD 2/58–61	
	GA	3. Die TN sprechen in Kleingruppen darüber, was sie noch lernen wollen. *fakultativ:* Verteilen Sie an die Kleingruppen je einen Satz Karten der Kopiervorlage. Die TN ergänzen auf den drei grauen Karten ihre eigenen Namen. Die Karten werden nach Farben getrennt gemischt. Der erste TN zieht jeweils eine graue Personenkarte und eine weiße Karte mit einer Aktivität. Er bildet, den Karten entsprechend, einen Satz mit „wollen“. Für geübtere TN können Sie auf den Karten mit den Aktivitäten die Verbvorgabe löschen, sodass die TN freie Sätze nach den Bildern bilden. *Hinweis:* Sie können das Thema „Lern- und Freizeitangebote“ auch anhand von „Fokus Familie“ vertiefen.	KV L7/B2	
	EA/HA	Arbeitsbuch 11		

B3	**Aktivität im Kurs: Über die eigenen Wünsche im Deutschkurs sprechen**			
	PL	1. Die Bücher sind geschlossen. Die TN überlegen, was sie im Deutschkurs alles machen. Halten Sie Stichwörter an der Tafel fest. Lernungewohnte TN finden Hilfe im hinteren Buchinnendeckel.		
	EA	2. Die TN lesen nun die Aufgabe im Buch. Sie notieren, was sie im Deutschkurs gern machen wollen. Die Beispiele an der Tafel und im Buch helfen ihnen dabei. Geben Sie eine Anzahl, z. B. mindestens drei Punkte, vor, die jeder notieren soll.		
	WPA	3. Die TN gehen herum und sprechen über ihre Wünsche. *Variante:* Die TN suchen andere TN, mit denen sie möglichst viele Wünsche teilen. *Hinweis:* Um zu sehen, was die TN gerne machen würden, können Sie die Aktivitäten an der Tafel sammeln. Die TN stimmen dann entweder durch Handzeichen ab, oder Sie verteilen Klebepunkte, die die TN hinter die Aktivitäten kleben. Dabei sollten Sie die Anzahl der Punkte pro TN auf drei begrenzen. Wenn möglich, können Sie das Ergebnis für Ihre Unterrichtsgesaltung berücksichtigen.		
	EA/HA	Arbeitsbuch 12–14		

C DU HAST NICHT GELERNT.

Das Perfekt mit *haben*

Lernziel: Die TN können über Ereignisse und Tagesabläufe in der Vergangenheit sprechen.

	Form	Ablauf	Material	Zeit
C1	**Präsentation und Bildung des Perfekts mit *haben***			
a	PL	1. Da die TN die Satzklammer bei den Modalverben bereits kennengelernt haben, werden sie die Struktur hier wiedererkennen. Lesen Sie den ersten Beispielsatz, indem Sie „hast" und „gelernt" besonders betonen. *fakultativ:* In Kursen mit überwiegend lernungewohnten TN bereiten Sie die Beispielsätze auf Karten vor und verfahren wie in A2. Die TN vergleichen den jeweiligen Satz mit den Markierungen im Buch. Die TN sollten erkennen, dass die markierten Wörter denen der sitzenden TN entsprechen.	Karten	
	EA/PA	2. Die TN sehen sich die anderen Beispiele an und markieren. Danach vergleichen sie mit einem anderen TN. Abschlusskontrolle im Plenum. *Lösung: B hat … gemacht; C habe … gekauft; D Habt … geschrieben*	Folie/IWB	
b	PL	3. Lesen Sie zusammen mit den TN die beiden Sätze und fragen Sie nach der zugehörigen Zeichnung. Fragen Sie: „Was passiert hier jetzt?" (Lili lernt Mathe.) und „Was hat sie gemacht?". Lösen Sie die Aufgabe mit den TN gemeinsam. *Lösung: A Lili lernt Mathe. B Lili hat Mathe gelernt.*	Folie/IWB	
	PL	4. Anhand der Zeichnungen und Sätze soll deutlich werden, dass Ereignisse in der Gegenwart und der Vergangenheit durch verschiedene Formen ausgedrückt werden. Erklären Sie anhand der Kurstage die Bedeutung von „heute" und „gestern". heute — gestern Lili [lernt] Mathe. — Lili [hat] Mathe [gelernt].		
	PL	5. Notieren Sie das Beispiel des Grammatik-Kastens an der Tafel und erklären Sie, dass man, um über Vergangenes sprechen zu können, zwei „Teile" braucht: eine Form von „haben" und das sogenannte Partizip Perfekt des Verbs. Präsentieren Sie das Präfix „ge-" als typisches Signal für die Vergangenheit. Ergänzen Sie das Tafelbild entsprechend. Erinnern Sie die TN an die Satzklammer.		
C2	**Systematisierung: Die Bildung des Partizip Perfekt**			
	PL/EA/PA	1. Zeigen Sie den TN die Tabelle. Sicher ist den TN bereits in C1 aufgefallen, dass „gelernt" und „geschrieben" unterschiedliche Endungen haben. Fragen Sie, wo „gelernt" und wo „geschrieben" eintragen werden muss. In Kursen mit überwiegend lernungewohnten TN verfahren Sie mit den restlichen Partizipien aus dem Buch ebenso. In Kursen mit überwiegend lerngewohnten TN tragen die TN die Partizipien in Einzel- oder Partnerarbeit in die Tabelle ein. Abschlusskontrolle im Plenum. *Lösung: -(e)t: gemacht, gehört, gespielt, gekauft, gearbeitet; -en: gesehen, gelesen, gesprochen*	Folie/IWB	
	PL	2. Fragen Sie die TN nach den jeweiligen Infinitiven und ergänzen Sie sie an der Tafel. -e(t) — -en lernen — gelernt — geschrieben — schreiben machen — gemacht — …		

	PL	3. Verdecken Sie die Partizipien. Die TN wiederholen mündlich das Partizip Perfekt zu den Infinitiven. Weisen Sie sie darauf hin, dass die regelmäßigen Verben das Partizip auf „-(e)t" bilden, unregelmäßige Verben in der Regel auf „-(en)". Machen Sie den TN deutlich, dass sie diese Formen mit den neuen Verben mitlernen müssen. Verweisen Sie auch auf die Grammatikübersicht 3 und 5 (Kursbuch, S. 90), wo die TN noch einmal eine Übersicht über die Bildung des Perfekts und über die Satzklammer finden. Gehen Sie auf dieser Stufe noch nicht zu genau auf die Bildung des Perfekts ein. Es genügt, wenn sich die TN zunächst einige wichtige Verben als feste Form merken. Die Vergangenheitsformen werden in *Schritte plus Neu 2* und *3* vertieft.		
	PL	4. Fragen Sie die TN, ob sie noch weitere Verben im Perfekt kennen und ergänzen Sie sie an der Tafel. Verben, die das Perfekt mit „sein" bilden, nehmen Sie noch nicht auf. Sie werden im D-Teil thematisiert.		

TiPP	Bringen Sie zwei leere Pappkartons oder Papiertüten mit in den Unterricht und beschriften Sie sie mit den Endungen „-en" bzw. „-(e)t". Schreiben Sie die im Buch angegebenen Partizipien sowie einige weitere Partizipien zu Verben, die den TN bereits bekannt sind, auf Kärtchen. Jeder TN ordnet das Kärtchen dem richtigen Karton zu. Diese Übung können Sie an den folgenden Kurstagen wiederholen und nach und nach um weitere Verben ergänzen.

	EA/PA	**Arbeitsbuch 15:** im Kurs: Geübtere TN lösen die Übung in Stillarbeit. Ungeübtere TN arbeiten paarweise zusammen. *Hinweis:* Hier wird auch die Ja-/Nein-Frage im Perfekt geübt, die den TN im Prinzip von den Modalverben bekannt ist. Gehen Sie herum und helfen Sie. Wenn Sie merken, dass die TN damit nicht zurechtkommen, erläutern Sie die Struktur noch einmal an der Tafel.		
	EA/HA	**Arbeitsbuch 16**		
	EA/PA	**Arbeitsbuch 17:** im Kurs: Die TN sollten sich angewöhnen, analog zu dieser Übung, unregelmäßige Verben nicht nur im Infinitiv, sondern auch in der 3. Person Singular Präsens und mit dem Partizip Perfekt und dem Hilfsverb zu notieren. Dadurch stehen ihnen immer alle notwendigen Sonderformen zur Verfügung. Beginnen Sie die Listen mit den TN zusammen, geübtere TN setzen sie dann in Stillarbeit, ungeübtere in Partnerarbeit fort. Abschlusskontrolle im Plenum.		

C3	**Anwendungsaufgabe zum Perfekt mit *haben***			
a	EA/PL	1. Die TN sehen sich die Fotos an und ordnen zu. Anschließend Kontrolle im Plenum. Fragen Sie die TN auch nach den Infinitiven und halten Sie ggf. Partizip Perfekt und Infinitiv analog zur Übung 17 im Arbeitsbuch an der Tafel fest. *Lösung: B Tee getrunken, C mit Laras Lehrerin gesprochen, D den Mathetest geschrieben, E Lara getroffen, F gespielt, G mit Lara und Sofia gegessen, H geschlafen*	Folie/IWB	
b	PL	2. Fragen Sie einen TN: „Wann hat Lili gespielt?" Stellen Sie eine weitere Frage und bitten Sie einen geübteren TN, darauf zu antworten.		
	PA	3. Die TN befragen sich gegenseitig: „Was hat Lili am ... / in der Nacht gemacht?".		
	EA	4. Die TN verschriftlichen Lilis gestrigen Tag. Sammeln Sie die Texte zur Korrektur ein oder schreiben Sie mit den TN eine Musterlösung an die Tafel. Die TN vergleichen und korrigieren selbstständig. *Hinweis:* Hier können Sie den Film „Ui!" aus „Zwischendurch mal ..." (Kursbuch, S. 92) einflechten. Die TN können z. B. passende Ausrufe zu Lilis Tag suchen. *Hinweis:* Hier können Sie auch die Texte „Abzählreime" aus „Zwischendurch mal ..." (Kursbuch, S. 93) einflechten, Lili hat beim Spielen nämlich vielleicht ja auch Abzählreime gesprochen ...	ZDM	

C4	Anwendungsaufgabe: Partnergespräch über Aktivitäten und Zeiten			
a	PA	1. Die Paare erhalten je sieben Kärtchen in einer Farbe und notieren auf den einen Kärtchen die sieben Wochentage und auf den anderen verschiedene Uhrzeiten.	Kärtchen in zwei Farben	
b	PL	2. Zwei TN lesen den Beispieldialog. Dann mischen die Paare ihre Karten und legen sie in zwei Stapel nebeneinander. Ein TN zieht einen Tag und eine Uhrzeit und befragt den anderen. Danach zieht der andere etc.	Kärtchen in zwei Farben	
	GA	3. *fakultativ:* Wenn Sie das Partizip Perfekt weiter üben möchten, verteilen Sie je einen Spielplan der Kopiervorlage, einen Würfel und Spielfiguren. Die TN stellen ihre Figuren auf „Start". Der erste TN zieht seine Figur entsprechend der gewürfelten Zahl und nennt das Partizip Perfekt des Verbs auf dem Feld, auf das er mit seiner Figur gezogen ist. Gewonnen hat, wer zuerst das Ziel erreicht. Die anderen spielen weiter. In der zweiten Runde bilden die TN einen Satz im Perfekt mit dem entsprechenden Verb auf ihrem Feld. In der dritten Runde ordnen Sie den Würfelzahlen Tageszeiten zu (1 = am Morgen, 2 = am Wochenende etc.) und schreiben sie an die Tafel. Die TN bilden nun mit der Zeit und dem Verb einen Satz.	KV L7/C4, Würfel, Spielfiguren	
	EA/HA	Arbeitsbuch 18		

TiPP	Fordern Sie die TN auf, ab und zu solche kleinen Gespräche auswendig zu lernen. Sie enthalten Versatzstücke, die sich im Alltag verwenden lassen, und die die TN dann automatisch parat haben. Dazu eignet sich auch das gemeinsame Sprechen im Chor.

EA/PA Grammatik entdecken	**Arbeitsbuch 19**: im Kurs: Die Aufgabe kann von geübteren TN in Stillarbeit gelöst werden. Ungeübtere TN arbeiten paarweise zusammen. Die Abschlusskontrolle kann wieder über die „Stuhlübung" (siehe C1a) erfolgen.		
EA/PA	**Arbeitsbuch 20–21**: im Kurs: Alle TN lösen Übung 20. Lerngewohnte TN können außerdem Übung 21 bearbeiten. Bei der Abschlusskontrolle im Plenum können die TN, wenn sie möchten, ihre Texte vorlesen.		
EA/PA Schreibtraining	**Arbeitsbuch 22**: im Kurs: Helfen Sie den TN, ihre Schreibfertigkeiten aufzubauen. Ungeübtere TN erhalten die Sätze des Briefs und ordnen sie. Dann schreiben sie den Brief als Musterbrief ins Heft, den sie dann selbstständig variieren können. Geübtere TN bearbeiten die Übung wie im Buch angegeben. TN mit guten Vorkenntnissen können auch einen ganz freien Antwortbrief schreiben.		

C5	Aktivität im Kurs: Lebende Sätze			
a	GA	1. Die TN sehen sich die Beispiele im Buch an und schreiben anschließend eigene Sätze auf Kärtchen. Korrigieren Sie die Sätze, bevor die TN die Karten mischen. Erinnern Sie die TN daran, auch Satzzeichen zu notieren. *fakultativ:* Wenn Ihnen im Kurs nicht ausreichend Zeit zur Verfügung steht, können Sie zur Vereinfachung und Unterstützung der Aktivität auch auf die Kopiervorlage im Lehrwerkservice unter www.hueber.de/schritte-plus-neu zurückgreifen.	Kärtchen, KV L7/C5 im Lehrwerkservice	
b	PL	2. Mischen Sie alle Kärtchen und verteilen Sie an jeden TN eins. Die TN versuchen, ihre Partner zu finden und mit diesen den Satz wieder zusammenzusetzen. Sie stellen sich dann in der richtigen Reihenfolge und mit dem korrekten Satzzeichen auf. Die entstandene Gruppe bildet einen „lebenden Satz". Haben Sie mehr TN als Wortkarten, können die übrigen TN die „lebenden Sätze" ggf. korrigieren und die korrekten Sätze abschließend an die Tafel schreiben.		
	PL	3. *fakultativ:* Bitten Sie die TN anschließend, ihre Position so zu verändern, dass aus den Fragen Aussagesätze werden und umgekehrt. Durch dieses Umstellen wird noch einmal deutlich, dass sich zwar die Position von „haben" verändert, die des Partizip Perfekt jedoch gleich bleibt. Die TN versuchen, aus den Kärtchen noch weitere neue Sätze zu bilden.		

D BIST DU PÜNKTLICH GEKOMMEN?

Das Perfekt mit *sein*

Lernziel: Die TN können über Aktivitäten in der Vergangenheit erzählen und Vorschläge machen bzw. ablehnen.

	Form	Ablauf	Material	Zeit
D1	**Präsentation und Systematisierung des Perfekts mit *sein***			
	PL	1. Die TN sehen sich Foto A an. Fragen Sie die TN: „Wann ist das? Was machen Lara, Sofia und Lili?" Es sollte deutlich werden, dass es Abend / das Abendessen ist und Lara, Lili und Sofia über den vergangenen Tag sprechen.	Folie/IWB	
	PL	2. Die TN hören das erste Gespräch. Einige TN erkennen sicher schon, zu welchem Verb die Form „gekommen" gehört. Notieren Sie Partizip und Infinitiv an der Tafel.	CD 2/62	
	EA/PL	3. Die TN hören Gespräch B und ergänzen die Lücken. Abschlusskontrolle im Plenum. Wenn die TN die Form „gegangen" erkennen, notieren Sie Partizip und Infinitiv ebenfalls an der Tafel. *Lösung: B bin ... spazieren gegangen.*	CD 2/62	
	PL	4. Verweisen Sie auf die kleine Zeichnung über dem Grammatik-Kasten, in der die wichtigsten Verben, die das Perfekt mit „sein" bilden, symbolisiert sind. Stellen Sie sich zur Demonstration für alle sichtbar hin und markieren Sie Ihren Standort z. B. mit einem Band / Wollfaden und sagen Sie: „Jetzt bin ich hier." Gehen Sie dann ein paar Schritte übertrieben vorwärtsschreitend durch den Raum und fragen Sie die TN dabei: „Was mache ich jetzt?" Die TN sagen voraussichtlich: „Sie gehen/laufen." Bleiben Sie dann an einer anderen Stelle stehen, markieren Sie Ihren Standort erneut und fragen Sie: „Jetzt bin ich hier. Was habe ich gemacht?" Geben Sie selbst ganz betont die Antwort: „Ich bin gegangen." Abschließend deuten Sie auf die zwei markierten Standorte. Wenn nötig, wiederholen Sie die Demonstration mit dem Verb „fahren". Den TN sollte klar werden, dass Verben, die mit einer Ortsveränderung verbunden sind, das Perfekt mit „sein" bilden. Weisen Sie auf den Grammatik-Kasten im Buch und die Grammatik-Übersicht 4 (Kursbuch, S. 90) hin. Verweisen Sie auch noch einmal auf die Satzklammer. Es genügt, wenn sich die TN vorerst die Verben „gehen", „fahren" und „kommen" mit „sein" als feste Formel merken. Geübtere TN können überlegen, welche anderen Verben noch zu der Zeichnung passen, z. B. laufen, rennen, Auto fahren etc. Halten Sie diese mit dem Partizip an der Tafel fest.	Folie/IWB	

TIPP	Da die Bildung des Perfekts mit „haben" oder „sein" den meisten TN große Schwierigkeiten macht, können Sie mit den TN zwei Plakate erstellen, auf denen an den folgenden Kurstagen die neuen Verben mit „sein" und mit „haben" gesammelt werden. Malfreudige TN können die Zeichnung aus dem Buch auf das „Sein"-Plakat übertragen. So können die TN immer wieder nachsehen und sich die Verben einprägen.

	Form	Ablauf	Material	Zeit
	EA/HA	Arbeitsbuch 23		
	EA/PA Grammatik entdecken	**Arbeitsbuch 24:** im Kurs: Die TN notieren sich auch hier die Verben auf die im Lernschritt C eingeführte Weise (vgl. Übung 17). Beginnen Sie die Listen mit den TN zusammen, geübtere TN setzen sie dann in Stillarbeit, ungeübtere in Partnerarbeit fort. Abschlusskontrolle im Plenum.		

D2	Variation: Anwendungsaufgabe zum Perfekt mit *haben* und *sein*		
PA/PL	1. Die TN sehen sich die Zeichnung an. Fragen Sie: „Wo sind die Personen?", Wer ist das?", „Was machen sie?". Die TN stellen Vermutungen an. Machen Sie den TN deutlich, dass es nicht darauf ankommt, die Situation „richtig" zu treffen, sondern dass sie ihre Fantasie spielen lassen.	Folie/IWB	
PL	2. Die TN hören das Gespräch. Zwei TN lesen es noch einmal vor. Machen Sie, wenn nötig, ein weiteres Beispiel.	CD 2/63	
PA/WPA	3. In Partnerarbeit spielen die TN weitere Gespräche. Gehen Sie herum und helfen Sie. In Kursen mit geübteren TN zeigen Sie das Gespräch auf Folie/IWB. Die TN machen weitere Beispiele mit wechselnden Partnern. Tilgen Sie nach und nach Wörter in dem Gespräch, sodass die TN mehr und mehr aus dem Gedächtnis ergänzen müssen. Verweisen Sie die TN auch auf die Rubrik „Vorschlag: Wollen wir Fahrrad fahren?" (Kursbuch, S. 91), die mit einer kleinen Zeichnung illustriert ist.	Folie/IWB	

D3	Aktivität im Kurs: Teilnehmerbefragung			
a	PA	1. Die TN lesen die Beispiele, um Anregungen für Fragen zu bekommen. Sie schreiben sechs eigene Fragen. Gehen Sie herum und helfen Sie bei Grammatik- und Wortschatzfragen.		
	PL	2. *fakultativ:* Die TN stellen die Antworten der Partnerin / des Partners im Plenum vor. In großen Kursen bilden die TN zwei Großgruppen.		
b	WPA	3. Die TN stellen ihre Fragen verschiedenen anderen TN und schreiben die Namen mit. Geübtere TN schreiben in der Rubrik „Schon fertig?" zusätzlich einen kurzen Text über das vergangene Wochenende. *fakultativ:* Wenn Sie das Perfekt weiter üben möchten, verteilen Sie je einen Satz Karten der Kopiervorlage an Kleingruppen. Ein TN der Gruppe zieht eine Karte und spielt das Verb pantomimisch vor. Die anderen raten: „Was hat der TN gemacht?" und antworten im Perfekt. Wenn nötig machen Sie einige Beispiele im Plenum vor, damit die TN das Prinzip verstehen. In Kursen mit lernungewohnten TN können Sie auch nur im Plenum spielen.	KV L7/D3	
	EA	4. Die TN lesen das Profil noch einmal und unterstreichen alles, was auch für sie passt.		

TiPP	Setzen Sie das Pantomime-Spiel zur Festigung mehrfach ein. Sie können es später durch weitere Verben erweitern.

EA/HA	**Arbeitsbuch 25**		
EA/PA Grammatik entdecken	**Arbeitsbuch 26:** im Kurs: Geübtere TN arbeiten in Stillarbeit, ungeübtere TN arbeiten paarweise zusammen.		
EA/HA	**Arbeitsbuch 27–28:** im Kurs: Alle TN lösen Übung 25. Geübtere TN ergänzen außerdem auch Übung 26. Wenn Sie die Übungen als Hausaufgabe aufgeben, sollten sie von allen bearbeitet werden.		
EA/HA	**Arbeitsbuch 29:** im Kurs	AB-CD 1/69	

E KOMMUNIKATION MIT DER SCHULE

Lernziel: Die TN können einen Elternbrief verstehen und sich / ein Kind wegen Krankheit telefonisch entschuldigen.

	Form	Ablauf	Material	Zeit
		Wenn im Kurs keine Eltern mit (Schul-)Kindern sind, können Sie alternativ zu Lernschritt E auch „Fokus Beruf" (Arbeitsbuch, S. 90) einsetzen. In gemischten Kursen mit Eltern und berufstätigen TN/Eltern teilen Sie den Kurs nach Interessen auf: Während Sie mit den Eltern Lernschritt E behandeln, bearbeiten die Berufstätigen den Fokus eigenständig. Ideal ist es, wenn die Gruppe in einen leeren Kursraum ausweichen kann.		
E1	**Leseverstehen: Ein Elternbrief**			
	PL	1. Zeigen Sie den Brief. Decken Sie zunächst nur die Anrede auf und fragen Sie: „Was für ein Text ist das?" (Ein Brief.), „Wer hat den Brief geschrieben?", „Wer hat den Brief bekommen?" Die TN stellen Vermutungen an.	Folie/IWB	
	EA/PL	2. Die TN öffnen ihr Buch, lesen den Brief und markieren bekannte Wörter. Markieren Sie ebenfalls, was die TN verstanden haben.	Folie/IWB	
	PA	3. Die TN versuchen zunächst in Partnerarbeit, den Inhalt des Briefes mündlich wiederzugeben: „Die Lehrerin hat einen Brief geschrieben." Damit die TN bei dieser Aufgabe nicht ablesen, sondern mit eigenen Worten erzählen, was sie verstanden haben, decken die TN den Brief ab. Es geht ausschließlich darum, im Wesentlichen zu verstehen, dass es sich um einen Brief an die Eltern handelt, in dem es um einen Klassenausflug geht.		
	EA/HA	Arbeitsbuch 30		
E2	**Leseverstehen: Kerninformationen verstehen**			
	EA	1. Die TN lesen die Aufgabe still durch und lösen sie selbstständig. Wer fertig ist, vergleicht mit der Partnerin / dem Partner. Abschlusskontrolle im Plenum. *Lösung: b 7,50 Euro, c 8 Uhr* *Hinweis:* Hier können Sie zur Auflockerung die Texte „Abzählreime" aus „Zwischendurch mal ..." (Kursbuch, S. 93) einflechten. Die TN lernen Abzählreime kennen, mit denen Kinder unter sich andere Kinder auswählen. Solche Abzählreime sind rhythmisierte Sprachspiele, bei denen der Klang im Vordergrund steht.	ZDM	
E3	**Hörverstehen: Ein Telefonat mit der Schule**			
	PL	1. Die TN sehen sich die Fotos an und stellen Vermutungen an: „Wer telefoniert hier?", „Was sagen die Personen?".		
	EA	2. Die TN hören das Telefongespräch so oft wie nötig und kreuzen an, welche Aussage richtig ist. Abschlusskontrolle im Plenum. *Lösung: a, b*	CD 2/64	
		Erklären Sie, dass ein Kind bereits am ersten Krankheitstag und vor Unterrichtsbeginn in der Schule krankgemeldet werden muss.		
E4	**Aktivität im Kurs: Ein Rollenspiel**			
	PL	1. Geben Sie den TN Zeit, sich die Redemittel in Ruhe durchzulesen. Sie können dazu auch noch einmal das Telefongespräch aus E3 vorspielen. Darin kommen die wesentlichen Redemittel bereits vor. Verweisen Sie die TN auch auf die Rubrik „sich/jemanden entschuldigen: Ich bin krank." (Kursbuch, S. 91).		

PL ⟷	2. *fakultativ:* Sie können zur Binnendifferenzierung auch auf die Kopiervorlage im Lehrwerkservice unter www.hueber.de/schritte-plus-neu zurückgreifen. Auf der Vorlage sind die Gespräche zu den drei Situationen im Buch für ungeübtere TN bereits vorstrukturiert. Die TN ergänzen die Lücken und lernen ihren Part auswendig. Dadurch werden die Redemittel automatisiert. Geübte TN können selbst eine Situation aus E4 auswählen und mithilfe der Redemittel ein freies Gespräch schreiben. Korrigieren Sie ggf. grammatikalische Fehler und fordern Sie die TN dann auf, ihr Gespräch zur besseren Memorierung der Redemittel auswendig zu lernen.	KV L7/E4 im Lehrwerkservice	
PL	3. Einige Paare können ihre Gespräche schließlich im Plenum präsentieren. *Hinweis:* An dieser Stelle können Sie das Thema „sich krankmelden" auch anhand von „Fokus Beruf" vertiefen.		
EA/HA	**Arbeitsbuch 31:** Die TN schreiben den Brief zusätzlich in der richtigen Reihenfolge in ihr Heft.		
EA/HA Prüfung	**Arbeitsbuch 32:** Die TN machen sich Notizen zu den angegebenen Fragen. Anschließend markieren sie in a passende Sätze, bevor sie in b eine Entschuldigung schreiben. *Variante:* Wenn Sie die Übung als Aufgabe zur Prüfungsvorbereitung auf *Start Deutsch 1* (Goethe-Institut) gestalten möchten, geben Sie den TN insgesamt zehn Minuten Zeit zum Schreiben. Korrigieren Sie die Briefe. *Hinweis:* Pro Frage sollten im zweiten Teil „Schreiben" der Prüfung *Start Deutsch 1* ein bis zwei Sätze geschrieben werden.		
GA	*fakultativ:* Wenn Sie noch Zeit haben, können Sie hier die Wiederholung zu Lektion 7 anschließen.	KV L7/Wiederholung	

TIPP	Wenn Sie mit Ihren TN eine spielerisch Wiederholung des gesamten Bandes *Schritte plus Neu 1* machen wollen, können Sie alle sieben Wiederholungsspiele als Stationen anbieten. Die TN bearbeiten entweder alle nacheinander oder wählen einzelne Wiederholungsspiele zu bestimmten Lektionen aus. Auf diese Weise erhalten Sie und auch Ihre TN einen genaueren Überblick, wo es ggf. noch Übungsbedarf gibt..

Lektionstests	Einen Test zu Lektion 7 finden Sie hier im LHB auf den Seiten 192–193. Weisen Sie die TN auf den Selbsttest im Arbeitsbuch auf Seite 89 hin.	KV L7/Test	

AUDIO- UND VIDEOTRAINING

Form	Ablauf	Material	Zeit
Audiotraining 1: Was können Sie sehr gut? Was können Sie gar nicht?			
EA/HA	Die TN werden von einem Sprecher gefragt, ob sie bestimmte Fähigkeiten haben und sollen in den Sprechpausen bejahend („Ja, ich kann sehr gut ...") oder verneinend („Nein, ich kann gar nicht ...") antworten.	CD 2/65	
Audiotraining 2: Ich will ...			
EA/HA	Die TN trainieren in einer Echo-Übung die Konjugation von „wollen". Der Sprecher gibt einen Satz vor: „Ich will..." / „Wir wollen ...", der als Echo mit dem gespiegelten Personalpronomen wiederholt werden soll: „Ah, du willst ..." / „Ah, ihr wollt ...".	CD 2/66	
Audiotraining 3: Was machen wir am Wochenende?			
EA/HA	Der Sprecher gibt eine Aktivität vor, die die TN in eine Frage umformulieren sollen: „Wollen wir vielleicht ...?".	CD 2/67	

Videotraining 1: Wollen wir tanzen gehen?			
EA/HA	Die TN sehen in dem Film vier kleine Gespräche zwischen Lara und Tim, in denen sie sich verabreden. Die TN lernen den Wortschatz für verschiedene Reaktionen kennen: ablehnen, annehmen, etwas aushandeln. *fakultativ:* Wenn Sie das Videotraining im Kurs machen wollen, können geübtere TN weitere ähnliche Gespräche schreiben und sie im Kurs vorspielen. Ungeübtere TN spielen die Gespräche wie im Film nach.	Film „Wollen wir tanzen gehen?“	
Videotraining 2: Ich kann nicht tanzen.			
EA/HA	Mit dem Film können die TN wiederholen, wie sie ihre Fähigkeiten ausdrücken können. Tim zeigt ein Bild mit einer Aktivität und Lara zeigt gestisch den Grad des Könnens an. Die TN haben Zeit, entsprechend zu antworten. Dann geben Tim oder Lara die Lösung. Empfehlen Sie besonders den ungeübteren TN diesen Film, den Sie auch später immer mal wieder zur Wiederholung und Festigung benutzen können.	Film „Ich kann nicht tanzen.“	

ZWISCHENDURCH MAL …

Form	Ablauf	Material	Zeit
	Ui! (passt z. B. zu A3 und C3) **In kleinen Szenen spielen Lara und Tim die Interjektionen im Kontext vor.**		
PL	1. Die TN sehen sich den Film an. Stoppen Sie nach jeder Sequenz und besprechen Sie mit den TN die Situation, in die die jeweilige Interjektion eingebettet ist. *fakultativ:* Verteilen Sie die Kopiervorlage. Die TN sehen sich die Fotos und die Interjektionen im Buch an und beraten mit dem Partner, welches Foto zu den Sätzen in Übung 1 passt. Anschließend sehen die TN den Film und vergleichen, ob ihre Vermutungen auf der Kopiervorlage passen. Abschlusskontrolle im Plenum. *Hinweis:* Interjektionen sind kurze Ausrufe. Meistens drücken sie eine Emotion (Freude, Wut, Überraschung, Erstaunen, Zweifel etc.) aus und werden auch sehr emotional vorgebracht. Mimik, Gestik und Intonation sind deshalb sehr wichtig. Sie machen ein Gespräch lebendig und sind oft stark automatisiert, sodass man sie auch in der Fremdsprache nicht leicht ablegt. Dabei sind sie keineswegs international: Für „Igitt“ wird z.B. im Englischen „Ugh“ verwendet. Bei Schmerzen rufen Deutsche „Au“, „Aua“ oder „Autsch“, Finnen dagegen „Ai“ etc.	KV L7/ZDM	
PL	2. *fakultativ:* Die TN vergleichen die Interjektionen mit denen ihrer Muttersprache. Welche sind gleich? Welche sind anders?		
PL	3. Die TN sehen den Film noch einmal und konzentrieren sich nun auf die Gestik, Mimik und Intonation.		
PL	4. Die TN sehen den Film ohne Ton und sprechen im Chor die Interjektionen. Anschließend üben sie mithilfe der Fotos im Buch zu zweit.		
EA/PL	5. *fakultativ:* Die TN bearbeiten Übung 2 der Kopiervorlage. Anschließend Kontrolle im Plenum, indem je zwei TN die Gespräche mit guter Intonation lesen.	KV L7/ZDM	
PA	6. Die TN suchen sich zu zweit drei Ausrufe aus und überlegen sich kleine Szenen. Sie können pantomimisch wie im Film oder dialogisch sein.		
PL	7. Die TN spielen die Szenen im Plenum vor.		

TiPP Es sollten immer alle TN die Möglichkeit bekommen, ihre Gespräche im Kurs vorzuspielen. Oft ist dafür in großen Gruppen keine Zeit oder es würde für alle zu langweilig, immer ähnlichen Vorträgen zuzuhören. Verteilen Sie daher die Präsentationen auf mehrere Unterrichtstage, z. B. indem Sie immer die letzten zehn Minuten einer Stunde für Rollenspiele und freie Aktivitäten reservieren. Diese zehn Minuten sind zugleich eine ideale Wiederholung der letzten Unterrichtseinheiten bzw. eine gute Möglichkeit für eine Rückblende.

PL

8. *fakultativ:* Fragen Sie die TN: „Kennen Sie noch andere Ausrufe?" Halten Sie sie an der Tafel fest und klären Sie mithilfe der TN die Bedeutung. In Kursen mit ungeübteren TN suchen die TN in den Gesprächen im Buch nach weiteren Ausrufen, z. B. Lektion 6/ B2 und C2. Klären Sie mit den TN die Bedeutung. In Kursen mit überwiegend lerngewohnten TN schreiben Sie einige der unten angegebenen Interjektionen auf Kärtchen. Die TN überlegen in Kleingruppen, was sie bedeuten könnten. Dann verteilen Sie Karten mit den Erklärungen. Die TN ordnen zu. Anschließend Kontrolle im Plenum. Als Hausaufgabe können die TN zu zweit passende Szenen schreiben und sie in den folgenden Kurstagen vorspielen.

Ach ja?	„Das glaube ich nicht." / „Stimmt das wirklich?" / „Bist du sicher? Ich nicht."
Ach so. / Aha.	„Jetzt habe ich verstanden." / „Jetzt ist (mir) das klar."
Äh(m)	(Beim Sprechen eine Pause füllen) „Was will ich sagen?" / „Moment, ich weiß gerade nicht weiter."
Ah! / Mmmh!	„Das tut gut."
Hoppla	(Wenn man selbst/jemand anders oder etwas – fast – gefallen wäre oder ist) „Vorsicht, du fällst!" / „Ich bin erschrocken."
Hurra!	„Ich freue mich so." / „Das ist super."
Husch!	„Geh weg (, aber leise)!"
Oh!	„Das habe ich nicht gewusst." / „Das überrascht mich jetzt."
Na bitte. / Na also.	(Triumph) „Warum nicht gleich so!" / „Ich hab´s ja gewusst!" / „Siehst du!"
Na gut / Na schön.	„Ich habe keine Lust, aber ich mache es." / „Ich möchte nicht, aber okay."
Na ja.	„Ich weiß nicht so richtig." / „Das gefällt mir nicht so gut."
Na, na, na.	„Das tut/sagt man nicht!"

Lesen – Abzählreime (passt z. B. zu C3, E2)

EA/PA	1. Klären Sie anhand der Zeichnung, dass Abzählreime von Kindern benutzt werden, um bei Spielen eine Person für eine bestimmte Aufgabe, z. B. den Fänger beim Fangen, festzulegen oder auch Gruppen zu bilden. Solche Abzählreime sind in erster Linie Sprachspiele und leben vom Klang. So sind Metrik, der Wechsel von betonten und unbetonten Silben wichtig, aber auch Reime.	
PL	2. Die TN lesen die Abzählreime in Stillarbeit und ordnen sie den Bildern zu. Anschließend Kontrolle im Kurs. *Lösung: 1 – C, 2 – A, 3 – B*	
PL	3. Die TN hören die Abzählreime mehrmals mit geschlossenen Augen, damit sie sich auf das Klangbild konzentrieren können.	CD 2/68
EA/HA	4. Die TN entscheiden, welcher Reim ihnen am besten gefallen hat und lernen diesen auswendig. Das kann als Hausaufgabe geschehen oder sie geben den TN fünf Minuten Zeit, um das im Kurs zu lernen.	
GA	5. Die TN suchen andere TN, die denselben Reim gelernt haben und sprechen im Chor.	

TiPP Anwenden macht Spaß und fördert die Motivation. Bei der nächsten Gruppenarbeit zählen einige TN ihre Mitglieder mithilfe ihres Reimes aus.

PL

6. *fakultativ:* Die TN stellen Abzählreime in ihrer Sprache im Kurs vor.

FOKUS BERUF: SICH KRANKMELDEN

Die TN können sich beim Arbeitgeber krankmelden und einen Arbeitsauftrag an eine Kollegin / einen Kollegen weitergeben.

	Form	Ablauf	Material	Zeit
	Wenn im Kurs keine Eltern mit (Schul-)Kindern sind, können Sie diesen Fokus alternativ zu Lernschritt E (Kursbuch, S. 89) einsetzen. In gemischten Kursen mit Eltern und berufstätigen TN/Eltern teilen Sie den Kurs nach Interessen auf: Während Sie mit den Eltern Lernschritt E behandeln, bearbeiten die Berufstätigen den Fokus eigenständig. Ideal ist es, wenn die Gruppe in einen leeren Kursraum ausweichen kann.			
1	**Lese-/Hörverstehen: Eine Krankmeldung am Telefon**			
a	PA	1. Die TN lesen das Gespräch und ordnen die Aussagen zu: Wer sagt was? Die TN vergleichen ihre Lösungen mit dem Nachbarpaar. In Kursen mit überwiegend lernungewohnten TN können Sie hier eine Abschlusskontrolle machen. In Kursen mit überwiegend lerngewohnten TN arbeiten die TN sofort weiter in b. *Lösung: Frau Olbrich: Nein, aber ich gehe jetzt gleich.; Vielen Dank, Herr Amann, tschüs.; Ich kann heute leider nicht zur Arbeit kommen. Ich bin krank. / Herr Amann: Na dann: Gute Besserung, Frau Olbrich!; Guten Morgen, Frau Olbrich.; Oje. Sind Sie schon zum Arzt gegangen?*		
		Es ist in Deutschland üblich, sich bereits am ersten Tag, so früh es geht, beim Arbeitgeber krankzumelden. In der Regel muss spätestens ab dem dritten Tag eine Arbeitsunfähigkeitsbescheinigung vom Arzt vorgelegt werden.		
b	PA	2. Die TN ordnen das Gespräch, hören zur Kontrolle und vergleichen bzw. korrigieren. Lernungewohnte TN schreiben das Gespräch in der richtigen Reihenfolge ab. *Lösung: von oben nach unten: 7, 6, 3, 8, 5, 4*	AB-CD 1/70	
c	PA	3. Die TN lesen die Rollenkarten und schreiben gemeinsam ein Gespräch. Dabei sollten beide TN das Gespräch ins Heft schreiben.		
	PA	4. Die TN spielen zunächst ihre Gespräche zu zweit.		
	PL	5. Einige Paare spielen ihre Gespräche vor.		
2	**Leseverstehen und Schreibtraining: E-Mail an eine Kollegin**			
a	EA/PA	1. Die TN lesen die E-Mail und kreuzen an. Sie vergleichen ihre Lösungen mit einem anderen TN. Anschließend Kontrolle im Plenum. *Lösung: 4*		
b	EA/PA Schreib-training	2. Die TN schreiben eine eigene Antwort-E-Mail. Dabei können lernungewohnte TN zu zweit arbeiten.		
TiPP		Hängen Sie die Sätze auf verschiedenen Zetteln in der Reihenfolge des Antwortbriefes im Kursraum auf. TN, die fertig sind, können damit ihren Text selbst kontrollieren. TN, die Schwierigkeiten haben, können zum ersten Satz gehen und ihn lesen. Achten Sie darauf, dass die TN ihr Heft nicht mitnehmen und abschreiben, sondern den Satz im Kopf behalten müssen, während sie zum Platz zurückgehen. Erst dann dürfen sie ihn aufschreiben.		
	PL	3. Sammeln Sie die Texte ein und kontrollieren Sie sie. Das ist besonders bei ungeübteren TN wichtig, die oft eigene Fehler übersehen.		

FOKUS FAMILIE: LERN- UND FREIZEITANGEBOTE

Die TN können Lern- und Freizeitangebote verstehen.

	Form	Ablauf	Material	Zeit
	Da dieser Fokus möglicherweise nur für einen Teil der TN von Interesse ist, können die Übungen auch als Hausaufgabe gegeben werden.			
1	**Leseverstehen 1: Lern- und Freitzeitangebote**			
	PL	1. Finden Sie heraus, inwieweit die TN über Hausaufgabenbetreuung und Nachhilfeangebote informiert sind, indem Sie Fragen stellen, z. B.: „Kann Ihr Kind am Nachmittag in der Schule bleiben? Wo macht es seine Hausaufgaben? Wer hilft bei den Hausaufgaben oder bei Lernproblemen?" Fragen Sie nach weiteren Lern- und Freizeitangeboten. „Was machen die Kinder in der Freizeit?" „Sind sie in einem Verein?".		
	EA	2. Die TN lesen die Aussagen und markieren die Antworten auf die Fragen in der jeweiligen Farbe. Abschlusskontrolle im Plenum. Ungeübtere TN suchen sich eine der zwei Personen aus, geübtere TN bearbeiten die ganze Aufgabe. *Lösung: Susanne: Welches Problem haben die Kinder?: Tochter Johanna macht keinen Sport, Was machen die Kinder jetzt?: Jetzt macht sie einen Tanzkurs, Wo machen sie das?: im Verein / Annika: Welches Problem haben die Kinder?: Programme wie Word®, Power-Point® und Excel® kenne ich nicht gut., Was machen die Kinder jetzt?: Ich mache jetzt einen Computerkurs, Wo machen sie das?: im Freizeit-Treff*	Folie/IWB	
2	**Leseverstehen 2: Passende Lern- und Freizeitangebote finden**			
	EA/PA	1. Die TN lesen die Angebote und ordnen Sie den Personen aus 1 zu. Die Markierungen aus 1 helfen dabei. Anschließend Kontrolle im Plenum. *Lösung: Peter – B, Susanne – C, Annika – A*	Folie/IWB	
	PL	2. Sprechen Sie mit den TN über die verschiedenen Lern- und Freizeitangebote. Fragen Sie die TN, ob ihr Kind Nachhilfe bekommt, in einem Verein ist oder einen (Computer-)Kurs macht. Vielleicht möchte ein TN etwas dazu erzählen. (Bitte nicht insistieren, nur wenn jemand freiwillig etwas sagen möchte!) Fragen Sie in dem Fall, wie die Eltern auf das Freizeitangebot aufmerksam wurden. Fragen Sie auch, wie es sich in den Heimatländern der TN verhält.		
	PL	3. Schreiben Sie je einen Wortigel für „Nachhilfe", „Freizeit" und „Sport" an die Tafel. Die TN machen Vorschläge, wo man entsprechende Angebote finden kann und wer das anbietet. Notieren Sie die Vorschläge.		
	EA/PL	4. *fakultativ:* Die TN erhalten den Auftrag, Nachhilfe-, Sport- und Freizeitangebote an den Schulen ihrer Kinder herauszufinden, und Nachhilfe-Institute, Sportvereine und Volkshochschulen am Wohnort zu finden. Sie sollen sich auch über die Kosten informieren. In der folgenden Kursstunde stellen die TN ihre Informationen vor.		
3	**Leseverstehen 3: Lern- und Freizeitangebote detailliert verstehen**			
	EA/PA	1. Die TN lesen die Angebote noch einmal und korrigieren die Aussagen. *Lösung: A ~~Arabisch~~ – Englisch; B ~~50~~ – 30;*		

1 🔊 1–8 **Was passt? Hören Sie und kreuzen Sie an.**

- ☒ Polen
- ○ Deutschland
- ○ Polnisch
- ☒ Deutsch
- ○ Englisch
- ○ Spanisch

- ○ Polen
- ○ Deutschland
- ○ Polnisch
- ○ Deutsch
- ○ Englisch
- ○ Spanisch

- ○ Polen
- ○ Deutschland
- ○ Polnisch
- ○ Deutsch
- ○ Englisch
- ○ Spanisch

- ○ Polen
- ○ Deutschland
- ○ Polnisch
- ○ Deutsch
- ○ Englisch
- ○ Spanisch

Lösung: Lara: Polnisch; Walter: Deutschland, Deutsch, Englisch, Spanisch; Sofia: Deutschland, Deutsch, Englisch; Lili: Deutschland, Deutsch, Englisch

Das ich/du/Sie-Spiel

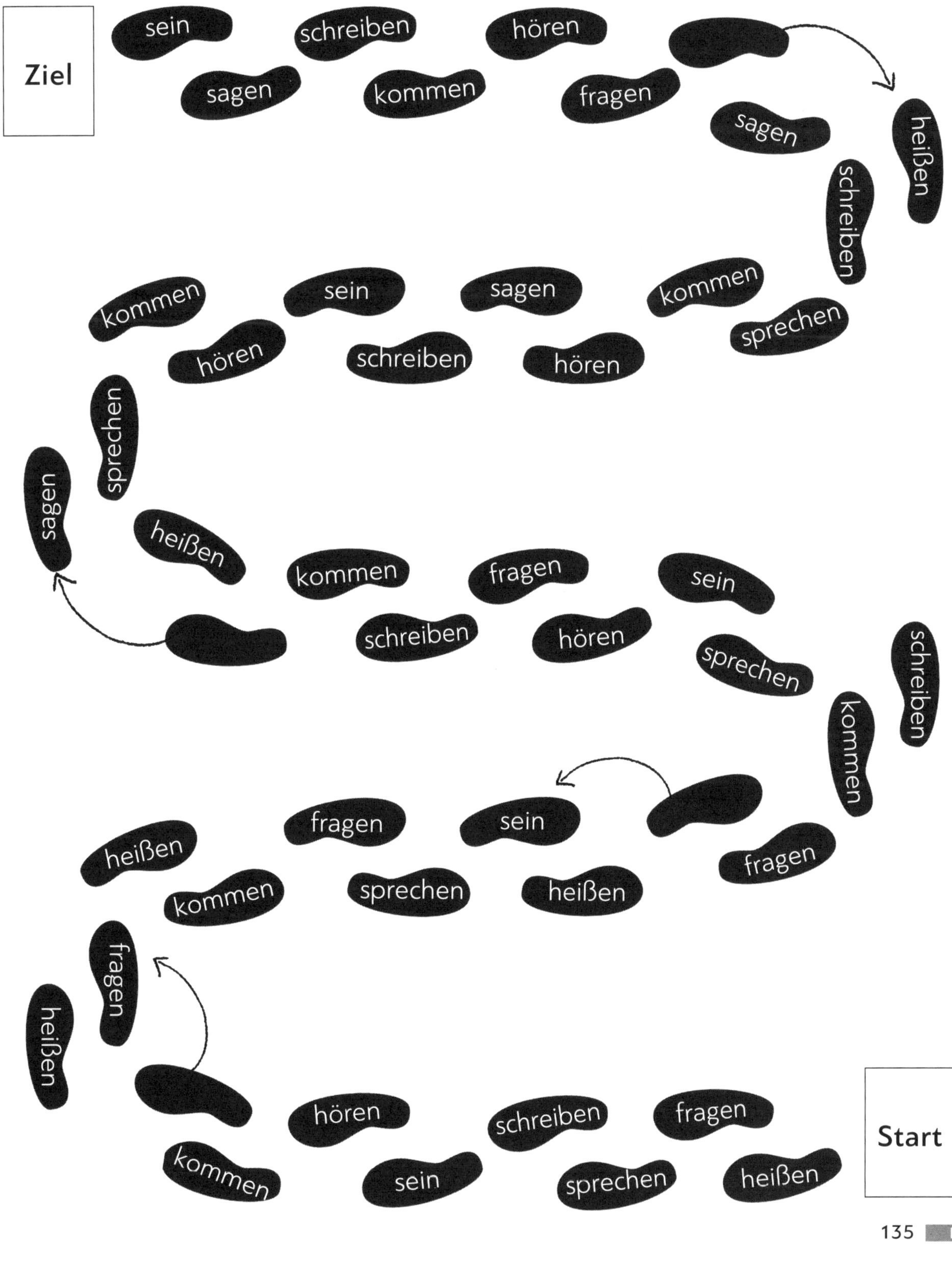

Alphabet-Bingo

Kontrollblatt

a	b	c	d	e	f	g	h	i	j
k	l	m	n	o	p	q	r	s	t
u	v	w	x	y	z	ä	ö	ü	ß

Bingo-Blätter

Hallo und Guten Tag!

1 a Was sagen Sie zur Begrüßung? Sprechen Sie und ergänzen Sie.

[Hallo.] [.....] [.....] [.....]

b Was sagen Sie zum Abschied? Sprechen Sie und ergänzen Sie.

[Auf ...] [.....] [.....] [.....]

2 Sehen Sie den Film an und ergänzen Sie.

■ ...., Claudia! (a)
● Hallo, Peter.
■ Na, wie geht's?
● ...., ... Und wie geht's dir? (b)

■ Hi,
● Ach, ... (c)
■ ....., wie geht's euch? (d)
◆ Ganz gut.

■ Hey, Carina. Was machst du hier?
● Laura! Ja, ...! (e)

■ Machen Sie es gut, ... Müller. (f)
● Sie auch, ... Schneider. (g)
■ Also, ... (h)
● .... (i)

■ ...., Frau Pohl. (j)
● Ah, Frau Schneider. Guten Tag. Bitte kommen Sie doch rein.
■ .... Na, wie geht's? (k)
● ...., ..., und Ihnen? (l)

Lösung: 1a: (Lösungsvorschlag) Guten Tag. Guten Morgen. Hi.
1b: (Lösungsvorschlag) Auf Wiedersehen. Tschüs. Servus. Gute Nacht.
2: a Hallo; b Danke, gut; c hallo; d Hi; e hallo; f Herr; g Frau; h auf Wiedersehen; i Tschüs; j Guten Tag; k Dane schön; l Danke, gut

Satzkärtchen zu Lara und Tim

Das ist Lara Nowak. 
Das ist Tim. 
... kommt aus Lublin. Das ist in Polen.
...s Eltern sind verheiratet und haben zwei Söhne.
...s Bruder heißt Ben und ist 16 (Jahre alt).
...s Mutter heißt Anna und lebt in Lublin.
... ist 20 (Jahre alt).
... wohnt jetzt in München. Das ist in Deutschland.
...s Großeltern leben auch in Lublin.
... kommt aus Ottawa. Das ist die Hauptstadt von Kanada.
... spricht Polnisch und Englisch und lernt Deutsch.
... wohnt jetzt in München und lernt mit Lara Deutsch.
... spricht Englisch.
...s Vater heißt Richard, ...s Mutter heißt Amy.
...s Vater lebt in Poznań.

Lösung: Das ist Lara Nowak. Lara kommt aus Lublin. Das ist in Polen. Laras Mutter heißt Anna und lebt in Lublin. Lara ist 20 Jahre alt. Lara wohnt jetzt in München. Das ist in Deutschland. Laras Großeltern leben auch in Lublin. Lara spricht Polnisch und Englisch und lernt Deutsch. Laras Vater lebt in Poznań.

Das ist Tim. Tims Eltern sind verheiratet und haben zwei Söhne. Tims Bruder heißt Ben und ist 16 (Jahre alt). Tim kommt aus Ottawa. Das ist die Hauptstadt von Kanada. Tim spricht Englisch. Tim wohnt jetzt in München und lernt mit Lara Deutsch. Tims Vater heißt Richard, Tims Mutter heißt Amy.

Klassenspaziergang

Super.

Gut, danke.

Danke, sehr gut.

Na ja, es geht.

Sehr gut, danke.

Ach, nicht so gut.

Danke, gut.

Familien-Domino

Schwester	mein	Sohn	mein
Bruder	meine	Tochter	mein
Vater	meine	Eltern	meine
Mutter	mein	Bruder	meine
Schwester	meine	Kinder	mein
Sohn	meine	Tochter	mein
Kind	meine	Eltern	meine

Zahlen-Bingo

Kontrollblatt

0	1	2	3	4	5	6	7	8	9
10	11	12	13	14	15	16	17	18	19

Bingo-Blätter

Textpuzzle: Esila und ihre Familie

Ich heiße Esila Kartal.  Ich bin

neunzehn. Ich bin in

St. Pölten geboren.  Meine Eltern

und ich wohnen in Linz. St. Pölten und Linz 

sind in Österreich. St. Pölten ist die Landeshauptstadt von Niederösterreich und Linz

ist die Landeshauptstadt von Oberösterreich. 

Das ist

meine Familie.  Mein Papa

heißt Zafer.  Er spricht

sehr gut Deutsch. Er ist Türke, aber er ist in

Österreich geboren. Meine Großeltern 

kommen aus der Türkei. Mein Opa

heißt Berkan, meine Oma heißt Nilüfer. Oma und Opa sprechen

nicht so gut Deutsch. Sie kommen

aus Istanbul 

aber sie wohnen schon sehr lange

in St. Pölten. Meine Mutter und ich

sind Österreicherinnen. Mama heißt Sylvia. Sie 

kommt aus Wien. 

Wien ist

die Hauptstadt von Österreich. Mamas Eltern,

also meine Großeltern,  leben auch in Wien. Sie

sind nicht verheiratet. Mein Opa heißt Walter Brunner. Er

ist in Wien geboren. Und das ist meine Oma. Sie heißt

Krisztina Pap. Sie kommt aus Sopron. Sie 

ist Ungarin. Tja, das ist meine Familie. Wir 

leben in Österreich, aber wir sind international.

Wer sagt was? Ordnen Sie zu.

Ich habe Hunger.

Möchtest du Pfannkuchen?

Nein, wir haben kein Ei.

Kaufst du bitte zehn Eier?

Ja, gut, mache ich.

Und die zwei Bananen, bitte.

Hm, naja, vielleicht.

Danke für die Eier, Herr Meier.

Wir haben aber nicht sehr viel.

Hey, Pfannkuchen, lecker.

Das ist ein Schokoladenei.

Ja, natürlich haben wir Eier.

Das macht dann zusammen 3 Euro 87.

Kann ich dir helfen?

Pfannkuchen sind lecker.

Lösung: Foto 1: Ich habe Hunger. – Wir haben aber nicht sehr viel. / Foto 2: Möchtest du Pfannkuchen? – Hey, Pfannkuchen, lecker. / Foto 3: Nein, wir haben kein Ei. – Foto 4: Kaufst du bitte 10 Eier? – Ja, gut, mache ich. / Foto 5: Das ist ein Schokoladenei. – Ja, natürlich haben wir Eier. / Foto 6: Das macht dann zusammen 3 Euro 87. – Und die zwei Bananen, bitte. / Foto 7: Kann ich dir helfen? – Hm, naja, vielleicht. / Foto 8: Pfannkuchen sind lecker. – Danke für die Eier, Herr Meier.

Lebensmittel-Domino

	Das ist eine ...	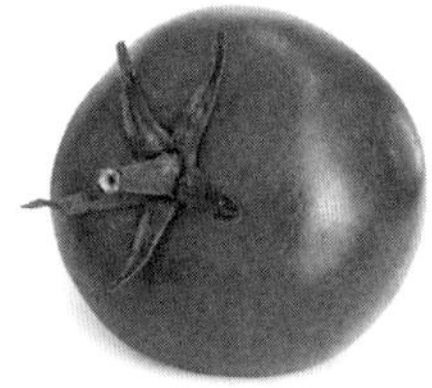	Das ist ein ...
	Das ist ein ...		Das ist eine ...
	Das ist eine ...		Das ist ein ...
	Das ist ein ...		Das ist eine ...
	Das ist ein ...		Das ist eine ...
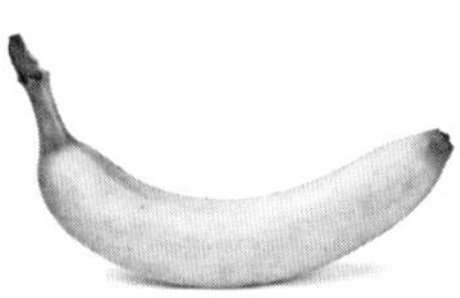	Das ist ein ...		Das ist ein ...

Ergänzen Sie.

Kartoffel	viele Kartoffeln	die Kar|tof|fel [kar'tɔfl]; -, -n: *außen braunes, innen gelbes Gemüse, das unter der Erde wächst*
Joghurt	viele ______	der *oder* das Jo|ghurt ['jo:gʊrt]; -[s]: *Lebensmittel, das aus Milch hergestellt wird und leicht säuerlich schmeckt*
Zwiebel	viele ______	die Zwiebel ['tsvi:bl]; -, -n: *als Gewürz oder Gemüse verwendete Knolle mit dünner Schale, die intensiv riecht und scharf schmeckt*
Fisch	viele ______	der Fisch [fiʃ]; -[e]s, -e: *im Wasse lebendes Tier, das sich mithilfe von Flossen schwimmend fortbewegt*
Brötchen	viele ______	das Bröt|chen ['brøtçən]; -s, -: *rundes oder längliches Gebäck aus Mehl, Hefe und Milch oder Wasser*
Ei	viele ______	das Ei ['ai]; -[e]s, -er: *(meist von einem Huhn gelegtes) Ei als Nahrungsmittel*
Pfannkuchen	viele ______	der Pfann|ku|chen ['pfanku:xn̩]; -s, -: *in der Pfanne gebackener, dünner Teig aus Eiern, Mehl und Milch*
Kiwi	viele ______	die Ki|wi ['ki:vi]; -, -s: *ovale Frucht mit saftigem grünen Fleisch und brauner behaarter Schale*

1 Was meinen Sie? Was ist in Opas Kartoffelsalat? Kreuzen Sie an.

○ Kartoffeln

○ Würstchen

○ Becher Joghurt

○ Eier

○ Glas Wasser

○ Salatgurke

○ Mayonaise

○ Essig

○ Knoblauchzehe

○ Apfel

○ Glas Gurken

○ Pfeffer ○ Salz

○ Bund Frühlingszwiebeln

○ Käse

○ Zwiebeln

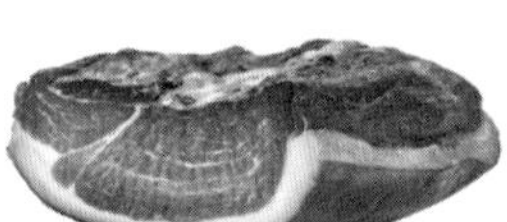
○ Speck

○ Spinat

○ Lauch

2 Sehen Sie nun den Film und vergleichen Sie.

Ergänzen Sie.

Der kleine Mann: Kiosk

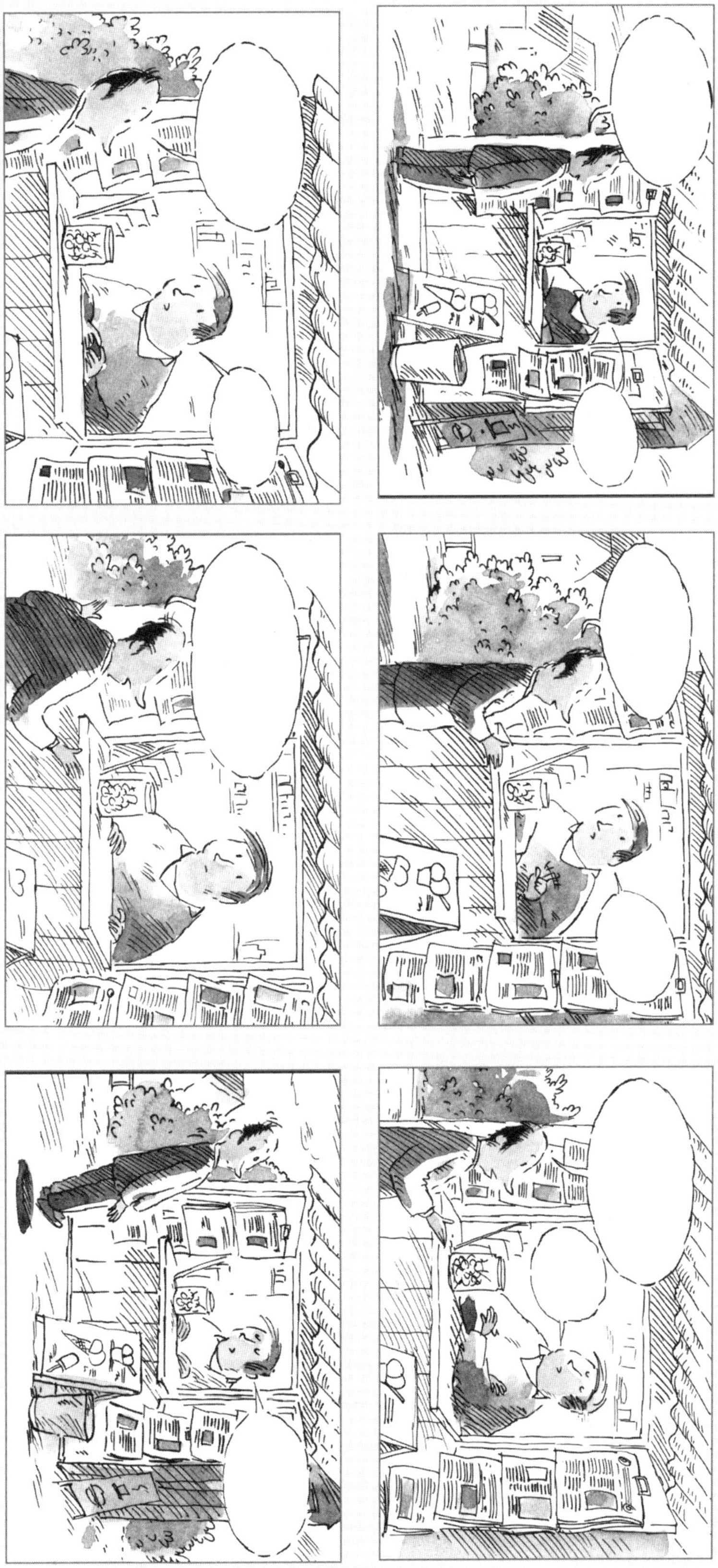

1

● Na, Lara? Wie gefällt dir die Lampe? Sie ist nicht neu, aber sie ist ganz schön, oder?
■ Die Lampe ist sehr schön.

2

● Walter, das ist Tim. Tim, das ist Herr Baumann.
■ Hallo Tim.
◆ Hallo, Herr Baumann.
● Tim kommt aus Ottawa.
■ Oh, aus Kanada?
● Ja, richtig.
◆ Tim ist auch im Deutschkurs, Walter.

3

● Sag mal, wo ist denn hier das Bad?
■ Das Bad ist dort.
● Ah, danke.
■ Aber Vorsicht!
● Hm?
■ Es ist nicht groß.

4

● Das Bad ist nicht groß ... Oh nein, es ist klein ...
Hmm? „Lara" – blau, „Sofia" – gelb, „Lili"–rot.
Ja, und Walter? Wohnt Walter nicht hier?

5

◆ Tatata-taaa: Das ist mein Zimmer. Hier wohne ich.
● Hey!
◆ Und? Wie findest du das Zimmer?
● Das Zimmer gefällt mir sehr gut. Es ist groß und hell. Und die Möbel sind sehr schön.

6

● Das Zimmer gefällt mir sehr gut. Aber es ist teuer, oder?
◆ Nein. Das Zimmer ist nicht teuer. Es kostet 150 Euro.
● 150 Euro! In München! Du, das ist aber sehr billig.
◆ Ja?
● Mein Zimmer kostet 350 Euro im Monat.
◆ Was?! 350 Euro?
● Ja!
◆ Boah!
● Und es ist klein und hässlich und dunkel.

7

◆ Das ist die Küche.
● Toll. Sie ist sehr groß.
◆ Ja, stimmt. Ich finde das auch schön.

8

◆ So, was siehst du, Tim?
● Das ist Walter.
◆ Moment. Guck mal hier: eine Mutter und eine Tochter.
● Ja ... und?
◆ Und hier rechts ein Vater und hier links eine Tochter.
● Was? Ach so!

Ergänzen Sie.

groß ~~billig~~ neu teuer breit klein schön schmal hell alt hässlich dunkel

 Das Haus ist billig.	 Das Haus ist ....
 Das Auto ist	 Das Auto ist ....
 Das Zimmer ist	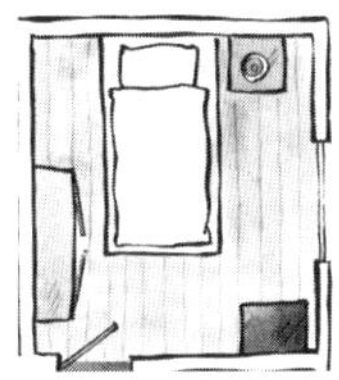 Das Zimmer ist ....
 Die Straße ist	 Die Straße ist ....
 Das Zimmer ist ....  .	 Das Zimmer ist ....  .
 Der Tag ist	 Die Nacht ist ....

Lösung: billig – teuer, alt – neu, groß – klein, breit – schmal, schön – hässlich, hell – dunkel

Vier gewinnt

A

Spiel 1 Sie suchen eine 3-Zimmer-Wohnung, ca. 75 Quadratmeter groß, aber nur bis 800 € pro Monat. Sie hätten gerne Balkon und Garage. Informieren Sie sich.

Ich suche …
Ich hätte gerne …
Wie groß ist die Wohnung?
Ich möchte nur bis … Euro Miete bezahlen.
Die Wohnung ist zu groß/klein.
Die Wohnung gefällt mir (nicht).

Spiel 2 Sie vermieten Wohnungen. Eine Kundin / Ein Kunde kommt und möchte Informationen: *Sie/Er sucht eine 2-Zimmer-Wohnung mit ca. 50 m². Sie/Er möchte ca. 550 m bezahlen. Sie/Er braucht eine große Küche, Garage und Balkon.* Sie haben diese Wohnungsangebote:

Ich habe hier eine Wohnung mit Balkon.
Wie viele Zimmer möchten/brauchen Sie?
Die Wohnung hat … Quadratmeter.
Die Wohnung kostet …
Die Wohnung hat eine große Küche …

2-Zi-Wohnung: ruhige Lage, 55 qm, Balkon, Garage; Wohnküche, 560 €, Nebenkosten 40 €, 2 Monatsmieten Kaution, ab 1.12.	**Ferienwohnung** mit 2 Zimmern, 50 qm, Balkon, Angebot für 14 Tage: 500 Euro
2-Zi-Wohnung im Stadtzentrum, 49 qm, kl. Küche, große Garage, Preis: 520 € plus Nebenkosten, frei ab sofort	**Günstig!** Kleine 3-Zi-Wohnung mit Balkon, großer Küche, eigener Garage für nur 550 Euro plus Nebenkosten 50 Euro!

B

Spiel 1 Sie vermieten Wohnungen. Eine Kundin / Ein Kunde kommt und möchte Informationen: *Sie/Er sucht eine 3-Zimmer-Wohnung mit ca. 75 Quadratmetern. Sie/Er möchte bis 800 € bezahlen. Sie/Er hätte gerne Balkon und Garage.* Sie haben diese Wohnungsangebote:

Ich habe hier eine Wohnung mit Balkon.
Wie viele Zimmer möchten/brauchen Sie?
Die Wohnung hat … Quadratmeter.
Der Balkon ist …
Die Wohnung hat eine Einbauküche …
Die Wohnung kostet …

3-Zi-Wohnung, 85 qm, zentral, Küche, Bad, WC extra, 850 € Warmmiete
Helle **3-Zimmer-Wohnung,** 74 qm, zentral, EBK, kl. Balkon, Garage, 750 € + NK/KT
Südpark, **3-ZW,** kl. Balk., gr. TG, 70 qm, 800 € KM, Nebenkosten 160 €

Spiel 2 Sie suchen eine 2-Zimmer-Wohnung mit ca. 50 m². Kosten: ca. 500 € + Nebenkosten. Sie brauchen eine große Küche, Garage und Balkon. Informieren Sie sich.

Ich suche …
Ich hätte gerne …
Wie groß ist die Wohnung?
Ich möchte nur bis … Euro Miete bezahlen.
Die Wohnung ist zu groß/klein.
Die Wohnung gefällt mir (nicht).

Laras Tag

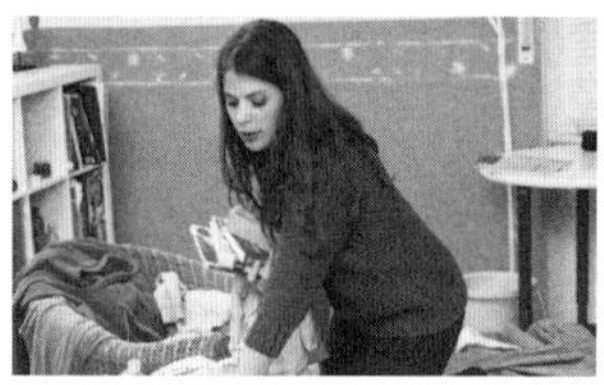

Variante A:

Lara *kocht*	das Abendessen.	Sie *ruft*	ihre Familie
an.	Lara *steht*	früh *auf.*	Sie *räumt*
die Küche	*auf.*	Sie *kauft*	im Supermarkt
ein.	Lara *sieht*	*fern.*	Sie *geht*
spazieren.	Lara *räumt*	ihr Zimmer	*auf.*
Sie *hört*	Musik.		

Variante B:

Lara	*kocht*	das	Abendessen.	Sie
ruft	ihre	Familie	*an.*	Lara
steht	früh	*auf.*	Sie	*räumt*
die	Küche	*auf.*	Sie	*kauft*
im	Supermarkt	*ein.*	Lara	*sieht*
fern.	Sie	*geht*	*spazieren.*	Lara
räumt	ihr	Zimmer	*auf.*	Sie
hört	Musik.			

Aktivitäten	Was machst du …?			
	sehr gern	gern	nicht gern	gar nicht gern
früh aufstehen				
die Wohnung aufräumen				
fernsehen				
kochen				
Fußball spielen				
arbeiten				
meine Eltern anrufen				
Freunde anrufen				
(im Supermarkt) einkaufen				
in den Deutschkurs gehen				
Deutsch sprechen				
die Hausaufgaben machen				

Was macht Lili um ...? / Wann macht Lili ...?

Variante A, Partner A

Wer?	Wann?	Was?
Sofie	7:45	
Lili		in die Schule gehen
Tim	8:27	
Lili	15:45	
Sofie		von der Arbeit kommen
Lara	19:15	

Variante A, Partner B

Wer?	Wann?	Was?
Sofie		zur Arbeit gehen
Lili	7:50	
Tim		zum Deutschkurs gehen
Lili		Hausaufgaben machen
Sofie	18:35	
Lara		das Abendessen kochen

Variante B, Partner A

Wer?	Wann?	Was?
Sofie	7:45 (Viertel vor acht)	
Lili	7:50 (zehn vor acht)	
Tim		geht zum Deutschkurs
Lili	15:45 (Viertel vor vier)	
Sofie		kommt von der Arbeit
Lara		kocht das Abendessen

Variante B, Partner B

Wer?	Wann?	Was?
Sofie		geht zur Arbeit
Lili		geht in die Schule
Tim	8:27 (kurz vor halb neun)	
Lili		macht Hausaufgaben
Sofie	18:35 (fünf nach halb sieben)	
Lara	19:15 (Viertel nach sieben)	das Abendessen kochen

Uhrzeit-Domino

zehn nach zwölf	7.04	kurz nach sieben	10.13
zehn Uhr dreizehn	10.30	zehn Uhr dreißig	17.20
zwanzig nach fünf	22.15	Viertel nach zehn	23.57
kurz vor zwölf	12.02	kurz nach zwölf	16.10
sechzehn Uhr zehn	3.45	Viertel vor vier	11.13
elf Uhr dreizehn	14.30	halb drei	9.35
fünf nach halb zehn	8.59	acht Uhr neunundfünfzig	6.43
sechs Uhr dreiundvierzig	15.15	Viertel nach drei	4.27
kurz vor halb fünf	18.33	achtzehn Uhr dreiunddreißig	0.45
Viertel vor eins	21.29	einundzwanzig Uhr neunundzwanzig	13.48
dreizehn Uhr achtundvierzig	19.30	halb acht	11.02
kurz nach elf	8.30	halb neun	0.10

Kopiervorlage L6 / Foto-Hörgeschichte

1 **Was passt zusammen? Verbinden Sie.**

einen Ausflug	fahren
Gitarre	schreiben
Musik	machen
Auto	spielen
Würstchen	hören
Nachrichten	essen

2 a **Was machen Sie gern? Kreuzen Sie an.**

Aktivitäten	ich		meine Partnerin / mein Partner	
	☺ gern	☹ nicht gern	☺ gern	☹ nicht gern
wandern				
kochen				
fernsehen				
ein Picknick machen				
mit der Familie telefonieren				
spazieren gehen				
Würstchen essen				
Nachrichten schreiben				
Musik hören				
einen Ausflug machen				
Musik machen				
Auto fahren				

2 b **Fragen Sie dann Ihre Partnerin / Ihren Partner und kreuzen Sie an.**

● Wandern Sie gern? / Wanderst du gern?
■ Ja, ich wandere gern. / Nein, ich wandere nicht gern.

Lösung: 1 einen Ausflug – machen, Gitarre – spielen, Musik – hören, Auto – fahren, Würstchen – essen, Nachrichten – schreiben

Kopiervorlage L6 / A1

Wetter-Memo-Spiel

	Es schneit.		Es sind 25 Grad. Es ist warm.
	Es regnet.		Die Sonne scheint.
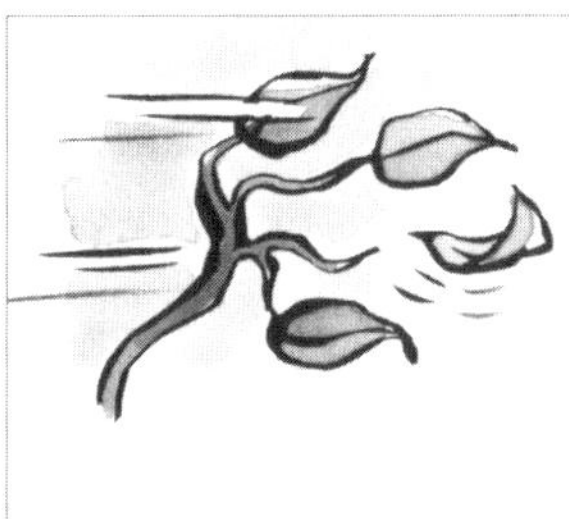	Es ist windig.		Es ist bewölkt / Es gibt viele Wolken.
	Es sind nur 7 Grad. Es ist kalt.		

Quartett

der Apfel

die Banane
die Orange
die Tomate

die Banane

die Orange
die Tomate
der Apfel

die Orange

die Tomate
der Apfel
die Banane

die Tomate

der Apfel
die Banane
die Orange

die Cola

das Mineralwasser
der Apfelsaft
der Wein

**das Mineral-
wasser**

der Apfelsaft
der Wein
die Cola

der Apfelsaft

der Wein
die Cola
das Mineralwasser

der Wein

die Cola
das Mineralwasser
der Apfelsaft

der Herd

die Waschmaschine
der Fernseher
der Kühlschrank

die Waschmaschine

der Fernseher
der Kühlschrank
der Herd

der Fernseher

der Kühlschrank
der Herd
die Waschmaschine

der Kühlschrank

der Herd
die Waschmaschine
der Fernseher

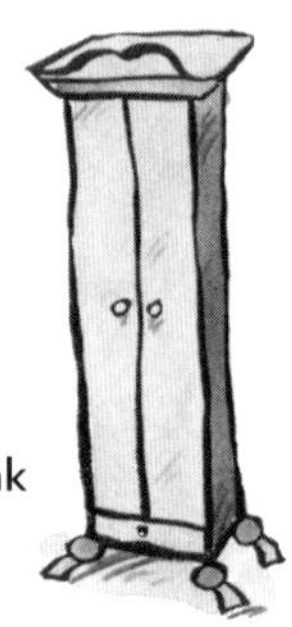

der Schrank

das Sofa
der Tisch
das Bett

das Sofa

der Tisch
das Bett
der Schrank

der Tisch

das Bett
der Schrank
das Sofa

das Bett

der Schrank
das Sofa
der Tisch

Aktivitäten

schwimmen

wandern

Fußball spielen

grillen

Gitarre spielen

tanzen

spazieren gehen

Zeitung lesen

Fahrrad fahren

Musik hören

Auto fahren

ein Picknick machen

kochen

fernsehen

Freunde treffen

Computer spielen

Almas Hobby: Wolkenfotos

1 a Sehen Sie den Film ohne Ton an. Was macht Alma? Kreuzen Sie an.

○ fotografieren
○ im Internet surfen
○ spazieren gehen
○ am Computer Fotos ansehen
○ stricken
○ Fahrrad fahren
○ wandern
○ Freunde treffen

1 b Schreiben Sie Sätze. Was macht Alma?

Alma geht spazieren.
....
....
....

2 Was ist richtig? Kreuzen Sie an.

a ○ Alma ist 43 Jahre alt.
b ☒ Sie wohnt im Süden von Deutschland.
c ○ Alma fotografiert nie den Himmel.
d ○ Ihre Lieblingshobbys sind Spazierengehen und Fahrradfahren.

e ○ Alma findet Wolken interessant.
f ○ Almas Wolken haben viele Farben.
g ○ Wolken sind wie Bananen: ganz verschieden.

h ○ Alma arbeitet nur am Wochenende.
i ○ Alma hat am Wochenende immer ihr Handy dabei.

Lösung: 1 a fotografieren, spazieren gehen, am Computer Fotos ansehen, Fahrrad fahren; 1 b Sie fotografiert Wolken. Sie sieht am Computer Fotos an. Sie fährt Fahrrad. 2 e, f, i

Kopiervorlage L7 / Foto-Hörgeschichte

Lili Lara Sofia	Kannst du Lili wecken? 
Lili Lara Sofia	Hmmm! Das schmeckt so lecker.
Lili Lara Sofia	Ihr schreibt also einen Mathetest. 
Lili Lara Sofia	Ich glaube, ich habe alles richtig gemacht.
Lili Lara Sofia	Das Frühstück ist fertig. Was ist los?
Lili Lara Sofia	Pünktlich  um Viertel nach zehn ist sie da.
Lili Lara Sofia	Sie will auf jeden Fall noch zum Deutschkurs gehen.
Lili Lara Sofia	Ich habe Bauchschmerzen. 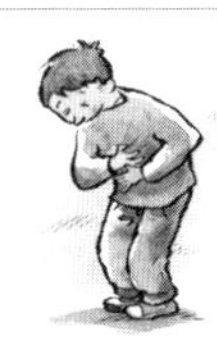

Lösung: Sofia: Kannst du Lili wecken? / Lili: Hmmm! Das schmeckt so lecker. / Lara: Ihr schreibt also einen Mathetest. / Lili: Ich glaube, ich habe alles richtig gemacht. / Lara: Das Frühstück ist fertig. Was ist los? / Lara: Pünktlich um Viertel nach zehn ist sie da. / Lili: Sie will auf jeden Fall noch zum Deutschkurs gehen. / Lili: Ich habe Bauchschmerzen.

Frage und Antwort

A

Fragen Sie Ihre Partnerin / Ihren Partner. Notieren Sie die Antwort.

A: Kann Petra singen?
B: Nein, sie kann gar nicht singen.

B: Kann Petra fotografieren?
A: Ja, sie kann toll fotografieren.

⚠ Bei „nicht so gut" antwortet man: „Nein, Petra kann nicht so gut singen."

	Petra	Bärbel und Rainer	Niko	Petras Eltern
fotografieren	toll			gut
singen		nicht so gut		
Auto fahren	sehr gut		gut	gar nicht
Gitarre spielen		leider nicht	ein bisschen	
schwimmen				sehr gut
tanzen	nicht so gut	gar nicht	sehr gut	

✂ -

B

Fragen Sie Ihre Partnerin / Ihren Partner. Notieren Sie die Antwort.

A: Kann Petra singen?
B: Nein, sie kann gar nicht singen.

B: Kann Petra fotografieren?
A: Ja, sie kann toll fotografieren.

⚠ Bei „nicht so gut" antwortet man: „Nein, Petra kann nicht so gut singen."

	Petra	Bärbel und Rainer	Niko	Petras Eltern
fotografieren		gut	nicht so gut	
singen	gar nicht		toll	nicht so gut
Auto fahren		sehr gut		gar nicht
Gitarre spielen	super			gut
schwimmen	nicht so gut	leider nicht	gut	
tanzen				nicht gut

Das will ich am Wochenende machen!

 ich	 ihr	 er	 du	 sie
 sie	 wir	Name:	Name: .... Name:	Name der Kursleiterin / des Kursleiters: ....
 ins Restaurant gehen	 Deutsch lernen	 mit meinen Kindern spielen	 Fußball spielen	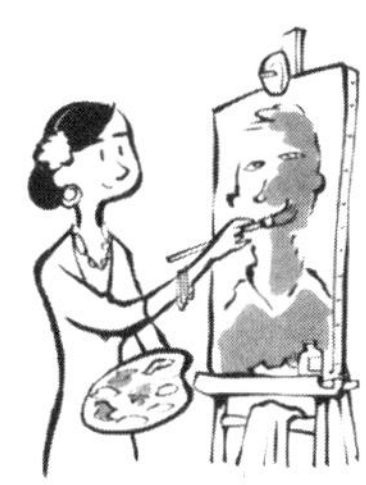 ein Bild malen
 Fahrrad fahren	 Samstagmorgen schwimmen	 in den Bergen wandern	 mit ... tanzen gehen	 im Park Zeitung lesen
 mit Freunden grillen	 Gitarre spielen	 am Sonntag Musik hören	 einen Ausflug machen	 nicht früh aufstehen

Die Perfektschlange

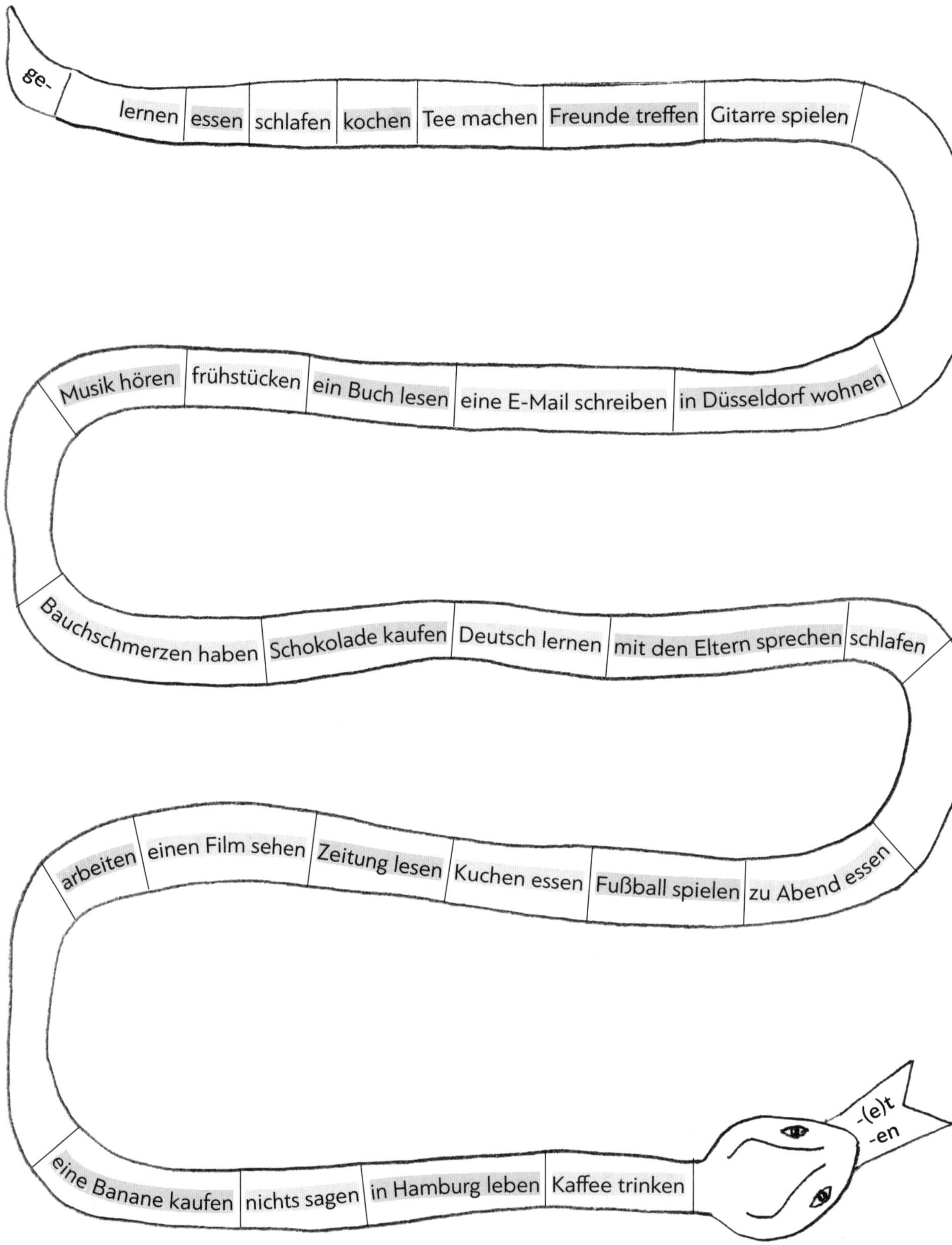

Perfekt-Pantomime

tanzen	eine Nachricht schreiben	spazieren gehen	Mundharmonika spielen
sprechen	Fahrrad fahren	kochen	eine Banane essen
nach Hause kommen	ein Spiel spielen	lernen	gehen
Bauchschmerzen haben	fotografieren	Auto fahren	ein Buch lesen
Pizza essen	Musik hören	etwas trinken	Freunde treffen

1 Was passt zu welchem Foto im Kursbuch? Ergänzen Sie.

„Kann ich das jetzt mal haben?" „Gibst du mir das jetzt?" Foto	„Das geht nicht gut!" „Das hast du / habe ich was falsch gemacht!" Foto	„Das tut mir leid!" „Das ist gar nicht schön!" „So ein Pech!" Foto ......
„Das mag ich gar nicht!" „Das schmeckt/riecht gar nicht gut!" Foto	„Was ist das denn?" „Das habe ich noch nie gesehen/gehört!" Foto	„Mir ist kalt!" „Hier ist es kalt!" Foto ......
„Das kann man nicht essen!" „Das schmeckt furchtbar!" Foto	„Super!" „Das ist toll!" Foto	„Was ist denn jetzt los?" „Moment mal!" „Gib das zurück!" Foto ......

2 Was passt? Ergänzen Sie die Ausrufe aus dem Kursbuch.

a ■ Schau mal, das habe ich heute gekauft.
○ .... Das ist aber schön.

b ■ .... Der Käse riecht aber sehr. Den kann ich nicht essen.
○ Findest du?

c ■ .... Ich glaube es wird Winter. Es sind nur 5° Grad.
○ Stimmt, es ist kalt.

d ■ Hier, Schokolade mit Chili. Willst du ein Stück?
○ .... Schokolade mit Chili? Das habe ich noch nie gehört.

e ■ Kann ich mein Wörterbuch bitte haben?
○ Gleich.
■ Bitte, ich will ein Wort nachsehen
○ Ja, gleich.
■ ....

f ■ Willst du einen Joghurt?
○ Ja, gerne.
■ Hier, bitte.
■ .... wie alt ist der denn? Der schmeckt aber schlecht.
■ ....

g ■ ...., geh lieber zweimal. 20 Eier – das geht nicht gut.
○ Das geht schon. – Mist, es geht doch nicht.
■ ....

Lösung:

1

C	E	B
G	F	I
H	A	D

2 a Ui! b Igitt! / Bäh! c Brr! d Hä?! e Na!? f Igitt! / Bäh! g Oh-oh! Oje!

Lektion 1, Wiederholung: Lückenspiel

	Form	Ablauf	Material	Zeit
	PA	Die TN erhalten zu zweit je einen Satz Kärtchen mit Sätzen/Fragen und einen Satz Kärtchen mit Verben der Kopiervorlage. Die Kärtchen mit den Sätzen werden verdeckt zwischen den beiden TN ausgelegt. Die Kärtchen mit den Verben werden gemischt und gleichmäßig unter den beiden TN aufgeteilt. Beide TN decken ihre Verben auf und schirmen sie mit der Hand ab, sodass der andere TN sie nicht sehen kann. Dann deckt der erste TN einen Satz aus der Mitte auf. Beide TN sehen nach, ob sie eine passende Verbkarte haben. Der TN mit der passenden Karte legt sie in die Lücke im Satz. Dann wird ein weiterer Satz / eine weitere Frage aufgedeckt etc. Gewonnen hat, wer zuerst keine Verben mehr hat. Anschließend überlegen die beiden TN gemeinsam, zu welcher Frage welche Antwort passt. Gehen Sie herum und helfen Sie bei Fragen.	KV L1/Wiederholung	
TiPP		Achten Sie darauf, dass die TN ihre Verben mit dem Arm oder Buch schützen, damit jede/r TN wirklich versucht, für sich zu arbeiten und nicht der schnellere TN das passende Verb bei der Partnerin/beim Partner herausfischt.		
	PA	*Variante 1:* Die TN antworten abwechselnd selbst auf die Fragen. *Variante 2:* Die TN teilen die Sätze unter sich auf und diktieren sie sich gegenseitig. Die Lücken ergänzt der schreibende TN selbstständig. Zur Kontrolle können Sie die Diktate einsammeln oder Sie bereiten zu Hause ein Kontrollblatt vor, mit dem die TN selbstständig kontrollieren und korrigieren. Letzteres empfiehlt sich für Kurse mit überwiegend lerngewohnten TN.		
TiPP		Sammeln Sie die zerschnittenen Kopiervorlagen jeweils in Umschlägen und beschriften Sie diese mit „Wiederholung Lektion 1". Dazu können Sie einen Schuhkarton besorgen, der immer im Kursraum für die TN zum Üben bereitsteht. Die TN können dann auch allein in den Pausen oder vor dem Unterricht damit üben. Sie können aber auch später, wenn die Wiederholungen mehrerer Lektionen im Karton sind, den TN regelmäßig etwas Zeit einräumen, in der die TN die Wiederholungen „alter" Lektionen noch einmal bearbeiten.		

Lektion 2, Wiederholung: Rollenspiel

	Form	Ablauf	Material	Zeit
	GA	Bilden Sie zwei Gruppen. Jede Gruppe bekommt ein Set Karten und spielt völlig autonom dieses Spiel. Verteilen Sie eine Karte pro TN, evtl. auch Klebeband und Stift, sodass die TN sich als Hilfestellung Namensschilder machen können. Die TN sollen sich in ihren Familien zusammenfinden. Sie fragen: „Wie heißt du?", „Wer bist du?", „Hast du Kinder?" etc. Später stellen sie sich und ihre Familie der anderen Gruppe vor. Jeder TN sagt: „Ich bin ...", „Das sind ...", „Das ist mein Bruder ..." . Sollte das zu lange dauern, dann kann ein ausgewählter TN „seine Familie" vorstellen.	KV L2/Wiederholung	

Lektion 3, Wiederholung: Spiel

	Form	Ablauf	Material	Zeit
	GA	Die TN sitzen in Kleingruppen zusammen. Jede Kleingruppe erhält je einen Satz Kärtchen der Kopiervorlage. Die Kärtchen werden gemischt und verdeckt ausgelegt. Der erste TN zieht ein Kärtchen und liest dem TN rechts von sich TN die Aufgabe vor. Dieser TN antwortet / löst die Aufgabe. Ist seine Lösung richtig, bekommt er die Karte, ist sie falsch, wird die Karte zurückgelegt. Dann zieht der nächste TN ein Kärtchen und fragt den TN rechts von sich etc.	KV L3/Wiederholung	

TiPP	Achten Sie darauf, dass die TN sich die Aufgaben tatsächlich vorlesen und dem gefragten TN die Karte nicht zeigen. So trainieren die TN zugleich ihre Aussprache und bekommen sofort ein Feedback, da der andere versteht oder nachfragt. Die gefragten TN trainieren ihr Hörverstehen. Außerdem erhöht das Zuhören die Konzentration innerhalb der gesamten Gruppe, denn keiner außer dem vorlesenden TN darf in die Karte sehen (außer, wenn nach einer Abbildung gefragt wird oder etwas vorgelesen werden soll).

Lektion 4, Wiederholung: Wimmeln

	Form	Ablauf	Material	Zeit
	WPA	Schneiden Sie die Fragekärtchen der Kopiervorlage ohne die Lösungen aus. Jeder TN erhält ein Kärtchen. Die TN stehen auf und finden sich paarweise zusammen. Die TN befragen sich gegenseitig und korrigieren ggf. die Antworten. Dann tauschen sie die Kärtchen und suchen sich neue Partner. Auf diese Weise werden die Inhalte der Lektion spielerisch wiederholt.	KV L4/Wiederholung	

Lektion 5, Wiederholung: Würfelschlange „Laras Tagesablauf“

	Form	Ablauf	Material	Zeit
	GA	Jede Gruppe bekommt einen Spielplan und einen Würfel, jeder Spieler bekommt außerdem eine Spielfigur. Die Augenzahl bestimmt, wie viele Felder der TN auf dem Spielbrett vorrücken darf. Der TN formuliert einen Satz mit der Uhrzeit und der Tätigkeit von Lara. Ist die Verbform bzw. der Satz korrekt, darf der Spieler auf dem Feld stehenbleiben, hat er einen Fehler gemacht, muss er drei Felder zurück. Wurde die Spielfigur gesetzt, ist der nächste Spieler an der Reihe. Gewonnen hat, wer als Erster das Ziel erreicht. Die anderen Spieler würfeln weiter, bis alle die gesamte Strecke zurückgelegt haben oder die Spielzeit um ist. Der Gewinner jeder Gruppe erhält ggf. einen kleinen Preis. Gehen Sie herum und helfen Sie bei Schwierigkeiten.	KV L5/Wiederholung, Spielfiguren, Würfel	

Lektion 6, Wiederholung: Verbspirale

Form	Ablauf	Material	Zeit
GA	Jede Gruppe bekommt einen Spielplan und einen Würfel, jeder Spieler bekommt außerdem eine Spielfigur. Die Augenzahl bestimmt, wie viele Felder der TN auf dem Spielbrett vorrücken darf und welches Personalpronomen benutzt werden soll. Geben Sie dazu an der Tafel vor: „1 = ich, 2 = du, 3 = er/sie/es, 4 = wir, 5 = ihr, 6 = Sie/sie". Wenn Sie den Eindruck haben, dass die TN mit der Konjugation gut zurechtkommen, können Sie an der Tafel die Vorgaben ändern, z. B. „5 = Meine Eltern, 3 = Evi, 1 = Marjena und Piotr" etc. Noch nicht so geübte TN konzentrieren sich auf die Konjugation der Verben, geübtere TN bilden kurze Sätze mit der jeweiligen Verbform. Während des Spiels korrigieren sich die TN in der Gruppe gegenseitig. Ist die Verbform bzw. der Satz korrekt, darf der Spieler auf dem Feld stehenbleiben, hat er einen Fehler gemacht, muss er drei Felder zurück. Wurde die Spielfigur gesetzt, ist der nächste Spieler an der Reihe. Gewonnen hat, wer als Erster das Ziel erreicht. Die anderen Spieler würfeln weiter, bis alle die gesamte Strecke zurückgelegt haben oder die Spielzeit um ist. Der Gewinner jeder Gruppe erhält ggf. einen kleinen Preis. Gehen Sie herum und helfen Sie bei Schwierigkeiten oder bei Fragen.	KV L6/Wiederholung, Spielfiguren, Würfel	

TiPP	Sind die Spielregeln einmal klar, können Sie das Spiel in angemessenen Abständen für neue Verbformen (z. B. Perfekt, Passiv) einsetzen.

Lektion 7, Wiederholung: Frage und Antwort

Form	Ablauf	Material	Zeit
GA	Die TN erhalten in Kleingruppen je einen Satz Karten der Kopiervorlage. Reihum ziehen sie Karten und fragen die anderen TN aus der Gruppe. Die TN antworten frei und in ganzen Sätzen. Hilfe finden die TN unter der Rubrik „Kommunikation" (Kursbuch, Seite 91).	KV L7/Wiederholung	

TiPP	Sie können das Spiel in angemessenen Abständen immer wieder einsetzen. Die Kärtchen können z. B. auch zur Anregung von Gesprächen genutzt werden. Dann antworten die TN ausführlicher, z. B. wann sie kochen gelernt haben und von wem etc. Hier ist es wichtig, den TN die Gelegenheit zu geben, frei zu antworten, damit sie den Ausdruck eigener Gedanken üben können. Fehlerkorrekturen sollten daher, wenn überhaupt, nur sehr sanft und zur Unterstützung des Verständnisses erfolgen.	

Ich ………………………… aus Spanien.
Wer ………………………… das?
Ich ………………………… Sofia.
………………… Sie Herr Bär?
Ich ………………………… Französisch und ein bisschen Deutsch.
Mein Name ………………… Lara Nowak.
………………………… Frau Nowak da, bitte?
Woher ………………………… du?
Nein, ………………………… mir leid.
Wie ………………………… Sie?
Nein, ich ………………………… Herr Bärenkamp.
Und wie ………………………… du?
Das ………………………… Walter.
Was ………………………… du?

tut	Ist	ist	heiße	spreche
komme	ist	bin	kommst	ist
heißt	sprichst	heißen	bin	

Set I

Ich bin **Berta**. Meine Tochter ist Erika, mein Mann ist Peter. Mein Sohn heißt Egon. Er lebt in Italien.	Ich bin **Erika**. Meine Mutter ist Berta, mein Vater ist Peter. Ich habe zwei Kinder, einen Sohn und eine Tochter.
Ich heiße **Peter**. Meine Frau heißt Berta. Meine Kinder sind Erika und Egon. Egon lebt in Italien.	Ich bin **Egon**. Ich lebe in Italien. Meine Eltern sind Berta und Peter.
Ich heiße **Ruth**. Ich bin Bertas Schwester. Ich habe keine Kinder.	Ich bin **Fabian**. Meine Mutter ist Erika. Mein Vater heißt Martin. Ich komme aus München.
Ich bin **Sabine**. Ich bin Erikas Tochter. Ich habe keine Kinder.	Mein Name ist **Martin**. Ich bin Erikas Mann. Ich habe eine Schwester.
Ich bin **Adam**. Ich komme aus Polen. Meine Frau heißt Ilka.	Mein Name ist **Ilka**. Mein Bruder ist Martin. Mein Mann heißt Adam.

Set II

Ich bin **Anna**. Mein Mann ist Alexander, meine Tochter heißt Natascha. Mein Sohn heißt Julian. Er lebt in Australien.	Ich bin **Natascha**. Meine Mutter ist Anna, mein Vater ist Alexander. Ich habe drei Kinder: Georg, Greta und Daniela.
Ich heiße **Alexander**. Meine Frau heißt Anna. Meine Kinder sind Natascha und Julian. Julian lebt in Australien.	Ich bin **Julian**. Ich lebe in Australien. Meine Eltern sind Anna und Alexander.
Ich heiße **Daniela**. Mein Bruder ist Georg, meine Schwester ist Greta. Ich habe keine Kinder.	Ich bin **Georg**. Meine Mutter ist Natascha. Mein Vater heißt Peter. Ich komme aus München.
Ich bin **Greta**. Ich bin Nataschas Tochter. Ich habe keine Kinder.	Mein Name ist **Peter**. Ich bin Nataschas Mann. Ich habe eine Schwester, Gunda.
Ich bin **Luis**. Ich komme aus Kolumbien. Meine Frau heißt Gunda.	Mein Name ist **Gunda**. Mein Bruder ist Peter. Mein Mann heißt Luis und kommt aus Kolumbien.

Wie heißt die Frage: Brot – wir – brauchen	Ergänzen Sie *ein* oder *eine*: ... Birne ... Würstchen ... Ei	Antworten Sie: Haben Sie Tomaten?	Wie heißt der Plural? ein Apfel – 10 ... eine Kiwi – 5 ... ein Fisch – 2 ...
Zählen Sie von 25 bis 37.	Antworten Sie: Kann ich Ihnen helfen?	Ergänzen Sie: Eine ... Tomaten, bitte, und 300 ... Fleisch, bitte.	Ergänzen Sie *kein* oder *keine:* ... Milch ... Kaffee ... Orangen
Antworten Sie: Wie heißt das auf Deutsch? 	Ergänzen Sie *ist* oder *sind*: Im Einkaufswagen ... Tomaten.	Wie heißt die Frage: kommst – du – woher	Ergänzen Sie: Drei ... Mineral-wasser, bitte. Und eine ... Kaffee.
Wie heißt der Singular? 3 Eier – ... 4 Pfannkuchen – ... 7 Brötchen – ...	Wie heißt die Frage: Lara – Vorname – ist – Ihr	Ergänzen Sie *ein* oder *eine*: ... Würstchen ... Joghurt ... Kuchen	Antworten Sie: Wie viel möchten Sie denn?
Lesen Sie die Preise. 4,32 Euro 0,79 Euro 1,44 Euro	Ergänzen Sie: ein Liter ... ein Kilo ... ein Becher ...	Ergänzen Sie *ein* oder *eine:* ... Kilo ... Packung ... Dose	Zählen Sie von 84 bis 70.

Zählen Sie von 50 bis 60.
→ ...

50 (fünfzig), 51 (einundfünfzig), 52 (zweiundfünfzig), ... neunundfünfzig, 60 (sechzig)

der Tisch, die Tische
→ der Stuhl, die ...

Stühle

Zählen Sie: 605, 610, 615,
→ ... 650.

620 (Sechshundertzwanzig), 625 (sechshundertfünfundzwanzig), 630 (sechshundertdreißig), 635, 640, 645,650

das Bett, die Betten
→ das Zimmer, die ...

Zimmer

groß – klein
→ breit – ...

schmal

Wie ist Ihre Telefonnummer?
→ ...

alt – neu
→ teuer – ...

billig

neu – alt
→ hässlich – ...

schön

Nennen Sie drei Zimmer.
→ ...

das Schlafzimmer, das Wohnzimmer, das Kinderzimmer, das Arbeitszimmer, die Küche, das Bad, der Flur ...

Was ist im Kursraum?
Nennen Sie zwei Möbel.
→ ...

der Tisch / die Tische, der Stuhl / die Stühle ...

Zählen Sie: 111, 222, 333,
→ ... 999.

444 (vierhundertvierundvierzig), 555 (fünfhundertfünfundfünfzig), 666, 777, 888

Nennen Sie drei Elektrogeräte.
→ ...

die Waschmaschine, der Kühlschrank, der Herd, die Lampe ...

Zählen Sie von 130 – 140.
→ ...

130 (hundertdreißig), 131 (hunderteinunddreißig), ... 140 (hundertvierzig)

das Haus, die Häuser,
→ der Schrank, die ...

Schränke

ein Zimmer, das Zimmer
→ ein Balkon, ...

der Balkon

Wie gefällt Ihnen der Kursraum?
→ ...

Wie ist Ihre Adresse?
→ ...

Nennen Sie zwei Möbel (Schlafzimmer)
→ ...

der Schrank, das Bett, das Regal ...

Wie groß ist Ihre Wohnung?
→ Sie hat ...

... Quadratmeter / ... Zimmer

Wie groß ist der Kursraum? Was meinen Sie?
→ ...

(ungefähr) ... Quadratmeter

Flur – der Flur
→ Bad – ...

das Bad

Das Bad hat kein Fenster.
→ Es ist sehr ...

dunkel

Ist Ihr Handy neu?
→ ...

Bad – das Bad
Flur → ...

der Flur

Wie ist Ihre Küche?
→ ...

Welche Farbe hat Ihr Sofa?
→ ...

klein – groß
→ schmal – ...

breit

Nennen Sie drei Farben
→ ...

rot, gelb, grün, blau, schwarz, weiß, grau, braun ...

Nennen Sie zwei Möbel (Arbeitszimmer)
→ ...

der Schreibtisch, der Stuhl, das Regal ...

Wohnung – die Wohnung
→ Apartment - ...

das Apartment

Wie ist Ihr Wohnzimmer?
→ ...

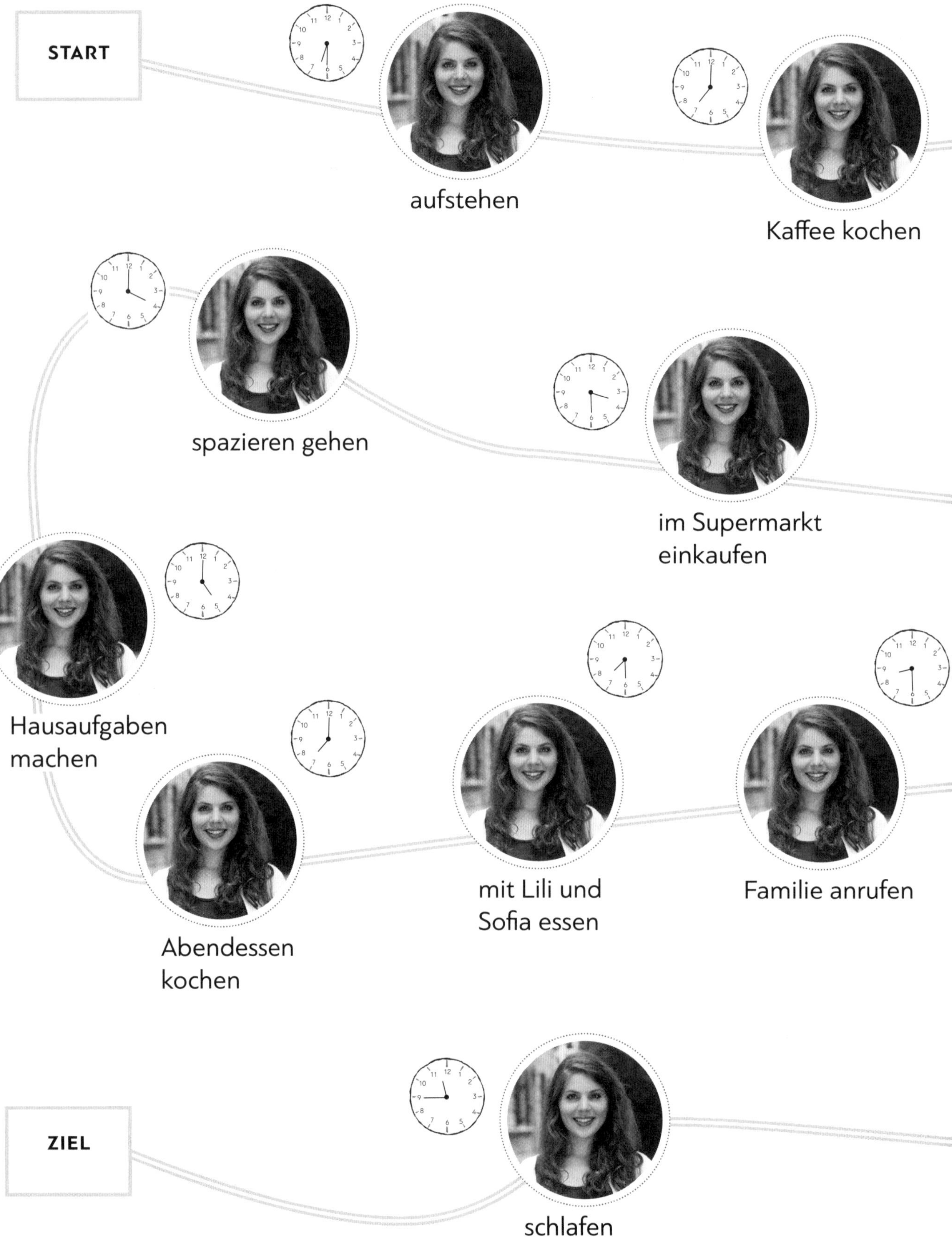
START
aufstehen
Kaffee kochen
spazieren gehen
im Supermarkt einkaufen
Hausaufgaben machen
Abendessen kochen
mit Lili und Sofia essen
Familie anrufen
ZIEL
schlafen

mit Lili und Sofia frühstücken

die Küche aufräumen

zum Deutsch-kurs gehen

mit der Lehrerin sprechen

mit Tim Pause machen

Deutsch lernen

mit Freunden chatten

ein Buch lesen

fernsehen

ins Bett gehen

Start	spr**e**chen	wohnen	sein	hören	haben	buch-stabieren
aufräumen	aufstehen	Frühstück machen	frühstücken	arbeiten	anrufen	singen
Girtarre	ein Picknick machen	in die Disco gehen	Karten spielen	schl**a**fen	f**a**hren	l**e**sen
gef**a**llen	Fahrrad f**a**hren	arbeiten	spr**e**chen	tanzen	einkaufen	schreiben
ankreuzen	Sprachen lernen	aufstehen	Ziel	schwimmen	kochen	heißen
kennen	zum Deutschkurs gehen	heißen		Auto f**a**hren	ferns**e**hen	aufstehen
brauchen	zur Schule gehen	schl**a**fen		Freunde tr**e**ffen	Fußball spielen	haben
verstehen	Haus-aufgaben machen	ferns**e**hen	eine E-Mail schreiben	grillen	Pizza **e**ssen	kommen
leben	spazieren gehen	Musik hören	ins Bett gehen	einkaufen	ins Kino gehen	ans**e**hen
zeigen	suchen	sagen	markieren	kosten	Gitarre spielen	fragen

Willst du am Wochenende grillen?	Kannst du Fahrrad fahren?	Was hast du gestern Abend um 8 Uhr gemacht?	Wann hast du heute gefrühstückt?
Was hast du gestern Mittag gegessen?	Wann bist du gestern nach Hause gekommen?	Kannst du gut Englisch sprechen?	Hast du gut geschlafen?
Hast du heute schon einen Kaffee getrunken?	Bist du mit dem Bus zum Kurs gekommen?	Wollen wir heute Abend ins Kino gehen?	Kannst du Auto fahren?
Hast du heute viel gelernt?	Willst du noch ein Stück Kuchen?	Kannst du kochen?	Ich will am Wochenende einen Ausflug machen. Kommst du mit?
Was hast du gestern um 15 Uhr gemacht?	Kannst du gut tanzen?	Was hast du gerade gemacht?	Willst du tanzen lernen?

Test zu Lektion 1

Name: ....

WORTSCHATZ

1 Ordnen Sie zu.

Guten Morgen. | ~~Guten Tag.~~ | Hallo. | Tschüs. | Auf Wiedersehen. | Guten Abend. | Gute Nacht.

a Guten Tag. ....

....

b ....

c ....

d ....

e ....

....

Punkte ...... /6

2 Ergänzen Sie die Wörter.

Beispiel: V o r n a m e

a _ a _ l _ _ n _ m _

b _ _ ß _

c P _ _ l e _ z _ _

d _ _ _ t

e L _ _ d

Punkte ...... /5

GRAMMATIK

3 Was ist richtig? Markieren Sie.

Beispiel: Wer bist / ~~ist~~ / bin das?

a Ich ist / bist / bin Lara.

b Wie heiße / heißt / heißen du?

c Was sprechen / sprichst / spreche du?

d Ich sprichst / sprechen / spreche Spanisch.

e Du kommen / kommst / komme aus Kroatien.

f Woher kommst / kommen / kommst Sie?

g Mein Name bist / ist / sind Frank.

h Wer ist / sind / bist du?

Punkte ...... /8

4 Schreiben Sie die Fragen.

Beispiel: Woher kommst du? (du) – Ich komme aus Griechenland.

a .... (Sie) – Ich spreche Arabisch.

b .... (du) – Ich bin Sara.

c .... (Sie) – Ich heiße Maria Torres.

d .... (Sie) – Ich komme aus Österreich.

Punkte .... / 4

KOMMUNIKATION

5 Verbinden Sie.

a Woher kommst du?
b Wer ist das?
c Wie heißen Sie?
d Wer bist du?
e Woher kommen Sie?
f Was sprichst du?

1 Ich heiße Tim Wilson.
2 Ich spreche Polnisch.
3 Ich bin Klaus.
4 Ich komme aus Syrien.
5 Das ist Lara.
6 Ich komme aus der Schweiz.

Punkte .... / 5

6 Was sagen die Personen? Ergänzen Sie das Gespräch.

■ Firma CompuDesign, Annette Huber, ... (a)

○ Guten Tag. .... Marteleira. Ist Herr Hofer da? (b)

■ Entschuldigung, Frau ... .? (c)

○ Marteleira. ....: M-A-R-T-E-L-E-I-R-A. (d)

■ Ach ja. Ja, Frau Marteleira. Es tut mir leid, Herr Hofer ist nicht da.

○ Ja, gut. Danke. .... (e)

■ Auf Wiederhören.

Punkte .... / 5

SCHREIBEN

7 Wer sind Sie? Ergänzen Sie das Formular.

Anmeldung zum Deutschkurs

Familienname ....

Vorname ....

Adresse ....

....

Punkte .... / 3

8 Das bin ich. Schreiben Sie einen Text mit *heißen, kommen* und *sprechen.*

Forum international

....

....

....

Punkte .... / 4

Gesamt .... / 40

Test zu Lektion 2

Name: ....

WORTSCHATZ

1 Wer ist das? Ordnen Sie zu.

Vater | Schwester | ~~Familie~~ | Oma | Bruder | Eltern | Großeltern | Kinder | Geschwister | Tochter | Opa

Beispiel: Das ist meine Familie 

a  Das sind meine .... Meine Mutter heißt Ina und mein .... heißt Rolf.

b  Das sind meine .... Mein .... Jonas ist drei Jahre alt. Meine .... Sandra ist schon sechs.

c  Das sind meine ....: mein .... Karl und meine .... Ulla.

d  Das sind meine ....: meine Söhne Jonas und Patrick und meine .... Sandra.

Punkte .... /10

2 Was passt? Kreuzen Sie an.

Beispiel: 1 ○ elf ☒ eins

a 12 ○ zwölf ○ zwanzig   b 13 ○ dreizehn ○ drei   c 7 ○ siebzehn ○ sieben

Punkte .... /3

GRAMMATIK

3 *Sie* oder *Er*? Markieren Sie.

Beispiel: Das ist Vanessa.	Sie/Er kommt aus Frankreich.
a Das ist Tim.	Sie/Er wohnt in München.
b Das sind Kevin und Susanne.	Sie/Er leben in der Schweiz.
c Das sind meine Eltern.	Sie/Er kommen aus Spanien.
d Das ist Anna.	Sie/Er wohnt in Österreich.
e Das ist mein Mann.	Sie/Er kommt aus Syrien.
f Das ist meine Familie.	Sie/Er wohnt in Kanada.

Punkte .... /3

4 Ergänzen Sie *mein – meine, dein – deine, Ihr – Ihre.*

Beispiel: Das ist mein Sohn Michael.

a Ich heiße Anna und das ist .... Schwester Miriam.

b Wie heißt .... Bruder? – Er heißt Aron.

c Frau Becker, wie alt ist .... Tochter? – Sie ist acht. Und wie alt ist .... Sohn, Herr Brand? – Er ist 15.

d Tim, wo wohnen .... Eltern? – .... Eltern wohnen in Ottawa.

e Lara, sind .... Eltern verheiratet? – Nein, sie sind geschieden.

Punkte .... /4

5 Wie heißt die richtige Form? Ergänzen Sie.

Beispiel: Hallo, wie heißt (heißen) du? – Ich heiße (heißen) Rosanak.

a Woher kommst du? – Ich .... (kommen) aus dem Iran.

b Welche Sprachen .... (sprechen) du? – Meine Familie und ich .... (sprechen) Farsi.

c Bist du verheiratet? – Ja, ich .... (sein) verheiratet und .... (haben) zwei Kinder. Sie .... (heißen) Sara und Bahar.

d Wo .... (wohnen) ihr? – Wir .... (wohnen) in Frankfurt.

e Wie alt .... (sein) du? – Ich .... (sein) 27 Jahre alt.

Punkte ...... /5

KOMMUNIKATION

6 Ordnen Sie zu.

Aus der Türkei | bin Fatma Günal | ~~Guten Tag.~~ | ledig | wie ist Ihre Telefonnummer | verheiratet

◆ Guten Tag ■ Guten Tag.

◆ Mein Name ist Hartmann. Wie heißen Sie? ■ Ich .... (a)

◆ Woher kommen Sie? ■ .... , aus Ankara. (b)

◆ Sind Sie .... ? (c) ■ Nein, ich bin .... (d)

◆ Und .... ? (e) ■ 0173/346734.

◆ Vielen Dank. Auf Wiedersehen. ■ Tschüs.

Punkte ...... /5

SCHREIBEN

7 Schreiben Sie Sätze. Achtung: Es gibt mehrere Lösungen!

~~Ich~~ Sie Du Er Ihr Wir	~~lebe~~ seid wohnt haben kommt sprichst
~~in~~ aus drei Kinder. geschieden.	Berlin. Türkisch. ~~Deutschland~~. Syrien.

Beispiel: Ich lebe in Deutschland.

a ....

b ....

c ....

d ....

e ....

Punkte ...... /10

Gesamt ...... /40

Test zu Lektion 3

Name: ....

WORTSCHATZ

1 Was ist das? Ergänzen Sie.

Beispiel: Das ist ein Mann.

a  Das ist ....

b  Das ist ....

c 

Das ist ....

d  Das ist ....

e  Das ist ....

Punkte .... /5

2 Was passt nicht? Streichen Sie.

Beispiel: Fleisch, Wurst, ~~Reis~~, Fisch

a Banane, Kartoffel, Apfel, Orange
b Joghurt, Milch, Butter, Salz
c Kaffee, Brot, Kuchen, Brötchen
d Käse, Fisch, Schokolade, Wein
e Pfund, Liter, Dose, Gramm

Punkte .... /5

GRAMMATIK

3 Ergänzen Sie.

Beispiel: eine Banane viele Bananen

a ein Apfel viele ....
b ein Saft viele ....
c ein Ei viele ....
d ein Brötchen viele ....
e ein Foto viele ....
f eine Frage viele ....
g ein Mann viele ....
h eine Schwester viele ....
i ein Kind viele ....
j eine Großmutter viele ....

Punkte .... /5

4 Ergänzen Sie.

Beispiel: Das ist kein Würstchen. Das ist eine Banane.

a Das ist .... Ei. Das ist eine Kiwi.
b Das sind .... Brötchen. Das sind Kuchen.
c Das ist .... Apfel. Das ist eine Tomate.
d Das sind .... Eier. Das sind Birnen.
e Das ist .... Schokolade. Das ist ein Kuchen.

Punkte .... /5

KOMMUNIKATION

5 Schreiben Sie die Fragen.

Beispiel:

● Özdemir? Ist das ein Vorname ?
■ Nein, das ist ein Familienname.

a

● ______________________ ?
■ Ein Apfel.

d

● Ich heiße Antonia.
Und ______________________ ?
■ Margit.

b

● ______________________ Hans?
■ Nein. Er ist Boris.

e

● ______________________ Englisch?
■ Nein. Nur Chinesisch und ein bisschen Deutsch.

c

● Guten Tag, Herr Müller.
______________________ ?
■ Nicht so gut.

Punkte ______ / 5

6 Ergänzen Sie.

● Guten Tag. ______________________ Tomaten. (a)
■ Gern. ______________________ ? (b)
● ______________________ . (c)
■ Hier, bitte. ______________________ ? (d)
● Nein danke. ______________________ . (e)
● ______________________ 2,90 Euro, bitte. (f)

Punkte ______ / 6

7 Wie sagt man das?

Beispiel: 1,15 € ein Euro fünfzehn.

a 0,50 € ______________________
b 3,00 € ______________________
c 1,27 € ______________________
d 0,79 € ______________________

Punkte ______ / 4

SCHREIBEN

8 Was passt? Ergänzen Sie den Einkaufszettel.

Liter | Packung | ~~Kilo~~ | Gramm | Flaschen | Becher

1 Kilo Kartoffeln
a 2 ______ Joghurt
b 200 ______ Käse
c 1 ______ Salz
d 3 ______ Mineralwasser
e 1 ______ Milch

Punkte ______ / 5
Gesamt ______ / 40

Test zu Lektion 4

Name: ....

WORTSCHATZ

1 Was passt? Ergänzen Sie.

der Balkon | ~~die Wohnung~~ | das Wohnzimmer | das Bad | die Küche | das Schlafzimmer

Beispiel: Hier sind Zimmer: die Wohnung
a Dort ist mein Bett: das ....
b Dort sind eine Dusche und eine Badewanne: ....
c Es ist kein Zimmer, aber dort sind ein Tisch und zwei Stühle: ....
d Dort sind der Kühlschrank und der Herd: ....
e Dort sind der Fernseher, das Sofa, ein Sessel und ein Tisch: ....

Punkte ...... / 5

2 Wie heißt das Gegenteil? Kreuzen Sie an.

Beispiel: Das Haus ist neu. Das Haus ist	○ teuer.	☒ alt.	○ dunkel.
a Das Haus ist billig. Das Haus ist	○ schmal.	○ alt.	○ teuer.
b Die Wohnung ist groß. Die Wohnung ist	○ breit.	○ schmal.	○ klein.
c Das Kinderzimmer ist schön. Das Kinderzimmer ist	○ hässlich.	○ klein.	○ hell.
d Der Balkon ist hell. Der Balkon ist	○ neu.	○ dunkel.	○ schön.
e Der Flur ist breit. Der Flur ist	○ schmal.	○ alt.	○ klein.

Punkte ...... / 5

GRAMMATIK

3 *Er*, *Sie* oder *Es*? Ergänzen Sie.

Beispiel:  Das ist ein Fernseher. Er ist klein.

c  Das ist eine Waschmaschine. .... ist neu.

a 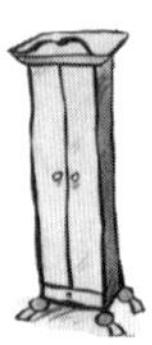 Das ist ein Schrank. .... ist groß.

d  Das sind Stühle. .... sind alt.

b  Das ist ein Sofa. .... ist schön.

e  Das ist eine Lampe. .... ist hässlich.

Punkte ...... / 5

4 *Nicht* oder *kein*? Ergänzen Sie.

Beispiel: Hast du eine Schwester? – Nein, ich habe keine Schwester. Ich habe einen Bruder.
a Sind Sie verheiratet? – Nein, ich bin .... verheiratet. Ich bin ledig.
b Wohnst du in Berlin? – Nein, ich wohne .... in Berlin. Ich wohne in Köln.
c Haben Sie Kinder? – Nein, ich habe .... Kinder.
d Kommst du aus Ungarn? – Nein, ich komme .... aus Ungarn. Ich komme aus Polen.
e Möchtest du ein Mineralwasser? – Nein, ich möchte .... Wasser. Ich trinke Saft.

Punkte ...... / 5

KOMMUNIKATION

5 Schreiben Sie Fragen.

Beispiel: Ist der Schrank noch da? – Ja, er ist noch da.

a ……………………………………? – Zwei Meter hoch und einen Meter breit.
b ……………………………………? – Er kostet 60 €
c ……………………………………? – Ungefähr ein Jahr alt.
d ……………………………………? – In der Müllerstraße 113.
e ……………………………………? – Ja, ich bin da.

Punkte …… /5

6 Ordnen Sie zu.

eine Wohnungsanzeige | im Monat | eine Telefonnummer | Nebenkosten | wie hoch ist die Miete

■ Drei Zimmer, 60 m^2 ... Hmmm, du hör mal, Sabine. Hier ist …………………… in der Zeitung: drei Zimmer, 60 m^2, 13. Stock. (a)
● Aha. Und ……………………? (b)
■ Die Wohnung kostet 950 € ……………………. (c)
● Inklusive ……………………? 950 € Kaltmiete ist sehr teuer. (d)
■ Gute Frage! Das weiß ich nicht. Hier steht nur 950 €.
● Hm, gibt es da ……………………? (e)
■ Ja, hier.

Super: 3-Zimmer-Wohnung, 13. Stock, ca. 60 m², Küche, Bad, **von privat**, 950 Euro, Tel. 08161/88 75 80, ab 19 Uhr

Punkte …… /5

LESEN

7 Was ist richtig? Kreuzen Sie an.

Zimmer frei!
Suchst du ein Zimmer? Ich habe ab August ein Zimmer frei! Es ist 24 Quadratmeter groß und hell. Meine Straße ist ruhig und es gibt nicht viele Autos. Das Zimmer ist möbliert: ein Bett, ein Schrank, ein Schreibtisch mit Computer und ein Stuhl. Das Zimmer ist mit Balkon. Er ist zwei Quadratmeter groß, dort steht ein Tisch und zwei Stühle. Ideal zum Frühstücken. ☺
Im Wohnzimmer gibt es Internet, einen Fernseher und Telefon. Das Zimmer kostet 350,-€/Monat Warmmiete. Interessiert? Dann ruf einfach an: 0951/54416, Lene Jensen

Beispiel:	Das Zimmer ist	○ jetzt frei.	☒ ab August frei.	○ bis August frei.
a	Es ist	○ groß und ruhig.	○ groß, aber dunkel.	○ klein, aber hell.
b	Im Zimmer sind auch	○ ein Tisch und zwei Stühle ○ ein Schreibtisch und ein Stuhl.	○ ein Sessel und ein Bett.	
c	Das Zimmer hat	○ keinen Balkon.	○ einen Balkon.	○ ein Bad.
d	Im Zimmer gibt es	○ Internet.	○ einen Fernseher.	○ einen Computer.
e	Das Zimmer kostet 350 €	○ warm.	○ pro Jahr.	○ Kaltmiete.

Punkte …… /10

Gesamt …… /40

Test zu Lektion 5

Name: ....

WORTSCHATZ

1 Wie spät ist es? Ergänzen Sie.

Beispiel:
Es ist zehn nach neun.

a
Es ist ....

b
Es ist ....

c
Es ist ....

d
Es ist ....

e
Es ist ....

Punkte ...... /5

2 Was machen die Personen? Ergänzen Sie.

Beispiel: Jan steht um 7.20 Uhr auf.

a Anna .... die Küche ....

b Vera .... Timo ....

c Marco .... am Abend .... fern.

d Anna .... im Supermarkt ....

e Jan und Karin ....

Punkte ...... /5

GRAMMATIK

3 Ergänzen Sie *um*, *von ... bis*, *am* und *in der*.

Beispiel: Am Wochenende schläft Lara lang.

a .... Sonntag frühstückt sie erst .... halb elf.

b Dann macht sie .... elf .... eins Hausaufgaben.

c .... Nacht sieht Lara lang fern.

Punkte ...... /4

4 Schreiben Sie Sätze in der richtigen Form.

Beispiel: Wochenende – Jan – am – lange – schlafen. Am Wochenende schläft Jan lange.

a frühstücken – ~~um~~ – Jan – 7.00 Uhr.
Um ....

b Sport – ~~von~~ – machen – 16.00 Uhr – Jan – 18.00 Uhr – bis
Von ....

c Jan – ~~am~~ – anrufen – seine Freundin Anne – Abend.
Am ....

Punkte ...... /6

5 Ergänzen Sie in der richtigen Form.

Beispiel: Wann sieht Lara fern? (fernsehen)

a Am Samstag .... (schlafen) Lara lange. Sie .... erst um 10.00 Uhr .... (aufstehen).

b Am Nachmittag .... sie mit Tim .... (spazieren gehen).

c Abends .... sie ihre Eltern oder Freunde .... (anrufen) oder sie .... (lesen) ein Buch.

d Manchmal .... Lara auch .... (fernsehen) und .... (essen) Pizza.

e Am Sonntag .... (helfen) sie Lili bei den Hausaufgaben.

f Lara und Lili .... (sprechen) zusammen Deutsch.

g Lara .... (sprechen) jetzt schon gut Deutsch.

Punkte ...... /5

KOMMUNIKATION

6 Welche Antwort passt? Kreuzen Sie an.

Beispiel: ■ Wann ist der Kindergarten geöffnet?
▲ ○ Es ist neun Uhr ☒ Von Montag bis Freitag ○ Um 18.00 Uhr

a ■ Wie spät ist es jetzt?
▲ ○ Um halb drei. ○ Halb drei. ○ Von halb drei bis Viertel nach vier.

b ■ Ich mache am Samstag eine Party. Hast du Zeit?
▲ ○ Das passt gut. ○ Ich komme gern. ○ Es ist schon spät. Ich gehe jetzt nach Hause.

c ■ Wann ist der Supermarkt geöffnet?
▲ ○ Jedes Wochenende. ○ Um 8.00 Uhr. ○ Von 8.00 bis 20.00 Uhr.

d ■ Kommst du morgen mit ins Kino?
▲ ○ Das passt mir gut. Wann ist das Kino geöffnet? ○ Das passt mir gut. Wann fängt der Film an?
○ Das passt mir nicht. Ich mache heute Abend Sport.

e ■ Um wie viel Uhr fängt der Film an?
▲ ○ Am Wochenende. ○ Von 19.00–20.30 Uhr. ○ Um 19.00 Uhr.

Punkte ...... /5

SCHREIBEN

7 Was macht Ayla am Wochenende? Schreiben Sie Aylas E-Mail an Dorte fertig. Benutzen Sie die Wörter im Kasten. Schreiben Sie auf ein separates Blatt.

Samstag: ~~die Wohnung aufräumen~~ | mit dem Hund spazieren gehen | mit den Kindern Hausaufgaben machen

Sonntag: lange schlafen | ins Kino gehen | zusammen ein Eis essen

E-Mail senden

Liebe Ayla, wie geht´s? Was machst du am Wochenende? Hast du am Samstag oder Sonntag Zeit? Gehen wir zusammen ins Kino? Liebe Grüße, Dorte

E-Mail senden

Liebe Dorte, danke für deine E-Mail! Kino ist eine gute Idee! Am Samstag habe ich keine Zeit. Am Vormittag räume ich die Wohnung auf. Dann ...

Punkte ...... /10

Gesamt ...... /40

Test zu Lektion 6

Name: ....

WORTSCHATZ

1 Wie ist das Wetter? Ergänzen Sie.

Beispiel: Es sind 25 Grad.
Es ist warm.

a  ....

b  ....

c  ....

d  ....

Punkte ...... /4

2 Wie heißen die Verben richtig? Ergänzen Sie.

Beispiel: Klaus und Gabi grillen *(lirgeln)* heute.

a Sara .... *(friftt)* heute Freunde.
b Lin .... *(trckist)* Peter einen Pullover.
c Meine Kinder gehen heute .... *(mischewmn)*.
d Heute .... *(furse)* ich im Internet.
e Klaus .... *(tivergss)* das Mineralwasser.

Punkte ...... /5

3 Ordnen Sie zu.

der Frühling, der Sommer, ..., ...

Punkte ...... /2

GRAMMATIK

4 Ordnen Sie zu.

der | den | ~~der~~ | der | den | ~~den~~ | den

Beispiel: ■ Wo ist denn der Käse? ◆ Ich glaube, wir haben den Käse nicht dabei.

a ■ Ich möchte gern .... Saft. Hast du .... Saft?
b ◆ Oh, ich glaube, ... Saft ist zu Hause.
c ■ Und wo ist .... Kaffee?
d ◆ Hier, ... Kaffe habe ich hier.

Punkte ...... /5

5 Ergänzen Sie.

a

Ja, richtig, ich verkaufe meinen Computer, ... Waschmaschine, ... Kühlschrank, ... Auto, ... Smartphone und .... Gitarre.

b

Ich möchte ein Würstchen, bitte, ... Portion Pommes, ... Salat mit Ei und .... Cola.

Punkte ...... /8

KOMMUNIKATION

6 Was passt? Verbinden Sie.

a Trinken Sie keinen Tee?	1 Nein, ich möchte keinen Tee.
b Möchten Sie ein Glas Wein?	2 Doch, ich esse gern Kuchen.
c Essen Sie gern Kuchen?	3 Nein, ich trinke keinen Tee.
d Trinken Sie keinen Wein?	4 Ja, ich esse gern Kuchen.
e Essen Sie keinen Kuchen?	5 Doch, ich trinke gern Wein.
f Möchten Sie einen Tee?	6 Ja, ich möchte einen Wein.

Punkte .... / 5

7 Was ist Ihr/Ihre Lieblings...? Schreiben Sie.

Beispiel: Was ist Ihr Lieblingsbuch? Mein Lieblingsbuch ist Harry Potter.

a Was ist Ihr Lieblingsfilm? ....

b Was ist Ihr Lieblingsspiel? ....

c Was ist Ihre Lieblingsmusik? ....

Punkte .... / 3

8 Was machen Sie gern in der Freizeit? Schreiben Sie drei Sätze.

Beispiel: Ich spiele gern Fußball.

a ....

b ....

c ....

Punkte .... / 3

LESEN

9 Was ist richtig? Kreuzen Sie an.

Wetter

Deutschland: In der Mitte Deutschlands und im Süden scheint heute noch die Sonne. Die Temperatur steigt auf bis zu 28 Grad. Im Norden ist es windig und bewölkt. An der Küste steigen die Temperaturen nur bis 24 Grad. Morgen regnet es in ganz Deutschland, aber im Süden bleibt es noch warm. In der Mitte und im Norden werden es maximal 20 Grad.

	richtig
Beispiel: Im Süden scheint die Sonne.	☒
a Im Süden ist es heute warm.	○
b An der Küste scheint heute die Sonne.	○
c Im Norden sind es heute nur 28 Grad.	○
d Morgen regnet es im Norden.	○
e Morgen ist es im Norden und in der Mitte nicht mehr so warm.	○

Punkte .... / 5

Gesamt .... / 40

Test zu Lektion 7

Name: ....

WORTSCHATZ

1 Was passt nicht? Streichen Sie.

Beispiel: Musik: hören – machen – ~~singen~~
a ein Diktat: schreiben, spielen, lesen
b ein Lied: sagen – singen – spielen
c nach Hause: malen – laufen – fahren
d Tennis: mögen – spielen – reiten
e Kuchen: essen – wandern – backen
f eine Übung: machen – schreiben – treffen
g das Frühstück: wecken – machen – essen

Punkte ...... /7

2 Was machen die Leute? Ergänzen Sie.

Beispiel: Rad fahren

a ....

b ....

c ....

d ....

e ....

f ....

g ....

h ....

Punkte ...... /8

GRAMMATIK

3 Ergänzen Sie *können* oder *wollen* in der richtigen Form.

Beispiel: Paul ist krank. Er kann nicht zur Schule gehen.
a Thomas und Vera haben gestern viel gearbeitet. Heute arbeiten sie nicht. Sie .... lange schlafen.
b Ich gehe jetzt einkaufen. Was .... du heute abend essen?
c Du lernst schon lange Spanisch. .... du schon spanische Bücher lesen?
d .... wir heute Abend ins Kino gehen?
e Mira ist krank. Sie .... heute nicht arbeiten.

Punkte ...... /5

4 Ergänzen Sie in der richtigen Form.

Beispiel: Gestern habe ich nicht gearbeitet.
a Letztes Wochenende .... wir nach Paris gefahren.
b Barbara .... gestern ihre Freundin getroffen.
c Meine Kinder .... gestern sehr viel Schokolade gegessen.
d Ich .... am Sonntag spazieren gegangen.

Punkte ...... /4

5 Ordnen Sie zu und ergänzen Sie in der richtigen Form.

fahren ~~kaufen~~ essen schlafen

Beispiel: ■ Ich gehe einkaufen. Wir brauchen Salz und Butter.
▲ Nein, ich habe schon alles gekauft.

a ■ Was hast du? ▲ Ich ______ heute nicht gut ______. Ich bin sehr müde.

b ■ Bist du gelaufen? ▲ Nein, ich ______ mit dem Bus ______.

c ■ Möchtest du ein Brötchen? ▲ Nein, danke. Ich ______ schon zwei ______.

Punkte ...... /3

KOMMUNIKATION

6 Antworten Sie.

Beispiel: Kannst du Klavier spielen? – Ja, ich kann sehr gut Klavier spielen. (sehr gut)

a Kannst du Auto fahren? – ______ (gut)

b Könnt ihr Ski fahren? – ______ (gar nicht)

c Können Sie kochen? – ______ (nicht so gut)

Punkte ...... /3

7 Was passt? Ordnen Sie zu.

dann vielleicht nicht so gern Schade super ~~Wollen wir~~

Beispiel: ● Wir haben morgen frei. Wollen wir schwimmen gehen?

■ Schwimmen gehen? Nein, ______. (a)

● ______! (b)

■ Wollen wir ______ Fußball spielen? (c)

● Ja, ______. Das machen wir. (d)

Punkte ...... /4

SCHREIBEN

8 Schreiben Sie Gabis E-Mail an Petra fertig. Schreiben Sie drei Sätze auf ein separates Blatt.

a

E-Mail senden

Hallo Gabi, ich habe Dir heute schon drei SMS geschrieben. Aber Du hast nicht geantwortet. Was hast du heute gemacht? Petra

heute Morgen, lange schlafen

dann, kochen

am Nachmittag, ins Café gehen

dann, einkaufen

am Abend, Musik hören

E-Mail senden

Hi Petra,
also, heute Morgen habe ich lange geschlafen. Dann ...

Punkte ...... /6

Gesamt ...... /40

Lektion 1 Guten Tag. Mein Name ist ...

Folge 1: Das bin ich.

Bild 1
Lara: Das ist doch ganz einfach: „Hallo" oder „Guten Tag", dann: „Wie heiße ich?", dann: „Woher komme ich?", dann: „Was spreche ich?" und dann: „Tschüs!" oder „Auf Wiedersehen."
Lili: Hihi super. Du zuerst, Lara!
Lara: Ja, okay.

Bild 2
Lara: Hallo. Ich heiße Lara Nowak. Ich komme aus Polen. Ich spreche Polnisch und ein bisschen Englisch und Deutsch. Auf Wiedersehen. So und jetzt du, Walter.
Walter: Oh nein!
Lara: Oh ja!
Lili: Hihihi!

Bild 3
Lara: Walter?
Walter: Nein, tut mir leid.
Lara: Bitte!
Walter: Also ... ich ...
Lili: Na los, Opa!
Walter: Na gut, ... okay.

Bild 4
Walter: Ähm ... Mein Name ist Walter Baumann.
Lili: Hey, Opa! Du hast „Hallo!" vergessen!
Walter: Also nochmal: Guten Tag. Mein Name ist Walter Baumann. Ähm ... ich komme aus Deutschland. Ich ... Ich spreche Deutsch, Englisch, ähm, und ein bisschen Spanisch. Auf Wiedersehen. Puh. So Lili, hier.
Lili: Nein. Tut mir leid. Keine Zeit.
Walter: Na, dann du, Sofia.

Bild 5
Sofia: Hallo.
Ich bin Sofia Baumann. Ich komme aus Deutschland. Ich spreche Deutsch und Englisch. Tschüs. So. Jetzt aber du, Lili!
Lili: Okay, Mama.

Bild 6
Lili: Das ist Lili Baumann.
Sofia: Ach komm, Lili. Mach's richtig.
Lili: Mama!
Sofia: Bitte, Lili.
Lili: Na gut, Mama.

Bild 7
Lili: Halli hallo! Ich bin Lili. Ich komme aus Deutschland. Ich spreche Deutsch und ein bisschen Englisch. Tschüs!

Bild 8
Lili: So, und jetzt noch ein Foto. Wartet, so, jetzt : Drei ... zwei ... eins ... Hey! ...

Schritt A, A1
A
Walter: Guten Tag.

B
Walter: Auf Wiedersehen.

C
Lara: Hallo.

D
Lili: Tschüs.

Schritt A, A2a
Gespräch 1
Kinder: Auf Wiedersehen, Herr Schröder.
Herr Schröder: Tschüs, Kinder.

Gespräch 2
Moderator: Guten Abend, meine Damen und Herren. Willkommen bei „Musik international".

Gespräch 3
Paketzusteller: Guten Morgen, Frau Fleckenstein.
Frau Fleckenstein: Guten Morgen. Oh, danke. Auf Wiedersehen.

Gespräch 4
Vater: Gute Nacht.
Kind: Nacht, Papa.

Schritt B, B2
Gespräch A
Hr. Yulu: Guten Tag. Mein Name ist Richard Yulu.
Frau Weber: Guten Tag, Herr ... Entschuldigung, wie heißen Sie?
Hr. Yulu: Richard Yulu.
Frau Weber: Ah ja. Guten Tag, Herr Yulu. Ich bin Helga Weber.
Hr. Yulu: Guten Tag, Frau Weber.

Gespräch B
Frau Weber: Das ist Herr Yulu.
Frau Deiser: Guten Tag, Herr Yulu. Ich bin Magdalena Deiser.
Hr. Yulu: Guten Tag, Frau Deiser, freut mich.
Frau Deiser: Herzlich willkommen im Park-Klinikum.

Schritt C, C1
Gespräch A
Lara: Guten Tag. Mein Name ist Lara Nowak.
Fr. Schneider: Guten Tag. Freut mich. Ich heiße Klara Schneider. Woher kommen Sie, Frau Nowak?
Lara: Aus Polen.

Gesprāch B
Lara: Hallo. Ich bin Lara. Und wer bist du?
Henry: Hallo. Ich bin Henry. Woher kommst du, Lara?
Lara: Aus Polen.

Schritt C, C2a
Gespräch 1
Hr. Mayer: Guten Tag, ich bin Hans Mayer. Wie heißen Sie?
Hr. Tankay: Ali Tankay.
Hr. Mayer: Woher kommen Sie, Herr Tankay?
Hr. Tankay: Aus der Türkei.
Hr. Mayer: Aha! Und Sie? Wer sind Sie?
Hr. Makarenko: Ich bin Alexander Makarenko. Ich bin aus der Ukraine.

Gespräch 2
Anna: Hallo, ich bin Anna. Und wie heißt du?
Sadie: Ich heiße Sadie.
Anna: Und du? Wer bist du?
Rabia: Ich heiße Rabia.

Gespräch 3
Frau: Woher kommst du?
Mann: Aus Indien.
Frau: Ah, toll.
Mann: Und du?
Frau: Aus Thailand.
Mann: Interessant.

Schritt C, C3b
Umut: Hallo! Ich bin Umut. Und wer bist du?
Amir: Ich heiße Amir.
Umut: Woher kommst du, Amir?
Amir: Aus dem Jemen.
Umut: Aha. Ich komme aus Istanbul.
Amir: Du sprichst gut Deutsch.
Umut: Nein, nein. Nur ein bisschen.
Amir: Und Sie, wie heißen Sie?
Frau Tufan: Tufan, Mona Tufan.
Umut: Ah, schön. Was sprechen Sie, Frau Tufan?
Frau Tufan: Ich spreche Deutsch und Türkisch.
Umut: Aha, auch Türkisch.

Schritt D, D1
a be ce de e ef ge
ha i jot ka el em en
o pe ku er es te u
vau we ix ypsilon zett
ä ö ü eszett

Schritt D, D3
Sekretärin: Firma Microlab, Valentina Schwarz, guten Tag.
Hr. Kostadinov: Guten Tag. Mein Name ist Kostadinov. Ist Frau Bär da, bitte?
Sekretärin: Guten Tag Herr ...
Hr. Kostadinov: Kostadinov.
Sekretärin: Entschuldigung, wie ist Ihr Name?
Hr. Kostadinov: Kostadinov. Ich buchstabiere: K – O – S – T – A – D – I – N – O – V.
Sekretärin: Ah ja, Herr Kostadinov. Einen Moment bitte ... Herr Kostadinov? Tut mir leid, Frau Bär ist nicht da.
Hr. Kostadinov: Ja, gut. Vielen Dank. Auf Wiederhören.
Sekretärin: Auf Wiederhören, Herr Kostadinov.

Schritt E, E2
Gespräch 3
Frau Schwarz: Sprachschule LinguaTreff, Sie sprechen mit Frau Schwarz. Guten Tag.
Frau Platini: Guten Tag, ich möchte mich anmelden.
Frau Schwarz: Gern. Für welchen Kurs denn, bitte?
Frau Platini: Anfänger, also A 1.1.
Frau Schwarz: Gut, ja. Wie heißen Sie, bitte?
Frau Platini: Platini.
Frau Schwarz: Wiederholen Sie das bitte.
Frau Platini: Ich heiße Platini.
Frau Schwarz: Mit „e" am Ende?
Frau Platini: Nein, nur mit „i".
Frau Schwarz: Okay. Ich buchstabiere: P-L-A-T-I-N-I.
Frau Platini: Richtig.
Frau Schwarz: Und Ihr Vorname, bitte?
Frau Platini: Marie.
Frau Schwarz: Maria?
Frau Platini: Äh, nein. Marie. Mit „e" am Ende. ... M-A-R-I-E.
Frau Schwarz: Also Marie Platini.
Frau Platini: Richtig.
Frau Schwarz: Und woher kommen Sie Frau Platini?
Frau Platini: Ich bin aus Fribourg.
Frau Schwarz: Aus Freiburg?
Frau Platini: Ja, Freiburg in der Schweiz. Das heißt Fribourg. Ich buchstabiere: F-R-I-B-O-U-R-G.
Frau Schwarz: Aha. Danke. Das hab ich. Nun noch die Adresse.
Frau Platini: Die ist einfach. Also, ich wohne in der ...

Lektion 1, Audiotraining 1
Begrüßung und Abschied. Wiederholen Sie.
Hören Sie zuerst ein Beispiel:
Sprecher 1: Hallo.
Sprecher 2: Hallo.

Und jetzt Sie:
Sprecher 1: Hallo.
Sprecher 1: Guten Tag.
Sprecher 1: Guten Morgen.
Sprecher 1: Guten Abend.
Sprecher 1: Auf Wiedersehen.
Sprecher 1: Tschüs.
Sprecher 1: Gute Nacht.

Lektion 1, Audiotraining 2
Wie bitte? Fragen Sie nach.
Hören Sie zuerst ein Beispiel:
Sprecher 1: Mein Name ist Anita Zappel.
Sprecher 2: Wie bitte? Wie ist Ihr Name?
Sprecher 1: Anita Zappel.

Und jetzt Sie:
Sprecher 1: Mein Name ist Anita Zappel.
Sprecher 2: Wie bitte? Wie ist Ihr Name?
Sprecher 1: Anita Zappel.

Sprecher 1: Ich komme aus Österreich.
Sprecher 2: Wie bitte? Woher kommen Sie?
Sprecher 1: Aus Österreich.

Sprecher 1: Ich spreche Deutsch und Französisch.
Sprecher 2: Wie bitte? Was sprechen Sie?
Sprecher 1: Deutsch und Französisch.

Sprecher 1: Ich bin Anne.
Sprecher 2: Wie bitte? Wer bist du?
Sprecher 1: Anne.

Sprecher 1: Ich komme aus Deutschland.
Sprecher 2: Wie bitte? Woher kommst du?
Sprecher 1: Aus Deutschland.

Sprecher 1: Ich spreche Deutsch und ein bisschen Englisch.
Sprecher 2: Wie bitte? Was sprichst du?
Sprecher 1: Deutsch und ein bisschen Englisch.

Lektion 1, Audiotraining 3
Buchstabieren Sie, bitte! Buchstabieren Sie die Namen.
Hören Sie zuerst ein Beispiel:
Sprecher 1: Mein Name ist Weber.
Sprecher 2: Ah! Buchstabieren Sie, bitte.
Sprecher 1: W – E – B – E – R.
Sprecher 2: Vielen Dank.

Und jetzt Sie:
Sprecher 1: Mein Name ist Weber.
Sprecher 2: Ah! Buchstabieren Sie, bitte.
Sprecher 1: W – E – B – E – R.
Sprecher 2: Vielen Dank.
Sprecher 1: Mein Name ist Baumann.
Sprecher 2: Ah! Buchstabieren Sie, bitte.
Sprecher 1: B – A – U – M – A – N – N.
Sprecher 2: Vielen Dank.
Sprecher 1: Mein Name ist Deiser.
Sprecher 2: Ah! Buchstabieren Sie, bitte.
Sprecher 1: D – E – I – S – E – R.
Sprecher 2: Vielen Dank.

Sprecher 1: Mein Name ist Menardi.
Sprecher 2: Ah! Buchstabieren Sie, bitte.
Sprecher 1: M – E – N – A – R – D – I.
Sprecher 2: Vielen Dank.

Sprecher 1: Mein Name ist Nowak.
Sprecher 2: Ah! Buchstabieren Sie, bitte.
Sprecher 1: N – O – W – A – K.
Sprecher 2: Vielen Dank.

Zwischendurch mal Lied
Das Alphabet
A – B – C – Okay!
A wie Akkordeon
B wie Baby
C wie Cent
D wie Dynamit
E wie Elefant
F wie Flöte
G wie Gitarre
H wie Hallo
I wie Insekt
J wie Jaguar
K wie Kamera
L wie Lokomotive
M wie Mikrofon
N wie Natur
O wie Ozean
P wie Polizei
Q wie Quartett
R wie Radio
S wie Saxophon
T wie Telefon
U wie Uhu
V wie Volksmusik
W wie Wolfgang Amadeus
X wie Xylophon
und ... jetzt ... Ypsilon
Z wie Zirkus
Meine Damen und Herren, das war das ABC.

Zwischendurch mal Landeskunde
Begrüßung und Abschied regional
Aufgabe 1
A
Begrüßung und Verabschiedung formell, neutral und überall:
„Guten Tag!“ ... „Auf Wiedersehen!“
oder:
„Tag!“ ... „Wiedersehen!“
B
Begrüßung und Verabschiedung informell und überall:
„Hallo!“ ... „Tschüs!“

C
Begrüßung und Verabschiedung regional:
„Moin!“ oder „Moin moin!“ ... „Tschüs!“
„Tach!“ ... “Tschüs!“
„Servus!“ ... „Servus!“
„Grüezi mitenand!“ ... „Uf Widerluege!“

Lektion 2 Meine Familie

Folge 2: Pause ist super.

Bild 1
Tim: Hey! Hallo, Lara.
Lara: Hallo, Tim. Na, wie geht's?
Tim: Danke, gut. Und wie geht es dir?
Lara: Sehr gut, danke. Hast du jetzt Pause?
Tim: Ja. Du auch?
Lara: H-hm.
Tim: Pause ist gut, oder?
Lara: Mmm ... Nein. Pause ist SEHR gut.

Bild 2
Lara: Ähm, Tim?
Tim: Ja?
Lara: Woher kommst du? Du kommst aus Kanada, oder?
Tim: Ja, genau.
Lara: Und wo lebst du in Kanada? Also: Wo lebt deine Familie?
Tim: Wir leben in Ottawa.
Lara: Ottawa? Das ist die Hauptstadt von Kanada, oder?
Tim: Ja, das ist richtig.

Bild 3
Tim: Und wo lebt deine Familie, Lara? In Warschau?
Lara: Nein, nein. Meine Familie lebt in Lublin.
Tim: Lublin? Hm ... Wo ist Lublin?
Lara: Lublin ist auch in Polen, in Ostpolen.
Tim: Aha. Hier, bitte.
Lara: Oh, super! Vielen Dank! Hmm.

Bild 4
Tim: Hier, das sind meine Eltern.
Lara: M-hm. Wie heißt dein Vater? Auch Tim?
Tim: Nein. Er heißt Richard.
Lara: Aha. Und deine Mutter? Wie heißt sie?
Tim: Meine Mutter heißt Amy.
Lara: Hast du Geschwister?
Tim: Moment mal.

Bild 5
Tim: Wo ist es, wo ist es? Ah, hier: Das ist mein Bruder.
Lara: Hey! Wie heißt er denn?
Tim: Er heißt Ben. Er ist sechzehn. Und du? ... Ähm ...
Lara: Ich bin zwanzig.
Tim: Nein, Entschuldigung. Ich meine: Hast du auch Geschwister?
Lara: Ach so. Nein, ich habe keine Geschwister.

Bild 6
Lara: Hier. Das ist meine Mutter. Sie heißt Anna. Und das sind meine Großeltern.
Tim: Aha. Und dein Vater?
Lara: Meine Eltern sind geschieden, verstehst du?
Tim: Aha. Lebt dein Vater auch in Lublin?
Lara: Nein. Er lebt in Poznań. Das ist in Westpolen.
Tim: M-hm, ich verstehe.

Bild 7
Lara: Hhh!
Tim: Was ist?
Lara: Oje.
Tim: Ja, was ist denn, Lara?
Lara: Mein Deutschkurs geht jetzt gleich weiter.
Tim: Oh-oh! Mein Deutschkurs auch! Komm!
Lara: Los, los los!

Bild 8
Enten: Qua-qua-quaak!

Schritt A, A1
Walter: Wie geht's?
Lara: Super.

Walter: Wie geht's?
Lara: Danke, sehr gut.

Walter: Wie geht's?
Lara: Gut, danke.

Walter: Wie geht's?
Lara: Na ja, es geht.

Walter: Wie geht's?
Lara: Ach, nicht so gut.

Schritt A, A2a und b
Gespräch 1
Tim: Hallo, Lara.
Lara: Hallo, Tim. Wie geht´s?
Tim: Danke, gut. Und wie geht es dir?
Lara: Auch gut, danke.

Gespräch 2
Walter: Guten Morgen, Frau Jansen.
Bäckerin: Guten Morgen, Herr Baumann. Wie geht es Ihnen?
Walter: Danke, sehr gut. Und Ihnen?
Bäckerin: Ach, nicht so gut. Wissen Sie, das Wetter ...

Schritt B, B1a
Lili: Tschüs, Opa, ich geh jetzt.
Frau: Sie haben eine nette Enkelin, Herr Baumann. Das da auf dem Foto, das ist auch Ihre Enkelin Lili, oder?
Walter: Nein, nein. Das ist meine Tochter Sofia. Als Kind.
Frau: Ach so. Und die junge Frau da ist dann auch Sofia?!
Walter: Nein. Das ist – war – meine Frau. Sie wissen ja, ich bin verwitwet.
Frau: Nun, Sie haben ja Ihre Enkelin und Ihre Kinder. Das ist doch sicher Ihr Sohn, oder?
Walter: Ja, das ist mein Sohn Tobias. Sie haben recht, auf meine Kinder und Lili bin ich wirklich stolz.

Schritt B, B2
Gespräch 1
Lara: Wer ist das? Dein Bruder?
Tim: Nein, das ist mein Vater.

Gespräch 2
Frau: Wer ist das? Ihre Tochter?
Walter: Nein, das ist meine Enkelin Lili.

Schritt C, C1
A
Tim: Das ist Lara. Sie kommt aus Polen. Aus Lublin. Laras Eltern leben nicht zusammen. Sie sind geschieden. Laras Vater lebt in Poznań.
B
Lara: Das ist Tim. Er kommt aus Kanada. Er spricht ein bisschen Deutsch.
C
Ioanna: Lara und Tim wohnen jetzt in München.

Schritt C, C3a
Merima: Hallo. Schön, dass du da bist. Wie heißt du?
Clara: Ich bin Clara. Clara Wehrmann. Und wer seid ihr?
Merima: Das ist Anisa und ich bin Merima.
Clara: Merima? Anisa? Woher kommt ihr denn?
Merima: Wir kommen aus Bosnien.
Clara: Ach so. Und wie ist es hier so? Ist der Chef nett? ...

Schritt D, D1
null

eins	zwei	drei	vier	fünf
sechs	sieben	acht	neun	zehn
elf	zwölf	dreizehn	vierzehn	fünfzehn
sechzehn	siebzehn	achtzehn	neunzehn	zwanzig

Schritt D, D2
1
Frau: So, und dann brauche ich noch Ihre Telefonnummer, Herr Skulić.
Mann: 11 12 20.
Frau: 1-1-1-2-2-0.

2
Andy? Hm, nicht da. Andy, hier ist Britta. Ruf mich doch zurück. Meine Nummer: 19 16 10. Tschüs.

3
Frau: Hast du die Telefonnummer von Lukas?
Mann: Ja, warte. Das ist die 16 17 03. Warum brauchst du die Nummer denn?

Schritt D, D3
Sachbearbeiterin: Wie heißen Sie?
Frau Flores: Isabel Flores Nevado.
Sachbearbeiterin: Woher kommen Sie?
Frau Flores: Aus Spanien.
Sachbearbeiterin: Wo sind Sie geboren?
Frau Flores: In Madrid.
Sachbearbeiterin: Wie ist Ihre Adresse?
Frau Flores: Marktstraße 1, 20249 Hamburg.
Sachbearbeiterin: Wie ist Ihre Telefonnummer?
Frau Flores: 7-8-8-6-3-9.
Sachbearbeiterin: Sind Sie verheiratet?
Frau Flores: Nein, ich bin geschieden.
Sachbearbeiterin: Haben Sie Kinder?
Frau Flores: Ja, zwei.
Sachbearbeiterin: Wie alt sind sie?
Frau Flores: Meine Tochter ist acht und mein Sohn ist fünf.

Lektion 2, Audiotraining 1
Wie geht's? Wiederholen Sie. Hören Sie zuerst ein Beispiel:
Sprecher 1: Wie geht's?
Sprecher 2: Wie geht's?

Und jetzt Sie:
Sprecher 1: Wie geht's?
Sprecher 2: Danke, sehr gut.

Sprecher 1: Wie geht es dir?
Sprecher 2: Danke, gut. Und wie geht es dir?
Sprecher 1: Auch gut, danke.

Sprecher 2: Wie geht es Ihnen?
Sprecher 1: Na ja, es geht.

Sprecher 2: Wie geht es dir?
Sprecher 1: Nicht so gut.

Lektion 2, Audiotraining 2
Angaben zur Person. Antworten Sie auf die Fragen. Hören Sie zuerst ein Beispiel:
Sprecher 1: Wo sind Sie geboren? *Salzburg*
Sprecher 2: Ich bin in Salzburg geboren.

Und jetzt Sie:
Sprecher 1: Wo sind Sie geboren? *Salzburg*
Sprecher 2: Ich bin in Salzburg geboren.

Sprecher 1: Wo wohnen Sie? *Bremen*
Sprecher 2: Ich wohne in Bremen.

Sprecher 1: Wie ist Ihre Adresse? *Waldstraße 1, Bremen*
Sprecher 2: Meine Adresse ist Waldstraße 1, Bremen.

Sprecher 1: Wie ist Ihre Telefonnummer? *1 2 3 4 5 6*
Sprecher 2: Meine Telefonnummer ist 123456.

Sprecher 1: Sind Sie verheiratet? *geschieden*
Sprecher 2: Nein, ich bin geschieden.

Und jetzt noch einmal Sie: Antworten Sie mit Ihren Informationen.

Sprecher 1: Wo sind Sie geboren?
Sprecher 1: Wo wohnen Sie?
Sprecher 1: Wie ist Ihre Adresse?
Sprecher 1: Wie ist Ihre Telefonnummer?
Sprecher 1: Sind Sie verheiratet?

Lektion 2, Audiotraining 3
Das ist doch deine Mutter. Antworten Sie mit „Ja, genau."
Hören Sie zuerst ein Beispiel:
Sprecher 1: Das ist doch deine Mutter, oder?
Sprecher 2: Ja, genau. Das ist meine Mutter.
Und jetzt Sie:
Sprecher 1: Das ist doch deine Mutter, oder?
Sprecher 2: Ja, genau. Das ist meine Mutter.

Sprecher 1: Das ist doch dein Vater, oder?
Sprecher 2: Ja, genau. Das ist mein Vater.

Sprecher 1: Das ist doch dein Bruder, oder?
Sprecher 2: Ja, genau. Das ist mein Bruder.

Sprecher 1: Das ist doch deine Schwester, oder?
Sprecher 2: Ja, genau. Das ist meine Schwester.

Sprecher 1: Das ist doch deine Oma, oder?
Sprecher 2: Ja, genau. Das ist meine Oma.

Sprecher 1: Das ist doch dein Opa, oder?
Sprecher 2: Ja, genau. Das ist mein Opa.

Sprecher 1: Das sind doch deine Kinder, oder?
Sprecher 2: Ja, genau. Das sind meine Kinder.

Lektion 3 Einkaufen

Folge 3: Bananenpfannkuchen

Bild 1
Lara: Sofia?
Sofia: Hm?
Lara: Du, ich habe Hunger.
Sofia: Ich auch, Lara.
Lara: Was haben wir? Mal sehen. Oh-oh! Wir haben aber nicht sehr viel.
Sofia: Nicht? Oh! Wir haben wirklich nicht viel.

Bild 2
Lara: Naja, wir haben Milch. Und wir haben Butter.
Sofia: Milch, Butter, hmm. Haben wir Zucker? Und Mehl?
Lara: Ja, Zucker und Mehl haben wir auch. Hier, bitte.
Sofia: Milch, Butter, Zucker, Mehl – Möchtest du Pfannkuchen?
Lara: Hey, Pfannkuchen! Lecker!

Bild 3
Sofia: Moment mal, Eier. Haben wir Eier?
Lara: Wir haben ein Ei.
Sofia: Ein Ei?
Lara: Ein Ei. Hier, siehst du?
Sofia und Lara: HHhh! Oohh nein!
Sofia: Wir haben kein Ei.
Lara: Kein Ei ...
Sofia und Lara: Hach!

Bild 4
Sofia: Lili?
Lili: Ja?
Sofia: Lara und ich möchten Pfannkuchen backen.
Lili: Pfannkuchen? Lecker!
Sofia: Möchtest du auch Pfannkuchen?
Lili: Jajaja!
Sofia: Wir brauchen aber Eier. Kaufst du bitte zehn Eier?
Lili: Ja, gut. Mache ich.

Bild 5
Lili: Hm. Wo sind denn hier die Eier? Entschuldigung?
Mitarbeiterin: Ja?
Lili: Haben Sie Eier?
Mitarbeiterin: Ja, natürlich haben wir Eier. Hier, bitte.
Lili: Nein. Das ist doch kein Ei. Das ist Schokolade.
Mitarbeiterin: Nein. Das ist keine Schokolade. Das ist ein Schokoladenei.
Lili: Ja, aber ich brauche Eier. Eier, verstehen Sie?

Bild 6
Kassierer: So, eine Packung Eier. Das macht 2 Euro 49.
Lili: Äh, Moment! Und die zwei Bananen, bitte.
Kassierer: Okay. Das macht dann zusammen 3 Euro 87.
Lili: Hier, bitte.
Kassierer: Fünf Euro ... 1 Euro und 13 Cent zurück. Vielen Dank!
Lili: Bitte schön. Auf Wiedersehen.
Kassierer: Schönen Tag noch!

Bild 7
Lili: Hmm-mm-mm- ... Waaahhh! Nein! Mist! Mist! Mist!
Herr Meier: Hallo, Lili. Ja, was ist denn hier los?
Lili: Hallo, Herr Eier ähh, ich meine Herr Meier. Herr Meier: Oh je, oh je! Die Eier. Kann ich dir helfen?
Lili: Helfen? Na ja, vielleicht?

Bild 8
Lara: Hmm! Pfannkuchen sind lecker!
Herr Meier: Ja, die schmecken!
Sofia: Sehr lecker. Danke für die Eier, Herr Meier!
Herr Meier: Kein Problem.
Lili: Hm, superlecker ... Bananenpfannkuchen.

Schritt A, A2
Sofia: Haben wir Zucker?
Lara: Ja.

Sofia: Haben wir Brot?
Lara: Nein.

Schritt A, A3
Lili: Entschuldigung. Haben Sie Eier?
Verkäuferin: Eier? Ja, natürlich. Hier, bitte.
Lili: Und haben Sie auch Milch?
Verkäuferin: Nein, tut mir leid.

Schritt B, B1
Lili: Entschuldigung?
Mitarbeiterin: Ja?
Lili: Haben Sie Eier?
Mitarbeiterin: Ja, natürlich haben wir Eier. Hier, bitte.
Lili: Nein. Das ist doch kein Ei. Das ist Schokolade.
Mitarbeiterin: Nein. Das ist keine Schokolade. Das ist ein Schokoladenei.

Schritt C, C1
Sofia: Lili?
Lili: Ja?
Sofia: Lara und ich möchten Pfannkuchen backen.
Lili: Pfannkuchen? Lecker!
Sofia: Möchtest du auch Pfannkuchen?
Lili: Jajaja!
Sofia: Wir brauchen aber Eier. Kaufst du bitte zehn Eier?
Lili: Ja, gut. Mache ich.

Kassierer: So, eine Packung Eier. Das macht 2 Euro 49
Lili: Äh, Moment! Und die zwei Bananen, bitte. Kassierer: Okay. Das macht dann zusammen 3 Euro 87.
Lili: Hier, bitte.
Kassierer: Fünf Euro. ... 1 Euro und 13 Cent zurück. Vielen Dank.
Lili: Bitte schön. Auf Wiedersehen.
Kassierer: Schönen Tag noch.

Schritt D, D1
zwanzig Cent dreißig Cent vierzig Cent
fünfzig Cent sechzig Cent siebzig Cent
achtzig Cent neunzig Cent hundert Cent / ein Euro

Schritt D, D2
Gespräch A
Kunde: Grüß Gott!
Verkäuferin: Guten Tag! Bitte schön?
Kunde: Eine Semmel.
Verkäuferin: Wie bitte?
Kunde: Eine Semmel möcht' ich.
Verkäuferin: Sie meinen: ein Brötchen?
Kunde: Jaja.
Verkäuferin: Hier bitte.
Kunde: Danke
Verkäuferin: Sonst noch etwas?
Kunde: Nein. Nur eine Semmel.
Verkäuferin: 35 Cent, bitte. Danke schön!
Kunde: Auf Wiederschauen.
Verkäuferin: Auf Wiedersehen.

Gespräch B
Kunde: Na, was ist? Haben wir jetzt alles?
Kundin: Nein. Wir brauchen noch Eier.
Kunde: Eier? Hm. Hier bitte! Hier hast du Eier!
Kundin:
Nee, nee! Das sind ja Bio-Eier!
Kunde: Na und? Eier sind Eier.
Kundin: Nee, die sind zu teuer!
Kunde: Zu teuer?
Kundin: Was kosten die denn?
Kunde: Zwei Euro zwanzig.
Kundin: Na ja, das geht.
Kunde: Na? Haben wir jetzt alles?
Kundin: Ja, ja, ja.

Gespräch C
Mann: Fisch! Frischer Fisch! Hier! Kommen Sie, Herrschaften! Heute Sonderpreis! 100 Gramm nur Zwei neunundneunzig! Fisch!
Frau: Hallo?
Mann: Kann ich Ihnen helfen, junge Frau?
Frau: Haben Sie Eier?
Mann: Eier? Ich hab' doch keine Eier! Ich hab' nur Fisch!
Frau: Schade!
Mann: Frischer Fisch! Heute Sonderpreis! 100 Gramm für nur zwei Euro neunundneunzig! Fisch! Ganz frisch!

Schritt E, E1
Marktfrau: Bitte schön?
Kunde: Guten Tag. Ich hätte gern Kartoffeln. Die dort, die festkochenden.
Marktfrau: Gern. Wie viel möchten Sie denn?
Kunde: Zwei Kilo. ... Ich brauche auch noch Äpfel. Marktfrau: Wie viel?
Kunde: Ein Pfund.
Marktfrau: Möchten Sie sonst noch etwas?
Kunde: Ja, bitte. Ähm, haben Sie Eier?
Marktfrau: Nein, tut mir leid. Sonst noch etwas?
Kunde: Nein, danke. Das ist alles.
Marktfrau: Das macht dann 5,90 Euro, bitte. Brauchen Sie ...

Lektion 3, Audiotraining 1
Was ist das? Antworten Sie mit „Nein". Hören Sie zuerst ein Beispiel:
Sprecher 1: Das ist eine Orange.
Sprecher 2: Nein! Das ist doch keine Orange.
Und jetzt Sie:
Sprecher 1: Das ist eine Orange.
Sprecher 2: Nein! Das ist doch keine Orange.

Sprecher 1: Ist das eine Tomate?
Sprecher 2: Nein! Das ist doch keine Tomate.

Sprecher 1: Das ist ein Apfel.
Sprecher 2: Nein! Das ist doch kein Apfel.

Sprecher 1: Ist das eine Kartoffel?
Sprecher 2: Nein. Das ist doch keine Kartoffel.

Sprecher 1: Das ist ein Brötchen.
Sprecher 2: Nein. Das ist doch kein Brötchen.

Sprecher 1: Ist das ein Kuchen?
Sprecher 2: Nein. Das ist doch kein Kuchen.

Lektion 3, Audiotraining 2
Plus 10 Cent! Sagen Sie den Preis. Hören Sie zuerst ein Beispiel:
Sprecher 1: Was kostet das?
Sprecher 2: 50 Cent. – Ach nein: 60 Cent.

Und jetzt Sie:
Sprecher 1: Was kostet das?
Sprecher 2: 50 Cent. – Ach nein: 60 Cent.
Sprecher 1: Was kostet das?
Sprecher 2: 75 Cent. – Ach nein: 85 Cent.

Sprecher 1: Was kostet das?
Sprecher 2: 89 Cent. – Ach nein: 99 Cent.

Sprecher 1: Was kostet das?
Sprecher 2: 2 Euro 10. – Ach nein: 2 Euro 20.

Sprecher 1: Was kostet das?
Sprecher 2: 3 Euro 40. – Ach nein: 3 Euro 50 Cent.

Sprecher 1: Was kostet das?
Sprecher 2: 3 Euro 49. – Ach nein: 3 Euro 59.

Lektion 3, Audiotraining 3
Das brauchen Sie auch! Wiederholen Sie mit „auch".
Hören Sie zuerst ein Beispiel:
Sprecher 1: Also: Ich brauche ein Pfund Hackfleisch.
Sprecher 2: Ich brauche auch ein Pfund Hackfleisch!

Und jetzt Sie:
Sprecher 1: Also: Ich brauche ein Pfund Hackfleisch.
Sprecher 2: Ich brauche auch ein Pfund Hackfleisch!

Sprecher 1: Also: Ich brauche zwei Liter Milch.
Sprecher 2: Ich brauche auch zwei Liter Milch!

Sprecher 1: Also: Ich brauche eine Packung Kaffee.
Sprecher 2: Ich brauche auch eine Packung Kaffee!

Sprecher 1: Also: Ich brauche ein Kilo Tomaten.
Sprecher 2: Ich brauche auch ein Kilo Tomaten!
Sprecher 1: Also: Ich brauche 100 Gramm Käse.
Sprecher 2: Ich brauche auch 100 Gramm Käse!

Sprecher 1: Also: Ich brauche sechs Flaschen Wasser.
Sprecher 2: Ich brauche auch sechs Flaschen Wasser!

Lektion 4 Meine Wohnung

Folge 4: Ach so!

Bild 1
Walter: Na, Lara? Wie gefällt dir die Schreibtischlampe? Sie ist nicht neu. Aber sie ist ganz schön, oder?
Lara: Die Lampe ist sehr schön.
Walter: Also, möchtest du sie haben?
Lara: Ja, natürlich. Sehr gern. Vielen Dank, Walter.
Walter: Kein Problem. Ich brauche sie ja nicht.
Lara: Oh, ich glaube, das ist Tim.
Walter: Tim? Wer ist denn Tim?

Bild 2
Lara: Walter, das ist Tim. Tim, das ist Herr Baumann.
Walter: Hallo, Tim.
Tim: Hallo, Herr Baumann.
Lara: Tim kommt aus Ottawa.
Walter: Oh, aus Kanada?
Tim: Ja, richtig.
Lara: Tim ist auch im Deutschkurs, Walter.
Walter: Aaah, jetzt verstehe ich. Gut, ich gehe dann mal, Lara.
Lara: Okay. Tschüs, Walter und nochmal: Vielen Dank.
Walter: Tschüs, Lara. Tschüs, Tim. Und viel Erfolg beim Deutschlernen.
Tim: Danke, Herr Baumann. Tschüs!

Bild 3
Tim: Ähm, du, Lara?
Lara: Ja?
Tim: Sag mal, wo ist denn hier das Bad?
Lara: Das Bad ist dort.
Tim: Ah, danke.
Lara: Aber Vorsicht!
Tim: Hm?
Lara: Es ist nicht groß.
Tim: Ach so. Okay.

Bild 4
Tim: Oh-oh! Das Bad ist nicht groß ... Oh nein, es ist klein ... Das Bad ist nicht groß ... Oh nein, es ist klein ... H-hm-hm-hm-hmmm ... H-hm-hm-hm-... Hmm? „Lara" – blau, „Sofia" – gelb, „Lili" – rot. Ja, und Walter? Wohnt Walter nicht hier? ...

Bild 5
Tim: Lara? Lara?
Lara: Hier bin ich. Komm rein.
Tim: Du Lara, ich habe eine Frage. Sag mal, ...
Lara: Tatata-taaa: Das ist mein Zimmer. Hier wohne ich.
Tim: Hey!
Lara: Und? Wie findest du das Zimmer?
Tim: Das Zimmer gefällt mir sehr gut. Es ist groß und hell. Und die Möbel sind sehr schön.
Lara: Das stimmt.

Bild 6
Tim: Das Zimmer gefällt mir sehr gut. Aber es ist teuer, oder?
Lara: Nein. Das Zimmer ist nicht teuer. Es kostet 150 Euro.
Tim: 150 Euro! In München! Du, das ist aber sehr billig.
Lara: Ja?
Tim: Mein Zimmer kostet 350 Euro im Monat.
Lara: Was?! 350 Euro?
Tim: Ja!
Lara: Boah!
Tim: Und es ist klein und hässlich und dunkel.
Lara: Oje. Sag mal, möchtest du etwas trinken?
Tim: Oh ja. Sehr gern.

Bild 7
Lara: Das ist die Küche.
Tim: Toll. Sie ist sehr groß.
Lara: Ja, stimmt. Ich finde das auch schön. Möchtest du Orangensaft oder Wasser?
Tim: Orangensaft, bitte. Du, sag mal, Lara ...
Lara: Ja? Was ist?
Tim: Sind Walter und Sofia geschieden?
Lara: Was!? Aber nein, Tim. Walter und Sofia sind nicht geschieden.
Tim: Ja, aber, er wohnt nicht hier.
Lara: Richtig. Hier wohnen nur Sofia und Lili.
Tim: Und du.
Lara: Ja, genau. Wir haben drei Zimmer.
Tim: Und das Bad.
Lara: Ja. Und die Küche.
Tim: Ja, aber ...
Lara: Moment mal, warte.

Bild 8
Lara: So, was siehst du, Tim?
Tim: Das ist Walter.
Lara: Richtig.
Tim: Und das sind Sofia und Lili, oder?
Lara: Auch richtig.
Tim: Ja gut, aber dann ...
Lara: Moment. Guck mal hier: eine Mutter und eine Tochter.
Tim: Ja ... und?
Lara: Und hier rechts ein Vater und hier links eine Tochter.
Tim: Was? Achso!

Schritt A, A2a
Makler: Das ist das Haus. Schön, nicht?
Mann: Na ja. Schön und teuer. Sagen Sie mal, ist hier auch ein Arbeitszimmer?
Makler: Ja, natürlich! Das Arbeitszimmer ist dort.
Frau: Und ist hier auch eine Küche?
Makler: Natürlich. Hier ist der Flur und dort ist die Küche.

Schritt B, B1
Tim: Ja wirklich. Das Zimmer ist sehr schön. Aber es ist teuer, oder?
Lara: Nein. Das Zimmer ist nicht teuer. Es kostet 150 Euro.
Tim: 150 Euro? Du, das ist aber sehr billig. Mein Zimmer kostet 350 Euro im Monat.
Lara: Was? 350 Euro? ...

Schritt C, C2a
Verkäufer: Hier sind Stühle und Tische. Wie gefallen Ihnen denn die Stühle?
Frau: Sehr gut. Die Farbe ist sehr schön.
Mann: Das finde ich auch. Und hier – wie gefällt dir der Tisch?
Frau: Nicht so gut. Er ist sehr groß.
Frau: Aber hier ... Wie gefällt dir der Teppich?
Mann: Gut! Er ist sehr schön.
Frau: Schau mal! Wie gefällt dir die Lampe dort?
Mann: Ganz gut. Sie ist sehr modern!
Mann: Sagen Sie, wo sind denn die Betten?
Verkäufer: Sie sind dort.
Mann: Ah ja, danke
Verkäufer: Schauen Sie, hier. Wie gefällt Ihnen das Bett hier?
Frau: Es geht. Aber hier, wie gefällt dir ...

Schritt D, D1
hundert zweihundert dreihundert vierhundert
fünfhundert sechshundert siebenhundert achthundert neunhundert tausend zehntausend hunderttausend
eine Million

Schritt D, D2
Gespräch 1
Kunde: Entschuldigung, was kostet das Sofa hier?
Verkäuferin: Einen Moment bitte ... 299,-.
Kunde: 92 Euro?
Verkäuferin: Nein, 299 natürlich. Das ist sehr billig. Es ist ein sehr gutes Sofa.
Kunde: Ach so, ja. Danke.

Gespräch 2
Hallo Elena. Moritz hier. Kannst du schnell mal rüber kommen? Mein Herd ist kaputt. Ich kann nichts mehr zu essen machen. Ruf bitte gleich an, wenn du nach Hause kommst. 701 108.

Gespräch 3
Anruferin: Ich lese gerade Ihre Anzeige für ein Kinderbett.
Verkäufer: Ja?
Anruferin: Ich habe eine Frage. Wie groß ist das Bett?
Verkäufer: Sechzig mal hundertzwanzig. Also ein Kinderbett, ganz normal.
Anruferin: Ah ja. Also 120 Zentimeter lang?
Verkäufer: Ja, sechzig mal ein Meter zwanzig.
Anruferin: Gut, das passt dann. Wann kann ich das Bett denn mal anschauen? ...

Schritt E, E1 und E2
Herr Schuster: Schuster. Hallo.
Frau Häusler: Hallo, hier ist Häusler. Sie verkaufen doch einen Schreibtisch, richtig?
Herr Schuster: Stimmt.
Frau Häusler: Gut. Welche Farbe hat der Tisch?
Herr Schuster: Also, der Tisch ist dunkel, dunkelbraun. Frau Häusler: Aha, das ist gut, ja. Und wie groß ist er?
Herr Schuster: Ungefähr zwei Meter lang und 60 Zentimeter breit.
Frau Häusler: Hm ... Wie lang ist er denn genau?
Herr Schuster: Naja, genau ist er zwei Meter und zwei Zentimeter lang.
Frau Häusler: Aha, gut! Ich möchte den Tisch gern ansehen. Sind Sie heute Abend zu Hause?
Herr Schuster: Ja, bin ich.
Frau Häusler: Und wo wohnen Sie, bitte?
Herr Schuster: In der Schellingstraße 76. Das ist nicht weit von ...

Lektion 4, Audiotraining 1
Wo ist ...? Antworten Sie mit „Ah, schön!" und fragen Sie dann.
Hören Sie zuerst ein Beispiel:
Sprecher 1: Das ist meine Wohnung. *Bad*
Sprecher 2: Ah, schön! Und wo ist das Bad?
Sprecher 1: Hier.

Und jetzt Sie:
Sprecher 1: Das ist meine Wohnung. *Bad*
Sprecher 2: Ah, schön! Und wo ist das Bad?
Sprecher 1: Hier.
Sprecher 1: Das ist meine Wohnung. *Wohnzimmer*
Sprecher 2: Ah, schön! Und wo ist das Wohnzimmer?
Sprecher 1: Hier.

Sprecher 1: Das ist meine Wohnung. *Toilette*
Sprecher 2: Ah, schön! Und wo ist die Toilette?
Sprecher 1: Hier.

Sprecher 1: Das ist meine Wohnung. *Küche*
Sprecher 2: Ah, schön! Und wo ist die Küche?
Sprecher 1: Hier.

Sprecher 1: Das ist meine Wohnung. *Kinderzimmer*
Sprecher 2: Ah, schön! Und wo ist das Kinderzimmer?
Sprecher 1: Hier.

Sprecher 1: Das ist meine Wohnung. *Balkon*
Sprecher 2: Ah, schön! Und wo ist der Balkon?
Sprecher 1: Balkon? Hier ist kein Balkon!

Lektion 4, Audiotraining 2
Ist das hier die Küche? Antworten Sie mit „Nein". Hören Sie zuerst ein Beispiel:
Sprecher 1: Ist das hier die Küche?
Sprecher 2: Nein, das ist nicht die Küche. Das hier ist die Küche.

Und jetzt Sie.
Sprecher 1: Ist das hier die Küche?
Sprecher 2: Nein, das ist nicht die Küche. Das hier ist die Küche.

Sprecher 1: Ist das hier das Arbeitszimmer?
Sprecher 2: Nein, das ist nicht das Arbeitszimmer. Das hier ist das Arbeitszimmer.

Sprecher 1: Ist das hier das Schlafzimmer?
Sprecher 2: Nein, das ist nicht das Schlafzimmer. Das hier ist das Schlafzimmer.

Sprecher 1: Ist das hier die Toilette?
Sprecher 2: Nein, das ist nicht die Toilette. Das hier ist die Toilette.

Sprecher 1: Ist das hier das Bad?
Sprecher 2: Nein, das ist nicht das Bad. Das hier ist das Bad.

Sprecher 1: Ist das hier das Wohnzimmer?
Sprecher 2: Nein, das ist nicht das Wohnzimmer. Das hier ist das Wohnzimmer.

Lektion 4, Audiotraining 3
Wie gefällt dir das? Antworten Sie mit „Es geht" und fragen Sie dann.
Hören Sie zuerst ein Beispiel:
Sprecher 1: Wie gefällt dir das Bett? *der Schrank*
Sprecher 2: Es geht ... Aber hier: Wie gefällt dir der Schrank?
Sprecher 1: Gut.

Und jetzt Sie:
Sprecher 1: Wie gefällt dir das Bett? *der Schrank*
Sprecher 2: Es geht ... Aber hier: Wie gefällt dir der Schrank?
Sprecher 1: Gut.
Sprecher 1: Wie gefallen dir die Sessel? *die Stühle*
Sprecher 2: Es geht ... Aber hier: Wie gefallen dir die Stühle?
Sprecher 1: Sehr gut!
Sprecher 1: Wie gefällt dir das Bett? *das Sofa*
Sprecher 2: Es geht ... Aber hier: Wie gefällt dir das Sofa?
Sprecher 1: Ganz gut.

Sprecher 1: Wie gefällt dir die Badewanne? *die Dusche*
Sprecher 2: Es geht ... Aber hier: Wie gefällt dir die Dusche?
Sprecher 1: Sehr gut.

Sprecher 1: Wie gefallen dir die Lampen? *die Teppiche*
Sprecher 2: Es geht ... Aber hier: Wie gefallen dir die Teppiche?
Sprecher 1: Nicht so gut.

Sprecher 1: Wie gefällt dir der Schrank? *die Regale*
Sprecher 2: Es geht ... Aber hier: Wie gefallen dir die Regale?
Sprecher 1: Gut.

Sprecher 1: Wie gefallen dir die Tische? *der Schreibtisch*
Sprecher 2: Es geht ... Aber hier: Wie gefällt dir der Schreibtisch?
Sprecher 1: Nicht so gut. Er ist klein.

Lektion 5 Mein Tag

Folge 5: Von früh bis spät

Bild 1
Lehrerin: Sehr schön, Eduardo! Vielen Dank! Und jetzt kommt Lara. Lara erzählt und zeigt uns jetzt: „So ist mein Tag". Bitte schön, Lara.
Lara: Danke, Frau Reimann. Also, Moment ... Wo ist denn das Foto?

Bild 2
Lara: Aah, da ist es ja. Ja, ihr seht: Um Viertel nach sieben bin ich noch ein bisschen müde. Gut, also: Ich stehe am Morgen um Viertel nach sieben auf.
Mitschüler: Auch am Samstag und am Sonntag?
Lara: Nein, natürlich nicht. Also nochmal: Ich stehe von Montag bis Freitag um Viertel nach sieben auf.

Bild 3
Lara: So. Jetzt ist es halb acht.
Lara: Das ist Sofia und das ist Lili.
Mitschülerin: Süüüß!
Lara: Wir wohnen zusammen. Wir frühstücken auch immer zusammen. Um Viertel vor acht sind wir fertig. Lili geht dann zur Schule und Sofia geht zur Arbeit.
Mitschüler: Und du?
Lara: Ich räume die Küche auf und dann? Na, was mach ich dann, hmm?
Mitschüler: Ich denke, dann gehst du zum Deutschkurs, oder?
Lara: Bingo!

Bild 4
Mitschülerin: Hey, das sind ja wir!
Lara: Genau. Der Deutschkurs fängt um ... naa? Wann fängt der Deutschkurs an?
Mitschüler: Er fängt um halb neun an, Frau Lehrerin.
Lara: Gut! Und bis wann haben wir Unterricht?
Mitschülerin: Bis drei Uhr.
Lara: Richtig. Der Deutschkurs geht von halb neun bis drei Uhr.
Mitschüler: Und um zwölf Uhr haben wir Mittagspause, Lara.
Lara: Oh! Wie spät ist es jetzt? Ist es schon zwölf?
Mitschüler: Es ist kurz vor zwölf.
Lara: Okay, okay, ich bin gleich fertig.

Bild 5
Lara: Am Nachmittag gehe ich spazieren
oder ich kaufe ein oder ich räume mein Zimmer auf.
Mitschüler: Aufräumen? Oh nein!

Bild 6
Lara: Am Abend koche ich. Ich koche sehr gern.
Mitschülerin: Kochst du jeden Tag?
Lara: Nein, nur von Montag bis Freitag. Um achtzehn Uhr dreißig kommt Sofia nach Hause. Sie arbeitet wirklich sehr viel und ist dann am Abend sehr müde. Na ja, und dann essen wir drei zusammen: Sofia, Lili und ich. Das finde ich immer sehr schön.
Mitschüler: Hmm, lecker! Ich habe Hunger.
Lara: Gleich ist Pause, Pawel. Ein Bild noch, okay?

Bild 7
Lara: Am Abend höre ich Musik oder ich sehe fern oder ich rufe auch mal meine Familie zu Hause an. Naja, Leute, jetzt wisst ihr es: Das ist mein Tag.

Bild 8
Lehrerin: Danke, Lara! So, und jetzt ist endlich Mittagspause. Also dann, bis gleich, um halb eins. Sehr schön, Lara. Wirklich super!
Lara: Oh, danke Frau Reimann. Also dann, tschüs, bis gleich.
Lehrerin: Tschüs, Lara.

Schritt A, A1
1 „Aufstehen"
2 „Aufräumen"
3 „Supermarkt"
4 „Telefonieren"
5 „Kochen"
6 „Fernsehen"

Schritt B, B1
Sprecher A: Wie spät ist es jetzt? Ist es schon zwölf?
Sprecher B: Nein. Es ist erst Viertel vor zwölf.

Schritt B, B2
Gespräch 1
Chef: Ich bin dann im Konferenzraum, Frau Maus. Sie wissen, der Termin mit Frau Dr. Müller.
Sekretärin: Ja, aber es ist doch erst zwanzig vor neun. Frau Dr. Müller kommt erst um 10 Uhr!
Chef: Ach so? Ja dann ... dann habe ich ja noch Zeit fürs Frühstück! Bis später, Frau Maus!

Gespräch 2
Mann1: Was machst du am Wochenende?
Mann 2: Ach, ich weiß noch nicht. Ein bisschen fernsehen vielleicht. Okay. Schon zehn nach eins. Machen wir weiter.

Gespräch 3
Mann 1: Los, Amir, komm. Es ist fünf vor vier. Das Spiel beginnt gleich!
Mann 2: Ja, ja, ich komme ja schon!

Gespräch 4
Studentin 1: Und? Nervös?
Studentin 2: Total nervös. Ich hasse Tests! Wo bleibt denn der Prof? Es ist schon fünf vor halb drei.
Studentin1: Hey, keine Angst. Der Test wird gut. Ah, er kommt!

Schritt C, C1
Mitschülerin: Hey, das sind ja wir!
Lara: Genau. Der Deutschkurs fängt um ... naa? Wann fängt der Deutschkurs an?
Mitschüler: Er fängt um halb neun an, Frau Lehrerin.
Lara: Gut! Und bis wann haben wir Unterricht? Mitschülerin: Bis drei Uhr.
Lara: Richtig. Der Deutschkurs geht von halb neun bis drei Uhr.
Mitschüler: Und um zwölf Uhr haben wir Mittagspause, Lara.
Lara: Oh! Wie spät ist es jetzt? Ist es schon zwölf?
Mitschüler: Es ist kurz vor zwölf.
Lara: Okay, okay, ich bin gleich fertig.

Schritt C, C2
Mann 1: Du, ich mache am Freitag eine Party. Hast du Zeit?
Mann 2: Am Freitag? Ich spiele von fünf bis sechs Fußball. Da habe ich keine Zeit. Wann fängt die Party denn an?
Mann 1: Um sieben Uhr.
Mann 2: Das passt gut. Ich komme gern.

Schritt D, D2a
Kollege: Puh! Noch zwei Stunden, dann ist Feierabend! Endlich! Was machst du am Wochenende?
Robert: Du, am Wochenende ist bei mir immer total viel los. Besonders am Samstag: Am Morgen stehe ich früh auf und frühstücke schnell. Am Vormittag räume ich auf, kaufe ein und koche ein leckeres Mittagessen. Denn am Mittag kommt meine neue Freundin Nina und wir essen zusammen. Am Nachmittag mache ich Sport im Fitnessstudio! Du weißt ja: Fitness und gesundes Essen – das ist mir sehr wichtig. Am Abend gehen Nina und ich ins Kino oder so – nur vor dem Fernseher sitzen, das ist doch langweilig. Nach dem Kino gehen wir noch spazieren. In der Nacht ist das richtig schön romantisch. Das gefällt Nina sicher. Ja, und am Sonntag ist dann Familientag. Meine Eltern ...

Schritt E, E1
Ansage 1
Liebe Eltern. Dies ist der Anschluss des Kindergartens St. Raphael. Sie rufen außerhalb unserer Bürozeiten an. Der Kindergarten ist von 7.30 Uhr bis 17 Uhr geöffnet. In dieser Zeit erreichen Sie uns auch telefonisch. Natürlich können Sie uns auch eine Nachricht auf Band hinterlassen. Sprechen Sie dazu bitte nach dem Signalton.

Ansage 2
Liebe Anrufer, dies ist die Nummer der Kinder- und Jugendbibliothek Berlin. Die Bibliothek ist von Montag bis Freitag von 13 bis 19 Uhr und am Samstag von 10 bis 19 Uhr geöffnet. Haben Sie Fragen zur Ausleihe, dann drücken Sie die 1. Möchten Sie Informationen zu unseren Veranstaltungen, drücken Sie die 2. Wir danken für Ihren Anruf.

Ansage 3
Elektro Schuster, guten Tag. Unser Elektrofachgeschäft ist vom 1. August bis zum 8. August wegen Betriebsurlaub geschlossen. Sie erreichen uns wieder ab dem 9. August zu den gewohnten Geschäftszeiten. Diese sind: Montag bis Freitag 8 bis 12 Uhr sowie Montag, Dienstag, Donnerstag und Freitag 14 bis 18.30 Uhr. Am Samstag sind wir von 8.30 Uhr bis 13 Uhr für Sie da. Auf Wiederhören.

Ansage 4
Kinder- und Jugendpraxis Dr. Annette Krönke – Sie rufen außerhalb unserer Sprechzeiten an. Unsere Sprechzeiten sind von Montag bis Donnerstag von 8.30 Uhr bis 12.00 Uhr und von 14.00 bis 16.30 Uhr, am Freitag von 8.30 Uhr bis 12.00 Uhr.

Lektion 5, Audiotraining 1
Aha! Wiederholen Sie mit „Aha".
Hören Sie zuerst ein Beispiel:
Sprecher 1: Um sieben Uhr stehe ich auf.
Sprecher 2: Aha! Um sieben Uhr stehst du auf.

Und jetzt Sie:
Sprecher 1: Um sieben Uhr stehe ich auf.
Sprecher 2: Aha! Um sieben Uhr stehst du auf.

Sprecher 1: Um halb acht frühstücke ich.
Sprecher 2: Aha! Um halb acht frühstückst du!

Sprecher 1: Um acht Uhr gehe ich zum Deutschkurs.
Sprecher 2: Aha! Um acht Uhr gehst du zum Deutschkurs.

Sprecher 1: Von neun bis halb eins lerne ich Deutsch.
Sprecher 2: Aha! Von neun bis halb eins lernst du Deutsch.

Sprecher 1: Am Nachmittag gehe ich spazieren.
Sprecher 2: Aha! Am Nachmittag gehst du spazieren.

Sprecher 1: Um halb sieben koche ich das Abendessen.
Sprecher 2: Aha! Um halb sieben kochst du das Abendessen.

Sprecher 1: Am Abend sehe ich fern oder ich chatte.
Sprecher 2: Aha! Am Abend siehst du fern oder du chattest.

Sprecher 1: Um halb elf gehe ich ins Bett.
Sprecher 2: Aha! Um halb elf gehst du ins Bett.

Und jetzt noch einmal Sie: Antworten Sie mit Ihren Informationen.
Sprecher 1: Um wie viel Uhr stehst du auf?
Sprecher 1: Wann frühstückst du?
Sprecher 1: Wann gehst du zum Deutschkurs?
Sprecher 1: Wann lernst du Deutsch?
Sprecher 1: Was machst du am Nachmittag?
Sprecher 1: Wann kochst du das Abendessen?
Sprecher 1: Was machst du am Abend?
Sprecher 1: Um wie viel Uhr gehst du ins Bett?

Lektion 5, Audiotraining 2
Das machen Sie nicht gern. Antworten Sie mit „nicht".
Hören Sie zuerst ein Beispiel:
Sprecher 1: Ich stehe gern auf.
Sprecher 2: Ich stehe nicht gern auf.
Sprecher 1: Ach? Du stehst nicht gern auf.
Sprecher 2: Nein. Ich stehe nicht gern auf.

Und jetzt Sie:
Sprecher 1: Ich stehe gern auf.
Sprecher 2: Ich stehe nicht gern auf.
Sprecher 1: Ach? Du stehst nicht gern auf.
Sprecher 2: Nein. Ich stehe nicht gern auf.

Sprecher 1: Ich sehe gern fern.
Sprecher 2: Ich sehe nicht gern fern.
Sprecher 1: Ach? Du siehst nicht gern fern.
Sprecher 2: Nein. Ich sehe nicht gern fern.

Sprecher 1: Ich mache gern Sport.
Sprecher 2: Ich mache nicht gern Sport.
Sprecher 1: Ach? Du machst nicht gern Sport.
Sprecher 2: Nein. Ich mache nicht gern Sport.

Sprecher 1: Ich kaufe gern ein.
Sprecher 2: Ich kaufe nicht gern ein.
Sprecher 1: Ach? Du kaufst nicht gern ein.
Sprecher 2: Nein. Ich kaufe nicht gern ein.

Sprecher 1: Ich räume gern auf.
Sprecher 2: Ich räume nicht gern auf.
Sprecher 1: Ach? Du räumst nicht gern auf.
Sprecher 2: Nein. Ich räume nicht gern auf.

Sprecher 1: Ich trinke gern Tee.
Sprecher 2: Ich trinke nicht gern Tee.
Sprecher 1: Ach? Du trinkst nicht gern Tee.
Sprecher 2: Nein. Ich trinke nicht gern Tee.

Lektion 5, Audiotraining 3
Keine Zeit! Antworten Sie auf die Fragen.
Hören Sie zuerst ein Beispiel:
Sprecher 1: Ich mache am Samstag eine Party. Hast du Zeit? *ins Kino gehen*
Sprecher 2: Am Samstag? – Am Samstag gehe ich ins Kino.

Und jetzt Sie:
Sprecher 1: Ich mache am Samstag eine Party. Hast du Zeit? ins Kino gehen
Sprecher 2: Am Samstag? – Am Samstag gehe ich ins Kino.

Sprecher 1: Wir spielen am Dienstag Fußball. Hast du Zeit? *arbeiten*
Sprecher 2: Am Dienstag? – Am Dienstag arbeite ich.

Sprecher 1: Chatten wir am Mittwoch? Hast du Zeit? *Deutschkurs haben*
Sprecher 2: Am Mittwoch? – Am Mittwoch habe ich Deutschkurs.

Sprecher 1: Ich gehe am Freitag ins Kino. Hast du Zeit? *fernsehen*
Sprecher 2: Am Freitag? – Am Freitag sehe ich fern.

Sprecher 1: Wir spielen am Montag Computerspiele. Hast du Zeit? *mit Lara spazieren gehen*
Sprecher 2: Am Montag? – Am Montag gehe ich mit Lara spazieren.

Sprecher 1: Lernen wir am Dienstag zusammen Deutsch? Hast du Zeit? *einkaufen*
Sprecher 2: Am Dienstag? – Am Dienstag kaufe ich ein.

Sprecher 1: Ich mache am Sonntag Sport. Hast du Zeit? *lange schlafen*
Sprecher 2: Am Sonntag? – Am Sonntag schlafe ich lange.

Zwischendurch mal Hören
Meine Woche
Mein Name ist Hans Berthold. Ich bin 75 Jahre alt und von Beruf Automechaniker. Der Beruf heißt heute anders, heute sagt man: Kfz-Mechatroniker. Ich arbeite aber schon seit zehn Jahren nicht mehr. Ich bin in Rente. Ich wohne in einer Dreizimmerwohnung. Ich lebe allein. Meine Frau ist leider vor zwei Jahren gestorben. Jeden Morgen gehe ich nach dem Frühstück zum Friedhof. Der Friedhof ist nicht weit weg. Es ist nur ein Spaziergang. Am Dienstag und am Donnerstag besucht mich meine Tochter Anna und hilft mir ein bisschen. Sie kommt am Vormittag zwischen zehn und zwölf Uhr. Am Dienstag räumen wir die Wohnung auf und machen sauber. Und am Donnerstag kaufen wir beide immer für die ganze Woche ein.
Mittags koche ich. Ich koche immer gleich für zwei Tage, also nur am Montag, am Mittwoch und am Freitag. Am Sonntagmittag esse ich immer bei meiner Tochter und meinem Schwiegersohn. Dort sehe ich manchmal auch meinen Enkelsohn. Jonas ist 20 und studiert Physik. Nach dem Mittagessen mache ich von 14:00 bis 15:00 Uhr immer eine Stunde Mittagsschlaf. Am Nachmittag, so von 15:30 bis 17:30 Uhr treffe ich oft Freunde und Bekannte. Wir gehen ein bisschen spazieren oder trinken einen Kaffee und reden

miteinander. Oder wir spielen Karten, oder Schach. Das macht Spaß. Am Abend esse ich nicht viel: etwas Brot, ein bisschen Käse, Salat. Nach dem Abendessen sehe ich noch ein bisschen fern und gehe dann früh ins Bett

Lektion 6 Freizeit

Folge 6: Der Käsemann

Bild 1
Sofia: Das Wetter ist nicht so schön heute. Überall Wolken. Und die Sonne scheint auch nicht. Aber es regnet nicht mehr. Das ist doch super, oder? Was meint ihr?
Walter: Stimmt. Das ist super.
Lili: Lalala!

Bild 2
Walter: Sag mal, Sofia: Hast du den Käse?
Sofia: Den Käse? Moment mal, wo ist denn der Käse? Ach ...
Walter: Was? Haben wir den Käse nicht dabei?
Sofia: Doch! Hier, Papa! Ich hab den Käse. Hier ist er, siehst du?
Walter: Ja! Juhu!
Sofia: Papa!

Bild 3
Walter: Aaah! Wunderbar! Gehen wir?
Sofia: Lara? Lara? Kommst du? Wir gehen jetzt los.
Lara: Jaja, Sofia, ich komme ja schon.

Bild 4
Lili: Wann essen wir endlich?
Walter: Bald.
Lili: Mama?
Sofia: Hm?
Lili: Wann essen wir endlich?
Sofia: Bald, Lili.
Lili: Aber wann denn? Mann! Ich habe so einen Hunger. Hast du denn keinen Hunger, Lara? Lara? Hmm ... Mann!

Bild 5
Lara: Haach! Hier ist es wunderschön!
Sofia: Hast du denn keinen Hunger, Lara?
Lara: Doch. Und wie!
Sofia: Hier! Möchtest du ein Würstchen?
Lara: Oh ja, gern. Danke, Sofia. Hm, lecker! Lili? Möchtest du auch ein Würstchen?
Lili: Nein, danke.
Walter: Was? Hast du keinen Hunger mehr?
Lili: Doch. Aber ich möchte lieber Käse.
Haben wir keinen Käse?
Sofia: Doch. Wo ist denn der Käse, Papa?
Walter: Hhhh! Der Käse!

Bild 6
Tim: Ja, Lara, ich bin jetzt da. Ja, auf dem Parkplatz. Was? Eine Dose? Und wo ist die Dose? Auf dem Auto? Aah! Da! Ja ja, ich sehe die Dose. Okay! Ja, mache ich. Also, tschüs dann, bis gleich!

Bild 7
Tim: Hi! Hallo! Hier kommt der Käse!
Walter: Hey toll! Unser Käse!
Lara: Sofia und Lili, das ist Tim. Tim ist auch in der Sprachschule.
Lili: Hey, du bist ja der Käsemann.
Tim: Genau, Lili: Ich bin der Käsemann.
Walter: Hallo, Tim. Wir kennen uns ja schon.
Tim: Ja, Herr Baumann.
Walter: Ach was! Ich heiße Walter.
Tim: Okay. Also: Hallo, Walter!

Bild 8
Lara: Ach, es ist so super hier!
Tim: Genau. Die Berge und die Wolken. Das ist so toll!
Lili: Hallo, ihr zwei! Cheese!

Schritt A, A2c
Radiowetter A
Das waren die Nachrichten. Und nun das Wetter: Im Norden und Westen viele Wolken und Regen. Temperaturen 8 bis 12 Grad. Im Süden und Osten sonnig. Im Süden bis maximal 16 Grad. Die Aussichten für die kommenden Tage: Es bleibt mild und zu warm für diese Jahreszeit.

Radiowetter B
Moderatorin: Und jetzt Deutschlands bester Wetterbericht mit Florian Wiesenthal:
Mann: Guten Tag. Es wird endlich Sommer. In Norddeutschland und auf den Inseln sind es schon heute sommerliche 20 bis 23 Grad. Im Süden wird es durch den Wind noch nicht ganz so warm. Aber: Es regnet nicht mehr. Temperaturen 15 bis 18 Grad. Die Aussichten: Auch morgen und am Donnerstag scheint die Sonne bei warmen 25 Grad.
Moderatorin: Vielen Dank, Florian. Also, liebe Hörerinnen und Hörer ...

Radiowetter C
Es ist 7 Uhr 30. Schauen wir, was das Wetter macht. Heute bleibt es beim kalt-grauen Wetter mit Wolken und Regen. Temperaturen zwischen 1 und 7 Grad. Auch morgen und am Donnerstag ist es meist bewölkt und am Freitag schneit es bei Temperaturen um 0 Grad. Aber am Wochenende wird es endlich schön mit viel Sonne in den Bergen und Temperaturen von -2 bis +4 Grad.

Schritt B, B1
Walter: Sag mal, Sofia: Hast du den Käse?
Sofia: Moment mal, wo ist denn der Käse?
Hier, Papa. Ich habe den Käse, siehst du?

Schritt B, B2
Frau: Wo ist der Saft? Hast du den Saft?
Mann: Oh, tut mir leid, den Saft habe ich nicht.

Schritt C, C1
1
Walter: Sag mal, Sofia: Hast du den Käse?
Sofia: Den Käse? Moment mal, wo ist denn der Käse? Ach ...
Walter: Was? Haben wir den Käse nicht dabei?
Sofia: Doch! Hier, Papa! Ich hab den Käse. Hier ist er, siehst du?
Walter: Ja! Juhu!

2
Sofia: Hast du denn keinen Hunger, Lara?
Lara: Doch. Und wie!
Sofia: Hier! Möchtest du ein Würstchen?
Lara: Oh ja, gern. Danke, Sofia. Hm, lecker! Lili? Möchtest du auch ein Würstchen?
Lili: Nein, danke.
Walter: Was? Hast du keinen Hunger mehr?
Lili: Doch. Aber ich möchte lieber Käse. Haben wir keinen Käse?
Sofia: Doch. Wo ist denn der Käse, Papa?

Schritt C, C2
Gespräch 1
Opa: Wer möchte eine Currywurst?
Mädchen: Ich! Ich möchte eine Currywurst.
Opa: He, Lukas! Nimmst du keine Wurst?
Junge: Nein, ich habe keinen Hunger.

Gespräch 2
Mann 1: Möchtest du Fußball spielen?
Mann 2: Nein. Jetzt nicht.
Mann1: Warum nicht? Spielst du nicht gern Fußball?
Mann 2: Doch. Aber ich habe keine Zeit.

Lektion 6, Audiotraining 1
Meine Hobbys! Antworten Sie mit „Oh ja“.
Hören Sie zuerst ein Beispiel.
Sprecher 1: Sag mal, was sind deine Hobbys?
Sprecher 2: Meine Hobbys? ... Lesen ...
Sprecher 1: Oh ja! Lesen! Lesen macht Spaß.

Und jetzt Sie:
Sprecher 1: Sag mal, was sind deine Hobbys?
Sprecher 2: Meine Hobbys? ... Lesen ...
Sprecher 1: Oh ja! Lesen! Lesen macht Spaß.
Sprecher 2: ... und Gitarre spielen ...
Sprecher 1: Oh ja! Gitarre spielen! Gitarre spielen macht Spaß!

Sprecher 2: ... und Fahrrad fahren ...
Sprecher 1: Oh ja! Fahrrad fahren! Fahrrad fahren macht Spaß!

Sprecher 2: ... kochen ...
Sprecher 1: Oh ja! Kochen! Kochen macht Spaß!

Sprecher 2: ... und spazieren gehen ...
Sprecher 1: Oh ja! Spazieren gehen! Spazieren gehen macht Spaß!

Sprecher 2: ... und schwimmen!
Sprecher 1: Oh ja! Schwimmen! Schwimmen macht Spaß!

Und jetzt noch einmal Sie: Antworten Sie mit Ihren Informationen.
Sprecher 1: Sag mal, was sind deine Hobbys?

Lektion 6, Audiotraining 2
Was machst du in der Freizeit? Antworten Sie auf die Fragen.
Hören Sie zuerst ein Beispiel:
Sprecher 1: Was machst du in der Freizeit?
Sprecher 2: Ich lese gern.

Und jetzt Sie:
Sprecher 1: Was machst du in der Freizeit?
Sprecher 2: Ich lese gern.

Sprecher 1: Was machst du in der Freizeit?
Sprecher 2: Ich koche gern.

Sprecher 1: Was machst du in der Freizeit?
Sprecher 2: Ich fahre gern Fahrrad.

Sprecher 1: Was machst du in der Freizeit?
Sprecher 2: Ich schwimme gern.

Sprecher 1: Was machst du in der Freizeit?
Sprecher 2: Ich spiele gern Gitarre.

Sprecher 1: Was machst du in der Freizeit?
Sprecher 2: Ich wandere gern.

Lektion 6, Audiotraining 3
Vorlieben. Antworten Sie auf die Fragen.
Hören Sie zuerst ein Beispiel:
Sprecher 1: Mein Lieblingsbuch ist „Momo“ Was ist dein Lieblingsbuch?
Sprecher 2: Mein Lieblingsbuch ist „Harry Potter“.

Und jetzt Sie: Antworten Sie mit Ihren Informationen.
Sprecher 1: Mein Lieblingsbuch ist „Momo“. Was ist dein Lieblingsbuch?
Sprecher 1: Meine Lieblingsfarbe ist Rot. Und was ist deine Lieblingsfarbe?
Sprecher 1: Mein Lieblingsfilm ist „Ice Age 1“. Was ist dein Lieblingsfilm?
Sprecher 1: Mein Lieblingsessen ist „Pizza“. Was ist dein Lieblingsessen?
Sprecher 1: Meine Lieblingsstadt ist London. Was ist deine Lieblingsstadt?

Zwischendurch mal Lied
Wir sind nicht allein
Du möchtest keinen Kaffee? – Nein.
Du möchtest keine Milch? O Mann!
Ich möchte auch keinen Tomatensaft.
Ja, was möchtest du denn dann?

Ich möchte singen.
Du bist nicht allein.
Wir alle singen gern im Verein.

Wir machen keine Pizza. Nein.
Wir kochen auch kein Ei. O Mann!
Wir backen keinen Kuchen.
Ja, was machen wir denn dann?

Wir singen ein Lied.
Wir singen nicht allein.
Wir alle singen gern im Verein.

Lektion 7 Kinder und Schule

Folge 7: Prima Team

Bild 1
Lara: Ja?
Sofia: Du, entschuldige Lara? Lara: Ja?
Sofia: Ich habe morgen früh einen wichtigen Termin.
Lara: Ja?
Sofia: Ich gehe schon kurz vor sieben Uhr los.
Lara: Oh! So früh?
Sofia: Kannst du Lili wecken?
Lara: Na klar. Mache ich.
Sofia: Danke, du bist ein Schatz! Gute Nacht!
Lara: Nacht!

Bild 2
Lara: Lili? Lili?? Aufstehen! Lili, es ist schon Viertel nach sieben. Hopp hopp! Das Frühstück ist fertig. Was ist los? Lili? Lili?!

Bild 3
Lara: Hey, Lili? Was ist denn? Willst du nicht endlich aufstehen?
Lili: Nein. Ich kann nicht aufstehen.
Lara: Was?
Lili: Ich glaube, ich kann nicht in die Schule gehen.
Lara: Warum denn nicht?
Lili: Mir ist schlecht. Ich habe solche Bauchschmerzen!
Lara: So, so. Ihr schreibt doch einen Test heute, oder?
Lili: Ja, in Mathe.

Bild 4
Lara: Ihr schreibt also einen Mathetest. Und du hast nicht gelernt.
Lili: Doch! Natürlich! Ich habe gelernt.
Lara: Aber?
Lili: Ich kann das nicht. Ich kann das einfach nicht. Und ich habe solche Bauchschmerzen!
Lara: Warum hast du mich nicht gefragt? Ich bin gut in Mathe.
Lili: Wirklich?
Lara: Wann habt ihr denn Mathe. Jetzt gleich um acht?
Lili: Nein. Um Viertel nach zehn.

Bild 5
Lara: Hallo!? Herr Wendel? Ah, guten Morgen. Hier spricht Lara Nowak. Ich bin eine Freundin von Sofia Baumann. Ja, genau, Lilis Mutter. Ich wohne zurzeit bei den Baumanns. Und Lili, sie hat Bauchschmerzen, aber ich habe einen Kräutertee gemacht. Ja, ja, es wird schon viel besser. Nein, nein! Sie will in die Schule kommen. Ja, sie will den Mathetest schreiben. Ich bringe sie zur Schule. Pünktlich um Viertel nach zehn ist sie da. Danke, Herr Wendel. Sie sind sehr nett. Tschüs!

Bild 6
Lili: Hallo? Hier ist Lili Baumann. Kann ich bitte Frau Reimann sprechen? Ah, guten Morgen! Sie kennen doch Lara Nowak, oder? Nein, es ist nichts passiert. Sie wohnt bei uns und hilft meiner Mama. Ja, genau. Ich bin heute leider krank und Lara hat gerade Kräutertee für mich gemacht. Nein, sie will auf jeden Fall noch zum Deutschkurs gehen. Aber sie kann nicht um halb neun kommen. Sie kommt erst um halb elf. Vielen Dank, Frau Reimann. Sie sind sehr nett! Auf Wiederhören! Kein Problem, sagt sie.

Bild 7
Lili: Huhu! Hallo Lara!
Lara: Hallo Lili! Na? Wie war der Mathetest?
Lili: Sehr gut. Ich glaube, ich habe alles richtig gemacht.
Lara: Na super!
Lili: Iiihh! Sag mal, was hast DU denn gekauft? Lauch?
Lara: Ja, ich habe Lauch gekauft. Es gibt Lauchgemüse mit Kartoffeln.
Lili: Uääähh! Mir wird schlecht. Da kann ich ja morgen schon wieder nicht in die Schule gehen.
Lara: Was?! Na warte!
Lili: Nein! Ich hab doch nur Spaß gemacht.

Bild 8
Sofia: Hmm! Super hast du gekocht, Lara. Das Lauchgemüse schmeckt so lecker!
Lara: Danke.
Lili: Naja.
Lara: Und dein Termin heute Morgen, Sofia? Bist du pünktlich gekommen?
Sofia: Superpünktlich. Und du, Lili? Habt ihr den Mathetest geschrieben?
Lili: Ja klar. Du, Mama?
Sofia: Nein, warte, Lili. Jetzt will ich erst noch was sagen: Also, ich finde, wir drei sind ein prima Team.
Lara: Das stimmt, Sofia.
Lili: Aber wirklich!

Schritt A, A1
A
Sofia: Ich habe morgen früh einen wichtigen Termin.
Lara: Ja?
Sofia: Ich gehe schon kurz vor sieben Uhr los.
Lara: Oh! So früh?
Sofia: Kannst du Lili wecken?
Lara: Na klar. Mache ich.

B
Lara: Hey, Lili? Was ist denn? Willst du nicht endlich aufstehen?
Lili: Nein. Ich kann nicht aufstehen.
Lara: Was?
Lili: Ich glaube, ich kann nicht in die Schule gehen.
Lara: Warum denn nicht?
Lili: Mir ist schlecht.
Lara: So so.

C
Lili: Nein, sie will auf jeden Fall noch zum Deutschkurs gehen. Aber sie kann nicht um halb neun kommen. Sie kommt erst um halb elf. Vielen Dank, Frau Reimann. Sie sind sehr nett!

Schritt A, A2
Frau: Ich bin krank. Ich kann nicht einkaufen. Hannes, kannst du im Supermarkt einkaufen?
Mann: Ja, kein Problem.

Schritt B, B2, a
A
Anna: Also ich habe eine Au-Pair-Stelle in Paris. Im Sommer will ich für ein Jahr nach Frankreich gehen. Ich kann überhaupt noch kein Französisch. Englisch und Spanisch kann ich schon. Jetzt mach ich hier einen Französisch-Kurs. Ich will die Sprache jetzt schon lernen. Und dann nach einem Jahr ist mein Französisch sicher perfekt.

B
Miguel: Also, wir reisen gern und oft. Und unser nächster Urlaub ist schon geplant! Vietnam! Dieses Jahr – 4 Wochen Vietnam! Endlich! Das ist schon immer unser Traum. Wir wollen ein bisschen Vietnamesisch lernen. Die Sprache ist sicher nicht einfach. Aber wir wollen nur ein paar Wörter und Sätze lernen: „Guten Tag", „Wie geht's" und so auf Vietnamesisch.

C
Hassan: Ich arbeite seit 3 Jahren bei einer englischen Firma hier in Dortmund. Aber im Herbst arbeite ich drei Monate in London. Ich kann natürlich schon Englisch, aber mein Englisch ist nicht gut genug. Ich mache hier in der Sprachenschule einen Intensivkurs.

D
Hella: Kostas hat bald eine Arbeit in der Schweiz. Im März geht's los. Bei der Arbeit kann Kostas Griechisch und Englisch sprechen, aber...
Kostas: Hella geht ja auch mit in die Schweiz. Und wir wollen in der Schweiz leben. Deshalb! Jeden Tag Schule und fleißig Deutsch lernen. Puh! Deutsch ist nicht leicht. Aber, wir können zusammen lernen. Das macht total Spaß!

Schritt D, D1
A
Lara: Und dein Termin heute Morgen, Sofia? Bist du pünktlich gekommen? Sofia: Superpünktlich.

B
Sofia: Lara, was hast du heute Nachmittag gemacht?
Lara: Ich bin im Park spazieren gegangen.

Schritt D, D2
Mann: Wir haben am Freitag frei. Wollen wir Fahrrad fahren?
Frau: Fahrrad fahren? Nein, nicht so gern ... Ich bin gestern auch schon Fahrrad gefahren.
Mann: Schade!
Frau: Wollen wir dann vielleicht in die Stadt gehen?
Mann: Ja, super! Das machen wir!

Schritt E, E3
Sekretärin: Martini-Grundschule, Sekretariat, Kaiser?
Fr. Behrens: Ja, guten Morgen, hier spricht Frau Behrens. Mein Sohn Jonas geht in die Klasse 4a von Frau Ohler. Er kann heute leider nicht mit ins Schwimmbad kommen. Er ist krank!
Sekretärin: Oh, das tut mir leid! Das ist ja wirklich schade! Aber da kann man nichts machen. Ich sage es Frau Ohler. Und gute Besserung für Jonas!
Fr. Behrens: Ja, danke! Auf Wiederhören!
Sekretärin: Auf Wiederhören!

Lektion 7, Audiotraining 1
Was können Sie sehr gut? Was können Sie gar nicht?
Antworten Sie auf die Fragen.
Hören Sie zuerst zwei Beispiele:
Sprecher 1: Kannst du Fahrrad fahren? *Ja*
Sprecher 2: Ja, ich kann sehr gut Fahrrad fahren.

Sprecher 1: Kannst du Skateboard fahen? *Nein*
Sprecher 2: Nein, ich kann gar nicht Skateboard fahren.
Und jetzt Sie:
Sprecher 1: Kannst du Fahrrad fahren? *Ja*
Sprecher 2: Ja, ich kann sehr gut Fahrrad fahren.

Sprecher 1: Kannst du Skateboard fahren? *Nein*
Sprecher 2: Nein, ich kann gar nicht Skateboard fahren.

Sprecher 1: Kannst du Kuchen backen? *Ja*
Sprecher 2: Ja, ich kann sehr gut Kuchen backen.

Sprecher 1: Kannst du schwimmen? *Nein*
Sprecher 2: Nein, ich kann gar nicht schwimmen.

Sprecher 1: Kannst du Französisch sprechen? *Ja*
Sprecher 2: Ja, ich kann sehr gut Französisch sprechen.

Sprecher 1: Kannst du jonglieren? *Nein*
Sprecher 2: Nein, ich kann gar nicht jonglieren.

Und jetzt noch einmal Sie: Antworten Sie mit Ihren Informationen.
Sprecher 1: Kannst du Fahrrad fahren?
Sprecher 1: Kannst du Skateboard fahren?
Sprecher 1: Kannst du Kuchen backen?
Sprecher 1: Kannst du schwimmen?
Sprecher 1: Kannst du Französisch sprechen?
Sprecher 1: Kannst du jonglieren?

Lektion 7, Audiotraining 2
Ich will ... Antworten Sie mit „Ah!".
Hören Sie zuerst ein Beispiel:
Sprecher 1: Ich will Lieder singen.
Sprecher 2: Ah! Du willst Lieder singen.
Und jetzt Sie:
Sprecher 1: Ich will Lieder singen.
Sprecher 2: Ah! Du willst Lieder singen.

Sprecher 1: Wir wollen Spiele machen.
Sprecher 2: Ah! Ihr wollt Spiele machen.

Sprecher 1: Ich will viel sprechen.
Sprecher 2: Ah! Du willst viel sprechen.

Sprecher 1: Wir wollen Filme sehen.
Sprecher 2: Ah. Ihr wollt Filme sehen.

Sprecher 1: Ich will Texte lesen.
Sprecher 2: Ah. Du willst Texte lesen.

Sprecher 1: Wir wollen viele Übungen machen.
Sprecher 2: Ah. Ihr wollt viele Übungen machen.

Lektion 7, Audiotraining 3
Was machen wir am Wochenende? Antworten Sie auf die Fragen.
Hören Sie zuerst ein Beispiel:
Sprecher 1: Was machen wir am Wochenende?
wandern gehen
Sprecher 2: Wollen wir vielleicht wandern gehen?
Sprecher 1: Ja, super! Das machen wir.

Und jetzt Sie:
Sprecher 1: Was machen wir am Wochenende? *wandern gehen*
Sprecher 2: Wollen wir vielleicht wandern gehen?
Sprecher 1: Ja, super! Das machen wir.

Sprecher 1: Was machen wir am Wochenende?
schwimmen gehen
Sprecher 2: Wollen wir vielleicht schwimmen gehen?
Sprecher 1: Ja, super! Das machen wir.

Sprecher 1: Was machen wir am Wochenende?
Skateboard fahren
Sprecher 2: Wollen wir vielleicht Skateboard fahren?
Sprecher 1: Ja, super! Das machen wir.

Sprecher 1: Was machen wir am Wochenende?
zusammen kochen
Sprecher 2: Wollen wir vielleicht zusammen kochen?
Sprecher 1: Ja, super! Das machen wir.

Sprecher 1: Was machen wir am Wochenende?
Fahrrad fahren
Sprecher 2: Wollen wir vielleicht Fahrrad fahren?
Sprecher 1: Ja, super! Das machen wir.

Sprecher 1: Was machen wir am Wochenende?
zusammen Deutsch lernen
Sprecher 2: Wollen wir vielleicht zusammen Deutsch lernen?
Sprecher 1: Ja, super! Das machen wir.
Sprecher 1: Was machen wir am Wochenende?
tanzen gehen
Sprecher 2: Wollen wir vielleicht tanzen gehen?
Sprecher 1: Ja, super! Das machen wir.

Zwischendurch mal Lesen
Abzählreime
Aufgabe 2
1
Ene mene miste,
es rappelt in der Kiste, ene mene meck
und du bist weg.

2
Eins, zwei, drei, vier, fünf, sechs, sieben, eine alte Frau kocht Rüben,
eine alte Frau kocht Speck und du bist weg.

3
Eine kleine Dickmadam fährt mit der Eisenbahn, steigt dann wieder aus und du bist raus!

Lektion 1 Guten Tag. Mein Name ist ...

Schritt A Übung 1
Mädchen: Guten Morgen, Frau Schröder.
Frau Schröder: Hallo, Anna!

Mädchen und Junge: Auf Wiedersehen, Frau Pohlmann.
Frau Pohlmann: Tschüs, Kinder.

Steffen: Nacht, Maria.
Maria: Gute Nacht, Steffen.

Schritt A Übung 2
vgl. Seite AB 10

Schritt B Übung 5
vgl. Seite AB 11

Schritt B Übung 6
vgl. Seite AB 11

Schritt C Übung 15
Karim: Guten Tag, ich heiße Karim Rochdi. Ich komme aus Teheran. Das ist im Iran. Jetzt bin ich in Deutschland, in Köln. Ich spreche Persisch, Arabisch und Deutsch.
Heidi: Ja, hallo, ich bin Heidi aus Berlin, aus Deutschland. Ich komme eigentlich aus Frankfurt. Aber jetzt bin ich schon vier Jahre in Berlin. Ich spreche Deutsch – natürlich – Englisch und ein bisschen Russisch.
Jan: Mein Name ist Jan Novak. Ich bin aus Polen und jetzt schon zehn Jahre in Deutschland. Ich spreche Polnisch, Russisch und gut Deutsch.

Schritt D Übung 20
vgl. Seite AB 15

Schritt D Übung 21
a
Frau: Ich heiße Ewa Kowalski.
Mann: Entschuldigung, wie heißen Sie? Buchstabieren Sie, bitte.
Frau: E – W – A K – O – W – A – L – S – K – I.
b
Mann: Mein Name ist Jannick Peters.
Frau: Wie bitte?
Mann: Ich heiße Jannick Peters.
J – A – N – N – I – C – K P – E – T – E – R – S.
c
Mann 1: Ich bin Moritz Seifert.
Mann 2: Wie ist Ihr Name? Buchstabieren Sie, bitte.
Mann 1: M – O – R – I – T – Z S – E – I – F – E – R – T.
d
Mann: Guten Morgen. Mein Name ist Simon Pfaff.
Frau: Guten Morgen Herr ... Entschuldigung, wie heißen Sie?
Mann: Simon Pfaff. Ich buchstabiere:
S – I – M – O – N P – F – A – F – F.
Frau: Ah ja, danke.
e
Frau 1: Wie ist Ihr Name?
Frau 2: Ich heiße Ruth Kröger.
Frau 1: Wie bitte? Buchstabieren Sie, bitte.
Frau 2: R – U – T – H K – R – Ö – G – E – R.
Frau 1: Danke.
f
Frau: Wie heißt du?
Mann: Ich heiße Jürgen Groß. Groß mit Eszett.
Frau: Wie bitte?
Mann: J – Ü – R – G – E – N G – R – O – ß.

Lektion 2 Meine Familie

Schritt A Übung 2
vgl. Seite AB 19

Schritt B Übung 8
vgl. Seite AB 20

Schritt D Übung 22
dreizehn – sechs – elf – fünf – vierzehn – siebzehn – acht – neunzehn – drei – zwanzig

Schritt E Übung 30
1
Hanne Winkler:
Hallo. Mein Name ist Hanne Winkler. Ich bin 20 und komme aus Stuttgart. Stuttgart ist in Süddeutschland. Jetzt lebe ich in Hamburg. Das ist in Norddeutschland. Mein Partner heißt Sven. Wir sind noch nicht verheiratet. Und wir haben keine Kinder.

2
Ashraf Shabaro:
Guten Tag. Ich bin Ashraf Shabaro. Ich komme aus Syrien. Ich lebe schon 20 Jahre in Berlin. Meine Eltern leben in Syrien. Meine Frau ist Deutsche. Sie heißt Karin. Wir haben drei Kinder. Sie sind 17, 13 und zehn Jahre alt und sie sprechen Deutsch und Arabisch.

3
Thomas Gierl:
Servus! Ich heiße Thomas. Thomas Gierl. Ich bin ledig. Na ja, ich bin ja auch erst 19. Ich komme aus Innsbruck. Jetzt wohne ich in Wien. Wien ist die Hauptstadt von Österreich. Die Stadt ist super. Dort ist immer etwas los.

4
Margrit Ehrler:
Grüezi! Ich heiße Margrit Ehrler und lebe in der Schweiz. Mein Mann und ich, wir sind beide in Zürich geboren und wohnen auch hier. Wir haben einen Sohn. Er heißt Jakob und ist 12 Jahre alt. Und wir haben eine Tochter, Lisa. Sie ist noch ein Baby.

Fokus Beruf: *Du oder Sie?*
Übung 1b
A
Nurcan: Hallo? Ist das Station 3?
Martin: Ja?
Nurcan: Hallo. Ich heiße Nurcan. Nurcan Kara. Und wer sind Sie?
Martin: Ich bin Martin Franke und das ist Alena Schuster.
Alena: Hallo, Frau Kara. Willkommen im Team.
Nurcan: Danke.

B
Dr. Schneider: Guten Tag. Äh, wer sind Sie?
Nurcan: Guten Tag. Mein Name ist Nurcan Kara.
Dr. Schneider: Ah! Freut mich. Ich bin Dr. Schneider, Chefarzt. ... Ja, dann: Guten Start.
Nurcan: Danke, Herr Dr. Schneider

C
Nurcan: Guten Tag, Herr Voss. Na, wie geht es Ihnen denn?
Patient: Ach, nicht so gut.
Nurcan: Das tut mir leid.

D
Anna: Wie geht es dir Nurcan? Wie ist die Arbeit?
Nurcan: Danke, super! Die Arbeit macht Spaß.

Lektion 3 Einkaufen

Schritt A Übung 4
vgl. Seite AB 31

Schritt B Übung 9 a und b
vgl. Seite AB 33

Schritt B Übung 9 c
vgl. Seite AB 33

Schritt C Übung 16
Frau: Sag mal, Johannes, haben wir noch Äpfel?
Mann: Hm, ich weiß es nicht, ich glaube nicht. Frau: Gut, dann ... zwei Äpfel bitte.
Verkäufer: Sehr gern. Darf es noch etwas sein?
Frau: Ja, einen Moment, bitte. Wir brauchen noch ... Was brauchen wir denn noch?
Mann: Ja also ... ich weiß nicht ... Wir brauchen Tomaten.
Frau: Dann bitte noch sechs Tomaten.
Verkäufer: Möchten Sie Tomaten aus Italien oder Tomaten aus Spanien?
Frau: Aus Spanien, bitte.
Verkäufer: Gern.
Mann: Schau mal, die Birnen da sehen gut aus. Frau: Ja stimmt. ... Dann bitte noch drei Birnen. Verkäufer: Gern ...
Frau: Ach ja und vier Bananen bitte. Das ist dann alles.
Verkäufer: Das macht zusammen bitte ... Sechs Euro sechzig.
Mann: Bitte sehr.
Verkäufer: Vielen Dank. Auf Wiedersehen
Frau: Auf Wiedersehen.
Mann: Wiedersehen.

Schritt C Übung 22
Frau Wagner:
Okay, was brauche ich ... Äpfel? Nein, Äpfel sind noch da, aber keine Bananen. Also, ich brauche drei Bananen. ... Es sind keine Eier mehr da, also, sechs Eier ... Brot habe ich. Kartoffeln? Sind auch noch da. Und Tomaten brauche ich auch nicht. Also kein Brot ... keine Kartoffeln ... keine Tomaten. Aber Milch und Butter brauche ich. ... Ah, und Würstchen, vier Würstchen. ... So, dann kann's ja losgehen.

Schritt D Übung 23 b
3 Euro 49, 8 Euro 90, 11 Euro 65, 77 Cent, 50 Cent

Schritt D Übung 24
21, 45, 84, 63, 72, 67, 83, 36, 48, 75, 70, 54, 38, 20, 30, 42, 33, 48

Schritt E Übung 31
Moderator: In unserer Sendung „Essen und Trinken" geht es heute um ein kleines Ding, das uns vom Frühstück bis zum Abendessen begleitet: das Brötchen. Ein Brötchen heißt aber nicht einfach nur Brötchen, in manchen Regionen Deutschlands nennt man es Semmel, Wecken, Rundstück oder Schrippe.
Mann: Ein Rundstück mit Hering, bitte.
Moderator: Entschuldigung, was kaufen Sie da?
Mann: Ein Rundstück mit ...
Moderator: Kein Brötchen?
Mann: Nee, wir sind hier in Hamburg, und da heißt das Rundstück.
Moderator: Hören wir doch weiter nach Süddeutschland, nach Stuttgart.
Frau: Ich kauf mir zum Vesper immer zwei Wecken und manchmal auch noch eine Brezel.
Moderator: Und etwas weiter in München, da heißt das Brötchen Semmel.
Mann: Ja, meine Brotzeit, das sind zwei-drei Semmeln mit Leberkäs.
Moderator: Und jetzt gehen wir wieder nach Norden in die Hauptstadt, nach Berlin. Dort esse ich jetzt dann zwei Schrippen, eine mit Wurst und eine mit Käse. Das war unsere Rundreise durch Deutschland zum Thema Brötchen. Wir hören uns wieder ...

Lektion 4 Meine Wohnung

Schritt C Übung 16 a und b
vgl. Seite AB 47

Schritt C Übung 18
1
junge Frau: Entschuldigung?
älterer Mann: Ja? Wie kann ich Ihnen helfen?
junge Frau: Wo sind die Sessel?
älterer Mann: Sehen Sie die Stühle dort?
junge Frau: Ja.
älterer Mann: Dort finden Sie auch die Sessel.
junge Frau: Vielen Dank!

2
junge Frau: Ach, hier sind die Sessel. Wie gefallen Sie dir?
junger Mann: Nicht so gut, sie sind sehr dunkel.
junge Frau: Ja. Sie sind nicht so schön. Aber schau mal die Lampe dort. Wie gefällt dir die Lampe?
junger Mann: Sie ist toll. Sie kommt aus Dänemark, oder?
junge Frau: Ja, die Lampe ist von einem dänischen Designer.

3
ältere Frau: Kann ich Ihnen helfen?
junger Mann: Ja. Die Lampe ist schön. Was kostet sie?
ältere Frau: Sie kostet 95,- Euro.
junger Mann: Oh, sie ist sehr teuer.
ältere Frau: Ja, Designer-Lampen sind nicht billig. Aber sie ist sehr schön und modern.

Schritt D Übung 28
943 – 187 – 76 – 934 – 67 – 27

Schritt D Übung 29 c
Frau: Drei Zimmer, 80 Quadratmeter ... Du, hör mal, Tom. Hier ist eine Wohnungsanzeige in der Zeitung: drei Zimmer, 80 Quadratmeter.
Mann: Aha. Und wie hoch ist die Miete?
Frau: Die Wohnung kostet nur 550 Euro im Monat.
Mann: Inklusive Nebenkosten?
Frau: Nein, nein. Das ist nur die Kaltmiete. Die Nebenkosten sind 140 Euro. Aber 690 Euro ist auch nicht teuer.
Mann: Ja, das ist richtig.
Frau: Die Wohnung hat auch zwei Balkone und eine Garage. Ich rufe gleich mal dort an.

Schritt E Übung 34 a und b
vgl. Seite AB 52

Schritt E Übung 35
vgl. Seite AB 52

Fokus Alltag: **Rund ums Wohnen**
Übung 2
Mann: Hausverwaltung Gewofag. Guten Morgen, Herr Saidi. Ihre Heizung in der Küche ist ja kaputt. Da möchten wir kurz in Ihre Wohnung. Vielleicht gleich heute Abend? Sind Sie zu Hause? Bitte rufen Sie mich unter 0177 / 214 82 2 zurück.

Lektion 5 Mein Tag

Schritt A Übung 6 a
vgl. Seite AB 57

Schritt A Übung 6 b und c
vgl. Seite AB 57

Schritt E Übung 26
1
Michael: Hier ist Michael – leider nicht zu Hause. Nachrichten bitte nach dem Signalton.
Felix: Hallo, Michael. Hier ist Felix. Du, hast du am Samstag Zeit? Wir spielen Fußball. Nico und Bülent kommen auch. Wir fangen um zwei an – äh, nein, Entschuldigung: um halb drei. Bülent arbeitet bis zwei. Also: Samstag um halb drei. Ruf mich doch bitte an: Ich bin am Abend zu Hause.

2
Ansage: Kino X-Film, guten Tag. Das Programm für die Woche 30 ist:
„Das magische Haus“ jeden Tag um 15 Uhr 30 und um 18 Uhr
„Geliebte Schwestern“ täglich um 18 Uhr 30 und um 20 Uhr 30, am Freitag und Samstag auch um 22 Uhr 15
„Wir sind die Neuen“ jeden Tag um 18 Uhr 15 und um 20 Uhr,
Reservierungen unter 33 44 81.

3
Ansage: Herzlich willkommen bei Harris Obst- und Gemüse-Spezialitäten. Leider sind wir im Moment nicht im Büro.
Unsere Bürozeiten sind von Montag bis Freitag von 8 Uhr bis 17 Uhr 30.
Rufen Sie gern wieder an oder kommen Sie in unserem Ladengeschäft vorbei.
Die Öffnungszeiten sind von Montag bis Samstag von acht bis 13 Uhr.
Vielen Dank für Ihren Anruf und auf Wiederhören.

Schritt E Übung 27
vgl. Seite AB 64

Fokus Beruf: Informationstexte verstehen
Übung 3
a
Frau Gülen: Herr Jessen?
Herr Jessen: Ja, Frau Gülen?
Frau Gülen: Ich komme am Freitagmorgen nicht. Ich gehe zur Volkshochschule: Ich mache da am Freitag um 9:00 Uhr den Deutsch-Test für Zuwanderer. Ich komme dann am Nachmittag.
Herr Jessen: Ja, ist gut, Frau Gülen. Alles klar! Viel Erfolg!
Frau Gülen: Danke!

b
Herr Bardosana: Guten Tag, Herr Jessen.
Herr Jessen: Tag, Herr Bardosana!
Herr Bardosana: Herr Jessen, ich möchte zur Volkshochschule zur Sprachberatung. Die Sprechzeit ist bis 15 Uhr. Ich gehe dann heute schon um 14 Uhr. Ist das in Ordnung?
Herr Jessen: Ja, gut, kein Problem!
Herr Bardosana: Vielen Dank!

c
Herr Thind: Herr Jessen, ich bin am Freitag erst um 12 Uhr da. Ich gehe zur Volkshochschule: Ich mache einen Einstufungstest. Der Termin ist um 09:00 Uhr. Ist das in Ordnung?
Herr Jessen: Ja, das ist in Ordnung, Herr Thind. Sie kommen dann erst um 12 Uhr. Herr Thind: Ja, genau, Vielen Dank!

Lektion 6 Freizeit

Schritt A Übung 6
a
Moderator: Es ist sechs Uhr vier. Und nun zum Wetter, heute mit Christina Werner.
Christina: Guten Morgen ... Auch heute Morgen ist es herbstlich kalt und bis zum Mittag auch ziemlich windig. Aber am Nachmittag kommt die Sonne heraus und es wird richtig schön mit Temperaturen bis 18 Grad. Auch in den kommenden Tagen ist das Wetter schön und es wird warm: Temperaturen bis 22 Grad. Genießen Sie die sommerlichen Temperaturen im Herbst und ...

b
Frau: Radio Süd aktuell – Wetter: Heute bleibt es im Süden kühl mit vielen Wolken und es regnet immer wieder. Im Norden freundlicher und Sonnenschein. Temperaturen von 12 bis 16 Grad. Die Aussichten: In den nächsten Tagen überall ein Mix aus Sonne, Wind und Wolken ...

c
Moderator: ... Und wie das Wetter wird, das fragen wir jetzt unseren Wettermann Karsten Juhnke: Karsten, wie sieht es aus? Kommt der Winter endlich?
Karsten: Ja, Thomas, möglich. In den kommenden Tagen haben wir in der Nacht Temperaturen unter null Grad. Auch am Tag sind es nur noch maximal vier Grad. Am Wochenende ist es dann so weit: Es gibt Schnee! Bitte Vorsicht auf den Straßen, es kann glatt werden ...

Schritt B Übung 9 a und b
vgl. Seite AB 70

Schritt B Übung 9 c
Frau 1: Hast du das Brot?
Frau 2: Nein, das Brot habe ich nicht, aber die Brötchen.
Frau 1: Hast du den Saft?
Frau 2: Nein, den Saft habe ich nicht, aber den Wein.
Frau 1: Hast du das Obst?
Frau 2: Nein, das Obst habe ich nicht, aber den Kuchen.
Frau 1: Hast du den Tee?
Frau 2: Nein, den Tee habe ich nicht, aber den Kaffee.
Frau 1: Hast du die Milch?
Frau 2: Nein, die Milch habe ich nicht, aber den Zucker.
Frau 1: Hast du die Wurst?
Frau 2: Nein, die Wurst habe ich nicht, aber den Käse.

Schritt E Übung 31
a
Mitarbeiter: Hallo. Du bist neu hier, oder?
Laura: Mhm.
Mitarbeiter: Wir möchten die Auszubildenden in der Firma Roger Pharmazie kennenlernen. Wie heißt du und wie alt bist du?
Laura: Ich heiße Laura und ich bin 18.
Mitarbeiter: Was sind deine Hobbys, Laura?
Laura: Ich finde Texte toll und schreibe gern.
Mitarbeiter: Ah, verstehe. Du hast einen Blog oder so.
Laura: Pff, Blog! Nein, ich schreibe richtige Texte. Krimis zum Beispiel.
Mitarbeiter: Wow!

b
Mitarbeiter: ... äh, stopp! Du bist doch auch neu hier. Wie heißt du denn?
Kai: Ich bin Kai.
Mitarbeiter: Was machst du gern in der Freizeit, Kai?
Kai: Ach, nicht viel. Am Abend bin ich immer so müde. Ich spiele dann ein bisschen am Computer und surfe im Internet.
Mitarbeiter: Machst du keinen Sport?
Kai: Nö. Sport macht doch keinen Spaß.
Mitarbeiter: Aha. Vielen Dank, Kai, und schönen Arbeitstag noch.

c
Mitarbeiter: Hallo, bist du Auszubildende hier?
Fatima: Ja?
Mitarbeiter: Und du heißt ...?
Fatima: Fatima.
Mitarbeiter: Ich möchte gern wissen: Was ist dein Hobby?
Fatima: Tanzen. Ich tanze total gern: am liebsten Flamenco! Kastagnetten und Gitarrenmusik finde ich super! Und ich spiele Mundharmonika. Hör mal:

Übung 32 a und b
vgl. Seite AB 76

Lektion 7 Kinder und Schule

Schritt A Übung 4
1 Klavierspiel
2 Tennisspiel
3 Sprecherin: Juhu!
4 Sängerin: no – no – no – no – no –no –no – no –nooo
5 Sprecherin: Oh, der Kuchen ist schon fertig.
6 Sprecherin 1: Guckt mal her! Ja, so ist gut. Und jetzt sagt doch bitte mal: „Cheese".
Sprecher 1 und Sprecherin 2: Cheese.
7 Junge: Brrr, ist das kalt!
Mädchen: Ja, aber toll!
8 Schwimmbad

Schritt A Übung 8 a und b
vgl. Seite AB 81

Schritt A Übung 8 c
1 Gehen wir spazieren?
2 Wie spät ist es?
3 Buchstabieren Sie, bitte.
4 Das schmeckt gut.
5 Er ist Fußballspieler.
6 Sprichst du Spanisch?

Schritt D Übung 29
Mann: Guten Tag, Frau Wenzel. Wir haben uns ja lange nicht gesehen.
Frau: Guten Tag, Herr Bah. Ja, stimmt. Wie geht es Ihnen?
Mann: Sehr gut. Wir sind zwei Wochen in Polen gewandert.
Frau: Toll! Und wie war das Wetter?
Mann: Sehr gut, jeden Tag Sonne und kein Regen. Und es war nicht zu warm, so um die 20 Grad. Genau richtig.
Frau: Super. Wir sind auch einmal nach Polen gefahren. Wir haben Danzig angesehen. Das ist wirklich eine schöne Stadt. Aber das Wetter war leider nicht so gut. Es hat geregnet und gar nicht mehr aufgehört. Wir sind dann in ein Restaurant gegangen und haben nicht mehr viel von der Stadt gesehen.
Mann: Ach, das ist ja schade. Polen hat mir wirklich gut gefallen, aber Danzig haben wir leider nicht gesehen. Aber da will ich auch auf jeden Fall noch mal hin. Oh, es ist schon spät und ich will pünktlich zur Arbeit kommen. Einen schönen Tag, wünsche ich Ihnen.
Frau: Danke, das wünsche ich Ihnen auch. Auf Wiedersehen.
Mann: Auf Wiedersehen

Fokus Beruf: Sich krankmelden
Übung 1 b
Amann. Guten Morgen.
Frau Olbrich: Guten Morgen, Herr Amann. Hier ist Annette Olbrich.
Herr Amann: Guten Morgen, Frau Olbrich.
Frau Olbrich: Ich kann heute leider nicht zur Arbeit kommen. Ich bin krank.
Herr Amann: Oje. Sind Sie schon zum Arzt gegangen?
Frau Olbrich: Nein, aber ich gehe jetzt gleich.
Herr Amann: Na dann: Gute Besserung, Frau Olbrich!
Frau Olbrich: Vielen Dank, Herr Amann, tschüs.

Lektion 1 Guten Tag. Mein Name ist ...

Foto-Hörgeschichte

vgl. Transkriptionen zum Kursbuch, Seite 194

Laras Film

1 Ich heiße Lara Nowak.
Lara: Hallo. Ich heiße Lara Nowak. Ich komme aus Polen. Ich spreche Polnisch und ein bisschen Englisch und Deutsch. Auf Wiedersehen.

2 Mein Name ist Walter Baumann.
Walter: Guten Tag. Mein Name ist Walter Baumann. Ähm, ich komme aus Deutschland. Ich, ich spreche Deutsch, Englisch, ähm, und ein bisschen Spanisch. Auf Wiedersehen.

3 Ich bin Sofia Baumann.
Sofia: Hallo. Ich bin Sofia Baumann. Ich komme aus Deutschland. Ich spreche Deutsch und Englisch. Tschüs.

4 Ich bin Lili.
Lili: Das ist Lili Baumann.
Sofia: Ach komm, Lili. Mach's richtig.
Lili: Na gut. Halli hallo! Ich bin Lili. Ich komme aus Deutschland. Ich spreche Deutsch und ein bisschen Englisch. Tschüs.

Videotraining

Film 1 Ich bin K-2-F-2-G.
K-2-F-2-G: Guten Tag.
Tim: Huch!
Lara: Oh!
K-2-F-2-G: Wer sind Sie?
Lara: Ich heiße Lara Nowak.
K-2-F-2-G: Und Sie? Wer sind Sie?
Tim: Ich bin Tim Wilson.
K-2-F-2-G: Noch einmal, bitte?
Tim: Ich heiße Tim Wilson.
K-2-F-2-G: Wilsen? Wilsen? Wilsen? Buchstabieren Sie, bitte.
Tim: Ja, gut. Also: W – I – L – S – O – N.
K-2-F-2-G: Vielen Dank.
Lara: Und wer sind Sie?
K-2-F-2-G: Ich bin K-2-F-2-G.
Lara: Aha!
K-2-F-2-G: Ich komme aus chhrfzz.
Tim: Wie bitte? Woher kommen Sie?
K-2-F-2-G: Entschuldigung. Einen Moment, bitte. Ich komme aus Berlin.
Lara: Ah, ja.
Tim: Berlin? Ah, schön.
K-2-F-2-G: Ich spreche Deutsch.
Tim: Ja, stimmt.
Lara: Super! Ist K-2-F-2-G Ihr Familienname?
K-2-F-2-G: Familienname? Familie? Oh-oh-oh! Ich weiß es nicht. Oh- oh-oh! Ich weiß es nicht. Oh-oh-oh! Ich weiß es nicht.

Film 2 Das ist super.
Lara: Hallo! Ich bin Lara.
Tim: Und ich bin Tim. Sie brauchen jetzt einen Stift.
Lara: Und ein Blatt Papier.
Tim: Hören Sie und schreiben Sie.
Lara: Wir buchstabieren.
Tim: H – E – R – Z – L – I – C – H
Lara: W – I – L – L – K – O – M – M – E – N!
Tim: S – I – E
Lara: L – E – R – N – E – N
Tim: D – E – U – T – S – C – H?
Lara: D – A – S
Tim: I – S – T
Lara: S – U – P – E – R!
Tim: So, fertig!
Beide: Herzlich willkommen! Sie lernen Deutsch? Das ist super!
Lara: Tschüs!
Tim: Bis bald!

Zwischendurch mal Film

Buchstabenspiel
Frau: Anna.
Mann: Buchstabieren Sie, bitte.
Frau: A – N – N – A.
Mann: Danke!
Frau: Anna. A – N – N – A.

Frau: Max.
Mann: Buchstabieren Sie, bitte.
Frau: M – A – X.
Mann: Danke!
Frau: Max. M – A – X.

Frau: Julia.
Mann: Buchstabieren Sie, bitte.
Frau: J – U – L – I – A.
Mann: Danke!
Frau: Julia. J – U – L – I – A.

Frau: Daniel.
Mann: Buchstabieren Sie, bitte.
Frau: D – A – N – I – E – L.
Mann: Danke!
Frau: Daniel. D – A – N – I – E – L.

Frau: Felix.
Mann: Buchstabieren Sie, bitte.
Frau: F – E – L – I – X.
Mann: Danke!
Frau: Felix. F – E – L – I – X.

Hallo und guten Tag!
Mann: Ah! Hallo, Claudia.
Frau: Hallo, Peter
Mann: Na, wie geht's?
Frau: Danke, gut. Und wie geht's dir?
Mann: Auch gut.

Mann 1: Hi.
Mann 2: Ach, hallo.
Mann 3: Hi.
Mann 2: Wie geht's euch?
Mann 3: Ganz gut.

Frau 1: Hey, Carina! Was machst du hier?
Frau 2: Laura! Ja, hallo!

Frau: Oh, es ist schon drei. Machen Sie's gut, Herr Müller.
Mann: Sie auch, Frau Schneider!
Frau: Also, auf Wiedersehen.
Mann: Tschüs!

Frau 1: Guten Tag, Frau Pohl.
Frau 2: Ah, Frau Schneider! Guten Tag. Bitte, kommen Sie doch rein.
Frau 1: Danke schön. Na, wie geht's?
Frau 2: Danke, gut. Und Ihnen?

Frau 1: Hallo.
Frau 2: Guten Tag.
Mann: Grüß Gott.

Frau 1: Tschüs.
Frau 2: Auf Wiedersehen.
Mann: Auf Wiederschauen.

Frau: Guten Morgen. Guten Tag. Guten Abend.

Lektion 2 Meine Familie

Foto-Hörgeschichte

vgl. Transkriptionen zum Kursbuch, Seite 197

Laras und Tims Film

1 Das ist Tim Wilson.
Lara: Jetzt! Tim!
Tim: Huu!
Lara: Das ist Tim Wilson. Tim kommt aus Kanada. Tims Eltern heißen Amy und Richard. Tims Bruder heißt Ben. Die Familie wohnt in Ottawa. Tim spricht Englisch als Muttersprache und er spricht sehr gut Französisch.
Tim ist auch im Deutschkurs. Er spricht schon ganz gut Deutsch. Du sprichst doch Deutsch, oder? Komm, sag mal was, Tim! Tim! Bitte! Deutsch!
Tim: Deutsch! Deutsch! Deutsch! Deutsch! Deutsch!
Lara: Hey! Tim! Bitte!
Tim: Deutsch! Deutsch! Deutsch! Deutsch! ...

2 Das ist Lara Nowak.
Tim: Das ist Lara Nowak. Lara ist 20 und kommt aus Polen. Lara ist in Lublin geboren.
Sie hat keine Geschwister. Laras Eltern sind geschieden. Laras Muttersprache ist Polnisch. Sie spricht aber auch ein bisschen Englisch und Deutsch.
Lara: Ich spreche Deutsch. Wie geht's?
Tim: Sehr gut, danke. Und wie geht es dir?
Lara: Auch sehr gut. Tschüs!

Videotraining

Film 1 Hallo Olga!
Tim: Ja, hallo, Olga! Na, wie geht's?
Lara: Na ja, es geht. Und wie geht es dir?
Tim: Ach, nicht so gut.
Lara: Oje.

Tim: Guten Tag, Frau Hansen!
Lara: Hallo, Herr Reich.
Tim: Wie geht es Ihnen?
Lara: Gut, danke. Und wie geht es Ihnen?
Tim: Auch gut, danke.

Lara: Hey! Na, wie geht's?
Tim: Danke, sehr gut. Und wie geht es dir?
Lara: Auch sehr gut, danke.

Lara: Guten Tag, Herr Gregorjev.
Tim: Oh! Guten Tag, Frau, äh ...
Lara: Schmid.
Tim: Ja, genau: Frau Schmitt.
Lara: Nein, falsch: Schmid.
Tim: Ach, tut mir leid.
Lara: Kein Problem.
Tim: Schmid.
Lara: Ja, genau.

Film 2 Wer ist das?
Tim: Hallo! Ich habe ein paar Fragen. Wer ist das?
Lara: Das ist Lissandra de Assis.
Tim: Wo ist sie geboren?
Lara: Sie ist in Porto Alegre geboren.
Tim: Wo wohnt sie?
Lara: Sie wohnt in Stuttgart.
Tim: Wie ist die Adresse?
Lara: Die Adresse ist Uhlandstraße 19 in 70182 Stuttgart.
Tim: Ist sie verheiratet?
Lara: Ja. Sie ist verheiratet.

Lara: Hallo! Können Sie mir bitte helfen? Wer ist das?
Tim: Das ist Erkut Vuran.
Lara: Wo ist er geboren?
Tim: Er ist in Hamburg geboren.
Lara: Wo wohnt er?
Tim: Er wohnt in Hamburg.
Lara: Wie ist die Adresse?
Tim: Die Adresse ist Stiefmütterchenweg 7 in 22607 Hamburg.
Lara: Ist er verheiratet?
Tim: Nein. Er ist ledig.

Zwischendurch mal Film

Ich heiße Esila.
Esila: Ich heiße Esila Kartal. Ich bin 19. Ich bin in Sankt Pölten geboren. Meine Eltern und ich wohnen in Linz. Sankt Pölten und Linz sind in Österreich. Sankt Pölten ist die Landeshauptstadt von Niederösterreich und Linz ist die Landeshauptstadt von Oberösterreich.
Das ist meine Familie: Mein Papa heißt Zafer. Er spricht sehr gut Deutsch. Er ist Türke, aber er ist in Österreich geboren. Meine Großeltern kommen aus der Türkei. Mein Opa heißt Berkan, meine Oma heißt Nilüfer. Oma und Opa sprechen nicht so gut deutsch. Sie kommen aus Istanbul, aber sie wohnen schon sehr lange in Sankt Pölten. Meine Mutter und ich sind Österreicherinnen. Mama heißt Sylvia. Sie kommt aus Wien. Wien ist die Hauptstadt von Österreich. Mamas Eltern, also meine Großeltern, leben auch in Wien. Sie sind nicht verheiratet. Mein Opa heißt Walter Brunner. Er ist in Wien geboren. Und das ist meine Oma. Sie heißt Krisztina Pap. Sie kommt aus Sopron. Sie ist Ungarin.
Tja, das ist meine Familie. Wir leben in Österreich, aber wir sind international.

Lektion 3 Einkaufen

Foto-Hörgeschichte

vgl. Transkriptionen zum Kursbuch, Seite 199

Laras Film

Brauchen wir Käse?
Lara: Hallo! Ich gehe gerade einkaufen. Komm doch mit! Das ist meine Einkaufsstraße. Hier gehe ich immer einkaufen. Hier gibt es einfach alles. Ein Beispiel? Okay, was möchtest du? Ein Brot? Kein Problem.
Wir haben hier ja eine Bäckerei. Nein, zwei Bäckereien. Nein, drei Bäckereien! Na komm, wir gehen rein. Was möchtest du? Ein Brot vielleicht? Oder möchtest du Brötchen? Hier bitte: Vollkornbrötchen, Brezeln, Brötchen mit mit Kürbiskernen, mit Mohn und mit Sesam. Hmmmm und alles riecht so gut!
So! Wir haben Brot, wir haben Brötchen. Was brauchen wir noch? Brauchen wir Wurst? Brauchen wir Käse? Brauchen wir Obst und Gemüse?
Also: sag ich doch! Hier gibt es wirklich alles. Hmm, lecker!

Videotraining

Film 1 Ich hätte gern Reis.
Tim: Kann ich Ihnen helfen?
Lara: Ja, bitte. Ich hätte gern Reis. Haben Sie Reis?
Tim: Ja, natürlich. Wie viel möchten Sie?
Lara: Ich brauche ein Kilo.
Tim: Sehr gern. Hier, bitte. Zwei Pfund sind ein Kilo. Noch etwas?
Lara: Ja. Eine Flasche Milch, bitte.
Tim: Gern. Hier, bitte.
Lara: Danke.
Tim: Sonst noch etwas?
Lara: Ähm, sagen Sie, wie viel kosten 100 Gramm Käse?
Tim: 100 Gramm Käse kosten 2,45 Euro.
Lara: Gut. Ich möchte bitte 200 Gramm Käse.
Tim: Hier, probieren Sie mal.
Lara: Oh! Danke. Hmmm! Ich hätte gern 400 Gramm Käse.
Tim: 400 Gramm? Sehr gern!

Film 2 Eine Flasche Wasser
Beide: Hallo!
Tim: So, jetzt machen wir was zusammen.
Lara: Aber zuerst ein Beispiel, okay?
Tim: Eine Flasche.
Lara Saft.
Tim: Eine Flasche Saft.
Lara: Und jetzt Sie!
Tim: Eine Flasche Wasser.
Lara: Ein Becher Sahne.
Tim: Eine Dose Tomaten.
Lara: Eine Packung Salz.
Tim: Eine Flasche Milch.
Lara: Eine Packung Reis.
Tim: Eine Dose Fisch.

Zwischendurch mal Film

Opas Kartoffelsalat
Frau: Heute machen wir Kartoffelsalat. Opas Kartoffelsalat! Das ist Opas Rezept und das ist Opa. Also, für Opas Kartoffelsalat brauchen wir: zwei Kilo Salatkartoffeln, eine Salatgurke, ein Glas saure Gurken, ein Bund Frühlingszwiebeln, eine Knoblauchzehe, ein Glas Mayonnaise, ein Becher Joghurt, Wasser und Essig, Salz und Pfeffer.
Hmm! Lecker! Opas Kartoffelsalat!
Opa: Richtig! Das ist Opas Kartoffelsalat! Hihihi!
Frau: Hey! Opa! Opa!

Lektion 4 Meine Wohnung

Foto-Hörgeschichte
vgl. Transkriptionen zum Kursbuch, Seite 201–202

Laras und Tims Film

1 Mein Zimmer ist schön.
Lara: Hallo, hallo! Ich bin Lara Nowak, das ist Lili, meine Kamerafrau.
Lili: Huhu!
Lara: Und das ist mein Zimmer! Es ist groß. Es ist hell. Die Möbel sind sehr schön. Und es kostet nur 150 Euro im Monat. Das ist mein Schreibtisch. Hier lerne ich. Und das ist mein Bett. Es ist sehr, sehr bequem.
Lili: Und wo ist das Bad?
Lara: Ach ja, das Bad. Das Bad ist hier. Das Bad ist nicht sehr groß. Nein, wirklich nicht. Es ist sehr klein. Und jetzt: die Küche. Die Küche ist nicht klein. Sie ist groß. Möchtest du Pudding, Lili?
Lili: Pudding? Oh ja! Lecker! Hmmm!
Lara: Du, sag mal, Lili? Läuft die Kamera noch?
Lili: Ups!

2 Mein Zimmer ist nicht schön.
Tim: Hallo! Ich bin Tim Wilson. Und das ist mein Zimmer. Ihr seht: Mein Zimmer ist nicht sehr groß. Es ist nicht sehr hell und es ist auch nicht sehr schön. Oder sagen wir so: Das Zimmer ist klein und dunkel und hässlich.
Stopp! Vielleicht denkt ihr jetzt: Es ist sicher sehr billig. Ha, ha, ha! Das ist leider nicht richtig. Oh nein! Das ist total falsch. 350 Euro! Das Zimmer kostet 350 Euro im Monat. Aah! Ich brauche ein anderes Zimmer. Bitte!

Videotraining

Film 1 Schauen Sie mal!
Durchsage: Herzlich willkommen bei Möbel Röhn. Auch heute wieder viele Sonderangebote.
Tim: Entschuldigung?
Lara: Ah! Herzlich willkommen bei Möbel Röhn! Sagen Sie mal, wie gefällt Ihnen denn der Tisch? Er ist super, oder? Schauen Sie mal! Die Farbe! Gelb! Ist das nicht schön?
Tim: Nein, äh ...
Lara: Sie finden gelb hässlich? Ja, richtig. Das ist doch sehr hell Sehen Sie mal, der Tisch hier ist dunkelblau.
Tim: Nein.
Lara: Dunkelblau!
Tim: Ich möchte ...
Lara: Der Tisch gefällt Ihnen nicht. Ah, gut! Also, wir haben auch Stühle.
Tim: Aber nein! Ich möchte ...
Lara: Ah! Sie möchten eine Lampe, richtig?
Tim: Nein! Bitte!
Lara: Ja?
Tim: Entschuldigen Sie! Ist hier auch eine Toilette?
Lara: Ja natürlich. Die Toilette ist dort.
Tim: Ah, ja. Danke.
Durchsage: Möbel Röhn! Wohnung schön!

Film 2 Wie ist das Regal?
Tim: Sie verkaufen ein Regal, richtig?
Lara: Ja, genau.
Tim: Und wie ist das Regal?
Lara: Das Regal ist grau.
Tim: Und wie alt ist es?
Lara: Es ist zehn Jahre alt.
Tim: Wie groß ist es?
Lara: Es ist 140 Zentimeter breit und 220 Zentimeter hoch.
Tim: Was kostet es denn?
Lara: Es kostet 90 Euro.
Tim: Aha, vielen Dank! Ich wiederhole:
Das Regal ist grau. Es ist zehn Jahre alt. Er ist 140 Zentimeter breit und 220 Zentimeter hoch. Es kostet 90 Euro.

Lara: Sie verkaufen doch eine Lampe, richtig?
Tim: Welche Farbe hat die Lampe?
Lara: Und wie alt ist sie?
Tim: Wie groß ist sie?
Lara: Was kostet sie?
Tim: Die Lampe ist grau und grün. Sie ist ein Jahr alt. Sie ist 150 Zentimeter hoch. Sie kostet 75 Euro.

Lara: Sie verkaufen doch ein Bett, oder?
Tim: Welche Farbe hat das Bett?
Lara: Wie alt ist es?
Tim: Und wie groß ist es?
Lara: Ja, und was kostet es?
Tim: Und jetzt noch mal: Das Bett ist braun. Es ist neu. Es ist 210 Zentimeter lang und 130 Zentimeter breit. Es kostet 200 Euro.

Zwischendurch mal Film

Das ist die Küche.
Frau: Ah, hallo.
Mann: Hallo. Guten Tag.
Frau: Kommen Sie.
Mann: Bitte, kommen Sie.
Frau: So, sehen Sie mal: Hier ist die Küche.
Beide: Das ist die Küche. Die Küche ist sehr klein. Die Küche ist sehr klein und leider ziemlich dunkel.
Mann: So, und jetzt hier: das Wohnzimmer.
Beide: Das ist das Wohnzimmer. Das Wohnzimmer ist groß. Das Wohnzimmer ist groß und es ist sehr hell.
Frau: So, kommen Sie. Sehen Sie mal: Hier ist das Schlafzimmer.
Beide: Das ist das Schlafzimmer. Das Schlafzimmer ist schön. Das Schlafzimmer ist schön und es ist sehr ruhig.
Mann: Die Wohnung ist doch schön, nicht? Kommen Sie. Sehen Sie mal.
Beide: Das ist das Haus. Das Haus ist sehr groß. Das Haus ist sehr groß, aber es ist teuer.
Frau: So. Na, was sagen Sie?
Mann: Das ist doch alles sehr, sehr schön, nicht?

Lektion 5 Mein Tag

Foto-Hörgeschichte

vgl. Transkriptionen zum Kursbuch, Seite 204

Laras Film
Dienstagmorgen, Viertel vor acht

Sofia: Es ist Dienstagmorgen, Viertel vor acht und ich gehe jetzt zur Arbeit. Tschüs!
Lili: Huhu, Lara! Es ist Dienstag, zehn vor acht und ich gehe jetzt in die Schule. Tschüs!
Lara: Lili! Lili! Dein Pausenbrot!
Lili: Oh, danke! Bis später!

Lara: Ja, okay, jetzt!
Tim: Hallo Lara, ähm, es ist Dienstag und gleich halb neun und ich gehe jetzt zum Deutschkurs, okay?
Lara: Warte, Tim! Ich komme mit.

Lili: Nein.
Lara: Ach komm, Lili! **Lili:** Nein!
Lara: Bitte!
Lili: Ach Mann! Es ist Dienstagnachmittag, es ist Viertel vor vier und ich mache hier Hausaufgaben. Mathehausaufgaben und jetzt ist Schluss!

Sofia: Hallo Lara! Uff! Es ist Dienstag, fünf nach halb sieben und ich komme von der Arbeit.
Lili: Hallo Mama!
Sofia: Hallo, mein Schatz! Na, alles okay bei euch? **Lili:** Ja.
Sofia: Oh, das riecht aber gut! Ich habe so einen Hunger!

Lili: Okay!
Lara: Es ist Dienstagabend, viertel nach sieben und ich koche das Abendessen. Es gibt Frikadellen mit Kartoffeln.
Lili: Mh, lecker!

Videotraining

Film 1 Wie spät ist es denn?

Lara: Du sag mal ...
Tim: Ja?
Lara: Kaufst du jetzt noch etwas ein oder nicht? **Tim:** Hm. Wie spät ist es denn?
Lara: Es ist jetzt kurz vor acht.
Tim: Und bis wann ist der Supermarkt geöffnet? Bis 22 Uhr, oder?
Lara: Falsch. Der Supermarkt ist nur bis 20 Uhr geöffnet.
Tim: aber 20 Uhr, das ist doch acht Uhr.
Lara: Stimmt. Nein, warte. Jetzt ist es schon acht.
Tim: Hm. Na, dann ...

Lara: Du?
Tim: Ja?
Lara: Isst du gern Schokolade?
Tim: Ja. Ich esse sehr gern Schokolade.
Lara: Du?
Tim: Ja?
Lara: Trinkst du gern Cola?
Tim: Ja. Das weißt du doch.
Lara: Ich trinke auch gern Cola. Du?
Tim: Hm?
Lara: Die Tankstelle hat von null bis 24 Uhr geöffnet.
Tim: Ja, okay! Ich gehe ja schon!
Lara: Danke! Das ist lieb!

Film 2 Wann ist geöffnet?
Lara: Hallo! Jetzt sind wieder Sie dran.
Tim: Bitte beantworten Sie die Fragen.

Tim: Wann ist die Tankstelle geöffnet?
Lara: Die Tankstelle ist jeden Tag geöffnet.

Lara: Wann ist der Friseursalon geöffnet?
Tim: Der Friseursalon ist von Dienstag bis Samstag geöffnet.

Tim: Wann ist das Fitness-Studio geöffnet?
Lara: Das Fitness-Studio ist jeden Tag geöffnet.

Lara: Wann ist der Friseursalon am Donnerstag geöffnet?
Tim: Am Donnerstag ist der Friseursalon von neun bis 19 Uhr geöffnet.

Tim: Wann ist die Tankstelle geöffnet?
Lara: Sie ist Tag und Nacht geöffnet.

Lara: Wann ist das Fitness-Studio am Mittwoch geöffnet?
Tim: Am Mittwoch ist das Fitness-Studio von sieben bis 23 Uhr geöffnet.

Tim: Letzte Frage: Wann ist der Friseursalon nicht geöffnet?
Lara: Der Friseursalon ist am Sonntag und am Montag nicht geöffnet.

Lara: Vielen Dank! Das hat Spaß gemacht.
Tim: Ja, finde ich auch.
Beide: Tschüs!

Zwischendurch mal Film

So ist mein Tag.
Franziska: Um sieben stehe ich auf. Bis halb acht bin ich im Bad. Um halb acht frühstücke ich schnell. Um Viertel vor acht gehe ich los zur Zahnarztpraxis. Um acht fängt meine Arbeit an. Von acht bis eins arbeite ich. Von eins bis drei mache ich Mittagspause. In der Mittagspause gehe ich nach Hause oder ins Fitness-Studio. Von drei bis sechs bin ich wieder in der Praxis. Um Viertel nach sechs komme ich nach Hause. Von Viertel nach sechs bis sieben räume ich auf, wasche meine Kleidung oder gehe einkaufen. Um Viertel nach sieben gibt es Abendessen. Von halb acht bis elf telefoniere ich mit Nicolas oder lese oder sehe fern. Manchmal gehe ich auch noch aus und treffe Freundinnen. Dann gehen wir ins Kino oder wir trinken was zusammen und reden. Am Dienstag und am Freitag bin ich von acht bis halb zehn beim Klettern in der Kletterhalle.

Lektion 6 Freizeit

Foto-Hörgeschichte
vgl. Transkriptionen zum Kursbuch, Seite 207

Laras Film
Muuuh!
Lara: Also, heute ist Samstag. Es ist Wochenende, ich habe keinen Unterricht wir machen einen Ausflug. Wir, das sind Sofia, Walter, Lili und ich. Wir möchten ein bisschen wandern. Und wir möchten ein Picknick machen. Leider regnet es gerade. Wir hoffen, das Wetter wird bald wieder besser.

Das hier ist noch in München.

So, jetzt fahren wir ein Stück auf der Autobahn nach Westen und dann auf der Landstraße weiter nach Süden. Da im Süden sehen wir schon die Alpen.

Jetzt sind wir am Parkplatz angekommen
und gehen gleich los. Puh! Das ist aber anstrengend! Oh! Hallo Kuh! Muuuuh! Muuh!
So! Jetzt gibt's gleich Picknick. Ja, wer kommt denn da? Ein Typ mit Motorroller. Hey, das ist ja Tim! Na so was! Hey, hast du den Käse dabei, Tim?
Tim: Ja, klar.

Lara: Also liebe Leute, dieser Ausflug heute, der ist einfach:
Sofia: Wunderschön!
Lili: Sehr schön!
Tim: Fantastisch!
Lara: Super!
Kuh: Muuuh!

Videotraining

Film 1 Geht doch!
Lara: Sag mal, kennst du das?
Tim: Ich weiß nicht. Warte mal. Hm, wie geht das?
Lara: Hier, guck mal! Es ist ganz einfach.
Tim: Moment mal, ist es so richtig? Es geht eben nicht.
Lara: Na klar, und wie das geht! Hier, guck mal: So und so und so und so und so. Es ist ganz einfach. Siehst du?
Tim: Wie? Oh, Mann! Oh, tut mir leid.
Lara: Kein Problem! Na, siehst du? Geht doch!

Film 2 Wie ist das Wetter?
Beide: Hallo!
Lara: Jetzt brauchen wir:
Beide: Sie!
Lara: Bitte sagen Sie uns:
Tim: Wie ist das Wetter?
Na? Es ist warm. Und? Es schneit.
Lara: Brrr.
Tim: Na? Es ist kalt. Und? Es ist windig. Na? Die Sonne scheint. Na? Es ist heiß. Na? Es ist bewölkt.
Lara: Na, das ist ja jetzt einfach.
Tim: Es regnet.

Zwischendurch mal Film

Almas Hobby: **Wolkenfotos**
Mann: Das ist Alma Schneider. Alma ist 34 und lebt in Süddeutschland. Sie geht gern spazieren und sie fährt oft Fahrrad. Aber Spazierengehen und Fahrradfahren sind nicht Almas Lieblingshobbys. Ihr Lieblingshobby ist Fotografieren. Alma fotografiert nur den Himmel und die Wolken. Warum denn? Ist das nicht total langweilig?
Alma: Nein, das ist gar nicht langweilig. Im Gegenteil: Wolken sind einfach toll! Sie sind wunderschön. Und auch der Himmel ist schön. Hier, guck doch mal: die Farben! Rot, gelb, orange, rosa, blau und grün. Ist das nicht super? Die Wolken hier sind hell und dunkel, das finde ich besonders interessant. Wolken sind wie Menschen: Sie sind nie genau gleich. Jede Wolke ist anders. Hier, guck mal: Die Wolke hier sieht doch aus wie eine Banane, oder?
Mann: Von Montag bis Freitag geht Alma zur Arbeit. Da hat sie nur morgens und abends ein bisschen Zeit. Aber am Samstag und Sonntag, also am Wochenende, da hat sie viel Zeit für ihr Hobby. Und ihr Handy hat sie immer dabei.

Lektion 7 Kinder und Schule

Foto-Hörgeschichte

vgl. Transkriptionen zum Kursbuch, Seite 209

Laras Film

Mathe kann ich leider nicht.
Lara : Super! Das hast du toll gemacht, Lili. Bitte noch mal, das will ich als Video haben.
Lili: Nein!
Lara: Ach komm, Lili! Lili: Nein.
Lara: Lili hat nämlich ein Gedicht geschrieben. Und das finde ich so super! Bitte!
Lili: Hm, na gut.
„Ich kann liegen, ich kann stehen
und ich kann spazieren gehen.
Ich kann lesen, ich kann schreiben und ich kann zu Hause bleiben.
Ich kann weinen, ich kann lachen und ich kann 'nen Kuchen machen. Ich kann tanzen, ich kann singen und ich kann dir etwas bringen.
Ja, ich kann sogar ein Gedicht aufsagen."
Nur Mathe kann ich leider nicht.
Lara : Bravo! Ist das nicht schön!?

Videotraining

Film 1 Wollen wir tanzen gehen?
Lara: Ja?
Tim: Hallo! Du, sag mal, wollen wir einen Ausflug machen?
Lara: Nein.
Tim: Nein?
Lara: Ich habe keine Zeit.

Tim: Ach, wie schade! Was machst du denn?
Lara: Nichts.
Tim: Nichts? Aber, dann hast du ja doch Zeit.
Lara: Ja, gut. Ich will aber keinen Ausflug machen. Ich will einfach nur meine Ruhe haben.
Tim: Okay, okay! Ist ja gut!

Lara: Du, sag mal, wollen wir am Samstagabend tanzen gehen?
Tim: Nein, nicht so gern.
Lara: Och! Warum denn nicht?
Tim: Du weißt doch: Tanzen finde ich langweilig.
Lara: Schade! Und Kino? Wollen wir ins Kino gehen?
Tim: Hm, ja, Kino finde ich besser.
Lara: Schön! Dann gehen wir ins Kino.
Tim: Aber bitte: Ich will keinen Liebesfilm sehen.
Lara: Weißt du: Mit dir ist es nicht einfach.
Tim: Ich weiß. Ich weiß.

Tim: Hallo?
Lara: Hallo! Du, ich will heute Abend ins Schwimmbad gehen. Kommst du mit?
Tim: Du, ich glaube, ich kann leider nicht mitkommen.
Lara: So? Warum denn nicht?
Tim: Ich bin ein bisschen krank.
Lara: Oh, das tut mir leid. Hast du Fieber?
Tim: Nein, ich glaube nicht. Aber ich bin sehr müde und will nur schlafen.
Lara: Na, dann aber ab ins Bett! Und gute Besserung.
Tim: Danke. Das ist lieb.

Tim: Du, sag mal: Wollen wir am Wochenende was zusammen machen?
Lara: Ja, gern. Aber was? Hast du einen Vorschlag?
Tim: Ich will schon lange mal wieder ins Theater gehen.
Lara: Ins Theater? Das ist eine super Idee!
Tim: Du kommst also mit?
Lara: Ja, natürlich! Sehr gern!
Tim: Oh, schön! Kannst du gleich die Karten bestellen?
Lara: Ja, das kann ich gern machen.
Tim: Prima!

Film 2 Ich kann nicht tanzen.
Tim: So, jetzt wollen wir einen Test machen.
Lara: Zuerst aber eine Information:
Tim: Ich kann gar nicht Gitarre spielen.
Lara: Ich kann nicht Gitarre spielen.
Tim: Ich kann ein bisschen Gitarre spielen.
Lara: Ich kann gut Gitarre spielen.
Tim: Ich kann sehr gut Gitarre spielen.
Lara: Und jetzt Sie!
Tim: Ich kann gar nicht reiten.
Lara: Ich kann ein bisschen malen.
Tim: Ich kann nicht tanzen.
Lara: Ich kann gut kochen.
Tim: Ich kann sehr gut schwimmen.
Lara: Aber du kannst schon tanzen, oder?
Tim: Nein, ich kann nicht tanzen.
Lara: Och! Schade!
Tim: Pf!

Zwischendurch mal Film

Ui!
Lara: Ui!
Tim: Oje!
Lara: Na!?
Tim: Hey!
Lara: Oh-oh!
Lara: Hä?!
Lara: Igitt!
Tim: Bäh!
Lara: Brr!

Lektion 1 Guten Tag. Mein Name ist ...

Schritt A

1 Hallo!, Auf Wiedersehen!, Tschüs!, Nacht!, Gute Nacht!

3 Morgen, Morgen, Tag, Abend, Abend, Auf Wiedersehen, Gute Nacht

4 **a** Gute Nacht **b** Hallo, Guten Morgen **c** Gute Nacht, Gute Nacht **d** Auf Wiedersehen **e** Tschüs, Tschüs

Schritt B

7 **a** Und wie heißen Sie?, Mein Name ist Ulrike Springer. **b** Entschuldigung, wie heißen Sie? **c** Das ist Frau Papadopoulos., Guten Tag, Herr Weinert, freut mich.

8 **b** Mein Name ist Lena Winter. **c** Und wie heißen Sie? **d** Ich heiße Sina. **e** Wer ist das? **f** Das ist Finn.

9 **a** Entschuldigung, **wie** heißen Sie?, Andreas Zilinski, und das **ist** Frau Kunz. **b** Wer **ist** das?, **Das ist** Felix. **c** Ich **heiße** Laura Weber. Und wie heißen Sie?, Ich **heiße** Michaela Schubert. **d** Das ist **Herr** Hoffmann., Und **wer** ist das**?**, Frau Kunz.

10 **b** Mein Name ist Annika Bauer. **c** Herzlich Willkommen bei Air-Jet. **d** Und wer ist das? **e** Das ist Frau Kaufmann.

11 **a** Ich, wer ist, Das ist **b** mein Name, Wie heißen Sie, Herr **c** Morgen, freut mich, willkommen **d** Das weiß ich

Schritt C

12 **a** Und woher kommen Sie, Frau Laval? **b** Wer bist du?, Woher kommst du?

13 **du** + ...: B, **E Sie** + ...: C, D. F

14 **a** 3, 7, 1, 5, 4, 6, 2 **b** 7, 5, 3, 1, 4, 2, 6

15 **Karim:** Deutschland, Iran, Köln, Teheran, Deutsch, Persisch, Arabisch, **Heidi:** Berlin, Frankfurt, Deutsch, Russisch, Englisch, **Jan:** Deutschland, Polen, Deutsch, Russisch, Polnisch

16 **du komm**st, **Sie komm**en, **ich sprech**e, **du** sprichst, **Sie** sprechen, **ich heiß**e, **du** heißt, **Sie** heißen, **du** bist, **Sie** sind

17 **b** komme **c** sprechen **d** heißt **e** sind **f** spreche **g** kommen h bin i sprichst

18 **a** heißt, heiße, kommst, komme, spreche, sprichst, spreche **b** kommen, komme, sprechen, spreche

19 **b** Polnisch **c** Türkisch **d** Ungarisch **e** Spanisch

Schritt D

21 **a** Kowalski **b** Jannick Peters **c** Moritz Seifert **d** Simon Pfaff **e** Ruth Kröger **f** Jürgen Groß

22 **a** **M**ein **N**ame ist **A**nita. **U**nd wie heißt du?, **I**ch heiße **A**ndreas., **W**oher kommst du?, **A**us **Ö**sterreich. **b** **G**uten **T**ag. **W**ie ist **I**hr **N**ame, bitte?, **M**ein **N**ame ist **L**ukas **B**ürgelin., **W**oher kommen **S**ie?, **I**ch komme aus der **S**chweiz.

23 **b** Tut mir leid **c** Entschuldigung **d** Tut mir leid **e** Tut mir leid

24 **M**orgen, **M**ein, **H**err, **d**a, **E**ntschuldigung, **h**eißen, **B**uchstabieren, **b**uchstabiere, **M**oment, **T**ut, **l**eid, **n**icht, **W**iederhören, **A**uf

25 **a** Guten Tag. Mein Name ist Baumann. **b** Ist Herr Gül da? **c** Einen Moment bitte. **d** Tut mir leid. **e** Herr Gül ist nicht da. **f** Auf Wiederhören.

26 a Entschuldigung, wie ist Ihr Name?, Ist Herr Schneider da?, Ich buchstabiere: BAUMANN., Tut mir leid, Herr Schneider ist nicht da., Danke, auf Wiederhören.

26 b Guten Tag. Mein Name ist Baumann. Entschuldigung, wie ist Ihr Name? Ich buchstabiere: Baumann. Ist Herr Schneider da? Tut mir leid Herr Schneider ist nicht da. Danke, auf Wiederhören.

Schritt E

28 **a** 1 Vorname **3** Straße **4** Hausnummer 5 Postleitzahl **6** Stadt **b** Max Obermeier, Wilhelmstr. 5, 13595 Berlin

29 **Nachname:** Alvarez, **Vorname:** Lucia, **Straße:** Weserstraße, **Postleitzahl:** 12047, **Stadt:** Berlin, **Land:** Deutschland, **E-Mail:** Lalvarez@cc.de, **Telefon:** 030/809244

Lektion 2 Meine Familie

Schritt A

1 **b** Sehr gut. **c** Gut. **d** Es geht. **e** Nicht so gut.

3 **a** Und Ihnen?, Auch gut, danke. **b** Wie geht es dir?, Und dir?, Es geht.

4 **Musterlösung a** Wie geht es dir?, Sehr gut, danke. Und dir?, Danke, auch gut. **b** Guten Morgen, Herr Müller., Guten Morgen, Frau Oberle., Wie geht es Ihnen? Danke, mir geht es gut. Und wie geht es Ihnen? Auch gut, danke.

Schritt B

5 **männlich:** Opa, Bruder, Sohn **weiblich:** Schwester, Mutter, Oma, Enkelin

6 **a** Bruder, Schwester **b** Kinder, Sohn, Tochter, Sohn **c** Großeltern, Oma, Opa **d** Eltern, Mutter, Vater

7 **mein:** Bruder, Sohn, Opa, Vater **meine:** Schwester, Tochter, Oma, Mutter **meine (Pl):** Kinder, Großeltern, Eltern

9 **a** dein, mein, deine, mein, meine **b** Ihre, Meine, meine, meine, Ihre

10 **a** meine, Deine **b** meine, mein, meine, Ihre, meine

11 **a** Ihr, Mein **b** meine, deine, Mein

12 **a** ist, mein **b** mein, meine **c** sind, meine, mein, meine **d** bin, sind, meine

13 **b** Woher kommen Sie, komme **c** Was sprechen Sie, spreche **d** Wer ist das, ist, Mein, meine

Schritt C

14 **b** er **c** sie

15 **b** Er, Er **c** Sie, Sie **d** Sie **e** sie

16 Er kommt aus Österreich. Semra und Markus leben in Deutschland. Sie wohnen jetzt in Berlin. Semras Eltern leben auch in Deutschland. Sie wohnen in Frankfurt.

17 **ich** komme, **ihr** kommt, **sie/Sie** kommen, **ich** lebe, **wir** leben, **ich** heiße, **er/sie** heißt, **sie/Sie** heißen, **ich** spreche, **du** sprichst, **er/sie** spricht, **wir** sprechen, **ich** bin, **du** bist, **er/sie** ist, **ihr** seid

18 **b** Und wer seid Ihr? **c** Ihr sprecht gut Deutsch. **d** Du bist Naomi, oder? **e** Sie sprechen gut Deutsch. **f** Sprichst du Deutsch?

19 **a** komme, lebe, sind, sind, wohnen, bist, kommst **b** heißt, kommt **c** heißen, kommen

20 **b** lebe **c** ist **d** sind **e** wohnt **f** lernt **g** sind

21 **a** komme, Polen, lebe, lerne **b** Sie lebt, Sie kommt aus Frankreich, lernen, Deutsch **c** leben in Neu-Ulm. Sie kommen aus Spanien., Sie sprechen Spanisch, Englisch und Deutsch. **d** Herr Bauer, mein Deutschlehrer., Er kommt aus Österreich., Er lebt in Deutschland., Er spricht sehr gut Deutsch.

Schritt D

22 dreizehn, sechs, elf, fünf, vierzehn, siebzehn, acht, neunzehn, drei, zwanzig

23 **b** eins (1) **c** zwanzig (20) **d** sechzehn (16) **e** zwölf (12) **f** zwei (2) **g** sechs (6) h sieben (7) **i** zehn (10)

24 **b** zwanzig, zehn, siebzehn **c** zwölf, null, sechs, null, vier **d** sechzehn, null, eins, neunzehn

25 **a** 2, **b** 1, **d** 5, **e** 6, **f** 4, **g** 3

26 Wie heißen Sie, Wie ist Ihre Adresse, Wie ist Ihre Telefonnummer, Haben Sie Kinder, Wie alt sind Ihre Kinder

27 Manuel Souza kommt aus Portugal. Er ist in Lissabon geboren. Er wohnt in Mannheim. Er ist geschieden. Er hat ein Kind. Es ist drei Jahre alt.

28 **Musterlösung** Ich heiße Anastasia. Ich komme aus Russland. Ich wohne in München. Meine Telefonnummer ist 089/1234567. Ich spreche Russisch, Englisch und Deutsch.

29 **a** habe, hat **b** Habt, haben **c** Haben, habe **d** Hast, habe

Schritt E

30a **2** Berlin **3** Wien **4** Zürich

30b **2** Er lebt in Deutschland., Er hat drei Kinder. **3** Er kommt aus Innsbruck. **4** Sie ist in der Schweiz geboren., Sie ist verheiratet

30c **2** Ashraf Shabaro **3** Thomas **4** Margit Ehrler

31 **a** Sie kommt aus Prag, aus Tschechien. **b** Lübeck ist in Norddeutschland **c** Er kommt aus Österreich. **d** Er spricht Tschechisch und Deutsch. **f** Sie sind elf und neun Jahre alt.

Fokus Alltag

meiner Tochter, Marta, 18.07.2007, Kieselweg, 12, 25348, Glückstadt

Fokus Beruf

1 **b** Sie **c** Sie **d** du

2 **A** das ist, Willkommen **B** Mein Name ist, Freut mich **C** wie geht es Ihnen denn, nicht so gut **D** Wie geht es dir, Danke, super

3 **Musterlösung** Guten Morgen. Mein Name ist Anna Müller. Ah, hallo, Frau Müller. Willkommen. Ich bin Herr Schmid und das ist Frau Ernst.

Lektion 3 Einkaufen

Schritt A

1 **a** Brot **b** Fleisch **c** Bier **d** Tee **e** Mehl **f** Butter **h** Fisch

2 **b** Milch **c** Schokolade **d** Zucker **e** Wein **f** Mineralwasser

3 **b** Zucker **c** Salz **d** Butter **e** Milch **f** Bier

4 1 ↘↗↘ 2 ↗↘↘↗↘ 3 ↗↘↘↗↘

5 **b** 9, **c** 4, **d** 7, **e** 1, **f** 5, **g** 2, **h** 6, **i** 8

6 Wie ist Ihr Name?, Mein Bruder heißt Max., Ich heiße Adem., Woher kommen Sie?, Wir haben drei Kinder., Heißt du Julia?, Wohnst du in Leipzig?, Ist Adem Ihr Vorname?, Kommen Sie aus der Türkei?, Sind Sie Herr Brummer?

7 **b** Kommen Sie aus Italien? **c** Wohnen Sie in Deutschland? **d** Ist das Reis? **e** Hast du Tee? **f** Wo wohnen Sie?

8 **b** Ist das Ihr Vorname? **c** Wer ist das? **d** Heißen Sie Kunzmann? **e** Haben Sie Kinder? **f** Wie geht es Ihnen? **g** Kommen Sie aus Österreich? **h** Wohnen sie in Frankfurt?

Schritt B

9b ein Kuchen, ein Brötchen, ein Würstchen, eine Birne, eine Tomate, eine Kiwi, ein Schokoladenei

10 **ein** Brötchen, Ei, Kuchen, Würstchen, **eine** Banane, Birne, Kiwi, Tomate, Orange

11 **a** eine Frau, ein Mann **b** ein Vorname, eine Zahl, ein Buchstabe **c** eine Stadt, ein Land, ein Foto

12 **a** eine, keine **b** eine **c** ein, kein, ein **d** kein, eine

13 **a** ein, eine **b** kein, ein **c** eine, keine, ein

14 **b** kein Kuchen, ein Brötchen **c** Das ist keine Orange. Das ist eine Tomate. **d** Das ist keine Banane. Das ist ein Würstchen.

15 **a** eine, meine, ein, mein Apfel, eine, meine Tomate, ein, mein Ei **b** eine Banane, meine Banane, ein Apfel, kein Apfel, mein Apfel, eine Tomate, keine Tomate, meine Tomate, ein Ei, kein Ei, mein Ei

Schritt C

16 6 Tomaten, 3 Birnen, 4 Bananen

17 **b** Orangen **c** Brote **d** Eier **e** Kiwis **f** Äpfel

18 **a** **-/¨-** Brötchen, Pfannkuchen, Würstchen -(e)n Orangen, Tomaten, Birnen, Kartoffeln, Zwiebeln **-e/¨-e** Brote **-s** Kiwis, Joghurts

b **-/¨-** Brüder, Töchter, Mütter, Väter -(e)n Frauen, Schwestern, Enkelinnen, Familien, Namen, Sprachen, Buchstaben, Straßen, Adressen, Zahlen **-e/¨-e** Söhne, Städte, Kurse, Formulare, Jahre **-er/¨-er** Männer, Kinder, Länder, **-s** Omas, Opas, Papas, E-Mails

19 Birnen, Kiwis, Tomaten, Eier, Äpfel

20 **a** Söhne, Töchter **b** Opas **c** Brüder, Schwestern

21 **c** keine Birne **d** Sind das Kartoffeln **e** keine Brote **f** Sind das Würstchen **g** kein Joghurt

22 sechs Eier, Milch, Butter und vier Würstchen, kein Brot, keine Kartoffeln, keine Tomaten

Schritt D

23 **2** acht Euro neunzig **3** elf Euro fünfundsechzig **4** siebenundsiebzig Cent **5** fünfzig Cent

24 21, 45, 63, 72, 67, 83, 36, 48, 75, 70, 54, 38, 20, 30, 42, 33, 48

25 **a** Kaffee **c** Hackfleisch **d** Sahne **e** Wein **f** Mineralwasser, Lösung Kuchen

26 Gramm, Flasche, Liter, Kilo, Packung, Becher

27 **b** kostet **c** kosten **d** kosten **e** kostet

Schritt E

28 **a** möchte **b** Möchtest **c** möchten **d** Möchtet, möchten, möchte, möchte, möchte

29 ich hätte gern, Möchten Sie, brauche auch, Sonst noch etwas, Das ist alles

30 Ich möchte Tomaten, brauche auch ein Kilo Birnen, danke, das ist alles

31 **a** Semmel, Wecken, Schrippe **b** **2** Wecken, **3** Semmel, **4** Schrippe

32 **a** richtig **b** falsch **c** falsch

Fokus Alltag

1 **a** mindestens haltbar bis **b** kühl und dunkel lagern

2 **a** Der Joghurt aus Österreich hat 3, 8% Fett. **b** In Apfelschorle ist Wasser. Lale lagert Apfelsaft kühl und dunkel. **c** Lale lagert Edelbitter-Schokolade kühl und trocken. Die Vollmilchschokolade ist mindestens haltbar bis 09/20.

Fokus Beruf

1 **b** 8,25, **c** 2 **d** Apfelsaft **e** Bier **f** 1

2 **b** 83, 29 **c** Rechnung

Lektion 4 Meine Wohnung

Schritt A

1 **b** Küche **c** Wohnzimmer **d** Toilette **e** Balkon **f** Bad

2 ein/der: Balkon ein/das: Wohnzimmer, Bad eine/die: Küche, Toilette

3 **a** ein, ein, ein, ein **b** Das, das **c** das, das **d** das **e** eine, die

4 **a** die Hauptstadt **b** eine Stadt, Die Stadt **c** eine Bäckerei, Die Bäckerei, ein Gemüseladen, der Gemüseladen

5 **a** /, das, das, das, eine, Der **b** eine, die **c** eine, der

6 dort, dort, hier, dort

7 **Familie:** das Kind, die Mutter, die Schwester, der Sohn, die Tochter, der Vater **Name und Adresse:** der Familienname, die Hausnummer, das Land, die Nummer, die Postleitzahl, die Stadt, die Telefonnummer, der Vorname **Essen und Trinken:** die Banane, das Brot, das Brötchen, das Ei, der Fisch, die Flasche, das Fleisch, das Gemüse, der Joghurt, die Kartoffel, der Käse, der Kuchen, die Milch, das Obst, die Orange, das Salz, der Tee, die Tomate, der Wein **im Sprachkurs:** das Formular, die Frau, der Kurs, der Mann, die Partnerin, die Sprache

Schritt B

8 **b** Das Zimmer ist sehr klein. **c** Das Zimmer ist nicht hell. **d** Das Zimmer ist sehr dunkel. **e** Das Zimmer ist nicht schön. **f** Das Zimmer ist sehr hässlich.

9 **b** keine **c** nicht **d** nicht **e** kein

10 Ich bin nicht Fernando Álvarez und ich komme nicht aus Mexiko. Ich bin nicht 35. Meine Frau heißt nicht Maria. Ich habe kein Haus und wohne nicht in Nürnberg. Ich spreche kein Englisch.

11 **b** sie **c** Er **d** Es **e** Es

12 **b** Die Wohnung ist nicht teuer. Sie kostet 325,- Euro. **c** Der Balkon ist schön. Er ist sehr groß. **d** Das Wohnzimmer ist toll. Es ist sehr hell.

13 **b** es **c** der **e** die **f** die **g** Sie **h** Der **i** Er **j** der **k** Er **l** die **m** sie

14 **a** hell **b** dunkel **c** neu **f** klein **g** breit **h** schmal

15 **b** Er ist nicht breit, er ist schmal. **c** Es ist nicht hell, es ist dunkel. **d** Sie ist nicht neu, sie ist alt. **e** Es ist nicht teuer, es ist billig. **f** Sie ist nicht schön, sie ist hässlich.

Schritt C

16a **1** das Wohnzimmer, das Schlafzimmer, das Kinderzimmer **2** die Küche, der Schrank, der Küchenschrank, der Kühlschrank **3** die Orange, der Saft, der Orangensaft, der Apfelsaft **4** der Wein, die Flasche, die Weinflasche **5** der Käse, das Brötchen, das Käsebrötchen

17 **a** Sofa **b** der Herd, der Kühlschrank **c** der Tisch, die Lampe, der Stuhl **d** der Schrank, das Bett **e** die Waschmaschine

18 **1** c **2** b **3** b

19 das, Regale

20 **b** die, die Duschen **c** das, die Bäder **d** das, die Häuser **e** die, die Wohnungen **f** das, die Zimmer **g** die, die Küchen **h** die, die Toiletten

21 **a** Die Sessel sind alt. **b** Im Zimmer ist ein Sofa und da sind drei Teppiche. **c** Im Zimmer sind auch drei Regale. **d** Dort sind auch zwei Lampen. **e** Aber da ist kein Bett und da ist auch keine Waschmaschine. **f** Im Zimmer sind auch drei Tische und vier Stühle. Die Stühle sind alt. **g** Da ist ein Schreibtisch.

23 Sehr gut, Ganz gut, Nicht so gut, Gut

24 gefällt, gefallen, gefällt

25 ein/das → es, eine/die → sie, – /die → sie

26 die, die, der, er, er, ein, der, das, es, die, Sie, die, Sie

27 **b** gelb **c** hellgrün **d** rot **e** dunkelbraun **f** schwarz **g** weiß **h** grau

Schritt D

28 187, 76, 934, 67, 27 Lösung: sieben

29a **a** der Balkon **c** das Zimmer **d** das Telefon **e** die Wohnung **f** der Euro **g** der Quadratmeter **h** der Garten **i** die Handynummer

29b 4

29c 4

Schritt E

30 7, 2, 6, 3, 9, 1, 5, 4, 8

31b Bild 1: 5, 8 Bild 2: 3, 4, 10

32a 3, 9

32b **Musterlösung:** Hallo Anna, im Internet sind heute Anzeigen. Französisches Bett aus Metall, Schreibtisch, sehr günstig. Lisa,
Hallo Lisa, vielen Dank! das Bett ist sehr bequem und der Schreibtisch passt auch super in meine Wohnung. Anna

33 **Elektrogeräte:** die Waschmaschine, der Fernseher, der Kühlschrank, die Lampe **Möbel:** der Schrank, das Sofa, das Bett, der Teppich, das Regal, der Sessel **Wohnung:** der Flur, der Balkon, die Toilette, **das Zimmer:** das Schlafzimmer, das Kinderzimmer, das Arbeitszimmer

34 der Tee – die Adresse – zehn Meter – sechzig Zentimeter – die Miete – der Tisch – das Zimmer – die Musik – die Familie

Fokus Beruf

1 **a** Pizza essen **b** privat telefonieren **c** rauchen **f** Musik hören

2 Was ist hier erlaubt, was ist verboten?

3 **ja** c **nein** b, d, e, f

Fokus Alltag

1a **Kaltmiete:** 390,- €, **Gesamtmiete:** 521,– €

1b 521,– € **Warmmiete, 35,64 €** Telefon und Internet, 578,64 € **zahlt Ben jeden Monat**

2 **b** Die Heizung. **c** Er möchte in die Wohnung. **d** Heute Abend.

Lektion 5 Mein Tag

Schritt A

1 **a** einkaufen **b** spielen **c** arbeiten **d** aufräumen **e** fernsehen **g** anrufen h kochen

2 **3** Sie arbeitet lange. **4** Sie kauft im Supermarkt ein. **5** Sie kocht das Abendessen. **6** Sie räumt die Wohnung auf. **7** Sie ruft Freunde in Hamburg an. **8** Sie sieht noch ein bisschen fern.

3 Ich rufe Papa an. Ich sehe nicht fern. Ich gehe früh ins Bett.

4 **b** Herr Lehmann arbeitet sehr viel. **c** Ich frühstücke ein Ei und Obst. **d** Kochst du das Abendessen? **e** Meine Kinder sehen viel fern. **f** Steht ihr früh auf?

5 **a** Ich gehe früh ins Bett. **b** ich kaufe jetzt Fleisch und Gemüse ein. Kochen und essen wir zusammen? **c** Ich sehe heute Abend ein bisschen fern. **d** Sina, räumst du die Küche auf?

6a arbeiten, kochen, einkaufen, aufräumen, fernsehen

6b Ich arbeite. Ich kaufe ein. Ich koche. Ich räume auf. Ich sehe fern.

7a Er arbeitet gern und er lernt gern Deutsch. Omar räumt nicht gern die Wohnung auf und er geht nicht gern spazieren. Mailin frühstückt gern lange. Sie kauft gern ein und sie kocht gern. Mailin isst nicht gern Fleisch und sie sieht nicht gern fern.

7b **Musterlösung:** Ich höre gern Musik. Ich koche nicht gern. Ich schlafe gern lange und ich esse gern Kuchen.

Schritt B

8 **links** vor, vor, vor, nach, nach **rechts** nach, nach, nach, vor

9 a **15:30** f **11:58** e **14:15** b **09:45**
c **10:20** o **02:40** g **16:20** i **17:10** k **08:50**
d **19:35** m **07:55** j **03:05** l **15:25** n **01:02**

10 b 09:45, 21:45 **c** 06:15, 18:15 **d** 07:20, 19:20 **e** 09:10, 21:10 **f** 07:40, 19:40 **g** 11:15, 23:15 **h** 12:05, 00:05 **i** 04:25, 16:25 **j** 12:20, 00:20 **k** 03:25, 15:25 **l** 09:40, 21:40

11 **b** Erst **c** schon **d** schon, erst

Schritt C

12 Dienstag, Mittwoch, Donnerstag, Freitag, Samstag, Sonntag

13 **a** Um, Am, um **b** am, von, bis, Um

14 **a** Um, **komm**en, **Komm**st, am, **spiel**en, um **b** am, **hab**e, Am, **mach**e, von, bis, von, bis, am, **komm**t

15 **b** Wann **c** Wie spät **d** Wann **e** Wann / Um wie viel Uhr

16 **b** fängt ... an **c** Arbeitest **d** arbeitet **e** Fangen ... an **f** Sehen ... fern

17a **1** arbeitet **2** kocht **3** räumt ... auf **4** sieht fern, isst **5** geht ... spazieren **7** schläft

17b Herr Reinhardt kocht nicht. Oma räumt nicht die Küche auf. Opa sieht nicht fern und isst keine Schokolade. Leo geht nicht mit Mäxchen spazieren. Sina macht keine Hausaufgaben. Das Baby schläft nicht.

Schritt D

18 B am Mittag **C** in der Nacht **D** am Morgen **E** am Nachmittag **F** am Vormittag

19a 2 Sport machen 3 Musik hören 4 essen 5 Kaffee trinken 6 spazieren gehen 7 chatten

19b **1** trinkt Kaffee **2** geht ... spazieren, isst **3** macht ... Sport **4** chattet, hört Musik

20 Um acht Uhr hat sie Deutschkurs. Sie lernt von neun bis zwölf Uhr. Sie macht am Mittag eine Pause. Am Nachmittag macht sie Hausaufgaben. Dann ruft sie ihre Eltern an. Fatima geht am Abend um elf Uhr ins Bett.

21 **b** frühstückt sie mit Peter. **c** räumt sie die Wohnung auf. **d** kauft sie ein. **e** kocht Julia das Mittagessen. **f** arbeitet sie im Supermarkt. **g** geht sie ins Kino.

22 **b** Dann frühstückt er. **c** Er ist von acht bis zwölf Uhr im Kurs. **d** Er spielt am Nachmittag Fußball. **e** Zu Hause sieht er noch ein bisschen fern. **f** Am Abend geht er um zehn Uhr ins Bett. **g** Am Wochenende geht er ins Kino.

Schritt E

23 b achtzehn Uhr drei, kurz nach sechs **c** fünfzehn Uhr fünfunddreißig, fünf nach halb vier **d** ein Uhr, dreizehn Uhr **e** zwanzig Uhr fünfzig, zehn vor neun **f** Viertel nach elf, elf Uhr fünfzehn

24 **b** Viertel nach acht, acht Uhr fünfzehn **c** halb fünf, vier Uhr dreißig **d** zwanzig nach vier, sechzehn Uhr zwanzig **e** fünf vor halb zwölf, elf Uhr fünfundzwanzig **f** kurz vor zehn, einundzwanzig Uhr siebenundfünfzig

25 **a** ~~elf~~ zwölf **b** ~~nach~~ vor **d** ~~vor~~ nach

26 **1** Am Samstag um 14.30 Uhr **2** Um 18.15 Uhr und um 20 Uhr. **3** Montag bis Samstag, 8 bis 13.00 Uhr

27a **e:** essen – zehn – Tee – jeden Tag – gern – Bett **i:** am Dienstag – Kino – du siehst fern – am Mittwoch – trinken **o:** am Donnerstag – geschlossen – am Montag – am Morgen – Wohnung **u:** um vier Uhr – Fußball – Stuttgart – kurz vor zwei – Flur **ä:** ich hätte – spät – Äpfel – wählen **ö:** hören – geöffnet – Söhne – zwölf **ü:** frühstücken – müde – fünf – Mütter

27b **a, +nn:** zwanzig, Mann, wann **e, eh, ee:** zehn, Tee, jeden **e, e+ss, e+tt:** essen, gern, Bett **i, ie, ieh:** Dienstag, Kino, siehst **i, i+tt:** Mittwoch, trinken **o, oh:** Montag, Morgen, Wohnung **o, o+nn, o+ss:** Donnerstag, geschlossen **u, uh, uß:** Uhr, Fußball, Flur **u, u+tt:** um, Stuttgart, kurz **ä, äh:** spät, wählen **ä, ä+tt:** hätte, Geschäft, Äpfel **ö, öh:** hören, Söhne **ö, ö+ff:** geöffnet, zwölf **ü, üh:** frühstücken, müde **ü, ü+tt:** fünf, Mütter

Fokus Familie

2 **a** Gruppe 2 **b** Gruppe3

Fokus Beruf

1 **A Wo ...?** VHS Bremerhaven, Zi 216 **Was kostet ...?** 0,- € für Teilnehmer an Integrationskursen, 160,– € für andere Teilnehmer **B Wann ...?** Mo bis Mi 9.00 bis 15.00 Uhr, Do 14.00 bis 15.00 Uhr

2 **A** Der Test ist um 9.00 Uhr. **B** Die Sprachberatung gibt Informationen zu Deutschkursen.

3 **b** Er geht zur Volkshochschule zur Sprachberatung. **c** Er macht einen Einstufungstest.

Lektion 6 Freizeit

Schritt A

1a **2** Dresden **3** Köln **4** München

1b **2** Süden **3** Westen **4** Osten **5** Düsseldorf **6** Hamburg **7** München **8** Dresden

2 **a** Sonne, scheint, warm, windig **b** kalt, minus, schneit **c** Wetter, schön, Grad, bewölkt

3 nicht kalt, regnet nicht, ist nicht windig, regnet nicht

4 im Sommer, Frühling am Montag, Vormittag, Abend um drei Uhr, kurz vor sieben in Deutschland, München, der Nacht, der Türkei

5 zwei Wochen in Griechenland, ist schön, scheint, es sind 35°, ist sehr schön

6 **b** Süden **c** schneit es

7 **b** Regen **c** Schnee **d** Wind **e** Wolke

8a **1** Norden, Herbst, Wind **2** Winter, heiß, Schnee, Sonne

Schritt B

9 Hast du die Eier? Nein die Eier habe ich nicht, aber das Mehl.

10 **b Wer?/Was?** du, ich **Wen?/Was?** den Bruder von Kim, die Schwester **c Wer?/Was?** der Kuchen, Der Schokoladenkuchen **d Wer?/Was?** Ich, der Computertisch **Wen?/Was?** den Computertisch

11 Robert kauft Kaffee, Milch und Obst. Ich kaufe Wein und Apfelsaft. Mineralwasser ist schon da. Meine Mutter macht Kartoffelsalat. Du kaufst Brot, Wurst und Käse.

12 Ein, einen, ein, eine

13 **a** eine, eine, /, einen, /, einen, / **b** eine, die, keine, eine

14 **a** einen, ein, einen, einen, keinen **b** Das, der, ein, keinen, /, das

15 ein, ein, eine, ein, Die, einen, ein, einen, ein, Das, den, das, keine, keinen

16a **1** meine, Deine, deinen **2** dein, meine, mein

16b deinen **Schrank**, mein, dein **Deutschbuch/Zimmer**, meine, deine **Waschmaschine**, meine **Hausaufgaben**

18 **1** falsch **2** richtig **3** richtig **4** falsch **5** falsch

Schritt C

19 Nein, Ja, Nein

20 **b** 6, **c** 5, **d** 1, **e** 3, **f** 4

21 **b** wohnt er nicht in Köln **c** ist er nicht verheiratet **d** Arbeitet er nicht hier **e** Ist er nicht Fußballspieler **f** ist sein Bruder nicht Fußballspieler

22 **b** nehmen **c** nehme **d** nehmt **e** nimmt, Nimmst

Schritt D

23a **1** schwimmen **2** wandern **4** grillen **5** spielen **6** tanzen **7** spazieren gehen **8** lesen **9** fahren **10** hören

23b **2** wandert **3** Drei Kinder spielen Fußball **4** grillen **5** spielt Gitarre **6** tanzen **7** gehen spazieren **8** Ein Mann liest **9** fährt Fahrrad **10** hört Musik

24 **b** 6, **c** 8, **d** 5, **e** 3, **f** 7, **g** 2, **h** 4

25 **b** schwimme und wandere ich gern. **c** ist der James-Bond-Film Skyfall. **d** ist Gitarrespielen. **e** interessant. **f** Hobbys? **g** grille ich gern.

26 **b** Lieblingsfarbe, blau **c** Lieblingsessen ist Pizza **d** Mein Lieblingsbuch ist Harry Potter **e** Meine Lieblingsmusik ist Rock

27 Meine Hobbys sind Kochen und Lesen. Mein Lieblingsbuch ist „Das Parfum". Ich surfe auch viel im Internet. Und ich spiele gern Computerspiele und gehe gern ins Kino.

28 fährst, Liest, liest, lest, Trefft, Triffst, Schläfst

Schritt E

29 **a** Guck mal **b** Sag mal, Na klar **d** Oh wie dumm, Kein Problem **e** leider nicht

30 **A** 2, 3, 5 **B** 4, 6

31 Laura schreibt Krimis

32 fotografieren – gefallen – machen – spielen – keinen – kommen – anfangen

Fokus Beruf

1 **b** Dienstag **c** 6.15 Uhr bis 11.15 Uhr **d** sechs

2 C Frühstück/Mittagessen machen, A beim Aufstehen helfen, **d** beim Essen helfen, **e** vorlesen/zusammen spielen

Fokus Alltag

1 **a Start:** Berlin, **Ziel:** Dortmund, **zurück:** Sonntag **b** 15.00 – 20.50 Uhr, 10.10 – 16.35 Uhr **c** 42,90 Euro

2 **b** vier fünf **c** keine eine

Lektion 7 Kinder und Schule

Schritt A

1 **b** Kann ich bitte Frau Löffler sprechen? **c** Können Sie bitte Kaffee kaufen? **d** Kannst du bitte Tina wecken? **e** Können wir morgen Mathe lernen? **f** Könnt ihr bitte kommen?

2 ich kann, du kannst, wir können, ihr könnt, sie/Sie können

3 Können Sie das bitte Frau Reimann sagen?, Kannst du Peter wecken?, Wir können Dennis morgen nicht treffen., Könnt ihr am Wochenende kommen?, Larissa kann heute nicht zum Arzt kommen.

4 **3** reiten, **4** singen, **7** Ski fahren, **8** schwimmen, **5** Kuchen backen, **2** Tennis spielen, **6** fotografieren

5a **1** jongliert **2** spielt Fußball **3** malt

5b **1** Samira kann sehr gut jonglieren. **2** Ben kann gut Fußball spielen. **3** Alba kann nicht so gut malen.

6 **b** Sergey kann gar nicht reiten. **c** Rasha und Adhurim können sehr gut tanzen. **d** Ich kann ...

7 **a** Nein, aber ich kann gut Klavier spielen. **b** Ich kann leider gar nicht gut kochen., Aber dafür können Sie sehr gut Kuchen backen.

8b die Schweiz, die Straße, der Handstand, Spielen wir Schach?, Entschuldigung, wie schreibt man das? Meine Schwester spricht Spanisch.

8c 2 s **3** s **4** sch **5** s **6** S, s

Schritt B

9 **ich** will, **du** willst, **er/sie** will, **ihr** wollt

10 **b** Der Lehrer will morgen einen Test schreiben **c** Malo will morgen nicht zu spät kommen **d** Er will alles richtig machen **e** Malo will im Sommer in Österreich arbeiten

11 **B** will **C** Wollen, will **D** wollen, wollt

12 **a** Nein! Ich will jetzt fernsehen **b** Ich möchte kein Gemüse essen., Ich will aber kein Gemüse essen!

13 **A** Guten Tag.Was möchten Sie? – Ich möchte gern eine Pizza und eine Flasche Wein. **B** Ich möchte bitte bezahlen. **C** Hallo!!! Ich will endlich bezahlen!

14 **b** machen **c** schreiben **d** singen **e** schreiben **f** sehen **g** hören

Schritt C

15 lernen, hast – gelernt; essen, hat – gegessen; hören, hat – gehört; lesen, haben – gelesen; machen, Habt – gemacht, schlafen, haben – geschlafen, schreiben, haben – geschrieben; spielen, Haben – gespielt

16 **l** trinken – getrunken, **j** frühstücken – gefrühstückt, **e** sagen – gesagt, m sehen – gesehen, **f** treffen – getroffen, **b** kochen – gekocht, **d** leben – gelebt, h sprechen – gesprochen, **c** kosten – gekostet, k grillen – gegrillt, i suchen – gesucht, **g** wohnen – gewohnt

17 **ge...(e)t:** lernen – lernt – gelernt; hören – hört – gehört; machen – macht – gemacht; spielen – spielt – gespielt; frühstücken – frühstückt – gefrühstückt; sagen – sagt – gesagt; kochen – kocht – gekocht; leben – lebt – gelebt; kaufen – kauft – gekauft; kosten – kostet – gekostet; grillen – grillt – gegrillt; suchen – sucht – gesucht; wohnen – wohnt – gewohnt
ge...en: lesen – liest – gelesen; schlafen – schläft – geschlafen; schreiben – schreibt – geschrieben; trinken – trinkt – getrunken; sehen – sieht – gesehen – treffen – trifft – getroffen; sprechen – spricht – gesprochen

18 **b** hast ... gekocht **c** habe ... gelernt **d** habe ... gegessen **e** habe ... getroffen **f** habe ... geschlafen **g** hat ... gesagt

19 Ich habe viel mit Paula gelernt., Wir haben am Morgen Englisch geübt., Am Vormittag hat sie einen Test geschrieben., Wir haben früher ja auch zusammen Englisch gelernt., Was hast du gemacht?

20 Dann habe ich gelesen und ein bisschen Deutsch gelernt. Jens hat Musik gehört und das Mittagessen gekocht. Am Nachmittag haben wir Sport gemacht. Am Abend haben wir mit Freunden Tennis gespielt.

22 Und ich habe eine neue Wohnung gesucht. Ich habe viele neue Möbel gekauft. Ich habe auch einen Kurs gemacht: ich habe Spanisch gelernt. Hast du auch Spanisch gelernt? Liebe Grüße Lena

Schritt D

23 Bist ... gegangen; fahren – ist ... gefahren, sind ... gefahren; kommen – seid ... gekommen, sind ... gekommen

24 gehen – geht – gegangen; kommen – kommt – gekommen

25 ist, sind, haben, sind, haben, ist, habe, Bist

26 Er hat lange in England gearbeitet., Jetzt will er wieder in Deutschland leben., Er hat eine Wohnung in Köln gekauft.

27 **b** im Sommer zwei Wochen in Italien gewandert. **c** am Sonntag gearbeitet. **d** nicht so gut tanzen.

28 **b** sind wir ins Café gegangen **c** haben wir gekocht **d** sind früh ins Bett gegangen **f** wollen wir einkaufen **g** können wir ... kaufen

29a auf der Straße

29b 2 viel **3** nicht gesehen

Schritt E

30 **B** der Eintritt **C** der Unterricht **D** das Mädchen **E** der Junge **F** die Grundschule **G** der Mathetest

31 3, 2, 1, 5, 4

32b **Musterlösung:** Liebe Frau ..., ich kann am Mittwoch leider nicht zum Deutschkurs kommen. Ich muss zum Arzt gehen. Am Donnerstag kann ich wieder zum Unterricht kommen. Mit freundlichen Grüßen ...

Fokus Beruf

1a+b 2 (O), 7 (A), 6 (O), 3(A), 1(A), 8(O), 5 (A), 4 (O)

2a 4

2b Ich habe Frau Kleinert angerufen. Frau Kleinert arbeitet am Montag nicht. Du kannst Frau Kleinert am Dienstag anrufen. Gute Besserung!

Fokus Familie

1 **Susanne Problem:** Tochter macht keinen Sport, **Was?** macht jetzt einen Tanzkurs, **Wo?** im Verein **Annika Problem:** kennt Programme wie Word, Excel und Power Point nicht gut, **Was?** macht jetzt einen Computerkurs, **Wo?** im Freizeit-Treff

2 **Peter** B, **Susanne** C **Annika** A

3 **a** ~~Arabisch~~ Englisch **b** ~~50~~ 30

Lösungen zu den Tests

Lektion 1 Guten Tag. Mein Name ist ...

1 **a** Hallo. **b** Guten Morgen. **c** Gute Nacht. **d** Guten Abend. **e** Auf Wiedersehen. Tschüs

2 **a** Familienname, **b** Straße, **c** Postleitzahl, **d** Stadt, **e** Land

3 **a** bin, **b** heißt, **c** sprichst, **d** spreche, **e** kommst, **f** kommen, **g** ist, **h** bist

4 **a** Was sprechen Sie? **b** Wer bist du? **c** Wie heißen Sie? **d** Woher kommen Sie?

5 **b** 5, **c** 1, **d** 3, **e** 6, **f** 2

6 **a** guten Tag, **b** Mein Name ist, **c** Wie ist ihr Name, **d** Ich buchstabiere, **e** Auf Wiederhören

7 **individuelle Lösung**

8 **Musterlösung** Ich heiße Susanne Maier. Ich komme aus der Schweiz. Ich spreche Deutsch, Französisch und Englisch.

Lektion 2 Meine Familie

1 **a** Eltern, Vater; **b** Geschwister, Bruder, Schwester; **c** Großeltern, Opa, Oma; **d** Kinder, Tochter

2 **a** zwölf, **b** dreizehn, **c** sieben

3 **a** Er, **b** Sie, **c** Sie, **d** Sie, **e** Er, **f** Sie

4 **a** meine; **b** dein; **c** Ihre, Ihr; **d** deine, Meine; **e** deine

5 **a** komme; **b** sprichst, sprechen; **c** bin, habe, heißen; **d** wohnt, wohnen; **e** bist, bin

6 **a** bin Fatma Günal, **b** Aus der Türkei, **c** verheiratet, **d** ledig, **e** wie ist Ihre Telefonnummer

7 **Musterlösung a** Er wohnt in Berlin. **b** Wir haben drei Kinder. **c** Du sprichst Türkisch. **d** Sie kommt aus Syrien. **e** Ihr seid geschieden.

Lektion 3 Einkaufen

1 **a** eine Banane, **b** ein Apfel, **c** eine Stadt, **d** ein Brötchen, **e** ein Ei

2 **a** Kartoffel, **b** Salz, **c** Kaffee, **d** Wein, **e** Dose

3 **a** Äpfel, **b** Säfte, **c** Eier, **d** Brötchen, **e** Fotos, **f** Fragen, **g** Männer, **h** Schwestern, **i** Kinder, **j** Großmütter

4 **a** kein, **b** keine, **c** kein, **d** keine, **e** keine

5 **a** Was ist das, **b** Ist das, **c** Wie geht es Ihnen, **d** wie heißt du, **e** Sprechen Sie

6 **Musterlösung a** Ich hätte gern, **b** Wie viel möchten Sie denn, **c** Ein Kilo, **d** Sonst noch etwas, **e** Das ist alles, **f** Das macht dann

7 **a** fünfzig Cent, **b** drei Euro, **c** ein Euro siebenundzwanzig, **d** neunundsiebzig Cent

8 **a** Becher, **b** Gramm, **c** Packung, **d** Flaschen, **e** Liter

Lektion 4 Meine Wohnung

1 **a** das Schlafzimmer, **b** das Bad, **c** der Balkon, **d** die Küche, **e** das Wohnzimmer

2 **a** teuer. **b** klein. **c** hässlich. **d** dunkel. **e** schmal.

3 **a** Er, **b** Es, **c** Sie, **d** Sie, **e** Sie

4 **a** nicht, **b** nicht, **c** keine, **d** nicht, **e** kein

5 **a** Wie groß ist der Schrank / er, **b** Was kostet der Schrank / er, **c** Wie alt ist der Schrank / er, **d** Wo wohnen Sie(, bitte), **e** Sind Sie (heute/morgen/...) zu Hause

6 **a** Wohnungsanzeige **b** wie hoch ist die Miete, **c** im Monat, **d** Nebenkosten, **e** eine Telefonnummer

7 **a** groß und ruhig. **b** ein Schreibtisch und ein Stuhl. **c** einen Balkon. **d** einen Computer. **e** warm.

Lektion 5 Mein Tag

1 **a** Viertel nach sechs, **b** halb eins, **c** fünf nach halb zehn, **d** Viertel vor elf, **e** kurz nach zwei

2 **a** räumt auf, **b** ruft an, **c** sieht fern, **d** kauft ein, **e** gehen spazieren

3 **a** Am, um; **b** von, bis; **c** In der

4 **a** Um 7.00 Uhr frühstückt Jan. **b** Von 16.00 Uhr bis 18.00 Uhr macht Jan Sport. **c** Am Abend ruft Jan seine Freundin Anne an.

5 **a** schläft, steht auf; **b** geht spazieren; **c** ruft an, liest; **d** sieht fern, isst; **e** hilft; **f** sprechen; **g** spricht

6 **a** Halb drei. **b** Ich komme gern. **c** Von 8.00 bis 20.00 Uhr. **d** Das passt mir gut. Wann fängt der Film an? **e** Um 19.00 Uhr.

7 **Musterlösung** Dann gehe ich mit dem Hund spazieren. Dann mache ich mit den Kindern Hausaufgaben. Am Sonntag habe ich Zeit. Am Sonntag schlafe ich lange. Dann gehe ich ins Kino. Essen wir zusammen ein Eis? Liebe Grüße Ayla

Lektion 6 Freizeit

1 **a** Es schneit, **b** Die Sonne scheint, **c** Es ist windig, **d** Es regnet

2 **a** trifft, **b** strickt, **c** schwimmen, **d** surfe, **e** vergisst

3 der Herbst, der Winter

4 **a** den, den; **b** der; **c** der; **d** den

5 **a** meine, meinen, mein, mein, meine; **b** eine, einen, eine

6 **b** 6, **c** 4, **d** 5, **e** 2, **f** 1

7 **individuelle Lösung a** Mein Lieblingsfilm ist ... **b** Mein Lieblingsspiel ist ... **c** Meine Lieblingsmusik ist ...

8 **individuelle Lösung**

9 richtig: **a**, **d**, **e**

Lektion 7 Kinder und Schule

1 **a** spielen, **b** sagen, **c** malen, **d** reiten, **e** wandern, **f** treffen, **g** wecken

2 **a** tanzen, **b** Freunde treffen, **c** Tennis spielen, **d** grillen, **e** schwimmen, **f** Ski fahren, **g** reiten, **h** singen

3 **a** können, **b** willst, **c** Kannst, **d** Wollen, **e** kann

4 **a** sind, **b** hat, **c** haben, **d** bin

5 **a** habe geschlafen, **b** bin gefahren, **c** habe gegessen

6 **a** Ja, ich kann gut Auto fahren. **b** Nein, wir können gar nicht Ski fahren. **c** Nein, ich kann / wir können nicht so gut kochen.

7 **a** nicht so gern, **b** Schade, **c** dann vielleicht, **d** super

8 **Musterlösung** Dann habe ich gekocht. Am Nachmittag bin ich ins Café gegangen. Dann habe ich eingekauft. Am Abend habe ich Musik gehört.

Bewertungsschlüssel für die Tests:

40 – 36 Punkte	sehr gut
35 – 32 Punkte	gut
31 – 28 Punkte	befriedigend
27 – 24 Punkte	ausreichend
23 – 0 Punkte	nicht bestanden